국내여행안내사

「필기＋면접」 기출문제집

시대에듀

2025 시대에듀 국내여행안내사 필기 + 면접 기출문제집

Always **with you**

사람의 인연은 길에서 우연하게 만나거나 함께 살아가는 것만을 의미하지는 않습니다.
책을 펴내는 출판사와 그 책을 읽는 독자의 만남도 소중한 인연입니다.
시대에듀는 항상 독자의 마음을 헤아리기 위해 노력하고 있습니다. 늘 독자와 함께하겠습니다.

저 자 **시대관광교육연구소**

시대관광교육연구소는 관광종사원을 꿈꾸는
수험생 여러분들을 위해 시대에듀(시대고시
기획)에서 야심차게 구성한 관광 전문 연구진
입니다. 관광교육에 대한 24년 전통과 경험을
바탕으로 수험생 여러분의 쉽고 빠른 합격을
위해 밤낮으로 연구에 매진하고 있습니다.

머리말 PREFACE

관광문화산업은 나라를 지탱하는 국가의 주요 산업 중 하나입니다. 최근 들어 생활수준의 향상과 정보통신의 발달로 개인의 여가가 늘어남에 따라 현대인들은 양질의 삶을 추구하고 있습니다. 그와 더불어 지구촌 일일 생활권 시대가 다가옴으로써 관광문화산업의 비중은 점차 확대되었고, 선진국들은 이를 차세대 지식기반 중점산업으로 선정하여 발전시켜 왔습니다.

우리나라도 21세기 국가 기간산업으로 관광산업에 집중적으로 투자하여 '관광 한국' 시대를 대비해 홍보와 투자를 아끼지 않고 있습니다. 유구한 역사를 지닌 우리나라는 유명한 사적지와 풍부한 관광자원을 집중적으로 육성해 세계 속의 문화 관광 국가로 도약하는 기틀을 정비하고 있으며, 세계 여러 나라에서는 홍보와 마케팅을 통해 관광객을 유치하고자 끝없는 전쟁을 하고 있다고 해도 과언이 아닙니다.

코로나19 바이러스로 관광산업이 잠시 주춤하였으나, 엔데믹 시대가 도래하여 해외관광의 수요뿐만 아니라 국내관광의 수요도 폭증하고 있으며, 이에 따라 국내여행안내사의 필요성도 더욱 높아질 것으로 예상됩니다. 이러한 흐름에 발맞춰 관광전문가를 꿈꾸는 수험생들의 합격을 향한 도약을 위해 1차 필기시험과 2차 면접시험까지 단 한 권으로 대비할 수 있는 기출문제집을 출간하였습니다.

본서의 특징은 아래와 같습니다.

도서의 특징

❶ 총 10개년(2015~2024년)의 필기시험 기출문제와 면접시험 기출복원문제를 담았습니다.
❷ 면접에서 출제될 가능성이 높은 문제를 주제별로 엄선하여 예상문제를 수록하였습니다.
❸ 문제별 해설에 최신 법령과 관광현황을 반영하였습니다.
❹ '더 알고가기', '면접정복 TIP'을 수록해 학습 시 부족함을 느끼지 않도록 구성하였습니다.

본 도서가 여러분들의 꿈을 이루는 데 좋은 길잡이가 될 수 있기를 바라며, 관광종사원 시험을 준비하는 모든 수험생 여러분들의 합격을 진심으로 기원합니다. 그와 더불어 수험생 여러분의 인생이 늘 새로운 희망과 모험들로 가득하기를 기원합니다.

편저자 올림

이 책의 구성과 특징 STRUCTURES

10개년 기출문제로, 1차 필기시험 완전 정복!

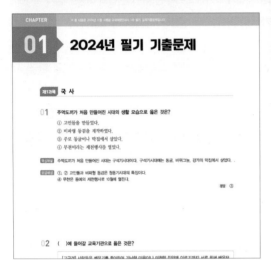

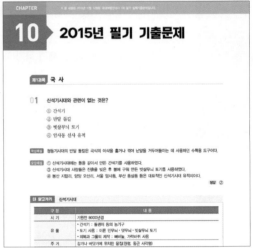

- ▶ 10개년(2015~2024년)의 1차 필기 기출문제를 수록하였습니다. 명쾌하고 꼼꼼한 해설과 함께 생생한 이미지를 수록하여 출제요소를 쉽게 이해하고 익힐 수 있습니다.
- ▶ 정답의 열쇠가 되는 핵심해설과 오답까지 챙겨 가는 오답해설로 두 번 공부할 수 있습니다.
- ▶ 추가로 알아 두면 좋은 내용을 덧붙인 '더 알고가기'로 빈틈을 메울 수 있습니다.

기출복원문제와 예상문제로, 2차 면접시험 완벽 대비!

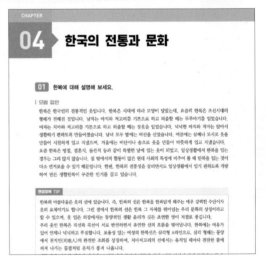

- ▶ 10개년(2015~2024년)의 2차 면접 기출복원문제와 주제별 출제예상문제를 수록하였습니다.
- ▶ 수많은 질문을 분석하여 핵심만 담은 모범답안을 참고하여 자신만의 답변을 만들어 보십시오.
- ▶ 꼬리질문에 대응하는 면접정복 TIP까지 알차게 구성하였습니다.

특별부록, 핵심 키워드 노트

핵심 키워드 200

반드시 알고 가야 하는
핵심 키워드 200가지

핵심 키워드 200

001 5 · 18 민주화운동 기록물(2011)

1980년 5월 18일부터 5월 27일 사이에 대한민국 광주에서 일어난 5 · 18 민주화운동과 관련한 기록물로, 시민의 항쟁과 가해자들의 처벌과 보상에 관한 문서 · 사진 · 영상 등의 자료의 총칭. 유네스코 세계기록유산으로 등재됨

002 5대 관광권

중부관광권, 충청관광권, 서남관광권, 동남관광권, 제주관광권

003 CIQ

공항이나 항만 등을 통해 출입국할 때 일반적으로 이루어지는 일정한 출입국 심사과정

005 ICT(Inclusive Conducted Tour)

인솔자가 전체 여행기간을 책임지고 안내하는 방법으로 단체여행에 많이 이용되는 방식

007 IIT(Inclusive Independent Tour)

인솔자가 동반하지 않고 각 관광지에서 현지가이드가 나와 안내하는 방식

008 KTO

한국관광공사(KTO ; Korea Tourism Organization)의 약어

009 MICE

회의(Meetings), 포상여행(Incentives Travel), 컨벤션(Conventions), 그리고 전시 및 이벤트(Exhibitions & Events)의 머리글자를 딴 것으

新경향 키워드 35

최근 새로이 출제된
키워드 35가지

新경향 키워드 35

001 관광기구의 약자

• 한국관광협회중앙회 : KTA
• 한국호텔업협회 : KHA
• 한국관광공사 : KTO
• 한국일반여행업협회 : KATA

002 공정관광(Fair Tourism)

관광의 경제적 편익만을 강조한 개발이 아니라 여행자가 지역주민의 삶을 존중하며 배려하고 관광지에 대한 책임감 있는 행동과 태도를 보여 주는 관광

003 관광두레

지역 주민들이 자발적, 협력적으로 사업체를

005 국민관광상품권

문화체육관광부가 후원하고 한국관광협회중앙회가 주관하며 금융기관이 판매 및 자금정산을 대행하는 신뢰도가 높은 상품권

007 녹색관광(Green Tourism, 그린 투어리즘)

도시민들이 농촌다움이 보존된 농촌에 머물면서 그곳의 생활을 체험하고 여가를 즐기는 것

008 대안관광(Alternative Tourism)

관광이 환경에 미치는 부정적인 영향으로 인해 발생하는 문제에 대한 대안이 될 만한 새로운 관광형태

009 베니키아(BENIKEA)

한국관광공사가 추진하는 중 · 저가 관광호텔

유네스코 등재유산

우리나라 세계문화유산 및
세계자연유산 등
유네스코 등재유산

유네스코 등재유산

🔖 세계유산이란?

세계유산은 세계 문화 및 자연 유산 보호 협약(Convention concerning the Protection of the World Cultural and Natural Heritage)에 의해 인류의 보편적인 가치를 지닌 자연유산 및 문화유산들을 발굴 및 보호 · 보존하고자 채택된 유산입니다. 이 협약에 의거하여 등재되는 세계유산의 종류는 그 특성에 따라 '문화유산, 자연유산, 복합유산'으로 분류됩니다. 세계유산에 등재되면 국제적인 기구와 단체들의 기술적 · 재정적 지원을 받을 수 있으며, 인지도 상승에 의한 방문객의 증가로 고용 기회 및 수입 증대 효과를 기대할 수 있습니다.

🔖 우리나라의 세계문화유산

유산명	등재연도
석굴암 · 불국사	1995
해인사 장경판전	1995

▶ 필기 및 면접 기출문제에서 핵심 키워드만 압축한 소책자를 제공합니다.

▶ 이동할 때, 시험장에서 대기할 때 등의 자투리 시간에 활용하시면 더욱 좋습니다.

◇ 자격 개요

국내여행안내사는 국내를 여행하는 관광객을 대상으로 여행 일정 계획, 여행비용 산출, 숙박시설예약, 명승지나 고적지 안내 등 여행에 필요한 각종 서비스를 제공할 수 있도록 관광진흥법에 의거하여 문화체육관광부장관이 실시하는 자격시험이다.

◇ 기본 정보

구 분	개 요
시행처	• 주관 : 문화체육관광부　　　　　　• 시행 : 한국산업인력공단
응시자격	제한 없음
직무적합진단	• Q-net(www.q-net.or.kr) 자격별 홈페이지에서 접수 • 인터넷 원서접수 시 최근 6개월 이내에 촬영한 탈모 상반신 사진(JPG, JPEG)을 파일로 첨부하여 　인터넷 회원가입 후 접수 • 원서접수 마감 시까지 접수 완료 및 응시 수수료(20,000원)를 결제 완료하고 수험표를 출력해야 함 • 제1 · 2차 시험 동시 접수에 따라 제2차 시험에만 응시하는 경우에도 해당 기간에 접수해야 함

◇ 시험 과목 및 시간

구 분	1차 필기					2차 면접	
	과 목	배점 비율	문항 수	시험 시간		평가 사항	시험 시간
				일반 응시	과목 면제		
국내 여행 안내사	국 사	30	15	09:30~11:10 (100분)		• 국가관 · 사명감 등 정신 자세 • 전문 지식과 응용 능력 • 예의 · 품행 및 성실성 • 의사발표의 정확성과 논리성	1인당 5~10분 내외
	관광자원해설	20	10				
	관광법규	20	10				
	관광학개론	30	15				

◇ 필기시험 면제기준

❶ 「고등교육법」에 따른 전문대학 이상의 학교에서 관광분야를 전공(전공과목이 관광법규 및 관광학개론 또는 이에 준하는 과목으로 구성되는 전공과목을 30학점 이상 이수한 경우)하고 졸업한 자(졸업예정자 및 관광분야 과목을 이수하여 다른 법령에서 이와 동등한 학력을 취득한 자)

❷ 「초 · 중등교육법」에 다른 고등학교나 고등기술학교를 졸업한 자 또는 다른 법령에서 이와 동등한 학력이 있다고 인정되는 교육기관에서 관광분야의 학과를 이수하고 졸업한 자(졸업예정자를 포함)

❸ 여행안내와 관련된 업무에 2년 이상 종사한 경력이 있는 자

❹ 1차 시험에 합격하고 2차 시험에 불합격한 자에 대하여는 다음 회의 시험에만 1차 시험을 면제함

※ 해당 면제조건에 따른 제출서류는 Q-Net 국내여행안내사 홈페이지(www.q-net.or.kr/site/tourguide)에서 확인하시기 바랍니다.

◇ 시험 일정 및 장소

자격명	시험일	합격자 발표일	시행지역
1차 필기	11.01(토)	11.26(수)	서 울
2차 면접	12.13(토)	12.31(수)	서울, 부산, 대구, 인천, 광주, 대전, 경기, 제주

※ 합격자 조회는 Q-Net 국내여행안내사 홈페이지(60일간, 무료)와 ARS 1666-0100(4일간, 유료)로 가능합니다.

※ 시험일은 변경될 수 있습니다. 수험생은 시험일 이전에 시험공고를 반드시 확인하시기 바랍니다.

◇ 합격자 결정 기준

구 분	내 용
1차 필기	매 과목 4할 이상, 전 과목의 점수가 배점 비율로 환산하여 6할 이상을 득점한 자
2차 면접	총점의 6할 이상을 득점한 자

◇ 자격증 발급

❶ 발급기관 : 한국관광협회중앙회

❷ 신청방법 : 방문 및 이메일 · 우편접수

※ 시험에 최종합격한 경우 반드시 합격자 발표일로부터 60일 이내에 발급기관에 자격증을 신청하여야 합니다.

◇ 2015~2024년 연도별 자격 취득 현황

연 도	필 기			실 기		
	응시(명)	합격(명)	합격률(%)	응시(명)	합격(명)	합격률(%)
2024	488	275	56.4	523	473	90.4
2023	441	225	51.0	661	524	79.3
2022	385	210	54.5	629	516	82.0
2021	432	253	58.6	691	593	85.8
2020	596	465	78.0	907	777	85.7
2019	679	268	39.6	1,182	874	73.9
2018	601	421	70.1	1,178	981	83.2
2017	586	355	60.6	1,130	914	80.9
2016	399	284	71.2	992	781	78.7
2015	455	235	51.7	970	709	73.1

필기시험 출제경향 및 학습전략 STRATEGY

제1과목 국 사

15문항 / 배점 30%

출제 경향

국사는 국내여행안내사로서 알아야 할 기본적인 한국사 소양을 평가하는 문제가 출제됩니다. 대부분의 역사서에서 다루고 있는 기본적인 내용으로, 역사 전반의 기초적 인식에 대한 이해를 평가하는 문제가 출제됩니다. 시대별 정치·경제·사회·문화 등 전 분야에 걸쳐 골고루 출제되며, 난이도별로 긍정형·부정형·합답형 등 다양한 유형의 문제가 골고루 출제됩니다. 국내여행안내사의 현장 실무와 관련되거나 현재 사회적으로 관심이 높은 분야의 문제가 출제되기도 합니다. 선사·초기국가시대, 고대사, 중세사, 근세사, 근·현대사에서 문제가 골고루 출제되고 있으니 전반적인 학습이 필요합니다. 최근 10개년(2015~2024년) 국내여행안내사 시험의 국사 과목의 출제비중을 시대별로 분류하였습니다. 시대별 출제 비중의 차이를 한눈에 파악하여 그에 맞도록 시험을 준비하시기 바랍니다.

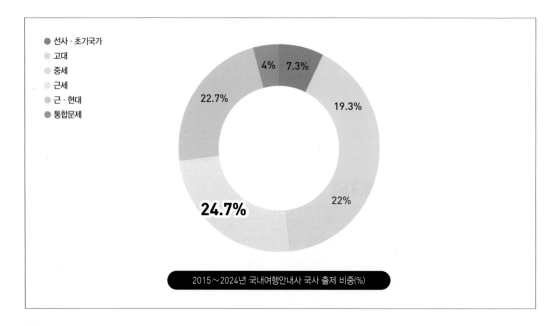

- ● 선사 · 초기국가
- ○ 고대
- ○ 중세
- ○ 근세
- ○ 근 · 현대
- ● 통합문제

4% 7.3%
19.3%
22.7%
22%
24.7%

2015~2024년 국내여행안내사 국사 출제 비중(%)

학습법

국사는 다른 과목에 비해 출제 문항 수가 많아 배점비율이 높기 때문에 시간을 좀 더 할애해서 준비해야 하는 과목입니다. 시대 전반에 걸쳐 문제가 출제되며, 시대를 통합하는 문제도 매년 1~4문제가량 출제되고 있습니다. 국사는 무작정 암기하기 보다는 한국사 전반에 대한 흐름을 이해하며 학습하는 것이 중요합니다. 근세사와 근·현대사의 출제 비중이 높고, 최근 근세사의 출제비율이 높아지고 있어 끝까지 집중력을 잃지 않고 철저히 학습해야 합니다.

제2과목 관광자원해설

10문항 / 배점 20%

출제 경향

관광자원해설은 국내여행안내를 위한 전문지식과 실무 능력을 평가하고, 관광자원해설의 기본 지식을 확인할 수 있는 문제가 출제됩니다. 향후 국내여행안내사 실무에 적용할 수 있는 문제가 출제되며, 난이도별로 긍정형과 부정형 유형이 적절히 배분되어 있습니다. 자연관광자원, 문화관광자원, 복합형 관광자원 등에서 문제가 출제되며, 그중에서도 '문화관광자원'의 출제 비중이 특히 큽니다. 최근 10개년(2015~2024년) 국내여행안내사 시험의 관광자원해설 과목의 출제 비중을 관광자원의 유형별로 분류하였습니다. 유형별 출제 비중의 차이를 한눈에 파악하여 그에 맞도록 시험을 준비하시기 바랍니다.

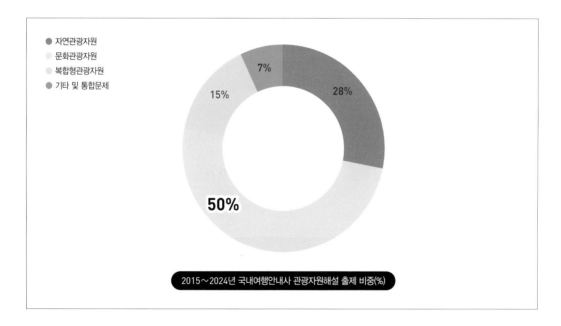

2015~2024년 국내여행안내사 관광자원해설 출제 비중(%)

학습법

관광자원해설 과목을 대비할 때, 출제 비중이 가장 높은 '문화관광자원'에 충분한 시간을 할애하여야 합니다. 관광자원해설은 국사와도 관련이 깊으며, 2차 면접에서도 출제되는 주요 영역이므로 심도 있는 학습이 필요합니다. 국립공원, 온천, 동굴, 해수욕장, 지역축제, 유네스코 등재유산, 국가유산 등은 시험에 자주 출제되므로 반드시 알아 두어야 합니다. 또한 관광자원에 관한 소식은 시시각각 변하므로 국가유산청 홈페이지(www.khs.go.kr)나 뉴스 및 포털사이트 등에서 국가유산 및 지역 관광 관련 뉴스를 꾸준히 살펴보는 것을 권장합니다.

제3과목 관광법규

10문항 / 배점 20%

출제 경향

관광법규는 국내여행안내사로서 업무 수행에 필요한 기본 소양과 법령해석 능력 및 중요 내용을 숙지하고 있는지를 평가하는 문제가 출제됩니다. 「관광기본법」·「관광진흥법」·「관광진흥개발기금법」·「국제회의산업 육성에 관한 법률」에서 문제가 출제되며, 이 중에서도 '관광진흥법'의 출제 비중이 매우 높습니다. 최근 10개년(2015~2024년) 국내여행안내사 시험의 관광법규 과목의 법률별 출제 비중의 차이를 한눈에 파악하여 그에 맞도록 시험을 준비하시기 바랍니다.

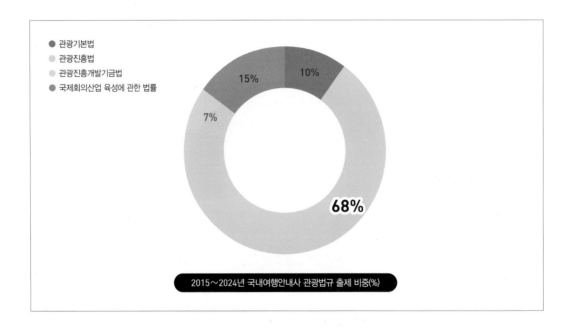

- 관광기본법
- 관광진흥법
- 관광진흥개발기금법
- 국제회의산업 육성에 관한 법률

10%
15%
7%
68%

2015~2024년 국내여행안내사 관광법규 출제 비중(%)

학습법

관광법규의 수많은 법령을 어떻게 다 암기해야 할지 걱정되실 것입니다. 하지만, 이전 기출문제의 키워드를 살펴보면 대부분 재출제된 개념들일 것입니다. 따라서 먼저 기출문제를 통해 자주 출제되는 법령을 파악하고, 그 후 추가로 타 법령들을 학습하는 것이 효율적입니다. 목적과 대상 외에도 기간·금액·범위 등의 값들이 출제되는 경우가 많으므로 해당 부분을 중점적으로 공부하시는 것이 좋습니다. 특히, 「관광진흥법」에서 문제가 70% 가까이 출제되므로 반드시 집중적으로 학습해야 합니다. 법령은 자주 개정되므로 법제처 국가법령정보센터 홈페이지(www.law.go.kr)에서 시험 일자에 시행 중인 최신 개정 사항을 확인하시기 바랍니다.

제4과목 관광학개론
15문항 / 배점 30%

출제 경향

관광학개론은 국내여행안내사가 기본적으로 숙지해야 할 사항과 관광에 대한 기본 개념 및 실무 지식에 대한 이해 여부를 묻는 문제가 출제됩니다. 국내여행안내사로서 숙지해야 할 필수적인 내용을 이해하고 있는지를 측정하는 데 중점을 두며, 난이도별로 긍정형 · 부정형 등의 유형의 문제가 골고루 출제됩니다. 관광의 기초, 관광여행업, 국제관광 및 관광정책 등에서 문제가 출제되며, 이 중에서도 '관광의 기초'의 출제 비중이 가장 높습니다. 최근 10개년(2015~2024년) 국내여행안내사 시험의 관광학개론 과목의 유형별 출제 비중의 차이를 한눈에 파악하여 그에 맞도록 시험을 준비하시기 바랍니다.

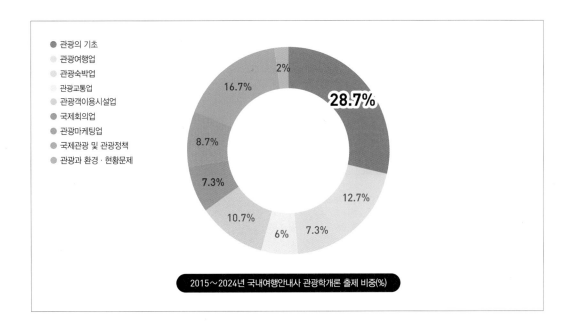

2015~2024년 국내여행안내사 관광학개론 출제 비중(%)

학습법

관광학개론은 기본 이론과 개념이 가장 중요한 과목으로, 관광 · 호텔 · 회의 · 마케팅 등 관련 이론과 용어의 개념을 확실하게 정리해 두어야 하는 과목입니다. 특히 어떠한 개념의 여러 가지 유형이나 서로 비슷해 보이는 개념의 명칭을 구분하는 문제가 많이 출제됩니다. 이러한 기본적인 문제 외에도 정부의 관광정책이나 관광의 구성요소 · 주요 국제관광기구 · 관광의 효과 · 지역별 컨벤션센터 · 관광축제 등 다양한 현황문제가 출제되고 있습니다. 수험서를 바탕으로 학습하면서, 주기적으로 문화체육관광부(www.mcst.go.kr)나 한국관광공사 홈페이지(www.visitkorea.or.kr)에서 공식 보도자료나 관광 · 여행업 관련 기사들을 꾸준히 살펴보는 것을 권장합니다. 관광법규와 관련된 문제도 종종 출제되고 있으니, 관광법규와 함께 학습하면 일석이조의 효과를 얻을 수 있습니다.

최신기출 출제키워드 모음 KEYWORD

※ 2024년 11월 시행된 기출문제에서 추출한 것입니다.

제1과목 국 사

#주먹도끼 #경 당 #가야 김수로 #발 해 #고려 태조 #삼국유사와 제왕운기 #공민왕 #서 원 #대동법
#훈련도감 #조선시대 법전 #조선 정조 #을사조약(제2차 한 · 일 협약) #신채호 #여운형

제2과목 관광자원해설

#관광자원의 개념적 특성 #국립공원 #용암동굴 #축 제 #종묘제례악 #전통 건축물 특징 #경복궁 #강강술래
#경주 불국사 삼층석탑 #유네스코 세계기록유산

제3과목 관광법규

관광기본법	#관광진흥에 관한 기본계획
관광진흥법	#권한의 위탁 #등록, 허가, 신고 및 지정 #등급결정 #관광객 이용시설업의 종류 #카지노업 #공제사업의 내용 #행위 등의 제한
관광기금법	#관광진흥개발기금
국제회의산업법	#국제회의도시의 지정과 기준

제4과목 관광학개론

#Green Tourism #MICE #카지노업 #테마파크 #여행사의 구분 #면세점 #투어리즘(Tourism)의 유래
#출국 내국인의 면세물품 총 구매 한도 #관광두레 #국제기구 #인구통계적 변수 #관광의 사회문화적 효과
#1970년대 주요관광정책 #관광의사결정 #문화시설

면접시험 학습전략 STRATEGY

01 평상시 틈틈이 연습하자!

말하는 기술은 단기간에 향상되지 않습니다. 1차 필기시험이 끝난 후 부랴부랴 면접시험을 준비하려면 시간이 촉박할 수밖에 없습니다. 그러므로 평소에 주위 사람과 대화를 나눌 때 적당한 목소리로 조리 있게 말하는 연습을 해 두어야 합니다. 가족이나 지인과 가벼운 대화를 나눌 때도 상대방의 눈을 바라보고, 전달하고자 하는 말을 끝까지 분명하게 이야기할 수 있도록 노력해 봅시다.

02 반복 또 반복하자!

처음부터 면접이 쉬운 사람은 없습니다. 반복해서 연습을 많이 해야 실제 면접장에서 침착하게 답변할 수 있습니다. 면접은 구술 평가이므로 글을 쓰면서 학습하기보다는 목소리를 내어 말하는 연습이 필요합니다. 그러나 정해진 답변을 완벽하게 암기하여 말하기보다는 문장을 변형하여 자연스럽게 답변할 수 있도록 연습하는 것이 좋습니다.

03 나만의 언어로 정리한 노트를 만들자!

본서에 수록된 기출문제와 예상문제에서 키워드를 뽑아 답변을 정리하거나 마인드맵을 그려 자신만의 언어로 정리한 노트를 만들어 봅시다. 주제별로 정리해 둔 키워드가 있다면 거기에 자신의 견해와 경험들을 풍부하게 덧붙여 독창적인 답변을 만드는 연습을 하는 것이 매우 중요합니다.

04 최신 관광현황을 탐독하자!

최근 면접에는 최신 관광 현황에 대한 의견을 묻는 문제가 종종 출제되고 있습니다. 유네스코에 추가로 등재된 유산이나 최근 지정된 국립공원 등에 대한 현황 문제가 출제된 바 있습니다. 이런 문제에 철저히 대비하기 위해 문화체육관광부(www.mcst.go.kr)나 한국관광공사(www.visitkorea.or.kr), 국가유산청 홈페이지(www.khs.go.kr)에서 공식 보도자료나 관광 관련 뉴스를 꾸준히 접하도록 합시다.

※ 국내여행안내사 면접시험은 채점 관련 자료를 공개하지 않고 있으며, 시험의 특성상 평가자의 주관적 요소를 완벽하게 배제할 수 없는 형태입니다. 본서에 수록된 답변 역시 최대한 모범적인 답안에 가깝게 작성하고자 주의를 기울였으나, 정답이 공개되지 않는 시험이니만큼 답안에 주관적인 의견이 포함되어 있을 수밖에 없음을 양해 바랍니다. 독자님들께서는 이 점에 유의하시어 본 답안에 100% 의존하시기보다는, 개개인의 특성과 상황에 맞게 변형·가공하시어 자신만의 답안을 준비하시는 것을 추천드립니다.

학습플래너 PLANNER

1차 필기시험

단 원		학습날짜	학습범위	달 성
PART 01	2024년 필기 기출문제	____월____일 ~ ____월____일	____p ~ ____p	☐
	2023년 필기 기출문제	____월____일 ~ ____월____일	____p ~ ____p	☐
	2022년 필기 기출문제	____월____일 ~ ____월____일	____p ~ ____p	☐
	2021년 필기 기출문제	____월____일 ~ ____월____일	____p ~ ____p	☐
	2020년 필기 기출문제	____월____일 ~ ____월____일	____p ~ ____p	☐
	2019년 필기 기출문제	____월____일 ~ ____월____일	____p ~ ____p	☐
	2018년 필기 기출문제	____월____일 ~ ____월____일	____p ~ ____p	☐
	2017년 필기 기출문제	____월____일 ~ ____월____일	____p ~ ____p	☐
	2016년 필기 기출문제	____월____일 ~ ____월____일	____p ~ ____p	☐
	2015년 필기 기출문제	____월____일 ~ ____월____일	____p ~ ____p	☐

2차 면접시험

단 원		학습날짜	학습범위	달 성
PART 02	2024년 면접 기출문제	____월____일 ~ ____월____일	____p ~ ____p	☐
	2023년 면접 기출문제	____월____일 ~ ____월____일	____p ~ ____p	☐
	2022년 면접 기출문제	____월____일 ~ ____월____일	____p ~ ____p	☐
	2021년 면접 기출문제	____월____일 ~ ____월____일	____p ~ ____p	☐
	2020년 면접 기출문제	____월____일 ~ ____월____일	____p ~ ____p	☐
	2019년 면접 기출문제	____월____일 ~ ____월____일	____p ~ ____p	☐
	2018년 면접 기출문제	____월____일 ~ ____월____일	____p ~ ____p	☐
	2017년 면접 기출문제	____월____일 ~ ____월____일	____p ~ ____p	☐
	2016년 면접 기출문제	____월____일 ~ ____월____일	____p ~ ____p	☐
	2015년 면접 기출문제	____월____일 ~ ____월____일	____p ~ ____p	☐
PART 03	개인 신상 및 국내여행안내사의 자질	____월____일 ~ ____월____일	____p ~ ____p	☐
	한국의 역사	____월____일 ~ ____월____일	____p ~ ____p	☐
	한국의 문화유산과 관광지	____월____일 ~ ____월____일	____p ~ ____p	☐
	한국의 전통과 문화	____월____일 ~ ____월____일	____p ~ ____p	☐
	관광학 관련 상식	____월____일 ~ ____월____일	____p ~ ____p	☐

관광 관련 법령 안내 STATUTE

'문화재'라는 용어의 특성상 재화적 성격이 강해 무형유산이나 자연유산까지 포괄치 못한다는 점과 일제의 잔재라는 점, 유네스코의 분류체계와 시류를 따르지 못한다는 비판점이 있어 최근 '문화재'가 '(국가)유산'으로 명칭이 변경되고, 법령도 재개정되었습니다.

01 문화재의 명칭 및 관련 법령의 개정

국가유산청 누리집

2023년 4월 27일 문화재의 명칭과 관련된 법령이 전면 개정된다는 국가유산청 공식 보도가 나왔습니다. 이에 2024년 5월 17일 기존 「문화재보호법」은 「문화유산의 보존 및 활용에 관한 법률」로, 「무형문화재 보존 및 활용에 관한 법률」은 「무형유산의 보존 및 활용에 관한 법률」로 개정되었고, 「자연유산의 보존 및 활용에 관한 법률」이 시행되었습니다.

국가유산청 공식 유튜브 영상에서 짧게 안내하고 있으니 확인해 보시는 것도 좋겠습니다.

02 변경된 명칭

국가유산청 유튜브

- ▶ 문화재청(장) → 국가유산청(장)
- ▶ 문화재심의위원회 → 문화유산심의위원회
- ▶ 문화재 → 국가유산
- ▶ 유형문화재 → 유형문화유산
- ▶ 민속문화재 → 민속문화유산
- ▶ 무형문화재 → 무형유산
- ▶ 시도유형문화재 → 시도유형유산
- ▶ 시도무형문화재 → 시도무형유산
- ▶ 시도기념물 → 시도자연유산
- ▶ 국가(시도)등록문화재 → 국가(시도)등록유산
- ▶ 국가(시도)지정문화재 → 국가(시도)지정유산
- ▶ 문화재자료 → 문화유산자료

도서에 수록된 법령의 시행일은 다음과 같습니다. 개정된 법령을 해설과 정답에 반영하였으니 반드시 확인하시기 바랍니다. 이후 개정되는 법령은 법제처 국가법령정보센터 누리집(www.law.go.kr)을 반드시 확인하시기 바랍니다.

- ▶ 관광기본법 2024.07.24. 시행
- ▶ 관광진흥법 2025.10.23. 시행, 시행령 2024.11.14. 시행, 시행규칙 2024.11.25. 시행
- ▶ 관광진흥개발기금법(관광기금법) 2023.08.08. 시행, 시행령 2024.07.01. 시행, 시행규칙 2010.09.03. 시행
- ▶ 국제회의산업 육성에 관한 법률(국제회의산업법) 2023.05.16. 시행, 시행령 2022.12.28. 시행, 시행규칙 2025.02.24. 시행

이 책의 목차 CONTENTS

PART 01
1차 필기 기출문제

01	2024년 필기 기출문제	003
02	2023년 필기 기출문제	030
03	2022년 필기 기출문제	051
04	2021년 필기 기출문제	072
05	2020년 필기 기출문제	089
06	2019년 필기 기출문제	115
07	2018년 필기 기출문제	139
08	2017년 필기 기출문제	171
09	2016년 필기 기출문제	209
10	2015년 필기 기출문제	246

PART 02
2차 면접 기출문제

01	2024년 면접 기출문제	287
02	2023년 면접 기출문제	297
03	2022년 면접 기출문제	307
04	2021년 면접 기출문제	317
05	2020년 면접 기출문제	327
06	2019년 면접 기출문제	337
07	2018년 면접 기출문제	347
08	2017년 면접 기출문제	358
09	2016년 면접 기출문제	368
10	2015년 면접 기출문제	378

PART 03
2차 면접 출제예상문제

01	개인 신상 및 국내여행안내사의 자질	391
02	한국의 역사	396
03	한국의 문화유산과 관광지	406
04	한국의 전통과 문화	416
05	관광학 관련 상식	426

특별부록 핵심 키워드 노트

PART 01

1차 필기 기출문제

Chapter 01 2024년 필기 기출문제

Chapter 02 2023년 필기 기출문제

Chapter 03 2022년 필기 기출문제

Chapter 04 2021년 필기 기출문제

Chapter 05 2020년 필기 기출문제

Chapter 06 2019년 필기 기출문제

Chapter 07 2018년 필기 기출문제

Chapter 08 2017년 필기 기출문제

Chapter 09 2016년 필기 기출문제

Chapter 10 2015년 필기 기출문제

아이들이 답이 있는 질문을 하기 시작하면 그들이 성장하고 있음을 알 수 있다.

– 존 J. 플롬프 –

01 > 2024년 필기 기출문제

제1과목 국 사

---

01 주먹도끼가 처음 만들어진 시대의 생활 모습으로 옳은 것은?

① 고인돌을 만들었다.
② 비파형 동검을 제작하였다.
③ 주로 동굴이나 막집에서 살았다.
④ 무천이라는 제천행사를 열었다.

핵심해설 주먹도끼가 처음 만들어진 시대는 구석기시대이다. 구석기시대에는 동굴, 바위그늘, 강가의 막집에서 살았다.

오답해설 ①, ② 고인돌과 비파형 동검은 청동기시대의 특징이다.
④ 무천은 동예의 제천행사로 10월에 열린다.

정답 ③

02 (   )에 들어갈 교육기관으로 옳은 것은?

> [고구려] 사람들은 배우기를 좋아하여 가난한 마을이나 미천한 집안에 이르기까지 서로 힘써 배우므로, 길거리마다 큼지막한 집을 짓고 (   )(이)라고 부른다. 결혼하지 않은 자제들이 무리지어 머물면서 경전을 암송하고 활쏘기를 익히게 한다.
>
> – 「신당서」 –

① 경 당   ② 서 원
③ 향 교   ④ 국자감

핵심해설 고구려 장수왕이 지방에 세운 교육기관으로 한학과 무술을 가르친다.

오답해설 ② 서원 : 조선시대 사립 교육기관이다.
③ 향교 : 조선시대 지방에 설치된 중등 교육기관이다.
④ 국자감 : 고려 성종 때 개경에 설치된 최고 국립 교육기관이다.

정답 ①

03 다음 자료에서 설명하는 국가에 관한 설명으로 옳은 것은?

> ○ 철이 풍부하게 생산되었다.
> ○ 고구려의 공격을 받아 세력이 약화되었다.
> ○ 낙랑과 왜를 연결하는 중계 무역이 발달하였다.

① 5부족 연맹을 토대로 발전하였다.
② 골품제에 따른 신분 차별이 엄격하였다.
③ 정사암에 모여 국가의 중대사를 결정하였다.
④ 김수로왕의 건국 이야기가 삼국유사에 전해진다.

핵심해설 제시문은 가야에 대한 설명이다. 김수로왕은 금관가야의 건국 시조로 〈삼국유사〉에 전해진다.

오답해설 ① 고구려는 5부족 연맹을 토대로 발전하였다.
② 신라에는 골품제라는 엄격한 신분제도로 관직 승진과 일상생활에서의 제한 등 신분 차별이 엄격하였다.
③ 정사암 회의는 백제의 귀족 회의로 정사암에 모여 국가의 중대사를 결정하였다.

정답 ④

04 (가) 국가에 관한 설명으로 옳지 않은 것은?

> (가) 은/는 일본에 보낸 국서에 고려 또는 고려 국왕이라는 명칭을 사용하였고, 고구려문화를 계승하였으며, 당의 문화도 수용하여 독자적인 문화를 이룩하였다.

① 대조영이 동모산 근처에서 건국하였다.
② 특수 행정구역인 향·부곡·소가 있었다.
③ 전국을 5경 15부 62주로 나누어 다스렸다.
④ 인안, 대흥 등의 독자적 연호를 사용하였다.

핵심해설 (가)에 해당하는 국가는 발해이다.

오답해설 향·부곡·소는 고려의 지방 행정 조직이다. 고려는 일반 군현 외에도 향·부곡·소 등의 특수 행정구역을 운영하였는데, 일반 군현에 거주하는 군현민에 비해 더 많은 세금을 내고, 거주 이전의 자유가 제한되는 등 많은 차별을 받았다.

정답 ②

05 (가) 왕이 실시한 정책으로 옳지 않은 것은?

> ○ 신라왕 김부가 귀순해 오자, (가) 은/는 신라를 없애 경주로 삼고 김부를 경주의 사심관으로 삼아 부호장 이하 관직들에 대한 일을 맡게 하였다.
> ○ (가) 이/가 내전에 나아가 대광 박술희를 불러 친히 훈요[훈요 10조]를 내렸다.
>
> – 「고려사」 –

① 역분전 지급
② 기인 제도 실시
③ 발해 유민 포용
④ 12목에 지방관 파견

핵심해설 (가)는 태조이다.

오답해설 12목에 지방관을 파견한 왕은 고려의 성종이다.

정답 ④

더 알고가기 고려 태조의 정책

구 분	내 용
민생 안정책	• 취민유도 : 토지를 비옥도에 따라 3등전으로 나누고 세금을 1/10으로 줄여줌 • 흑창 설치 : 몰락한 빈민 구제를 위해 춘대추납(봄에 곡식을 빌려주고 가을에 이자를 붙여 갚도록 함)의 흑창을 설치
호족에 대한 정책	• 회유책 : 개국공신과 지방 호족을 관리로 등용, 역분적 지급, 혼인 정책, 사심관 제도, 사성 정책 • 견제책 : 지방 유력 호족의 자제를 수도에 머무르게 하는 기인 제도 활용
완권 안정책	훈요 10조, 〈정계〉와 〈계백료서〉를 통한 규범 제시
북진 정책	서경 설치, 거란에 대한 강경책 등

06 다음 자료의 공통점에 관한 설명으로 옳은 것만을 〈보기〉에서 고른 것은?

> ○ 삼국유사   ○ 제왕운기

> ㄱ. 민족적 자주 의식이 반영되었다.
> ㄴ. 단군의 고조선 건국 이야기가 실려 있다.
> ㄷ. 국왕의 명령을 받아 기전체로 편찬되었다.
> ㄹ. 불교사를 중심으로 고대의 설화를 수록하였다.

① ㄱ, ㄴ   ② ㄱ, ㄷ
③ ㄴ, ㄷ   ④ ㄴ, ㄹ

오답해설 ㄷ. 〈삼국사기〉에 대한 설명이다. 현존하는 가장 오래된 역사서로, 고려 인종 때 김부식 등이 왕명을 받아 유교적
사관에 기초하여 신라를 정통으로 삼아 기전체로 서술한 역사서이다.
ㄹ. 〈삼국유사〉는 불교사를 중심으로 고대의 설화를 수록하였으나, 〈제왕운기〉는 우리나라 역사를 단군에서부터
서술하고 우리 역사를 중국사와 대등하게 파악하는 자주성을 나타낸 역사서이다.

정답 ①

07 밑줄 친 '왕'이 실시한 정책으로 옳은 것은?

> 왕이 즉위하기 전에는 총명하며 어질고 후덕하여 백성들의 기대가 모두 그에게 돌아갔다. …… 노국
> 공주가 죽은 뒤로는 지나치게 슬퍼하다가 뜻을 잃고 정치를 신돈에게 위임하여 공이 있는 신하와
> 어진 신하들이 내쫓기거나 죽임을 당하였다.
>
> — 「고려사」 —

① 교정도감을 설치하였다.
② 삼강행실도를 편찬하였다.
③ 기철 등 친원 세력을 숙청하였다.
④ 관료전을 지급하고 녹읍을 폐지하였다.

핵심해설 〈보기〉의 왕은 공민왕이다. 공민왕은 기철 등 친원 세력 숙청, 정동행성 폐지, 관제 복구 등의 반원 자주 정책을
실시하였다.

오답해설 ① 최씨 무신정권 시기에 최충헌이 설치하였다.
② 모범적인 충신·효자·열녀 등의 행적을 그림으로 그리고 설명한 윤리서로 세종 때 편찬하였다.
④ 신문왕이 실시한 정책이다.

정답 ③

08 조선시대 서원에 관한 설명으로 옳지 않은 것은?

① 백운동서원이 시초이며 명종 대 소수서원이라는 사액을 받았다.

② 붕당의 근거지가 되어 분쟁을 유발하기도 했다.

③ 명망 있는 유학자를 받들고 성리학을 학습하는 사립 교육기관이었다.

④ 지방관과 서민 자제에 대한 교육을 담당했다.

오답해설 서당에 대한 설명이다. 서당은 초등 교육을 담당하는 교육기관으로, 관립 교육기관인 사학이나 향교에 입학하지 못한 선비와 평민의 자제가 교육을 받는 곳이었다.

정답 ④

09 ( )에 들어갈 제도로 옳은 것은?

> ( )은/는 토산물을 가호 단위로 거두는 기존 방식에서 토지 1결당 쌀 12두를 거두는 방식으로 개선함으로써 공물에 대한 백성의 부담을 줄였다.

① 균역법

② 대동법

③ 전시과

④ 호포제

오답해설 ① 양인의 군포 부담을 2필에서 1필로 줄여준 제도로 조선의 영조가 실시하였다.
③ 관등의 높고 낮음에 따라 전지(田地)와 시지(柴地)를 지급하도록 한 제도로 고려의 경종이 실시하였다.
④ 양반에게 군역에 대한 대가로 군포를 징수하는 제도로 흥선대원군이 실시하였다.

정답 ②

10 병자호란의 영향으로 옳지 않은 것은?

① 북벌론 대두

② 삼전도비 설치

③ 훈련도감 설치

④ 연행사 파견

핵심해설 **훈련도감**
임진왜란 중에 설치한 군사기구로 왜군의 조총에 대항하기 위하여 기존의 활과 창으로 무장한 부대 외에 조총으로 무장한 부대를 만들었다. 훈련도감은 포수, 사수, 살수의 삼수병으로 조직되었으며 이들은 직업적 상비군의 성격을 가진 군인이다.

오답해설 ① 조선인의 자존심을 회복하기 위해 청에 복수하고 치욕을 갚자는 북벌론이 제기되었다.

② 인조가 삼전도에서 항복을 하고 굴욕적인 강화를 맺으며 병자호란이 끝나자 청 태종이 그의 공덕을 새긴 비석을 세우도록 한 것이 삼전도비이다.

④ 청나라에 조공품을 바치기 위해 연행사 등의 사신단이 파견되었다.

정답 ③

---

11 조선시대 법전 편찬 순으로 옳은 것은?

ㄱ. 속대전
ㄴ. 경국대전
ㄷ. 대전회통
ㄹ. 대전통편
---

① ㄱ → ㄴ → ㄷ → ㄹ

② ㄱ → ㄴ → ㄹ → ㄷ

③ ㄴ → ㄱ → ㄷ → ㄹ

④ ㄴ → ㄱ → ㄹ → ㄷ

핵심해설 조선의 법전 편찬 순서
• 〈경국대전〉 - 1469년(성종)
• 〈속대전〉 - 1746년(영조)
• 〈대전통편〉 - 1785년(정조)
• 〈대전회통〉 - 1865년(고종)

정답 ④

12 정조의 업적으로 옳은 것은?

① 백두산정계비 설치

② 경복궁 중건

③ 화성 축조

④ 화엄사 각황전 중건

[핵심해설] 정조의 업적
수원 화성 축조, 규장각 설치, 장용영 설치, 초계문신제 실시, 신해통공 실시, 〈대전통편〉 편찬 등

[오답해설] ① 숙종 때 청과의 국경선을 표시하기 위해 세운 비이다. 서쪽으로는 압록강을, 동쪽으로는 토문강을 경계로 한다.
② 흥선대원군이 왕실의 존엄성을 회복하기 위해 임진왜란 때 소실된 경복궁을 중건하였다.
④ 숙종 때 계파대사가 중건하였다.

[정답] ③

13 다음 내용을 명기한 조약으로 옳은 것은?

> ○ 대한제국정부는 일본국정부의 중개를 거치지 않고서는 국제적 성질의 어떤 조약이나 약속을 맺지 않는다.
> ○ 일본국 정부는 대한제국 황제 폐하 밑에 1명의 통감을 두되, 통감은 오로지 외교에 관한 사항을 관리하기 위해 경성에 주재한다.

① 정미7조약(한·일 신협약)

② 한국 병합 조약

③ 한·일 의정서

④ 을사조약(제2차 한·일 협약)

[오답해설] ① 1907년 일본이 대한제국의 군대 해산 및 일본 통감의 대한제국 내정권 장악 등을 위하여 대한제국과 일본 사이에 체결한 불평등 조약이다.
② 1910년 일본이 대한제국을 완전한 식민지로 만들기 위해 강제로 체결한 조약으로 경술국치조약이라고도 한다.
③ 1904년 러일전쟁을 일으킨 일본이 중립을 주장하는 대한제국을 세력권에 넣기 위하여 대한제국 황궁을 점령한 뒤 강제로 체결한 조약이다.

[정답] ④

14 저서 – 저자의 관계가 옳은 것은?

① 〈조선상고사〉 – 신채호
② 〈대한계년사〉 – 황현
③ 〈한국독립운동지혈사〉 – 백남운
④ 〈한국통사〉 – 정교

오답해설 • 〈대한계년사〉 – 정교
• 〈한국독립운동지혈사〉, 〈한국통사〉 – 박은식

정답 ①

15 다음 설명에 관한 인물로 옳은 것은?

> 1944년 일본의 패망을 예견하고 비밀리에 조선 건국 동맹을 조직하여 광복을 준비하였다.

① 안중근
② 여운형
③ 김원봉
④ 윤봉길

오답해설 ① 1909년 항일비밀결사인 단지회를 조직해 하얼빈에서 이토 히로부미를 사살하였다.
③ 1919년 만주 길림에서 의열단을 조직하였다. 신채호에게 의뢰하여 작성한 〈조선혁명선언〉을 활동 지침으로 삼아 일제 요인 암살과 식민 통치 기관 파괴를 주력으로 투쟁하였다.
④ 한인 애국단 소속으로 1932년 상하이 홍커우 공원에서 열린 전승 축하식에 폭탄을 투척하였다.

정답 ②

16 관광자원에 관한 설명으로 옳은 것을 모두 고른 것은?

> ㄱ. 관광자원은 관광욕구나 관광동기를 일으키는 매력성을 지니고 있어야 한다.
> ㄴ. 관광자원은 사회구조나 시대에 따라 가치가 변하지 않는다.
> ㄷ. 관광자원은 보존 또는 보호를 필요로 하지 않는다.
> ㄹ. 관광자원의 범위는 자연자원과 문화자원, 유형자원과 무형자원 등 다양하다.

① ㄱ, ㄴ
② ㄴ, ㄷ
③ ㄷ, ㄹ
④ ㄱ, ㄹ

핵심해설 관광자원의 개념적 특성
- 유인성 : 관광객의 관광행동을 끌어들이는 유인성이 있다.
- 매력성 : 관광객의 관광동기 또는 욕구를 일으키는 매력성이 있다.
- 가치의 변화 : 관광자원은 시대나 사회구조에 따라서 그 가치를 달리한다.
- 보존과 보호의 필요성 : 관광자원은 보존과 보호를 필요로 한다.
- 자연과 인간의 상호작용 : 관광자원은 자연과 인간의 상호작용의 결과이다.
- 범위의 다양성 : 관광자원은 유·무형자원, 자연 및 인문자원 등 그 범위가 다양하다.
- 개발요구성 : 관광자원은 개발로써 관광대상이 된다.

정답 ④

17 국립공원이 아닌 것은?

① 팔공산
② 주왕산
③ 태백산
④ 금오산

핵심해설 금오산은 경북 구미·칠곡·김천에 걸쳐 위치한 도립공원으로 1970년 우리나라 최초로 지정된 도립공원이다.

오답해설 ① 팔공산은 2023년 국립공원으로 지정되었다.
② 주왕산은 1976년 국립공원으로 지정되었다.
③ 태백산은 2016년 국립공원으로 지정되었다.

정답 ④

18 용암동굴에 해당하는 것을 모두 고른 것은?

> ㄱ. 협재굴
> ㄴ. 환선굴
> ㄷ. 성류굴
> ㄹ. 만장굴

① ㄱ, ㄴ

② ㄱ, ㄹ

③ ㄴ, ㄷ

④ ㄷ, ㄹ

오답해설 ㄴ, ㄷ 석회동굴이다.

정답 ②

더 알고가기	동굴의 종류

구 분	종 류
석회동굴	고수굴, 고씨굴, 초당굴, 환선굴, 용담굴, 비룡굴, 관음굴, 성류굴 등
용암(화산동굴)	만장굴, 김녕사굴, 빌레못굴, 협재굴, 황금굴, 쌍룡굴, 소천굴, 미천굴, 수산굴 등
해식동굴	산방굴, 정방굴, 가사굴 등

19 축제와 개최지역의 연결이 옳지 않은 것은?

① 구석기축제 – 연천

② 산천어축제 – 화천

③ 유등축제 – 진주

④ 머드축제 – 김제

핵심해설 • 머드축제는 충남 보령에서 생산되는 머드를 주제로 하는 관광객 체험형 행사이다.
• 김제에서는 김제의 자연환경과 호남평야에서 생산되는 쌀을 널리 알리기 위한 지평선축제가 개최된다.

정답 ④

20　국가유산의 분류 중 국가무형유산은?

① 서울 숭례문

② 경주 포석정지

③ 종묘제례악

④ 서울 원각사지 십층석탑

핵심해설　**종묘제례악(국가무형유산)**

• 조선시대 역대 왕과 왕비의 신위를 모신 사당(종묘)에서 제사(종묘제례)를 지낼 때 무용과 노래와 악기를 사용하여 연주하는 음악으로, '종묘악'이라고도 한다.

• 종묘제례의식의 각 절차마다 보태평과 정대업이라는 음악을 중심으로 조상의 공덕을 찬양하는 내용의 '종묘악장'을 부른다.

• 종묘제례악이 연주되는 동안, 문무인 보태평지무와 무무인 정대업지무가 곁들여진다.

• 본래 세종 29년(1447) 궁중회례연에 사용하기 위해 창작하였으며, 세조 10년(1464) 제사에 적합하게 고친 후 지금까지 전승되고 있다.

• 매년 5월 첫째 일요일에 행하는 종묘대제에서 보태평과 정대업이 11곡씩 연주되고 있다.

• 국가무형유산 종묘제례와 더불어 2001년 5월 18일 유네스코 인류무형문화유산으로 등재되었다.

오답해설　① 서울 숭례문은 국보이다.

② 경주 포석정지는 사적이다.

④ 서울 원각사기 십층석탑은 국보이다.

정답　③

21　전통 건축물에 관한 설명으로 옳지 않은 것을 모두 고른 것은?

> ㄱ. 기단 : 습기나 빗물 등으로부터 건물을 보호하는 역할을 함
>
> ㄴ. 원통형 기둥 : 위에서 아래까지 일정한 굵기로 가공한 원형기둥을 말함
>
> ㄷ. 다포 양식 : 공포가 기둥 위에만 있음
>
> ㄹ. 팔작지붕 : 지붕 앞면과 뒷면이 '인(人)'자 모양인 가장 간단하고 보편적인 지붕양식

① ㄱ, ㄴ

② ㄱ, ㄹ

③ ㄴ, ㄷ

④ ㄷ, ㄹ

오답해설　ㄷ. 다포 양식 : 기둥 상부와 기둥 사이에 모두 공포를 배치한 건축 양식이다.

ㄹ. 팔작지붕 : 우진각지붕 위에 맞배지붕을 올려놓은 것과 같은 형태의 지붕으로, 조선시대 다포집에서 많이 사용되었고 주로 정전 건물에 쓰였다.

정답　④

22 경복궁에 관한 설명으로 옳지 않은 것은?

① 조선왕조 제일의 법궁이다.

② 정전은 인정전이다.

③ 임진왜란 때 소실되어 고종 때 중건했다.

④ 광화문, 건춘문, 신무문, 영추문 등 궁문이 있다.

오답해설 경복궁의 정전은 근정전이다. 인정전은 창덕궁의 정전이다.

정답 ②

더 알고가기 | 경복궁 내 주요 건물

- 근정전 : 국가의식을 거행하고 외국사신을 접견하던 법전
- 경회루 : 연회를 베풀기 위해 지은 누각
- 자경전 : 흥선대원군이 경복궁을 재건하면서 조대비(신정익황후)를 위해 지은 건물
- 향원정 : 건청궁 남쪽에 못을 파고 중앙에 섬을 만들어 그 위에 지은 정자
- 강녕전 : 왕의 침전
- 교태전 : 왕비의 침전

---

23 다음 설명에 모두 해당되는 것은?

○ 통일신라 석탑임
○ 무영탑이라고도 불림
○ 세계에서 가장 오래된 목판 인쇄물인 무구정광대다라니경이 발견됨

① 경주 불국사 삼층석탑

② 경주 불국사 다보탑

③ 평창 월정사 팔각구층석탑

④ 익산 미륵사지 석탑

핵심해설 탑의 원래 이름은 '석가여래상주설법탑'으로 그림자가 비치지 않는다고 하여 '무영탑'이라고도 불린다.

오답해설 ② 통일신라시대의 화강석 석탑이다.
③ 고려 전기의 대표적인 다각다층탑이다.
④ 당시 백제에서 유행하던 목탑양식에 따라 만들어진 탑으로 우리나라 석탑 중 가장 규모가 크며, 창건 시기가 명확하게 밝혀진 석탑 중 가장 이른 시기에 건립되었다.

정답 ①

24 유네스코 세계기록유산으로 옳지 않은 것은?

① 난중일기
② 국채보상운동 기록물
③ 한국의 서원
④ 새마을운동 기록물

핵심해설 한국의 서원은 2019년 유네스코 세계유산에 등재되었다. 소수서원(영주), 도산서원(안동), 병산서원(안동), 옥산서원(경주), 도동서원(달성), 남계서원(함양), 필암서원(장성), 무성서원(정읍), 돈암서원(논산) 총 9개의 서원으로 구성되어 있다.

오답해설 **우리나라의 세계기록유산**
훈민정음(1997), 조선왕조실록(1997), 직지심체요절(2001), 승정원일기(2001), 조선왕조의궤(2007), 해인사 대장경판 및 제경판(2007), 동의보감(2009), 일성록(2011), 5·18 민주화운동 기록물(2011), 난중일기(2013), 새마을운동 기록물(2013), 한국의 유교책판(2015), KBS 특별생방송 '이산가족을 찾습니다' 기록물(2015), 조선왕실 어보와 어책(2017), 국채보상운동 기록물(2017), 조선통신사 기록물(2017), 4·19혁명 기록물(2023), 동학농민혁명 기록물(2023)이 있다.

정답 ③

25 다음 설명에 해당하는 민속놀이는?

○ 부녀자들이 손을 잡고 원을 그리며 추는 춤
○ 정월 대보름이나 팔월 한가위에 남부지방에서 행하던 민속놀이
○ 임진왜란 때 이순신 장군이 이 놀이를 용병술로 이용했다고 전해짐

① 강강술래
② 농 악
③ 양주 별산대놀이
④ 남사당놀이

오답해설 ② 농악 : 농촌에서 농부들 사이에 행하여지는 우리나라 고유의 음악이다. 다양한 형태와 목적으로 다수의 행사장에서 공연됨으로써 공연자와 참가자들에게 정체성을 부여한다.
③ 양주 별산대놀이 : 경기도 양주에서 공연되던 가면극이다. 서울·경기 지방에서 즐겼던 산대도감극의 한 갈래로 춤·무언극·덕담·익살이 어우러진 민중놀이다.
④ 남사당놀이 : 조선 후기부터 1920년대까지 서민층을 대상으로 하였던 놀이로 꼭두쇠를 중심으로 한 유랑 남성들이 연희하는 마당놀이이다.

정답 ①

26 관광기본법상 관광진흥에 관한 기본계획(이하 "기본계획"이라 함)의 수립 시 정부의 역할로 옳은 것은?

① 정부는 관광진흥의 기반을 조성하고 관광산업의 경쟁력을 강화하기 위하여 기본계획을 10년마 다 수립·시행하여야 한다.

② 기본계획의 수립 시 관광시설의 감염병 등에 대한 안전·위생·방역 관리에 관한 사항이 포함 되어야 한다.

③ 기본계획은 국가관광정책심의위원회의 심의를 거쳐 확정한다.

④ 정부는 기본계획에 따라 5년마다 시행계획을 수립·시행하고 그 추진실적을 기본계획에 반영 하여야 한다.

오답해설 ① 정부는 관광진흥의 기반을 조성하고 관광산업의 경쟁력을 강화하기 위하여 관광진흥에 관한 기본계획을 5년마 다 수립·시행하여야 한다(「관광기본법」 제3조 제1항).
③ 기본계획은 국가관광전략회의의 심의를 거쳐 확정한다(「관광기본법」 제3조 제3항).
④ 정부는 기본계획에 따라 매년 시행계획을 수립·시행하고 그 추진실적을 평가하여 기본계획에 반영하여야 한다 (「관광기본법」 제3조 제4항).

정답 ②

27 관광진흥개발기금법령상 관광진흥개발기금에 관한 설명으로 옳지 않은 것은?

① 관광진흥개발기금은 「관세법」에 따른 보세판매장 특허수수료의 100분의 50을 재원으로조성한다.

② 기금은 문화체육관광부장관이 관리한다.

③ 기금의 회계연도는 정부의 회계연도에 따른다.

④ 기금은 호텔을 비롯한 각종 관광시설의 건설 또는 개수(改修)의 용도로 보조할 수 있다.

핵심해설 기금은 호텔을 비롯한 각종 관광시설의 건설 또는 개수(改修)의 용도로 대여(貸與)할 수 있다(「관광진흥개발기금 법」 제5조 제1항 제1호).

정답 ④

28 국제회의산업 육성에 관한 법령상 국제회의도시의 지정과 그 기준에 관한 설명으로 옳은 것은?

① 문화체육관광부장관은 대통령령으로 정하는 국제회의도시 지정기준에 맞는 특별시·광역시 및 도(道)를 국제회의도시로 지정할 수 있다.

② 지정대상 도시는 해외 도시와의 교류가 왕성하고, 환경 친화적인 곳이어야 한다.

③ 지정대상 도시에 국제회의시설이 있고, 해당 도시에서 이를 활용한 국제회의산업 육성에 관한 계획을 수립하고 있어야 한다.

④ 국제회의도시로 지정된 도시가 지정기준에 맞지 아니하게 된 경우에는 문화체육관광부장관의 제청으로 국무총리가 그 지정을 취소하여야 한다.

오답해설 ① 문화체육관광부장관은 대통령령으로 정하는 국제회의도시 지정기준에 맞는 특별시·광역시 및 시를 국제회의도시로 지정할 수 있다(「국제회의산업 육성에 관한 법률」 제14조 제1항).

② 지정대상 도시에 숙박시설·교통시설·교통안내체계 등 국제회의 참가자를 위한 편의시설이 갖추어져 있어야 하고, 지정대상 도시 또는 그 주변에 풍부한 관광자원이 있어야 한다(「국제회의산업 육성에 관한 법률 시행령」 제13조 제2호, 제3호).

④ 문화체육관광부장관은 국제회의도시가 제1항에 따른 지정기준에 맞지 아니하게 된 경우에는 그 지정을 취소할 수 있다(「국제회의산업 육성에 관한 법률」 제14조 제3항).

정답 ③

29 관광진흥법령상 등록기관 등의 장의 권한의 위탁에 관한 설명으로 옳지 않은 것은?

① 관광식당업의 지정 및 지정취소 : 지역별 관광협회

② 국외여행 인솔자의 등록 : 업종별 관광협회

③ 호텔경영사의 등록 및 자격증의 발급 : 한국관광공사

④ 국내여행안내사의 등록 및 자격증의 발급 : 한국산업인력공단

핵심해설 권한의 위탁(「관광진흥법 시행령」 제65조 제1항 제5호)
국내여행안내사 및 호텔서비스사의 자격시험, 등록 및 자격증의 발급에 관한 권한 : 협회. 다만, 자격시험의 출제, 시행, 채점 등 자격시험의 관리에 관한 업무는 「한국산업인력공단법」에 따른 한국산업인력공단에 위탁한다.

정답 ④

30 관광진흥법령상 관광사업의 등록, 허가, 신고 및 지정에 관한 설명으로 옳지 않은 것은?

① 여행업을 경영하려는 자는 특별자치시장·특별자치도지사·시장·군수·구청장(자치구의 구청장을 말한다. 이하 같다)에게 등록하여야 한다.

② 종합유원시설업을 경영하려는 자는 문화체육관광부령으로 정하는 시설과 설비를 갖추어 특별 자치시장·특별자치도지사·시장·군수·구청장의 허가를 받아야 한다.

③ 국제회의업을 경영하려는 자는 회의시설 등 문화체육관광부령으로 정하는 시설을 갖추어 문화체육관광부장관에게 신고하여야 한다.

④ 관광 편의시설업을 경영하려는 자는 문화체육관광부령으로 정하는 바에 따라 특별시장·광역시장·특별자치시장·도지사·특별자치도지사 또는 시장·군수·구청장의 지정을 받아야 한다.

핵심해설 국제회의업을 경영하려는 자는 특별자치시장·특별자치도지사·시장·군수·구청장(자치구의 구청장을 말한다. 이하 같음)에게 등록하여야 한다(「관광진흥법」 제4조 제1항).

정답 ③

더 알고가기	관광사업의 등록, 허가, 신고 및 지정	

구 분	등록, 허가, 신고 및 지정인	사 업
등 록	특별자치시장·특별자치도지사·시장·군수·구청장	여행업, 관광숙박업, 관광객이용시설업, 국제회의업
허 가	특별자치시장·특별자치도지사·시장·군수·구청장	종합·일반 테마파크업
	문화체육관광부장관	카지노
지 정	특별시장·광역시장·특별자치시장·도지사·특별자치도지사(이하 "시·도지사") 또는 시장·군수·구청장	관광 편의시설업
신 고	특별자치시장·특별자치도지사·시장·군수·구청장	기타 테마파크업

31 관광진흥법령상 관광숙박업의 등급결정 등에 관한 설명이다. (   )에 들어갈 내용을 순서 대로 올바르게 나열한 것은?

> ○ 호텔업 등급결정의 유효기간은 등급결정을 받은 날부터 (ㄱ)으로 한다.
> ○ 문화체육관광부장관은 호텔업의 등급결정권을 다음 각 호의 요건을 모두 갖춘 법인으로서 문화체육관광부장관이 정하여 고시하는 법인에 위탁한다.
>   1.~2. (생략)
>   3. 문화체육관광부령으로 정하는 기준에 맞는 자격을 가진 평가요원을 (ㄴ) 이상 확보하고 있을 것

① ㄱ : 3년, ㄴ : 30명
② ㄱ : 3년, ㄴ : 50명
③ ㄱ : 5년, ㄴ : 30명
④ ㄱ : 5년, ㄴ : 50명

핵심해설 등급결정의 유효기간 등(「관광진흥법 시행규칙」 제25조의3 제2항)
호텔업 등급결정의 유효기간은 등급결정을 받은 날부터 3년으로 한다. 다만, 제25조 제2항에 따른 통지 전에 호텔업 등급결정의 유효기간이 만료된 경우에는 새로운 등급결정을 받기 전까지 종전의 등급결정이 유효한 것으로 본다.

등급결정 권한의 위탁(「관광진흥법 시행령」 제66조 제1항 제3호)
문화체육관광부장관은 호텔업의 등급결정권을 다음의 요건을 모두 갖춘 법인으로서 문화체육관광부장관이 정하여 고시하는 법인에 위탁한다.
• 문화체육관광부령으로 정하는 기준에 맞는 자격을 가진 평가요원을 50명 이상 확보하고 있을 것

정답 ②

32 관광진흥법령상 관광객 이용시설업이 아닌 것은?

① 휴양콘도미니엄업
② 전문휴양업
③ 종합휴양업
④ 관광유람선업

관광객 이용시설업의 종류(「관광진흥법 시행령」제2조 제1항 제3호)
• 전문휴양업
• 종합휴양업
• 야영장업
• 관광유람선업
• 관광공연장업
• 외국인관광 도시민박업
• 한옥체험업

휴양콘도미엄업은 관광숙박업에 해당한다.

정답 ①

33 관광진흥법령상 카지노업 허가에 관한 설명으로 옳지 않은 것은?

① 문화체육관광부장관은 카지노업을 허가할 때 1년의 범위에서 조건부 영업허가를 할 수 있다.
② 문화체육관광부장관이 공공의 안녕, 질서유지를 위하여 필요하다고 인정하면 대통령령으로 정하는 바에 따라 카지노업의 허가를 제한할 수 있다.
③ 우리나라의 연안을 왕래하는 여객선에서 카지노업을 하려는 경우, 여객선이 5천 톤급 이상 이어야 한다.
④ 금고 이상의 형의 선고유예를 받고 그 유예기간 중에 있는 자는 카지노업의 허가를 받을 수 없다.

우리나라와 외국을 왕래하는 여객선에서 카지노업을 하려는 경우, 여객선이 2만 톤급 이상으로 문화체육관광부장관이 공고하는 총 톤수 이상이어야 한다(「관광진흥법시행령」제27조 제2항 제2호).

정답 ③

34 관광진흥법령상 한국관광협회중앙회가 하는 공제사업의 내용이 아닌 것은?

① 지역별 관광협회와의 친목 도모 업무

② 회원 상호간의 경제적 이익을 도모하기 위한 업무

③ 관광사업행위에 따른 사고로 인하여 재해를 입은 종사원에 대한 보상업무

④ 관광사업자의 관광사업행위와 관련된 사고로 인한 대물 및 대인배상에 대비하는 배상업무

35 관광진흥법령상 관광지로 지정·고시된 지역에서 특별자치시장·특별자치도지사·시장·군수·구청장의 허가를 받아야 하는 사항이 아닌 것은?

① 토지매매

② 공유수면의 매립

③ 옮기기 어려운 물건을 1개월 이상 쌓아놓는 행위

④ 절토의 방법으로 토지의 형상을 변경하는 행위

36 자연 관찰, 농촌 생활 체험 및 교류를 추구하는 관광은?

① Social Tourism

② Cultural Tourism

③ Fair Tourism

④ Green Tourism

핵심해설 녹색관광이라고 부르며, 녹음이 풍부하고 자연이 아름다운 장소에서 휴양과 자연 관찰을 하는 것뿐만 아니라 촌락과 문화교류를 꾀하면서 농촌 지역의 자연, 문화, 생활, 산업 등을 체험하는 관광이다.

오답해설 ① 정부 또는 기업이 금액의 일부를 부담하여 소외 계층을 위해 여행을 지원하는 관광이다. 대중의 정서 함양과 보건 증진을 위하여 저소득층에게 국내관광을 즐길 수 있도록 권장함과 동시에 이를 실현할 수 있도록 특별 지원과 공적 시설 확충, 유급 휴가제도 실시와 같은 사회복지적 정책을 추진하는 것이다.
② 전통문화, 현대문화 등 다양한 문화를 체험하는 관광이다.
③ 책임관광, 녹색관광, 생태관광을 포함하는 개념으로 여행자와 여행대상국의 국민이 평등한 관계를 맺는 여행이다. 우리나라는 2007년 「사회적 기업육성법」 제정으로 활성화되었다.

정답 ④

37 MICE 분야 중 개인·단체에게 동기유발을 위한 포상의 목적으로 주어지는 것은?

① Meeting

② Incentive Tour

③ Convention

④ Exhibition

핵심해설 기업이나 단체 등에서 조직원들의 성과에 대한 보상 및 동기부여를 위한 순수 포상여행을 말한다.

정답 ②

더 알고가기 MICE 산업

- 정의 : 부가가치가 높은 복합적 전시 사업으로 기업회의(Meeting), 포상관광(Incentive Tour), 컨벤션(Convention), 전시(Exhibition)를 융합한 산업
- 구 성

구 분	내 용
Meeting	아이디어 교환, 토론, 정보 교환, 사회적 네트워크 형성을 목적으로 하는 모든 회의
Incentive Tour	기업이나 단체 등에서 조직원들의 성과에 대한 보상 및 동기부여를 위한 순수 포상여행
Convention	아이디어 교환, 토론, 정보 교환, 사회적 네트워크 형성을 목적으로 하는 회의로 Meeting보다 규모가 큼
Exhibition	유통·무역업자, 소비자, 일반인 등을 대상으로 판매, 홍보, 마케팅 활동을 하는 각종 전시회

38 카지노 사업의 특성으로 옳지 않은 것은?

① 높은 진입 장벽

② 높은 경제적 파급 효과

③ 계절성 사업

④ 오락적 기능

[핵심해설] **카지노 사업의 특성**
- 오락적 기능
- 외화 획득, 세수 증대
- 고용창출 및 호텔 수입 증대 효과
- 전천후 영업이 가능한 사업으로 연중 고객 유치
- 지역 경제 활성화
- 허가권 사업으로 인한 높은 진입 장벽
- 투기와 사행심 조장
- 도박 중독, 범죄, 부패, 혼잡 초래
- 지하경제 및 경제 파탄 위험

정답 ③

39 테마파크의 사업적 특성이 아닌 것은?

① 노동집약적 산업으로 인적 서비스 의존도가 높다.

② 사업이 영세하고 창업이 용이하다.

③ 대규모 투자비와 장기간의 개발 사업이다.

④ 초기에 막대한 자본을 투자하는 장치산업으로 독과점적 산업이다.

[오답해설] 테마파크는 엄청난 자본과 넓은 땅, 고도의 기술과 전문적인 인력이 필요한 자본집약적 산업이며 규모가 방대하여 중소기업보다 대기업의 많은 참여가 있어야 발전할 수 있다.

정답 ②

40 지상수배를 전문으로 하는 현지 여행사는?

① 랜드사
② 도매여행사
③ 소매여행사
④ 종합여행사

핵심해설 **유통형태에 따른 여행사의 구분**
• 도매여행사 : 여행상품을 기획하고 제작하여 소매여행사에 판매하는 여행사이다.
• 소매여행사 : 도매여행사가 생산한 여행상품을 공급받아 이를 소비자에게 직접 판매하고, 도매여행사로부터 일정한 수수료를 지급받는 여행사이다.
• 종합여행사 : 국내 · 외 여행 모두를 취급하는 중 · 대형 여행사로, 도매와 소매를 동시에 운영한다.
• 랜드사(Land Operator) : 현지의 지상수배를 전문으로 하는 여행사로 다른 여행사의 의뢰를 받아 현지의 숙박, 식사, 교통, 안내 등의 서비스를 알선한다.

정답 ①

41 우리나라 면세점에 관한 설명으로 옳지 않은 것은?

① 면세점은 특허성 사업이다.
② 사전 면세제도와 사후 면세제도로 운영된다.
③ 면세물품은 반입과 반출에 통제가 이루어진다.
④ 사후 면세의 경우 1인당 면세 한도는 미화 600달러이다.

오답해설 1인당 면세 한도는 미화 800달러이다.

정답 ④

더 알고가기 **사전면세점과 사후면세점**

구 분	사전면세점		사후면세점
정 의	별도의 환급 절차 없이 면세된 가격으로 상품을 구입할 수 있는 면세 판매장		지정된 매장에서 상품을 구입하고 사후에 환급받는 면세 판매장
면세 방법	사전 면세		출국장 환급, 도심환급창구 환급, 즉시 환급
구별 방법	Duty-Free	관세와 소비세 면제	Tax-Refund : 부가가치세, 개별소비세 사후환급
	Tax-Free	부가세와 개별소비세만 면제	
대상 품목	내국물품, 외국물품		내국물품
이용자	외국인, 출국 내국인		외국인

42 서양에서 투어리즘(Tourism)이란 용어가 최초로 사용된 것은?

① Time

② The Wall Street Journal

③ Reader's Digest

④ The Sporting Magazine

핵심해설 '투어리즘(Tourism)'은 라틴어 'Tornus'에서 유래한 Tour의 파생어로, 1811년 영국의 스포츠 월간 잡지 「The Sporting Magazine」에서 처음 사용하였다.

정답 ④

43 2024년 현재 출국 내국인의 면세물품 총 구매한도액은?

① 미화 3000달러

② 미화 5000달러

③ 미화 7000달러

④ 제한 없음

핵심해설 출국 내국인의 면세물품의 총 구매한도액은 제한이 없다.
※ 출국 내국인의 면세물품 구매한도 규정은 2022년 폐지되었다.

정답 ④

44 관광두레의 내용으로 옳은 것을 모두 고른 것은?

ㄱ. 지역주민으로 구성된 주민공동체가 지역 고유의 특색을 살려 만든 관광사업체의 창업 및 성장을 지원하는 사업
ㄴ. 건전한 민박생태계 조성을 위해 여행자는 합법숙소를 확인 이용하고 사업자는 안전하고 친절한 서비스를 제공하기 위한 사업
ㄷ. 공동체성, 지역성, 지속가능성이라는 핵심가치를 가지고 지역기반 관광 활성화를 위한 마중물이자 과정중심형·관계기반형 사업
ㄹ. 국내여행에 쉽게 참여하지 못하는 사회적 취약계층에게 여행기회를 제공하여 여행참여 및 관광활동을 통한 삶의 질을 향상시키고자 시행되는 사업

① ㄱ, ㄴ
② ㄱ, ㄷ
③ ㄱ, ㄷ, ㄹ
④ ㄴ, ㄷ, ㄹ

오답해설
ㄴ. 세이프 스테이에 대한 설명이다. 세이프 스테이는 건전한 민박생태계 조성을 위해 여행자는 합법 숙소를 확인·이용하고, 사업자는 안전하고 친절한 서비스를 제공하기 위한 캠페인이다.
ㄹ. 여행바우처에 대한 설명이다. 여행바우처는 국내여행에 쉽게 참여하지 못하는 사회적 취약계층에게 여행기회를 제공하여 여행참여 및 관광활동을 통한 삶의 질을 향상시키고자 시행되는 제도이다. 우리나라에서는 2005년부터 시행되었으며, 2014년부터는 기존 여행·문화·스포츠 바우처를 결합하여 '통합문화이용권(문화누리카드)'이라는 명칭으로 운영되고 있다.

정답 ②

45 다음 설명에 해당하는 국제기구는?

> ○ 아시아 태평양지역의 관광진흥활동, 지역발전 도모 및 유럽·미국 관광객 유치를 위한 목적
> ○ 태국 방콕에 본부를 둠
> ○ 연차총회, 관광교역전 및 지속가능한 관광자원보호를 위한 총회 개최

① PATA
② APEC
③ OECD
④ ICCA

핵심해설 PATA(Pacific Asia Travel Association, 아시아태평양관광협회)
• 설립 목적
  – 유럽과 미국 관광객 유치를 위한 공동 선전활동
  – 아시아·태평양지역의 관광진흥 개발 및 지역관광 개발
• 주요 활동
  – 관광상품(관광지) 개발 자문, 조사연구, 정보제공(시장동향, 관광통계)
  – 관광인력 개발, 교육훈련 및 PATA 재단 운영(환경·문화보존 지원, 장학금)
• 회의주기 : 연 1회(연차총회, 관광교역전, 세계지부회의 및 마케팅 회의)

오답해설 ② APEC(아시아태평양경제협력체) : 아시아 및 태평양 연안 국가들의 원활한 정책대화와 협의를 목적으로 한다.
③ OECD(국제협력개발기구) : 관광산업의 조사연구 및 관광통계작업 등을 한다.
④ ICCA(세계국제회의협회) : 정기적인 회의로 최소 3개국 이상을 순회하면서 개최되고 참가자가 50명 이상인 회의이다.

정답 ①

46 시장세분화 기준 중 인구통계적 변수가 아닌 것은?

① 개 성 ② 연 령
③ 성 별 ④ 직 업

핵심해설 개성은 시장세분화 기준 중 심리적 변수에 해당한다.

정답 ①

더 알고가기	시장세분화의 기준
구 분	**내 용**
지리적 변수	지역, 인구밀도, 도시의 규모, 기후 등
인구통계적 변수	성별, 연령, 가족규모, 수입, 직업, 교육, 종교, 인종, 사회 등
심리분석적 변수	계층, 사회적 계층, 라이프 스타일, 개성 등
행동분석적 변수	구매횟수, 이용률, 추구하는 편익, 사용량, 상표 충성도 등

47 관광의 사회문화적 효과가 아닌 것은?

① 국제친선 증진
② 교육기회 증대
③ 세수 증대
④ 문화교류 증진

핵심해설 관광의 사회문화적 효과
• 국위 선양
• 국제친선의 증진
• 국제문화의 교류
• 국민의 보건 향상
• 근로 의욕의 증진
• 교양의 향상 및 교육기회 증대

오답해설 세수 증대는 경제적 효과에 해당한다.

정답 ③

48 1970년대의 한국 관광에 관한 설명으로 옳은 것은?

① 해외여행 자유화
② 관광기본법 제정
③ 관광사업진흥법 제정
④ 지리산국립공원 지정

핵심해설 1970년대 주요관광정책
- 1970년 경부고속도로 개통
- 1971년 전국의 관광지 10대 관광권 설정
- 1972년 「관광진흥개발기금법」 제정·공포
- 1975년 「관광기본법」 및 「관광사업법」 제정·공포
- 1978년 외래관광객 100만 명 돌파

오답해설 ① 1989년 해외여행 완전 자유화
③ 1961년 「관광사업진흥법」 제정·공포
④ 1967년 지리산을 최초의 국립공원으로 지정

정답 ②

49 관광의사결정에 영향을 미치는 개인적 요인으로 옳은 것은?

① 학 습
② 가 족
③ 준거집단
④ 사회계층

핵심해설 관광의사결정에 영향을 미치는 요인
- 개인적 요인 : 학습, 성격, 태도, 동기, 지각
- 사회적 요인 : 가족, 문화, 사회계층, 준거집단

정답 ①

50 우리나라 행정구역과 문화시설의 연결로 옳지 않은 것은?

① 강원특별자치도 – 뮤지엄산
② 대구광역시 – 이응노미술관
③ 제주특별자치도 – 본태박물관
④ 전라남도 – 태백산맥문학관

오답해설 이응노미술관은 대전광역시에 위치해 있다.

정답 ②

02 2023년 필기 기출문제

제1과목 **국 사**

01 빗살무늬 토기가 전국적으로 널리 분포하던 시대에 관한 설명으로 옳지 않은 것은?

① 가락바퀴나 뼈바늘이 출토되는 것으로 보아 옷이나 그물이 만들어졌다.

② 연장자나 경험이 많은 자가 자기 부족을 이끌어 나가는 평등사회였다.

③ 사람이 죽어도 영혼은 없어지지 않는다고 생각하는 영혼 숭배와 조상 숭배가 나타났고, 무당과 그 주술을 믿는 샤머니즘도 있었다.

④ 청동 제품을 제작하던 거푸집이 전국의 여러 유적에서 발견되고 있다.

핵심해설 빗살무늬 토기가 전국적으로 널리 분포하던 시대는 신석기시대이다. 청동 제품을 제작하던 거푸집은 청동기시대를 대표하는 유물이다.

정답 ④

02 다음의 나라에 관한 설명으로 옳은 것은?

> 12월에 영고라는 제천행사가 열렸다. 이 때에는 하늘에 제사를 지내고 노래와 춤을 즐겼으며, 죄수를 풀어주기도 하였다.

① 왕과 신하들이 국동대혈에 모여 함께 제사를 지냈다.

② 남의 물건을 훔쳤을 때에는 물건값의 12배를 배상하는 법 조항이 전해진다.

③ 각 부족의 영역을 함부로 침범하지 못하게 하였으며, 다른 부족의 생활권을 침범하면 책화라 하여 노비와 소, 말로 변상하게 하였다.

④ 가족이 죽으면 시체를 가매장하였다가 나중에 그 뼈를 추려서 가족 공동 무덤인 커다란 목곽에 안치하였다.

핵심해설 〈보기〉에서 설명하는 나라는 '부여'이다. 부여는 1책 12법이라는 법제적 풍속이 있었다.

오답해설 ① 고구려, ③ 동예, ④ 옥저에 관한 설명이다.

정답 ②

03 다음 설명에 해당하는 것은?

> 고구려가 당의 침략에 대비하여 16년간의 공사 끝에 647년 완성하였다. 부여성에서 비사성에 이른다. 연개소문은 이것의 축조를 감독하면서 요동 지방의 군사력을 장악하여 정권을 잡을 수 있었다.

① 4군 6진   ② 강동 6주
③ 동북 9성   ④ 천리장성

핵심해설 〈보기〉는 천리장성에 대한 설명이다.

오답해설 ① 조선 세종 때 북방민족을 막기 위해 배치한 군대이다.
② 고려 성종 때 서희가 거란의 소손녕과 외교 담판을 지은 후에 얻은 지역이다.
③ 윤관이 고려 예종의 명으로 천리장성 동북방의 여진족들을 정벌한 후 쌓은 9개의 성이다.

정답 ④

04 고구려 초기에 수도인 국내성(집안)에서 만들어진 지배자의 무덤은 무엇인가?

① 돌무지무덤   ② 돌무지덧널무덤
③ 벽돌무덤   ④ 나무곽무덤

핵심해설 고구려의 초기 무덤 양식은 돌무지무덤(적석총)이다.

정답 ①

05 백제 성왕 대에 일어난 사건에 관한 설명으로 옳지 않은 것은?

① 대외 진출이 쉬운 사비(부여)로 도읍을 옮기고 국호를 남부여라고 부르기도 했다.
② 중국 남조와 활발하게 교류함과 아울러 일본에 불교를 전하기도 하였다.
③ 일시적으로 한강을 수복하였지만, 곧 신라에 빼앗기고, 왕도 관산성에서 전사하였다.
④ 불교를 처음으로 공인하여 중앙 집권 체제를 사상적으로 뒷받침하였다.

핵심해설 불교를 처음으로 공인하여 중앙 집권 체제를 사상적으로 뒷받침한 것은 침류왕 때의 사실이다.

정답 ④

06 통일신라의 지방 행정 조직에 관한 설명으로 옳은 것은?

① 전국을 5도와 양계로 크게 나누고 3경, 4도호부, 8목 등을 설치하였다.

② 지방관을 감찰하기 위하여 내사정을 파견하였다.

③ 지방 세력을 견제하기 위하여 상수리제도를 실시하였다.

④ 전략적 요충지에 5경을 두었고, 지방 행정의 중심에 15부를 두었다.

오답해설 ① 고려의 지방 행정 조직이다.
② 신라 상대(삼국시대)의 지방 행정 조직이다.
④ 발해의 지방 행정 조직이다.

정답 ③

07 다음은 발해의 역사적 사건이다. 시기 순으로 올바르게 나열한 것은?

ㄱ. 길림성 돈화시 동모산 기슭에서 건국

ㄴ. 중국인들에 의해 해동성국이라 불림

ㄷ. 장문휴의 수군으로 당의 산동 지방을 공격

ㄹ. 중국과 대등한 지위에 있음을 과시하기 위해 대흥이라는 독자적인 연호 사용

---

① ㄱ → ㄴ → ㄷ → ㄹ   ② ㄱ → ㄷ → ㄴ → ㄹ

③ ㄱ → ㄷ → ㄹ → ㄴ   ④ ㄴ → ㄱ → ㄹ → ㄷ

핵심해설 ㄱ(대조영 또는 고왕) → ㄷ(무왕) → ㄹ(문왕) → ㄴ(선왕)

정답 ③

08 고려 성종에 관한 설명으로 옳은 것은?

① 서경에 대화궁을 신축하였다.

② 정계와 계백료서를 간행하였다.

③ 속오법에 따라 속오군 체제로 정비하였다.

④ 12목을 설치하고 처음으로 목사를 파견하였다.

오답해설 ① 고려 인종 때의 사실이다.
② 고려 태조 때의 사실이다.
③ 조선 선조 때의 사실이다.

정답 ④

09 다음 설명에 해당하는 것은?

> 기병인 신기군, 보병인 신보군, 승병인 항마군으로 편성된 특수 부대이다.

① 별기군
② 별무반
③ 삼별초
④ 훈련도감

핵심해설 신기군·신보군·항마군으로 편성된 특수 부대는 별무반이다. 별무반은 고려 숙종 때 여진족에 대항하기 위해 윤관의 건의로 창설된 부대이다.

오답해설 ① 구한말 창설된 조선 최초의 신식 군대이다.
③ 좌별초·우별초·야별초로 구성된 고려 무신정권의 친위부대이다.
④ 임진왜란 중에 창설·운영된 조선의 5군영 중 하나이다.

정답 ②

PART 01

10 다음 설명에 해당하는 인물은?

> • 국청사를 창건하여 천태종을 창시하였다.
> • 교단 통합 운동을 펼쳤으며 교관겸수를 제창하였다.

① 요 세
② 의 천
③ 지 눌
④ 혜 심

핵심해설 〈보기〉는 대각국사 의천에 대한 설명이다.

오답해설 ① 천태종을 중흥하였으며, 백련결사운동을 전개한 고려의 후기의 승려이다.
③ 조계종의 창시자로, 교단 통합 운동 때 정혜쌍수와 돈오점수를 제창하였다.
④ 지눌의 제자로, 유불일치설을 제창하였다.

정답 ②

11 조선 통신사에 관한 설명으로 옳지 않은 것은?

① 조선 초기부터 정기적으로 중국에 파견되었다.

② 외교 사절로 일본에서는 국빈으로 예우받았다.

③ 조선의 선진 학문과 기술을 전파하는 역할을 하였다.

④ 도쿠가와 막부의 장군이 바뀔 때 권위를 국제적으로 인정받기 위해 파견을 요청받았다.

오답해설 통신사는 조선 후기에 일본의 요청으로 정기적으로 일본에 파견되었다.

정답 ①

12 조선 후기 과학 기술의 발달에 관한 설명으로 옳은 것은?

① 흥덕사에서 직지심체요절을 간행하였다.

② 금속활자로 상정고금예문을 인쇄하였다.

③ 기기도설을 참고하여 거중기를 만들었다.

④ 고구려 천문도를 바탕으로 천상열차분야지도를 돌에 새겼다.

오답해설 ① 〈직지심체요절〉은 고려 말의 문화유산이다.
② 〈상정고금예문〉은 무신정권기의 문화유산이다.
④ 〈천상열차분야지도〉는 조선 전기의 문화유산이다.

정답 ③

13 조선 중종 대에 관한 설명으로 옳은 것은?

① 현량과를 실시하였다.

② 대전통편을 편찬하였다.

③ 식목도감을 설치하였다.

④ 전민변정도감을 설치하였다.

오답해설 ② 조선 영조 때의 사실이다.
③ 고려 전기의 사실이다.
④ 고려 말 공민왕 때의 사실이다.

정답 ①

14 ( )에 해당하는 인물은?

( )은/는 서양의 여러 나라를 돌아보면서 듣고 본 역사, 지리, 산업, 정치, 풍속 등을 기록한 〈서유견문〉을 저술하였다. 국한문 혼용체를 사용하였으며 1895년에 간행되었다.

① 김옥균　　　　　　　　　　　② 박영효
③ 유길준　　　　　　　　　　　④ 윤치호

핵심해설 〈보기〉는 유길준에 대한 설명이다.

오답해설 ① 급진개화파의 일원으로, 갑신정변을 일으켰다.
② 급진개화파의 일원으로, 갑오개혁 때 제2차 연립내각의 한 축을 담당했었다.
④ 개화파 인사로, 독립신문과 독립협회를 만든 사람이다.

정답 ③

15 다음 사건을 발생한 순서대로 올바르게 나열한 것은?

ㄱ. 3·1 운동　　　　　　　　　　ㄴ. 105인 사건
ㄷ. 6·10 만세 운동　　　　　　　ㄹ. 만보산 사건

① ㄱ → ㄴ → ㄹ → ㄷ　　　　　② ㄱ → ㄷ → ㄴ → ㄹ
③ ㄴ → ㄱ → ㄷ → ㄹ　　　　　④ ㄴ → ㄹ → ㄱ → ㄷ

핵심해설 ㄴ(1911) → ㄱ(1919) → ㄷ(1926) → ㄹ(1931)

정답 ③

16 자연관광자원의 특성이 아닌 것은?

① 비이동성
② 변동성
③ 계절성
④ 저장가능성

핵심해설 자연관광자원은 별도의 장소로 이동하여 저장할 수 없는 비저장성을 띤다.

정답 ④

더 알고가기	자연관광자원의 특성		
• 비이동성	• 비저장성	• 비소모성	• 계절성
• 다양성	• 변동성	• 공공재적 성격	• 비계량적 성격

17 관광자원의 분류 중 상업관광자원에 해당하는 것을 모두 고른 것은?

ㄱ. 민속촌	ㄴ. 박물관
ㄷ. 오일장	ㄹ. 광장시장

① ㄱ, ㄴ
② ㄱ, ㄷ
③ ㄴ, ㄷ
④ ㄷ, ㄹ

오답해설 ㄱ. 사회적 관광자원에 해당한다.
ㄴ. 문화적 관광자원에 해당한다.

정답 ④

18 단오의 세시풍속과 관련이 없는 것은?

① 창포물에 머리 감기

② 쥐불놀이

③ 대추나무 시집보내기

④ 그네뛰기와 씨름

`오답해설` 쥐불놀이는 정월대보름의 풍속이다.

`정답` ②

19 소재지와 동굴의 연결이 옳은 것은?

① 경북 안동 – 성류굴　　　　　② 강원 삼척 – 고씨굴

③ 전북 익산 – 천호동굴　　　　④ 충북 단양 – 초당굴

`오답해설` ① 경북 울진 – 성류굴

② 강원 영월 – 고씨굴

④ 강원 삼척 – 초당굴

`정답` ③

20 동굴이나 관광안내소에 인력이 고정배치되어 해설서비스를 제공하는 기법은?

① 이동식 해설

② 정지식 해설

③ 길잡이식 해설

④ 매체이용 해설

`핵심해설` 문제는 정지식 해설에 대한 내용이다.

`오답해설` ① 일정한 구역을 돌아다니면서 해설서비스를 제공하는 방법이다.

③ 관광자원 주변에 배치된 안내문에 따라 관광자원을 관광객 스스로가 이해하는 방법이다.

④ 모형, 실물, 음향시설 등의 장치들을 이용하여 해설하는 방법이다.

`정답` ②

21 유네스코 세계유산으로 등재된 것이 아닌 것은?

① 한국의 갯벌

② 가야고분군

③ 창녕 우포늪

④ 하회마을과 양동마을

오답해설 창녕 우포늪은 람사르 지정 습지이다.

정답 ③

22 다음 설명에 모두 해당하는 것은?

- 국가무형문화재로 지정되어 있음
- 유네스코 인류무형문화유산에 등재되어 있음
- 49재의 한 형태로 불교 의식임

① 영산재   ② 처용무

③ 연등회   ④ 석전대제

핵심해설 〈보기〉의 조건에 모두 해당하는 무형유산은 영산재이다.

오답해설 ② 국가무형유산, 인류무형문화유산에 모두 등록되어 있으나, 불교 의식이 아니라 궁중무용이다.
③ 인류무형문화유산과 불교 의식이 맞지만, 49재와는 무관하며 국가무형유산도 아니다.
④ 국가무형유산은 맞지만, 인류무형문화유산과 불교 의식이 아니다.
※ 2024년 5월 17일 법령 개정에 따라 '국가무형문화재'의 명칭이 '국가무형유산'으로 변경되었다.

정답 ①

23 다음 설명에 모두 해당하는 것은?

> • 유네스코 세계기록유산에 등재되어 있음
> • 왕의 입장에서 일기 형태로 기록되어 있음
> • 한 나라의 역사기록물을 넘어 세계사 관점으로도 가치를 인정받음

① 일성록   ② 조선왕조 의궤

③ 동국정운   ④ 조선왕실 어보와 어책

핵심해설 〈보기〉의 조건에 모두 해당하는 문화유산은 일성록이다.

오답해설 ② 유네스코 세계기록유산으로 등재되어 있으나, 일기 형태가 아니라 의례를 정리한 도감 형태의 문화유산이다.
③ 〈보기〉의 세 조건에 모두 부합하지 않는 문화유산이다.
④ 유네스코 세계기록유산으로 등재되어 있으나, 일기 형태가 아니라 한 왕실의 기록물을 통칭하는 문화유산이다.

정답 ①

24 경주 불국사 다보탑에 관한 설명으로 옳지 않은 것은?

① 국보로 지정되어 있다.

② 2단의 기단 위에 세운 3층탑이다.

③ 통일신라시대에 조성되었다.

④ 4각, 8각, 원 등으로 탑을 구성하였다.

오답해설 다보탑은 1단의 기단 위에 세운 2층탑인데, 탑의 층수에 대해서는 2층·3층·4층 등 여러 설이 있다.

정답 ②

25 다음 설명에 모두 해당하는 것은?

> • 유네스코 세계유산에 등재되어 있음
> • 조선의 궁궐 중 가장 오랜 기간 임금의 거처로 사용되었음
> • 인정전, 선정전, 부용지 등이 있음

① 창경궁   ② 경복궁

③ 덕수궁   ④ 창덕궁

핵심해설 〈보기〉의 조건에 모두 해당하는 문화유산은 창덕궁이다.

오답해설 창경궁, 경복궁, 덕수궁 모두 유네스코 세계유산에 등재되어 있지 않다.

정답 ④

26 관광기본법상 정부의 의무에 관한 설명으로 옳은 것을 모두 고른 것은?

> ㄱ. 정부는 매년 관광진흥에 관한 시책과 동향에 대한 보고서를 정기국회가 시작하기 전 30일 이내
>   에 국회에 제출하여야 한다.
> ㄴ. 정부는 외국 관광객의 유치를 촉진하기 위하여 해외 홍보를 강화하고 출입국 절차를 개선하며
>   그 밖에 필요한 시책을 강구하여야 한다.
> ㄷ. 정부는 관광자원을 보호하고 개발하는 데에 필요한 시책을 강구하여야 한다.
> ㄹ. 정부는 관광사업을 육성하기 위하여 관광사업을 지도·감독하고 그 밖에 필요한 시책을 강구하
>   여야 한다.

① ㄱ, ㄴ ② ㄱ, ㄷ, ㄹ
③ ㄴ, ㄷ, ㄹ ④ ㄱ, ㄴ, ㄷ, ㄹ

오답해설 ㄱ. 정부는 매년 관광진흥에 관한 시책과 동향에 대한 보고서를 정기국회가 시작하기 전까지 국회에 제출하여야
한다(「관광기본법」 제4조).
ㄷ. 정부는 관광자원의 보호와 환경친화적 개발·이용, 고용 창출 및 지역경제 발전 등 현재와 미래의 경제적·사회
적·환경적 영향을 충분히 고려하는 지속가능한 관광에 필요한 시책을 추진하여야 한다(「관광기본법」 제9조).
※ 2024년 2월 23일 법률 개정에 따라 ㄴ과 ㄹ만 정답이 되었다.

정답 ③(해설참조)

27 국제회의산업 육성에 관한 법률상 용어의 정의로 옳지 않은 것은?

① "국제회의"란 상당수의 외국인이 참가하는 회의로서 문화체육관광부령으로 정하는 종류와 규모
에 해당하는 것을 말한다.
② "국제회의산업"이란 국제회의의 유치와 개최에 필요한 국제회의시설, 서비스 등과 관련된 산업
을 말한다.
③ "국제회의산업 육성기반"이란 국제회의시설, 국제회의 전문인력, 전자국제회의체제, 국제회의
정보 등 국제회의의 유치·개최를 지원하고 촉진하는 시설, 인력, 체제, 정보 등을 말한다.
④ "국제회의 전담조직"이란 국제회의산업의 진흥을 위하여 각종 사업을 수행하는 조직을 말한다.

오답해설 "국제회의"란 상당수의 외국인이 참가하는 회의로서 대통령령으로 정하는 종류와 규모에 해당하는 것을 말한다(「국
제회의산업 육성에 관한 법률」 제2조 제1항).

정답 ①

28 관광진흥개발기금법상 (   )에 들어갈 수 있는 내용으로 옳지 않은 것은?

> 국내 공항을 통하여 출국하는 공항통과 여객으로서 (   )에 해당되어 보세구역을 벗어난 후 출국하는 여객은 1만 원의 범위에서 대통령령으로 정하는 금액을 관광진흥 개발기금에 납부하지 않아도 된다.

① 항공기 탑승이 불가능하여 어쩔 수 없이 당일이나 그 다음 날 출국하는 경우
② 공항이 폐쇄되거나 기상이 악화되어 항공기의 출발이 지연되는 경우
③ 항공기의 고장·납치, 긴급환자 발생 등 부득이한 사유로 항공기가 불시착한 경우
④ 관광을 목적으로 보세구역을 벗어난 후 24시간이 지나 다시 보세구역으로 들어오는 경우

오답해설 납부금의 납부대상 및 금액(「관광진흥개발기금법 시행령」 제1조의2 제1항 제7호)
• 「관광진흥개발기금법」 제2조 제3항에서 "대통령령으로 정하는 자"란 다음의 어느 하나에 해당하는 자를 제외한 자를 말한다.
• 공항통과 여객으로서 다음의 어느 하나에 해당되어 보세구역을 벗어난 후 출국하는 여객
  – 항공기 탑승이 불가능하여 어쩔 수 없이 당일이나 그 다음 날 출국하는 경우
  – 공항이 폐쇄되거나 기상이 악화되어 항공기의 출발이 지연되는 경우
  – 항공기의 고장·납치, 긴급환자 발생 등 부득이한 사유로 항공기가 불시착한 경우
  – 관광을 목적으로 보세구역을 벗어난 후 24시간 이내에 다시 보세구역으로 들어오는 경우

정답 ④

29 관광진흥법령상 관광 편의시설업의 종류에 해당하지 않는 것은?

① 관광유흥음식점업
② 종합휴양업
③ 관광순환버스업
④ 외국인전용 유흥음식점업

핵심해설 관광사업의 종류(「관광진흥법 시행령」 제2조 제1항)
• 관광 편의시설업의 종류
  – 관광유흥음식점업   – 여객자동차터미널시설업
  – 관광극장유흥업   – 관광펜션업
  – 외국인전용 유흥음식점업   – 관광궤도업
  – 관광식당업   – 관광면세업
  – 관광순환버스업   – 관광지원서비스업
  – 관광사진업

정답 ②

30 관광진흥법령상 허가대상인 관광사업은?

① 여행업
② 카지노업
③ 관광숙박업
④ 국제회의기획업

허가와 신고(「관광진흥법」 제5조 제1항)
카지노업을 경영하려는 자는 전용영업장 등 문화체육관광부령으로 정하는 시설과 기구를 갖추어 문화체육관광부
장관의 허가를 받아야 한다.

정답 ②

31 관광진흥법령상 일반유원시설업의 허가 요건인 시설과 설비를 3년 이내에 갖출 것을 조건으로 하
여 허가를 받은 자가 천재지변으로 그 기간의 연장을 신청한 경우에 연장될 수 있는 최대 기간은?

① 1년
② 2년
③ 2년 6개월
④ 3년

조건부 영업허가(「관광진흥법」 제31조 제1항)
특별자치시장 · 특별자치도지사 · 시장 · 군수 · 구청장은 테마파크업 허가를 할 때 5년의 범위에서 대통령령으로
정하는 기간에 제5조 제2항에 따른 시설 및 설비를 갖출 것을 조건으로 허가할 수 있다. 다만, 천재지변이나 그
밖의 부득이한 사유가 있다고 인정하는 경우에는 해당 사업자의 신청에 따라 한 차례만 1년을 넘지 아니하는 범위에
서 그 기간을 연장할 수 있다.
※ 2025년 8월 28일 법률 개정으로 '유원시설업'의 명칭이 '테마파크업'으로 변경되었다.

정답 ①

32 관광진흥법령상 한국관광 품질인증을 받을 수 있는 사업은? (단, 문화체육관광부장관이 정하여 고시하는 사업이 아님)

① 종합휴양업
② 자동차야영장업
③ 관광공연장업
④ 관광펜션업

한국관광 품질인증의 대상(「관광진흥법 시행령」 제41조의11)
법 제48조의10 제1항에서 "대통령령으로 정하는 사업"이란 다음의 어느 하나에 해당하는 사업을 말한다.
• 야영장업 : 일반야영장업, 자동차야영장업
• 외국인관광 도시민박업
• 한옥체험업
• 관광식당업
• 관광면세업
• 숙박업(관광숙박업 제외)
• 외국인관광객면세판매장
• 그 밖에 관광사업 및 이와 밀접한 관련이 있는 사업으로서 문화체육관광부장관이 정하여 고시하는 사업

정답 ②

33 관광진흥법령상 업종별 관광협회에 위탁된 권한을 모두 고른 것은?

> ㄱ. 관광식당업의 지정 및 지정취소에 관한 권한
> ㄴ. 국외여행 인솔자의 등록 및 자격증 발급에 관한 권한
> ㄷ. 안전관리자의 안전교육에 관한 권한

① ㄱ, ㄴ
② ㄱ, ㄷ
③ ㄴ, ㄷ
④ ㄱ, ㄴ, ㄷ

권한의 위탁(「관광진흥법 시행령」 제65조 제1항)
• 국외여행 인솔자의 등록 및 자격증 발급에 관한 권한 : 업종별 관광협회
• 유기시설 또는 유기기구의 안전성검사 및 안전성검사 대상에 해당되지 아니함을 확인하는 검사에 관한 권한 : 문화체육관광부령으로 정하는 인력과 시설 등을 갖추고 문화체육관광부령으로 정하는 바에 따라 문화체육관광부 장관이 지정한 업종별 관광협회 또는 전문 연구·검사기관
• 안전관리자의 안전교육에 관한 권한 : 업종별 관광협회 또는 안전 관련 전문 연구·검사기관

권한의 위탁(「관광진흥법 시행령」 제65조 제1항)
• 관광 편의시설업 중 관광식당업·관광사진업 및 여객자동차터미널시설업의 지정 및 지정취소에 관한 권한 : 지역 별 관광협회

정답 ③

34 관광진흥법령상 유기시설로 인하여 사고가 발생한 경우에 유원시설업자가 즉시 사용중지 등 필요한 조치를 취하고 관할 지방자치단체장에게 '유기시설에 의한 중대한 사고의 통보'를 하여야 하는 경우에 해당하지 않는 것은?

① 사망자 1명이 발생한 경우

② 신체기능 일부가 심각하게 손상된 중상자 1명이 발생한 경우

③ 유기기구의 운행이 45분간 중단되어 인명 구조가 이루어진 경우

④ 사고 발생일부터 3일 이내에 실시된 의사의 최초 진단결과 1주의 입원 치료가 필요한 부상자 2명과 3주의 입원 치료가 필요한 부상자 2명이 동시에 발생한 경우

핵심해설 유기시설 등에 의한 중대한 사고(「관광진흥법 시행령」 제31조의2 제1항)
법 제33조의2 제1항에서 "대통령령으로 정하는 중대한 사고"란 다음의 어느 하나에 해당하는 경우가 발생한 사고를 말한다.
· 사망자가 발생한 경우
· 의식불명 또는 신체기능 일부가 심각하게 손상된 중상자가 발생한 경우
· 사고 발생일부터 3일 이내에 실시된 의사의 최초 진단결과 2주 이상의 입원 치료가 필요한 부상자가 동시에 3명 이상 발생한 경우
· 사고 발생일부터 3일 이내에 실시된 의사의 최초 진단결과 1주 이상의 입원 치료가 필요한 부상자가 동시에 5명 이상 발생한 경우
· 유기시설 또는 유기기구의 운행이 30분 이상 중단되어 인명 구조가 이루어진 경우

정답 ④

35 관광진흥법상 여행업자의 행위 중 여행업 등록의 취소사유에 해당하는 경우가 아닌 것은?

① 고의로 여행계약을 위반한 경우

② 여행자의 사전 동의 없이 선택관광 일정을 변경하는 경우

③ 관광표지에 기재되는 내용을 사실과 다르게 광고하는 행위를 한 경우

④ 국외여행 인솔자 등록을 하지 아니한 사람에게 국외여행을 인솔하게 한 경우

핵심해설 ① 4차 위반 시 등록 취소사유가 된다(「관광진흥법 시행령」 별표2 제2호 도목).
② 4차 위반 시 등록 취소사유가 된다(「관광진흥법 시행령」 별표2 제2호 파목 3).
③ 4차 위반 시 등록 취소사유가 된다(「관광진흥법 시행령」 별표2 제2호 자목 3).

정답 ④

36 카지노업의 효과가 아닌 것은?

① 고용 창출

② 세수 감소

③ 외화 획득

④ 호텔수입 증대

오답해설 카지노업은 첨단관광산업으로서 세수 확보, 고용 창출 등 지역 경제에 미치는 영향이 크다.

정답 ②

37 다음 설명에 해당하는 것은?

> • 국가단위로 참가하고 BIE가 공인한 행사
> • 5년 마다 6주~6개월간 개최

① 세계(등록) 박람회　　　　　　② 콩그레스

③ 전시회　　　　　　　　　　　④ 비엔날레

핵심해설 〈보기〉는 세계(등록) 박람회에 대한 설명이다.

오답해설 ② 국제 규모의 회의를 말한다.
③ 특정 분야의 물품 또는 활동을 대중들에게 공개하는 행사를 말한다.
④ 2년마다 개최되는 국제미술전을 말한다.

정답 ①

38 문화관광축제에 관한 설명으로 옳은 것은?

① 전통문화와 독특한 주제를 배경으로 한 지역축제 중 관광상품성이 큰 축제

② 글로벌육성축제·대표축제·최우수축제·유망축제로 구분

③ 한국관광협회중앙회에서 예산을 지원

④ 지방자치단체에서 문화관광축제 현장평가단을 구성·운영

오답해설 ② 2020년에 해당 등급제를 폐지하였다.
③ 문화체육관광부장관은 지정받은 문화관광축제를 예산의 범위에서 지원할 수 있다(「관광진흥법 시행령」제41조의9 제3항).
④ 문화체육관광부에서 문화관광축제 현장평가단을 구성·운영한다.

정답 ①

39 관광의 역사에서 대중관광(Mass Tourism)의 시대에 관한 설명으로 옳은 것은?

① 귀족과 부유한 평민이 주로 지적 호기심을 충족시키기 위한 형태로 관광이 발전
② 표준화된 패키지여행을 탈피하여 관광의 다양성과 개성을 추구
③ 주로 귀족과 승려·기사 등 특수계층에서 종교 및 신앙심을 향상시키려는 목적으로 여행을 실시
④ 조직적인 대규모 관광사업의 시대로, 중산층 및 서민대중을 포함한 폭넓은 계층에서 이루어지는 관광

[핵심해설] ① 근대 유럽의 교양관광(Grand Tour)에 대한 설명이다.
② 뉴 투어리즘(New Tourism)에 대한 설명이다.
③ 고대 그리스·로마와 중세 유럽의 관광에 대한 설명이다.

[정답] ④

40 문화체육관광부와 한국관광공사가 선정·발표하는 웰니스 관광지의 테마가 아닌 것은?

① 뷰티·스파
② 의료·헬스
③ 자연·숲치유
④ 힐링·명상

[오답해설] 웰니스 관광지의 테마
자연·숲치유, 뷰티(이미용)·스파, 힐링·명상

[정답] ②

41 관광진흥법령상 한국관광협회중앙회의 업무에 관한 내용으로 옳지 않은 것은?

① 관광 통계
② 관광종사원의 선발
③ 관광안내소의 운영
④ 회원의 공제사업

한국관광협회중앙회의 업무(「관광진흥법」제43조 제1항)

협회는 다음의 업무를 수행한다.

- 관광사업의 발전을 위한 업무
- 관광사업 진흥에 필요한 조사 · 연구 및 홍보
- 관광 통계
- 관광종사원의 교육과 사후관리
- 회원의 공제사업
- 국가나 지방자치단체로부터 위탁받은 업무
- 관광안내소의 운영
- 위의 규정에 의한 업무에 따르는 수익사업

정답 ②

42 관광상품 수명주기에서 마케팅비용 지출이 증가하여 이익이 정체 또는 감소하기 시작하는 단계는?

① 도입기

② 성장기

③ 성숙기

④ 쇠퇴기

문제는 성숙기에 대한 내용이다.

① 서비스가 처음으로 대중에게 소개되는 단계로, 시장에서 기반구축을 위한 많은 촉진과 기타 활동을 하게 되므로 이윤이 생기지 않거나 생겨도 낮은 단계이다.

② 판매가 급속히 증대되고 수익수준이 개선되어 경쟁자의 진입이 많아지는 단계이다.

④ 시장수요가 격감하고 뚜렷하게 수요를 반전시킬 기회나 방책이 보이지 않는 단계이다.

정답 ③

43 관광경찰의 역할로 옳지 않은 것은?

① 관광객 밀집지역 범죄예방 순찰

② 상습적 · 조직적인 관광 관련 불법행위 단속

③ 관광지 내 기초질서 위반행위 단속

④ 관광객 대상 여행상담 및 예약

관광객 대상 여행상담 및 예약을 담당하는 것은 여행사이다.

정답 ④

44 다음에서 설명하는 호텔로 옳은 것은?

> • Business Hotel이라고도 하며, 주로 도심의 교통중심지에 위치
> • 국제회의나 업무상 여행 및 출장을 목적으로 여행하는 사람들을 위한 호텔

① Residential Hotel　　　　　② Suburban Hotel
③ Commercial Hotel　　　　　④ Apartment Hotel

핵심해설 〈보기〉는 Commercial Hotel(커머셜 호텔)에 대한 설명이다.

오답해설 ① 1주일 이상 체재객을 대상으로 하는 호텔로, 호텔식의 메이드 서비스가 있고 최소한의 식사와 음료 서비스가
제공되는 식당과 주차장 시설도 갖추고 있다.
② 도시에서 멀리 떨어져 있는 호텔로 자동차를 이용하는 가족단위 관광객이 이용한다.
④ 장기체재객용 호텔로 레지덴셜호텔(Residential Hotel) 분류에 속한다.

정답 ③

45 관광시장세분화 기준변수 중 지리적 변수가 아닌 것은?

① 지 역
② 기 후
③ 도시규모
④ 사회계층

핵심해설 사회계층은 관광시장세분화 기준변수 중 심리분석적 변수에 해당한다.

정답 ④

더 알고가기　관광시장세분화의 기준변수

• 지리적 변수 : 지역, 인구밀도, 도시의 규모, 기후 등
• 인구적 변수 : 성별, 연령, 가족규모, 수입, 직업, 교육, 종교, 인종, 사회 등
• 심리분석적 변수 : 계층, 사회적 계층, 라이프 스타일, 개성 등
• 행동분석적 변수 : 구매횟수, 이용률, 추구하는 편익, 사용량, 상표 충성도 등

46 관광의 체계에서 관광객체에 해당하는 것은?

① 관광자원
② 관광정보
③ 관광객
④ 항공사

핵심해설 관광객체는 관광의 대상이 되는 것으로 관광자원과 관광시설이 이에 해당한다.

정답 ①

더 알고가기 관광의 구조와 구성요소

- 관광주체 : 관광객
- 관광객체 : 관광자원, 관광시설
- 관광매체
  - 공간적 매체 : 교통시설, 교통수단
  - 시간적 매체 : 휴게시설, 숙박시설 등
  - 기능적 매체 : 관광가이드 등의 통역안내원, 여행알선업자 및 관광기념품 판매업자 등

47 다음 설명에 해당하는 것은?

> 호텔, 컨벤션센터 등 MICE 전문시설은 아니지만, 해당 지역에서만 느낄 수 있는 독특한 매력을 가진 행사 개최 장소 및 시설

① 유니크 베뉴
② 컨벤션 시티
③ 스마트 관광도시
④ 메세(Messe)

핵심해설 〈보기〉는 유니크 베뉴에 대한 설명이다.

오답해설 ② 회의나 집회의 개최로 지역의 활성화를 꾀하려는 도시로, 권역 내에 회의·세미나·이벤트 등의 각종 컨벤션 활동을 수행할 수 있는 시설을 유치하거나 갖추게 된다.
③ 도시에서 생성되는 모든 정보를 수집·분석하여 도시의 다양한 문제를 해결하는 기능을 주민과 관광객이 함께 누릴 수 있는 도시이다.
④ 독일의 주요 도시에서 매월 2~3회 정도 개최되는 국제박람회이다.

정답 ①

48 관광진흥법령상 국내외를 여행하는 내국인만을 대상으로 하는 여행업은?

① 종합여행업

② 일반여행업

③ 국외여행업

④ 국내외여행업

관광사업의 종류(「관광진흥법 시행령」 제2조 제1항 제1호)
 • 여행업의 종류
   – 종합여행업 : 국내외를 여행하는 내국인 및 외국인을 대상으로 하는 여행업
   – 국내외여행업 : 국내외를 여행하는 내국인을 대상으로 하는 여행업
   – 국내여행업 : 국내를 여행하는 내국인을 대상으로 하는 여행업

정답 ④

49 국제기구의 약자가 올바르게 짝지어진 것을 모두 고른 것은?

ㄱ. 아시아 · 태평양관광협회 – PATA	ㄴ. 호주여행업협회 – ASTA
ㄷ. 국제민간항공기구 – ICAO	ㄹ. 세계관광협회 – UIA

① ㄱ, ㄴ

② ㄱ, ㄷ

③ ㄴ, ㄷ

④ ㄷ, ㄹ

ㄴ. 호주여행업협회 – AFTA / ASTA – 미국여행업협회
 ㄹ. 세계관광협회 – WTTC / UIA – 국제회의연합

정답 ②

50 다음에서 설명하는 관광은?

• 관광객의 개성을 살리고 체험과 활동을 지향하는 관광
• 특정 주제와 관심분야 위주로 하는 관광

① Social Tourism

② Barrier-free Tourism

③ Special Interest Tourism

④ City Tour

〈보기〉는 Special Interest Tourism(특수목적관광)에 대한 설명이다.

① 정부 또는 기업이 금액의 일부를 부담하여 소외 계층을 위해 여행을 지원하는 관광을 말한다.
 ② 여행의 계획 및 실행을 방해하는 물리적 · 사회적 장벽 없이 누구나 자유롭게 누리는 관광을 말한다.
 ④ 도심의 일정 권역을 관광하는 것을 말한다.

정답 ③

03 2022년 필기 기출문제

제1과목 국 사

01 단군신화에 나타나는 사상이나 관념이 아닌 것은?

① 토테미즘
② 샤머니즘
③ 성즉리(性卽理) 사상
④ 천지인(天地人) 사상

핵심해설 성즉리 사상은 성리학의 핵심 사상이다. 성리학은 고려시대 말 처음으로 도입되었으며, 단군신화는 고조선시대의 사상과 관념을 반영하고 있으므로 옳지 않다.

정답 ③

02 제작 시기가 가장 빠른 것은?

① 경주 첨성대
② 경주 불국사 삼층석탑(석가탑)
③ 경주 감은사지 동·서 삼층석탑
④ 성덕대왕신종(에밀레종)

핵심해설 첨성대는 신라 선덕여왕 때(632~647) 만들어졌다.

오답해설 ② 통일신라 경덕왕(751)
③ 통일신라 신문왕(682)
④ 통일신라 혜공왕(771)

정답 ①

03 신라의 왕권강화와 관련된 정책이 아닌 것은?

① 국학 설치
② 식읍 지급
③ 갈문왕 폐지
④ 집사부 설치

핵심해설 식읍은 왕족 및 공신 등 공을 세운 귀족에게 지급한 토지이다. 특히, 신문왕 때에 왕권강화를 위해 식읍 제한·폐지 등의 정책을 펼쳤다.

정답 ②

04 신라 촌락문서(장적문서)를 통해서 알 수 있는 내용이 아닌 것은?

① 뽕·잣·호두나무 수까지 기재하였다.
② 남녀 인구를 연령에 따라 등급을 나누었다.
③ 각 마을에 있는 소와 말의 수를 파악하였다.
④ 신라 지방 사회는 소경, 촌, 향, 부곡으로 편제되어 있었다.

핵심해설 신라 촌락문서에 향·부곡 등의 특수행정구역에 대한 기록은 남아있지 않아 편제를 확인할 수 없다.

정답 ④

05 삼국유사에 관한 설명으로 옳은 것은?

① 불교적인 설화를 많이 채록하였다.
② 고려의 전신인 고구려를 정통(正統)으로 서술하였다.
③ 기전체를 채택하여 본기와 열전으로 구성되어 있다.
④ 삼국의 역사를 중국과 같은 제왕(帝王)의 역사로 인식하였다.

오답해설 ② 이규보의 〈동명왕편〉에 대한 설명이다.
③ 김부식의 〈삼국사기〉에 대한 설명이다.
④ 이승휴의 〈제왕운기〉에 대한 설명이다.

정답 ①

06 무신집권기에 관한 설명으로 옳은 것은?

① 정치적인 혼란에도 불구하고 민생은 안정되었다.
② 최씨 정권은 능력 있는 문신들을 기용하여 통치에 활용하였다.
③ 개경의 교종 승려 및 사원 세력을 적극적으로 지원하였다.
④ 최항은 무신의 합의기관인 도방을 만들어 권력을 장악하였다.

핵심해설 최씨 정권은 서방을 설치하는 등 문학적 소양·행정실무 능력이 있는 문신을 활용하여 통치하였다.

정답 ②

07 고려시대 사회에 관한 설명으로 옳은 것은?

① 고려시대에는 여성이 호주가 될 수 없었다.
② 여성들은 재혼할 수 있었으나, 근친혼은 엄격하게 금지되었다.
③ 음서제도에 있어서 친아들과 친손자만 혜택을 누릴 수 있었다.
④ 노비와 토지 등의 재산을 남녀의 차별 없이 동등하게 상속할 수 있었다.

오답해설 ① 고려시대에는 여성이 호주가 될 수 있었다.
② 여성들의 재혼이 자유로웠으며, 고려 초기에는 근친혼이 성행하였다.
③ 음서제도는 사위·외손자도 혜택을 받을 수 있었다.

정답 ④

08 밑줄 친 "이 제도"에 해당하는 것은?

> 경연에서 조광조가 중종에게 아뢰기를 "국가에서 사람을 등용할 때 과거 시험에 합격한 사람을 중요하게 여깁니다. 그러나 매우 현명한 사람이 있다면 어찌 꼭 과거 시험에만 국한하여 등용할 수 있겠습니까? 중국 한을 본받아 <u>이 제도</u>를 실시하여 덕행이 있는 사람을 천거하여 인재를 찾으십시오"라고 하였다.
>
> – 〈중종실록〉 –

① 현량과
② 빈공과
③ 음서제
④ 독서삼품과

핵심해설 조광조는 인재를 추천하는 현량과 실시를 주장한 인물로 중종반정 위훈 삭제사건으로 인해 기묘사화(1519) 때 훈구파에 의해 제거되었다.

정답 ①

09 조선 전기의 경제 활동에 관한 설명으로 옳지 않은 것은?

① 장인을 공장안에 등록해 각 관청에 소속시켰다.
② 광작의 유행으로 일부 농민은 부농층으로 성장했다.
③ 저화와 조선통보와 같은 화폐를 만들어 유통시켰다.
④ 우리 풍토에 맞는 농사법을 정리한 농사직설을 간행하였다.

핵심해설 광작을 통해 소수의 농민이 부농층이 되는 시기는 조선 후기에 해당한다.

정답 ②

10 조선 후기 문화에 관한 설명으로 옳은 것을 모두 고른 것은?

ㄱ. 우리나라의 전체 역사를 편찬하려는 노력의 결과 동국통감이 간행되었다.
ㄴ. 고사관수도는 간결하고 과감한 필치로 인물의 내면세계를 느낄 수 있게 표현하였다.
ㄷ. 양반전, 허생전과 같은 한문 소설은 양반 사회의 허구성을 지적하고 실용적 태도를 강조한 것이다.
ㄹ. 종전의 실경산수화에 중국 남종 화법을 가미해 우리 고유의 자연을 표현한 새로운 화법이 창안되었다.

① ㄱ, ㄴ
② ㄱ, ㄹ
③ ㄴ, ㄷ
④ ㄷ, ㄹ

오답해설 ㄱ. 서거정이 성종의 명에 의해 고조선~고려 말까지 정리한 역사서로 조선 전기에 서술된 도서이다.
ㄴ. 강희안의 작품으로 조선 전기 작품에 해당한다.

정답 ④

11 다음 설명에 해당하는 것은?

조선 후기 향촌 사회의 지배권을 차지하기 위해 구향과 신향 사이에 벌어진 다툼

① 향 전
② 향 회
③ 향 약
④ 향 안

핵심해설 향전은 조선 후기 향촌 사회의 분쟁으로 기존 권력을 차지하고 있던 구향과 새롭게 향권을 장악하던 신향 사이에서 벌어졌다.

정답 ①

12 흥선대원군이 실시한 정책으로 옳지 않은 것은?

① 당백전 발행

② 경복궁 중건

③ 호포제 실시

④ 대전통편 편찬

핵심해설 〈대전통편〉은 정조가 편찬한 것이다. 흥선대원군이 편찬한 것은 〈대전회통〉과 〈육전조례〉이다.

정답 ④

13 광무개혁에 관한 설명으로 옳은 것은?

① 단발령과 종두법을 시행하였다.

② 토지를 조사하는 양전사업을 실시하였다.

③ 국가 재정을 탁지아문으로 일원화하였다.

④ 개혁의 기본 강령인 홍범 14조를 반포하였다.

오답해설 ① 을미개혁에 관한 설명이다.

③ 제1차 갑오개혁에 대한 설명이다.

④ 제2차 갑오개혁에 대한 설명이다.

정답 ②

14 다음의 사건을 발생한 순서대로 올바르게 나열한 것은?

> ㄱ. 조선어 학회 사건
> ㄴ. 6·10 만세 운동
> ㄷ. 광주 학생 항일 운동
> ㄹ. 3·1 운동

① ㄱ → ㄴ → ㄷ → ㄹ

② ㄴ → ㄹ → ㄱ → ㄷ

③ ㄷ → ㄴ → ㄱ → ㄹ

④ ㄹ → ㄴ → ㄷ → ㄱ

핵심해설 ㄹ(1919) → ㄴ(1926) → ㄷ(1929) → ㄱ(1942)

정답 ④

15 노태우 정부의 대북정책에 관한 설명으로 옳은 것은?

① 「남북 관계 발전과 평화 번영을 위한 선언」을 채택하였다.

② 북한과 평화 통일 원칙에 합의한 「7·4 남북 공동 성명」을 발표하였다.

③ 남북 유엔 동시 가입과 「남북 기본 합의서」를 채택하는 성과를 이루었다.

④ 최초로 남북 정상 회담이 개최되고 「6·15 남북 공동 선언」을 채택하였다.

오답해설 ① 노무현 정부
② 박정희 정부
④ 김대중 정부

정답 ③

16 우리나라 국립공원에 관한 설명으로 옳지 않은 것은?

① 지리산은 최초로 지정된 국립공원이다.

② 공원구역 면적이 가장 넓은 국립공원은 태안해안이다.

③ 2022년 현재 총 22개의 국립공원이 지정되어 있다.

④ 오대산 국립공원은 강원도에 위치하고 있다.

핵심해설 우리나라 국립공원 중 공원구역 면적이 가장 넓은 것은 다도해해상 국립공원으로 총면적 2,266.221km²이다.

※ 2023년 12월 팔공산국립공원이 제23호로 지정되면서 2024년 현재 총 23개의 국립공원이 지정되어 있다.

정답 ②

17 산업관광자원이 아닌 것은?

① 제철소

② 조선소

③ 자동차 공장

④ 풍 속

핵심해설 풍속은 무형관광자원 중 인적 관광자원에 해당한다.

정답 ④

18 무형문화재에 해당하는 것은?

① 농 악

② 건조물

③ 종교 서적

④ 석 탑

오답해설 ②·③·④ 유형문화재에 해당한다. 이 외에도 전적, 고문서, 회화, 조각, 공예품 등이 있다.

※ 2024년 5월 17일 법령 개정에 따라 '무형문화재'와 '유형문화재'의 명칭이 각각 '무형유산'과 '문화유산'으로 변경되었다.

정답 ①

19 관광자원의 설명으로 옳은 것은?

① 매력성은 관광자원의 중요한 요소가 아니다.
② 관광자원은 관광목적물이 아니다.
③ 관광자원은 유·무형의 대상물이 있다.
④ 관광자원과 관광시설은 연관성이 없다.

오답해설 ① 관광자원은 매력성·유인성 등을 갖는다.
② 관광자원은 관광대상으로 관광목적물이다.
④ 관광시설은 관광자원의 가치결정요인으로 연관되어 있다.

정답 ③

20 향토축제와 지역의 연결이 옳지 않은 것은?

① 화천 산천어축제 – 강원도
② 김제 지평선축제 – 전라북도
③ 고려산 진달래축제 – 충청북도
④ 자라섬 재즈페스티벌 – 경기도

핵심해설 고려산 진달래축제는 매년 4월 강화도에서 개최되는 축제로 진달래 체험전, 진달래 핸드폰 사진전 등의 행사를
체험할 수 있다.

정답 ③

21 마이스(MICE)산업의 특징에 관한 설명으로 옳은 것은?

① 일반 관광 상품에 비해 수익성이 매우 낮다.
② 부가가치가 적은 복합 전시 산업을 의미하는 신조어이다.
③ 고용 등 경제적 파급효과가 낮아 별로 주목을 받지 못하고 있다.
④ 최근 지역 경제 활성화를 위한 새로운 성장 동력으로 자리 잡아가고 있다.

오답해설 ① 일반 관광 상품에 비해 수익성이 매우 높다.
② 부가가치가 큰 복합 전시 산업을 의미하는 신조어이다.
③ 고용 등 경제적 파급효과가 커 주목받고 있다.

정답 ④

22 우리나라 유네스코 세계기록유산의 기록 내용을 시대 순서대로 올바르게 나열한 것은?

> ㄱ. 훈민정음(해례본)
> ㄴ. 난중일기(亂中日記)
> ㄷ. 새마을운동 기록물
> ㄹ. 5·18 광주 민주화 운동 기록물

① ㄱ → ㄴ → ㄷ → ㄹ

② ㄱ → ㄴ → ㄹ → ㄷ

③ ㄴ → ㄱ → ㄷ → ㄹ

④ ㄴ → ㄱ → ㄹ → ㄷ

핵심해설 ㄱ(1446) → ㄴ(1592~1598) → ㄷ(1970~1979) → ㄹ(1980)

정답 ①

23 무형문화재에 관한 설명으로 옳지 않은 것은?

① 무형문화재는 무형의 문화적 소산이다.

② 남사당놀이는 고구려시대 서민층을 공연 대상으로 하였다.

③ 은산별신제는 충청남도 부여군에서 전승되었다.

④ 통영오광대는 탈놀이로 무형문화재이다.

핵심해설 남사당놀이는 조선 후기부터 1920년대까지 서민층을 대상으로 하였던 놀이이다.
※ 2024년 5월 17일 법령 개정에 따라 '무형문화재'의 명칭이 '무형유산'으로 변경되었다.

정답 ②

24 우리나라 전통 건축양식에 관한 설명으로 옳은 것을 모두 고른 것은?

> ㄱ. 배흘림기둥은 원형기둥의 하부에서 1/3지점이 굵고 상부와 하부가 가늘다.
> ㄴ. 주심포 양식은 공포(栱包)를 기둥 위뿐 아니라 기둥 사이에도 설치한다.
> ㄷ. 다포 양식은 공포가 기둥 위에만 있다.
> ㄹ. 경복궁 근정전은 다포 양식 목조 건물의 대표적인 건축물이다.

① ㄱ, ㄴ
② ㄱ, ㄹ
③ ㄴ, ㄷ
④ ㄷ, ㄹ

오답해설 ㄴ. 주심포 양식은 공포가 기둥 위에만 있도록 배치한 양식이다.
ㄷ. 다포 양식은 주간에도 공포를 배치한 양식이다.

정답 ②

25 일월오봉도에 관한 설명으로 옳지 않은 것은?

① 조선시대 궁궐 정전의 어좌 뒤편에 놓였던 병풍이다.
② 다섯 개의 산봉우리와 해, 달, 소나무 등을 소재로 삼았다.
③ 왕과 신하의 권위와 존엄을 상징한다.
④ 4첩, 8첩, 한 폭 짜리 협폭, 삽병 형식 등 다양한 형태로 남아 있다.

핵심해설 일월오봉도는 왕의 권위와 존엄을 상징하는 그림이다.

정답 ③

26 관광기본법상 관광기본법의 목적이 아닌 것은?

① 국제친선의 증진

② 지역균형발전

③ 국민복지의 향상

④ 건전한 국민관광의 발전 도모

핵심해설 이 법은 관광진흥의 방향과 시책에 관한 사항을 규정함으로써 국제친선을 증진하고 국민경제와 국민복지를 향상시키며 건전하고 지속가능한 국민관광의 발전을 도모하는 것을 목적으로 한다(「관광기본법」 제1조).

정답 ②

27 관광진흥법상 용어의 정의로 옳지 않은 것은?

① "공유자"란 단독 소유나 공유(共有)의 형식으로 관광사업의 일부 시설을 관광사업자로부터 분양받은 자를 말한다.

② "지원시설"이란 관광지나 관광단지의 관리·운영 및 기능 활성화에 필요한 관광지 및 관광단지 안팎의 시설을 말한다.

③ "관광사업자"란 관광사업을 경영하기 위하여 인가·허가·승인 또는 지정을 받거나 등록 또는 신고를 한 자를 말한다.

④ "여행이용권"이란 관광취약계층이 관광 활동을 영위할 수 있도록 금액이나 수량이 기재된 증표를 말한다.

핵심해설 ③ "관광사업자"란 관광사업을 경영하기 위하여 등록·허가 또는 지정을 받거나 신고를 한 자를 말한다.
① "소유자 등"이란 단독 소유나 공유(共有)의 형식으로 관광사업의 일부 시설을 관광사업자로부터 분양받은 자를 말한다.
※ 2024년 2월 27일 법령 개정으로 '공유자'가 '소유자'로 변경되면서 ①도 옳은 선지가 되었다.

정답 ①·③(해설참조)

28 관광진흥법령상 여행업자가 여행계약서에 명시된 숙식, 항공 등 여행일정 변경 시 사전에 여행자로부터 받아야 할 서면동의서에 포함되는 사항을 모두 고른 것은?

> ㄱ. 여행의 변경내용
> ㄴ. 여행의 변경으로 발생하는 비용
> ㄷ. 여행목적지(국가 및 지역)의 여행경보단계
> ㄹ. 여행자 또는 단체의 대표자가 일정변경에 동의한다는 의사표시의 자필서명

① ㄱ
② ㄱ, ㄴ
③ ㄱ, ㄴ, ㄹ
④ ㄴ, ㄷ, ㄹ

핵심해설 여행업자는 여행계약서(여행일정표 및 약관을 포함)에 명시된 숙식, 항공 등 여행일정(선택관광 일정을 포함)을 변경하는 경우 해당 날짜의 일정을 시작하기 전에 여행자로부터 서면으로 동의를 받아야 한다. 서면동의서에는 변경일시, 변경내용, 변경으로 발생하는 비용 및 여행자 또는 단체의 대표자가 일정변경에 동의한다는 의사를 표시하는 자필서명이 포함되어야 한다(「관광진흥법 시행규칙」 제22조의4 제2항, 제3항).

정답 ③

29 관광진흥개발기금법령상 기금납부면제대상자가 아닌 부모와 8세의 자녀로 구성된 가족 3명이 국내 항만을 통해 선박으로 출국하는 경우 납부해야 할 납부금의 총 액수는?

① 2천 원
② 3천 원
③ 2만 원
④ 3만 원

핵심해설 **납부금의 납부대상 및 금액(「관광진흥개발기금법 시행령」 제1조의2)**
• 관광진흥개발기금법에서 "대통령령으로 정하는 자"란 다음의 어느 하나에 해당하는 자를 제외한 자를 말한다.
  – 외교관여권이 있는 자
  – 12세 미만인 어린이
  – 국외로 입양되는 어린이와 그 호송인
  – 대한민국에 주둔하는 외국의 군인 및 군무원
  – 입국이 허용되지 아니하거나 거부되어 출국하는 자
  – 출입국관리법에 따른 강제퇴거 대상자 중 국비로 강제 출국되는 외국인
  – 공항통과 여객으로서 다음의 어느 하나에 해당되어 보세구역을 벗어난 후 출국하는 여객
    ⓐ 항공기 탑승이 불가능하여 어쩔 수 없이 당일이나 그 다음 날 출국하는 경우
    ⓑ 공항이 폐쇄되거나 기상이 악화되어 항공기의 출발이 지연되는 경우
    ⓒ 항공기의 고장·납치, 긴급환자 발생 등 부득이한 사유로 항공기가 불시착한 경우
    ⓓ 관광을 목적으로 보세구역을 벗어난 후 24시간 이내에 다시 보세구역으로 들어오는 경우
  – 국제선 항공기 및 국제선 선박을 운항하는 승무원과 승무교대를 위하여 출국하는 승무원
• 납부금은 7천 원으로 한다. 다만, 선박을 이용하는 경우에는 1천 원으로 한다.
※ 출제 당시 정답은 ②였으나, 2024년 7월 1일 법령이 개정되어 현재 답은 ①에 해당한다.

정답 ①(해설참조)

30 관광진흥법령상 관광사업의 영업에 대한 지도와 감독의 내용으로서 영업소의 폐쇄조치 사유에 해당하는 것은?

① 甲이 처분이 금지된 관광사업의 시설을 타인에게 처분한 경우
② 乙이 의료관광호텔업자의 지위를 승계하고도 법정 기간 내에 신고를 하지 않은 경우
③ 丙이 보험 또는 공제에 가입하지 아니하거나 영업보증금을 예치하지 아니하고 여행업을 시작한 경우
④ 丁이 기타유원시설업을 신고 없이 영업을 하는 경우

핵심해설 관할 등록기관 등의 장은 대통령령으로 정하는 테마파크업 외의 테마파크업에 따른 허가 또는 신고 없이 영업을 하는 자에 대하여는 그 영업소를 폐쇄하기 위하여 관계 공무원에게 다음의 조치를 하게 할 수 있다(「관광진흥법」 제36조 제1항 참조).
※ 2025년 8월 28일 법률 개정으로 '유원시설업'의 명칭이 '테마파크업'으로 변경되었다.

정답 ④

31 관광진흥법상 관광종사원의 자격을 필수적으로 취소해야 하는 사유로 명시된 것은?

① 관광종사원 자격증을 가지고 있는 관광사업자에게 영업소가 폐쇄된 후 2년이 지나지 아니한 사실이 발견된 경우
② 관광종사원으로서 직무를 수행하는 데에 비위(非違)를 저지른 사실이 2번째로 적발된 경우
③ 관광종사원 자격증을 가지고 있는 관광사업자의 관광사업 등록이 취소된 경우
④ 다른 사람에게 관광종사원 자격증을 대여한 경우

핵심해설 문화체육관광부장관(관광종사원 중 대통령령으로 정하는 관광종사원에 대하여는 시·도지사)은 제38조 제1항에 따라 자격을 가진 관광종사원이 다음의 어느 하나에 해당하면 문화체육관광부령으로 정하는 바에 따라 그 자격을 취소하거나 6개월 이내의 기간을 정하여 자격의 정지를 명할 수 있다. 다만, 거짓이나 그 밖의 부정한 방법으로 자격을 취득한 경우 및 다른 사람에게 관광종사원 자격증을 대여한 경우에 해당하면 그 자격을 취소하여야 한다 (「관광진흥법」 제40조).

정답 ④

32 국제회의산업 육성에 관한 법령상 국제기구나 국제기구에 가입한 기관 또는 법인·단체가 개최하는 회의가 국제회의에 해당하기 위한 요건이다. (   )에 들어갈 내용을 순서대로 올바르게 나열한 것은?

> • 해당 회의에 5개국 이상의 외국인이 참가할 것
> • 회의 참가자가 300명 이상이고 그 중 외국인이 (ㄱ)명 이상일 것
> • (ㄴ)일 이상 진행되는 회의일 것

① ㄱ - 100, ㄴ - 2
② ㄱ - 100, ㄴ - 3
③ ㄱ - 150, ㄴ - 2
④ ㄱ - 150, ㄴ - 3

핵심해설 국제회의의 종류·규모(「국제회의산업 육성에 관한 법률 시행령」 제2조)
• 해당 회의에 3개국 이상의 외국인이 참가할 것
• 회의 참가자가 100명 이상이고 그 중 외국인이 50명 이상일 것
• 2일 이상 진행되는 회의일 것
※ 출제 당시 정답은 ②였으나, 2022년 12월 28일 법령이 개정되어 현재는 정답이 없다.

정답 해설참조

33 관광진흥법령상 한국관광 품질인증을 받을 수 있는 사업이 아닌 것은?

① 관광면세업
② 외국인관광 도시민박업
③ 관광식당업
④ 한국전통호텔업

핵심해설 한국관광 품질인증의 대상(「관광진흥법 시행령」 제41조의11)
• 야영장업
• 외국인관광 도시민박업
• 한옥체험업
• 관광식당업
• 관광면세업
• 숙박업(관광숙박업 제외)
• 외국인관광객면세판매장
• 그 밖에 관광사업 및 이와 밀접한 관련이 있는 사업으로서 문화체육관광부장관이 정하여 고시하는 사업

정답 ④

34 관광진흥법상 문화관광해설사에 관한 설명으로 옳지 않은 것은?

① 문화체육관광부장관은 3년마다 문화관광해설사의 양성 및 활용계획을 수립하여야 한다.

② 지방자치단체의 장은 예산의 범위에서 문화관광해설사의 활동에 필요한 비용을 지원할 수 있다.

③ 지방자치단체의 장은 「관광진흥법」에 따른 교육과정을 이수한 자를 문화관광해설사로 선발하여 활용할 수 있다.

④ 문화체육관광부장관은 문화관광해설사를 선발하는 경우 평가 기준에 따라 이론 및 실습을 평가하고, 3개월 이상의 실무수습을 마친 자에게 자격을 부여할 수 있다.

핵심해설 문화체육관광부장관은 문화관광해설사를 효과적이고 체계적으로 양성·활용하기 위하여 해마다 문화관광해설사의 양성 및 활용계획을 수립하고, 이를 지방자치단체의 장에게 알려야 한다(「관광진흥법」 제48조의4).

정답 ①

35 관광진흥법상 관광개발기본계획에 포함되어야 할 사항으로 명시된 것이 아닌 것은?

① 전국의 관광 수요와 공급에 관한 사항

② 관광권역(觀光圈域)의 설정에 관한 사항

③ 관광권역별 관광개발의 기본방향에 관한 사항

④ 관광지 연계에 관한 사항

핵심해설 관광개발기본계획(「관광진흥법」 제49조 제1항)

문화체육관광부장관은 관광자원을 효율적으로 개발하고 관리하기 위하여 전국을 대상으로 다음과 같은 사항을 포함하는 관광개발기본계획(이하 "기본계획")을 수립하여야 한다.

• 전국의 관광 여건과 관광 동향(動向)에 관한 사항
• 전국의 관광 수요와 공급에 관한 사항
• 관광자원 보호·개발·이용·관리 등에 관한 기본적인 사항
• 관광권역(觀光圈域)의 설정에 관한 사항
• 관광권역별 관광개발의 기본방향에 관한 사항
• 그 밖에 관광개발에 관한 사항

정답 ④

36 다음의 관광 어원이 되는 글귀가 처음 등장한 중국 문헌은?

> "觀國之光 利用賓于王" (관국지광 이용빈우왕)

① 역경(易經)
② 시경(詩經)
③ 춘추(春秋)
④ 논어(論語)

핵심해설 관광은 중국의 주(周)나라 시대에 발간된 〈역경〉 속의 '觀國之光 利用賓于王(관국지광 이용빈우왕 ; 후한 대접을 받은 신하가 국가의 문물제도를 살핌)'이라는 문구에서 비롯되었다.

정답 ①

37 친환경적인 대안관광(Alternative Tourism)의 행태로 옳지 않은 것은?

① 지속가능한 관광(Sustainable Tourism)
② 대중관광(Mass Tourism)
③ 농촌관광(Rural Tourism)
④ 생태관광(Ecotourism)

핵심해설 대안관광
대량 관광 행위로 인해 환경·사회·문화에 미치는 영향을 최소화하려는 것으로 사회적으로 책임을 가지고 환경을 인식하는 새로운 형태이다. 녹색관광, 생태관광, 지속가능한 관광, 농촌관광 등이 있다.

정답 ②

38 2000~2020년에 대한민국에서 개최한 국제 행사가 아닌 것은?

① 대전 세계박람회
② APEC 정상회의
③ ASEM 정상회의
④ G20 정상회담

핵심해설 대전 세계박람회는 1993년 대전광역시에서 개최되었던 국제 행사이다.

정답 ①

39 관광 법규가 제정된 시기를 순서대로 올바르게 나열한 것은?

> ㄱ. 관광기본법
> ㄴ. 관광진흥개발기금법
> ㄷ. 관광진흥법
> ㄹ. 한국관광공사법
> ㅁ. 국제회의 육성에 관한 법률

① ㄱ → ㄴ → ㄹ → ㅁ → ㄷ
② ㄱ → ㄴ → ㅁ → ㄹ → ㄷ
③ ㄴ → ㄱ → ㄷ → ㄹ → ㅁ
④ ㄴ → ㄱ → ㄹ → ㄷ → ㅁ

핵심해설 ㄴ(1972) → ㄱ(1975) → ㄹ(1982) → ㄷ(1987) → ㅁ(1997)

정답 ④

40 여행 산업의 특성으로 옳은 것은?

① 현금유동성이 낮은 산업이다.
② 외부환경에 민감한 업종이다.
③ 고정자산비중이 높은 산업이다.
④ 기술집약적 산업이다.

오답해설 ① 현금유동성이 높은 산업이다.
③ 고정자산비중이 낮은 산업이다.
④ 노동집약적 산업이다.

정답 ②

41 다음에서 설명하는 카지노 게임은?

> • 카드를 사용하여 플레이어와 딜러가 승부를 겨루는 게임이다.
> • 플레이어는 카드의 합이 21 또는 21에 가까운 숫자를 얻는 데 목적이 있다.

① 바카라

② 다이사이

③ 키 노

④ 블랙잭

오답해설 ① Banker와 Player 중 카드 합이 9에 가까운 쪽이 승리하는 카지노 게임이다.

② 베팅한 숫자 또는 숫자의 조합이 셰이커(주사위 용기)에 있는 세 개의 주사위와 일치하면 배당률에 의해 배당금이 지급되는 게임이다.

③ 80개의 숫자가 매겨진 볼을 가지고 진행되며, 20개의 볼을 끌어내어 선택한 번호와 일치하는 정도에 따라 배당금이 지급되는 게임이다.

정답 ④

42 관광사업의 종류 중 카지노업에 관한 설명으로 옳지 않은 것은?

① 한국 카지노 설립의 근거 법은 1961년에 제정된 '복표발행·현상기타사행행위단속법'이다.

② 2006년 7월 이후, 제주도를 포함한 전국 카지노 사업 허가권과 지도·감독권은 문화체육관광부에서 가지고 있다.

③ 강원랜드는 「폐광지역개발지원에 관한 특별법」에 의해 2045년까지 한시적으로 내국인 출입이 허용되고 있다.

④ 2021년 12월 기준 외국인 전용 카지노는 16개, 내국인출입 카지노는 1개이다.

핵심해설 2006년 7월부터 제주지역 카지노에 대하여는 제주특별자치도가 허가 및 지도·감독 기능을 한다.

정답 ②

43 다음에서 설명하는 것으로 옳은 것은?

> 제시된 한 가지 주제에 대해 상반된 동일 분야의 전문가들이 사회자의 주관 아래 서로 다른 견해를 청중 앞에서 전개하는 공개토론회로 청중의 참여가 활발히 이루어지며 사회자의 중립적 역할이 중요한 회의

① 워크숍(Workshop)
② 세미나(Seminar)
③ 포럼(Forum)
④ 컨퍼런스(Conference)

오답해설 ① 문제해결능력의 일환으로서 참여를 강조하고 소집단(30~35명) 정도의 인원이 특정문제나 과제에 관해 새로운 지식·기술·아이디어 등을 교환하는 회의로서 강력한 교육적 프로그램이다.
② 대개 30명 이하의 규모, 주로 교육목적을 띤 회의로서 전문가의 주도하에 특정분야에 대한 각자의 지식이나 경험을 발표·토의이다. 발표자가 우월한 위치에서 지식의 전달자로서 역할을 한다.
④ 컨벤션과 비슷한 의미지만 컨벤션보다 토의·토론회가 많이 열린다.

정답 ③

44 IATA Code에 따른 항공사별 연결이 옳지 않은 것은?

① OZ – 아시아나항공
② KE – 대한항공
③ TW – 티웨이항공
④ RS – 진에어

핵심해설 진에어의 IATA 코드는 LJ이고, RS는 에어서울의 IATA 코드이다.

정답 ④

45 관광사업의 구성요소인 관광매체에 관한 설명으로 옳은 것은?

① 관광자원, 관광시설, 기반시설 등을 말한다.
② 관광매체는 관광객의 관광욕구를 충족시켜 줄 수 있는 모든 관광자원이다.
③ 관광매체는 관광객과 관광대상을 연결시켜 주는 역할을 한다.
④ 관광하는 사람 또는 방문자를 의미한다.

오답해설 ①·② 관광객체에 대한 설명이다.
④ 관광주체에 대한 설명이다.

정답 ③

46 관광진흥법령상 국내외를 여행하는 내국인 및 외국인을 대상으로 하는 여행업은?

① 종합여행업

② 일반여행업

③ 국내외여행업

④ 국외여행업

여행업의 종류(「관광진흥법 시행령」제2조 제1항 제1호)

• 종합여행업 : 국내외를 여행하는 내국인 및 외국인을 대상으로 하는 여행업[사증(査證)을 받는 절차를 대행하는 행위를 포함]

• 국내외여행업 : 국내외를 여행하는 내국인을 대상으로 하는 여행업(사증을 받는 절차를 대행하는 행위를 포함)

• 국내여행업 : 국내를 여행하는 내국인을 대상으로 하는 여행업

정답 ①

47 관광교통의 특성으로 옳지 않은 것은?

① 수요의 탄력성이 크다.

② 관광교통의 수요는 세분화되어 있다.

③ 대중교통수단은 해당되지 않는다.

④ 관광자원에 대한 매력도를 상승시킬 수 있다.

관광교통에는 버스, 지하철, 철도 등의 대중교통수단 또한 해당된다.

정답 ③

48 다음 업무를 수행하는 기관은?

```
• 관광산업 및 정책총괄
• 관광에 대한 대외적 및 전국적 차원의 정책수립
• 정부발표에 대한 사무 및 총괄
```

① 한국관광공사 　　　　　　　② 한국관광협회중앙회

③ 한국여행업협회 　　　　　　④ 문화체육관광부

① 국제관광 진흥사업, 국민관광 진흥사업, 관광자원 개발사업, 관광산업의 연구·개발사업

② 관광사업의 발전을 위한 업무 및 관광사업 진흥에 필요한 조사·연구 및 홍보, 관광 통계

③ 관광사업의 발전과 회원 및 여행종사원의 권익증진을 위한 사업, 여행업무에 필요한 조사·연구·홍보활동 및 통계 업무

정답 ④

49 외국인 관광객이 우리나라에 가장 많이 입국한 해는?

① 2017년

② 2018년

③ 2019년

④ 2020년

핵심해설 2019년에 17,502,756명의 외국인 관광객이 입국하였다.

정답 ③

50 2022년 한국관광공사 선정 스마트 관광도시가 아닌 곳은?

① 남 원

② 청 주

③ 경 주

④ 제 주

핵심해설 2022년 한국관광공사 선정 스마트 관광도시는 경주시·남원시·양양군·울산광역시·청주시·하동군이다. 2023년 스마트 관광도시로는 용인시·인제군·통영시가 선정되었다.

정답 ④

04 2021년 필기 기출문제

제1과목 국 사

01 다음과 같은 법을 시행하였던 나라에 관한 설명으로 옳은 것은?

> 도둑질을 한 자는 노비로 삼는다. 용서받고자 하는 자는 한 사람마다 50만 전을 내야 한다.

① 동맹이라는 제천 행사가 열렸다.
② 왕 아래 상, 대부, 장군을 두었다.
③ 소를 죽여 그 굽으로 길흉을 점쳤다.
④ 특산물로 과하마, 반어피가 유명하였다.

핵심해설 〈보기〉는 고조선에 대한 설명이다.

오답해설 ① 고구려, ③ 부여, ④ 동예에 대한 설명이다.

정답 ②

02 다음 역사서의 저자를 바르게 연결한 것은?

> ㄱ. 서 기   ㄴ. 신 집

	ㄱ	ㄴ
①	거칠부	김대문
②	이문진	거칠부
③	고 흥	이문진
④	김대문	고 흥

핵심해설 **저자별 역사서**
• 〈서기〉 : 고흥
• 〈국사〉 : 거칠부
• 〈신집〉 : 이문진
• 〈화랑세기〉 : 김대문

정답 ③

03 원 간섭기의 고려에 관한 설명으로 옳지 않은 것은?

① 전제개혁을 단행하여 과전법을 시행하였다.
② 원은 공녀라 하여 고려의 처녀들을 뽑아 갔다.
③ 중서문하성과 상서성을 합쳐 첨의부라 하였다.
④ 원은 다루가치를 파견하여 내정을 간섭하였다.

핵심해설 과전법은 고려 말인 1391년 시행하였다.

정답 ①

04 고려 사회에 관한 설명으로 옳은 것을 모두 고른 것은?

> ㄱ. 부모 가운데 한쪽이 노비이면 그 자식도 노비가 되었다.
> ㄴ. 모내기법의 보급으로 벼와 보리의 이모작이 널리 행해졌다.
> ㄷ. 중대한 범죄자가 있으면 제가회의를 열어 사형에 처하였다.
> ㄹ. 5품 이상 관료의 아들이나 손자는 음서의 혜택을 받아 관리로 진출하였다.

① ㄱ, ㄴ   ② ㄱ, ㄹ
③ ㄴ, ㄷ   ④ ㄷ, ㄹ

오답해설 ㄴ. 조선 후기에 대한 설명이다.
ㄷ. 고구려에 대한 설명이다.

정답 ②

05 다음 사건 가운데 시간 순서상 가장 마지막에 일어난 것은?

① 기묘사화   ② 임진왜란
③ 인조반정   ④ 4군 6진 설치

핵심해설 4군 6진 설치(1433) → 기묘사화(1519) → 임진왜란(1592) → 인조반정(1623)

정답 ③

06 정조(正祖)에 관한 설명으로 옳지 않은 것은?

① 속대전을 편찬하였다.
② 수원에 화성을 축조하였다.
③ 초계문신제도를 실시하였다.
④ 친위 부대인 장용영을 설치하였다.

핵심해설 속대전 편찬은 영조의 업적이다.

정답 ①

07 다음 설명에 해당하는 단체는?

- 비타협적 민족주의와 사회주의 세력 연합 조직
- 회장 이상재, 부회장 홍명희 등 선출
- 1931년 사회주의자들의 주장으로 해소

① 신간회   ② 신민회

③ 대한광복회   ④ 대한자강회

`오답해설` ② 1907년 안창호·양기탁 등이 창립한 비밀결사단체로, 105인 사건을 계기로 해체되었다. 대성학교·오산학교를 설립하였으며, 태극 서관과 자기 회사를 운영하였다.
③ 1915년 대구에서 결성되었으며, 군자금 모집과 독립군을 양성하였다. 또한 친일파를 처단하였다.
④ 1906년 조직되었으며, 고종의 퇴위 반대운동을 주도하다가 강제로 해체되었다.

`정답` ①

08 다음 내용이 포함된 헌법에 의거하여 선출된 대통령은?

- 대통령은 통일주체국민회의에서 토론 없이 무기명 투표로 선거한다.
- 통일주체국민회의는 국회의원 정수의 3분의 1에 해당하는 수의 국회의원을 선거한다.
- 대통령은 국회를 해산할 수 있다.

① 김영삼   ② 노태우

③ 박정희   ④ 이승만

`핵심해설` 〈보기〉는 유신헌법에 대한 내용이다. 박정희는 1972년 10월 17일 유신체제를 선포하고, 동년 11월 21일 국민투표를 진행하여 유신헌법을 확정하였다. 유신헌법은 12월 27일에 공포 및 시행되었다.

`정답` ③

09 경주 호우총에서 출토된 '호우명 그릇' 밑면의 명문에 나오는 인물에 관한 설명으로 옳은 것은?

① 왕의 칭호를 마립간으로 고쳤다.
② 금관가야와 대가야를 정복하였다.
③ 율령을 반포하고 불교를 공인하였다.
④ 신라의 구원요청으로 왜군을 격퇴하였다.

`핵심해설` 호우명 그릇 밑면의 명문에 나오는 인물은 광개토대왕이다.

`오답해설` ① 내물왕에 대한 설명이다.
② 금관가야는 법흥왕이, 대가야는 진흥왕이 정복하였다.
③ 법흥왕에 대한 설명이다.

`정답` ④

10 밑줄 친 '북국'에 관한 설명으로 옳은 것은?

> "원성왕 6년 3월 북국(北國)에 사신을 보내 교빙하였다. ...(중략)... 이 나라는 요동 땅에서 일어나 옛 고구려의 북쪽 땅을 병합하여 신라와 서로 경계를 맞대었지만, 교빙했다는 사실이 역사에 전해지지 않았다. 그런데 이제 와서 일길찬 백어(白魚)를 보내 교빙하였다."　　　　－〈동사강목〉－

① 신라와 시종 친밀한 관계를 유지하였다.
② 불교 관련 문화재가 전혀 남아 있지 않다.
③ 일본과 서로 적대의식을 갖고 교류하지 않았다.
④ 전성기 때 중국인들이 해동성국이라 불렀다.

핵심해설 　북국은 발해로 해동성국이라 불렸다.

오답해설 　① 무왕 때에는 대립관계를 보였고, 문왕 때에는 대립관계를 해소하고자 하였다.
② 불교와 관련된 문화유산으로 이불병좌상이 있다.
③ 일본과 사신을 파견하며 교류하였다.

정답 ④

11 고려 후기에 재조대장경(팔만대장경)을 만들게 된 계기는?

① 거란의 침입
② 여진의 침입
③ 몽골의 침입
④ 홍건적의 침입

핵심해설 　부처의 힘으로 몽골(원)의 침입을 물리치기 위해 제작하였다.

정답 ③

12 세종 때 편찬된 것을 모두 고른 것은?

> ㄱ. 용비어천가　　　　　　　　ㄴ. 경국대전
> ㄷ. 세종실록지리지　　　　　　ㄹ. 농사직설

① ㄱ, ㄴ　　　　　　　　　　　② ㄱ, ㄹ
③ ㄴ, ㄷ　　　　　　　　　　　④ ㄷ, ㄹ

오답해설 　ㄴ. 세조 때 편찬하기 시작하여 성종 때 완성되었다.
ㄷ. 단종 때 편찬되었다.

정답 ②

13 조선 후기 농업과 상공업에 나타난 특징으로 옳은 것은?

① 청, 일본과의 무역이 완전히 단절되었다.

② 민간 상인들의 활동이 종전보다 위축되었다.

③ 지대를 정액으로 납부하는 도조법이 나타났다.

④ 민간인에게 광산 채굴을 일절 허용하지 않았다.

`오답해설` ① 청·일본과의 대외무역이 활발하게 전개되었다.
② 관영수공업이 쇠퇴하고 민영수공업이 발달하였다.
④ 민영광산이 증가하여 광산운영 전문가인 덕대가 출현하였다.

`정답` ③

14 일제의 식민지 조선에 대한 경제 침탈 정책이 아닌 것은?

① 토지조사사업

② 임야조사사업

③ 산미증산계획

④ 물산장려운동

`핵심해설` 물산장려운동(1920~1932)은 일제의 수탈에 대항하여 민족경제의 자립을 추구하기 위해 벌인 것으로, 토산품 애용, 근검저축 등을 주장하였다.

`정답` ④

15 다음 사건을 발생한 순서대로 올바르게 나열한 것은?

ㄱ. 4·19 혁명
ㄴ. 5·16 군사정변
ㄷ. 5·18 민주화운동
ㄹ. 7·4 남북공동성명

① ㄱ → ㄴ → ㄹ → ㄷ

② ㄱ → ㄷ → ㄴ → ㄹ

③ ㄴ → ㄱ → ㄷ → ㄹ

④ ㄴ → ㄹ → ㄱ → ㄷ

`핵심해설` 4·19 혁명(1960) → 5·16 군사정변(1961) → 7·4 남북공동성명(1972) → 5·18 민주화운동(1980)

`정답` ①

16 자연관광자원의 개념에 대한 설명으로 옳지 않은 것은?

① 레크리에이션 기능을 갖추고 있어야 한다.

② 자연미, 신비감, 특이함을 갖춘 경관미가 있어야 한다.

③ 관광객의 욕구를 충족시켜 줄 수 있는 자연적인 대상이다.

④ 인위적으로 제작된 문화유산으로 보존할 만한 가치가 있고 매력을 느낄 수 있는 자원이다.

핵심해설 ④ 문화관광자원에 대한 설명이다.

정답 ④

17 전통세시풍속에 속하지 않는 것은?

① 정월대보름   ② 칠월칠석

③ 곶자왈   ④ 설 날

핵심해설 곶자왈은 곶(숲)과 자왈(덤불)의 합성어로, 제주 지역에 위치하며, 자연생태계가 잘 보존된 곳이다. 전통세시풍속에는 해당하지 않는다.

정답 ③

18 자연관광자원의 자연환경요인으로 옳은 것을 모두 고른 것은?

ㄱ. 기 후	ㄴ. 지 질
ㄷ. 지 형	ㄹ. 토 양
ㅁ. 사 적	ㅂ. 식 생
ㅅ. 야생동물	ㅇ. 문화유산

① ㄱ, ㄷ, ㅁ

② ㄱ, ㅂ, ㅅ, ㅇ

③ ㄷ, ㄹ, ㅁ, ㅂ, ㅇ

④ ㄱ, ㄴ, ㄷ, ㄹ, ㅂ, ㅅ

핵심해설 사적, 문화유산은 문화적관광자원에 해당한다.

정답 ④

19 축제의 기능이 아닌 것은?

① 종교적 기능　　　　　　　　② 정치적 기능

③ 자연적 기능　　　　　　　　④ 예술적 기능

① · ② · ④ 외에 오락적, 생산적 기능 등이 있다.

정답 ③

20 국가지정문화재가 아닌 것은?

① 천연기념물　　　　　　　　② 국가민속문화재

③ 문화재자료　　　　　　　　④ 보물 및 국보

국가지정문화재로는 보물 · 국보 · 국가무형문화재 · 사적 · 명승 · 천연기념물 · 국가민속문화재가 있다.

※ 2024년 5월 17일 법령 개정에 따라 '국가지정문화재', '국가민속문화재', '문화재자료'의 명칭이 각각 '국가지정문화유산', '국가민속문화유산', '문화유산자료'로 변경되었다.

정답 ③

21 세계 유일의 대장경판 보관용 건물로서 유네스코 세계문화유산으로 등재된 15세기 건축물은?

① 영주 부석사 무량수전

② 합천 해인사 장경판전

③ 순천 송광사 국사전

④ 안동 봉정사 극락전

① 국보에 해당하며, 우리나라의 목조 건물 중 안동 봉정사 극락전과 함께 오래된 건물에 속한다. 고대 사찰건축의 구조를 연구하는 데 중요한 의의를 갖는다.

③ 국보에 해당하며, 주심포 중기 형식을 따르고 있다.

④ 국보에 해당하며, 통일신라시대의 건축양식을 따르고 있다.

정답 ②

22 우리나라에 현존하는 종 가운데 가장 오래되었고, 고유한 특색을 갖춘 문화재는?

① 상원사 동종　　　　　　　　② 성덕대왕 신종

③ 옛 보신각 동종　　　　　　　④ 용주사 동종

② 우리나라에 현존하는 종 가운데 가장 큰 종이다. 에밀레종으로도 불리며, 몸통에 명문이 남아 있어 당시의 종교 및 사상을 확인할 수 있다.

③ 1985년까지 제야의 종을 칠 때 사용하였던 것으로, 현재는 국립중앙박물관에 보관 중이다. 명문이 남아 있어 주조 연대를 알 수 있다.

④ 신라 종 양식을 보이는 것으로 고려 초기 만들어졌다. 조각 수법이 뛰어나 고려 종의 걸작으로 뽑히고 있다.

정답 ①

23 한 명의 소리꾼이 고수의 북장단에 맞추어 서사적인 노래와 말, 몸짓을 섞어 창극조로 부르는 민속 예술의 한 갈래인 국가무형문화재는?

① 판소리

② 대금정악

③ 가 곡

④ 고성오광대

오답해설 ② 정악은 우아하고 바른 음악이라는 뜻을 가지고 있으며, 궁정·관아 등에서 연주하였다. 정악을 대금으로 연주하는 것을 대금정악이라고 한다.

③ 시조시에 곡을 붙이고 관현악 반주에 맞추어 부르는 것을 말한다. 현재 41곡이 전승되고 있다.

④ 오광대는 남부지역의 탈춤으로, 고성오광대는 놀이의 앞뒤에 귀신을 쫓는 의식춤이 없다는 것이 특징이다. 양반·파계승을 풍자하거나 처첩 문제, 서민의 삶 등을 주제로 다루고 있다.

※ 2024년 5월 17일 법령 개정에 따라 '국가무형문화재'의 명칭이 '국가무형유산'으로 변경되었다.

정답 ①

24 국보로 지정된 석비의 명칭이 옳지 않은 것은?

① 서울 북한산 신라 진흥왕 순수비

② 천안 봉선홍경사 갈기비

③ 경주 태종무열왕릉비

④ 창녕 백제 진흥왕 척경비

핵심해설 국보로 지정된 석비는 창녕 신라 진흥왕 척경비이다. 비문 후반부를 통해 당시의 지방 행정 조직·신분제 등을 파악할 수 있다.

정답 ④

25 정선(1676~1759)이 그린 그림으로 옳은 것은?

① 인왕제색도

② 자화상

③ 단원풍속화첩

④ 월야산수도

핵심해설 겸재 정선은 진경산수화의 대가로 인왕제색도, 금강전도 등의 작품을 남겼다.

정답 ①

26 관광기본법에 관한 설명으로 옳은 것은?

① 정부는 관광진흥의 기반을 조성하고 관광산업의 경쟁력을 강화하기 위하여 관광진흥에 관한 기본계획을 3년마다 수립·시행하여야 한다.

② 정부는 매년 관광진흥계획에 관한 시책과 동향에 대한 보고서를 정기국회가 시작하기 전까지 국회에 제출하여야 한다.

③ 관광진흥의 방향 및 주요 시책에 대한 수립·조정, 관광진흥계획의 수립 등에 관한 사항을 심의·조정하기 위하여 문화체육관광부장관 소속으로 국가관광전략회의를 둔다.

④ 국가관광전략회의의 구성 및 운영 등에 필요한 사항은 법률로 정한다.

오답해설 ① 정부는 관광진흥의 기반을 조성하고 관광산업의 경쟁력을 강화하기 위하여 관광진흥에 관한 기본계획을 5년마다 수립·시행하여야 한다(「관광기본법」 제3조 제1항).

③ 관광진흥의 방향 및 주요 시책에 대한 수립·조정, 관광진흥계획의 수립 등에 관한 사항을 심의·조정하기 위하여 국무총리 소속으로 국가관광전략회의를 둔다(동법 제16조 제1항).

④ 국가관광전략회의의 구성 및 운영 등에 필요한 사항은 대통령령으로 정한다(동법 제16조 제2항).

정답 ②

27 관광진흥개발기금법상 관광진흥개발기금을 조성하는 재원이 아닌 것은?

① 카지노사업자의 납부금

② 출국납부금

③ 보세판매장 특허수수료의 100분의 50

④ 한국관광협회중앙회의 공제 분담금

핵심해설 관광진흥개발기금을 조성하는 재원(「관광진흥개발기금법」 제2조 제2항)
- 정부로부터 받은 출연금
- 카지노사업자의 납부금
- 출국납부금
- 보세판매장 특허수수료의 100분의 50
- 기금의 운용에 따라 생기는 수익금과 그 밖의 재원

정답 ④

28 관광진흥법상 권역별 관광개발계획(이하 '권역계획'이라 한다)에 관한 설명으로 옳지 않은 것은?

① 권역계획의 수립 주체는 시·도지사이다.

② 권역계획은 10년마다 수립한다.

③ 문화체육관광부장관은 권역계획 수립지침을 작성하여야 한다.

④ 시·도지사는 권역계획이 확정되면 그 요지를 공고하여야 한다.

핵심해설 권역별 관광개발계획(이하 "권역계획")은 5년마다 수립한다(「관광진흥법 시행령」 제42조 제3항).

정답 ②

29 국제회의산업 육성에 관한 법률에 대한 내용으로 옳은 것은?

① 국제회의복합지구란 국제회의산업의 육성·진흥을 위하여 지정된 특별시·광역시 또는 시를 말한다.

② 문화체육관광부장관은 전자국제회의 기반의 확충을 위하여 인터넷 등 정보통신망을 통한 사이버 공간에서의 국제회의 개최를 지원할 수 있다.

③ 문화체육관광부장관은 국제회의산업육성기본계획을 매년 수립하여야 한다.

④ 시·도지사는 문화체육관광부장관과의 협의를 거쳐 국제회의집적시설을 지정할 수 있다.

오답해설 ① 국제회의복합지구란 국제회의시설 및 국제회의집적시설이 집적되어 있는 지역으로서 법에 따라 지정된 지역을 말한다(「국제회의산업 육성에 관한 법률」 제2조 제7호).
③ 문화체육관광부장관은 국제회의산업육성기본계획을 5년마다 수립·시행하여야 한다(동법 제6조 제1항).
④ 문화체육관광부장관은 국제회의복합지구에서 국제회의시설의 집적화 및 운영 활성화를 위하여 필요한 경우 시·도지사와 협의를 거쳐 국제회의집적시설을 지정할 수 있다(동법 제15조의3 제1항).

정답 ②

30 관광진흥법상 유원시설업에 관한 설명으로 옳지 않은 것은?

① 유원시설업자는 안전성검사 대상 유기시설 또는 유기기구에 대하여 안전성검사를 받아야 한다.

② 안전성검사를 받아야 하는 유원시설업자는 사업장에 안전관리자를 항상 배치하여야 한다.

③ 안전관리자는 문화체육관광부장관이 실시하는 유기시설 및 유기기구의 안전관리에 관한 교육을 정기적으로 받아야 한다.

④ 종합유원시설업 및 일반유원시설업을 경영하려는 자는 관할관청에 신고하여야 한다.

핵심해설 테마파크업 중 대통령령으로 정하는 테마파크업을 경영하려는 자는 문화체육관광부령으로 정하는 시설과 설비를 갖추어 특별자치시장·특별자치도지사·시장·군수·구청장의 허가를 받아야 한다(「관광진흥법」 제5조 제2항).
※ 2025년 8월 28일 법률 개정으로 '유원시설업'의 명칭이 '테마파크업'으로 변경되었다.

정답 ④

31 관광진흥법상 과태료 부과대상은?

① 관광사업자로 잘못 알아볼 우려가 있는 상호를 사용한 자

② 카지노 변경신고를 하지 아니하고 영업을 한 자

③ 유원시설업의 변경신고를 하지 아니하고 영업을 한 자

④ 카지노 검사합격증명서를 훼손 또는 제거한 자

② · ④ 2년 이하의 징역 또는 2천만 원 이하의 벌금에 처한다(「관광진흥법」 제83조 제1항 제1호, 제6호).

③ 1년 이하의 징역 또는 1천만 원 이하의 벌금에 처한다(동법 제84조 제1항 제1호).

※ 2025년 8월 28일 법률 개정으로 '유원시설업'의 명칭이 '테마파크업'으로 변경되었다.

정답 ①

32 관광진흥법상 처분을 하기 전에 청문을 실시하여야 하는 경우가 아닌 것은?

① 국외여행 인솔자 자격의 취소   ② 카지노기구의 검사 등의 위탁 취소

③ 진흥계획 승인의 취소   ④ 한국관광 품질인증의 취소

① · ② · ④ 외에 관광사업의 등록 등이나 사업계획승인의 취소, 관광종사원 자격의 취소, 조성계획 승인의 취소가 있다(「관광진흥법」 제77조).

※ 시험 출제 당시 ② · ③ 선지 모두 카지노기구의 검사 등의 위탁 취소로 잘못 출제되어 최종 정답에서 전항 정답 처리되었다.

정답 해설참조

33 관광진흥법령상 관광특구에 관한 설명으로 옳은 것은?

① 문화체육관광부장관은 관광특구를 방문하는 외국인 관광객의 유치촉진 등을 위해 관광특구 진흥계획을 수립하여야 한다.

② 문화체육관광부장관은 관광특구의 활성화를 위하여 관광특구에 대한 평가를 3년마다 실시하여야 한다.

③ 문화체육관광부장관은 관광특구 지정요건에 맞지 아니하거나 추진실적이 미흡한 관광특구에 대하여 관광특구의 지정취소, 면적조정 등 필요한 조치를 할 수 있다.

④ 특별자치시장 · 특별자치도지사 · 시장 · 군수 · 구청장은 관광객 유치를 위하여 필요하다고 인정하는 시설 및 우수 관광특구에 대해서 관광진흥개발기금을 대여하거나 보조할 수 있다.

① 특별자치시장 · 특별자치도지사 · 시장 · 군수 · 구청장은 관할 구역 내 관광특구를 방문하는 외국인 관광객의 유치촉진 등을 위하여 관광특구진흥계획을 수립하고 시행하여야 한다(「관광진흥법」 제71조 제1항).

③ 시 · 도지사 또는 특례시의 시장은 평가 결과 관광특구 지정요건에 맞지 아니하거나 추진실적이 미흡한 관광특구에 대하여는 대통령령으로 정하는 바에 따라 관광특구의 지정취소 · 면적조정 · 개선권고 등 필요한 조치를 하여야 한다(동법 제73조 제2항).

④ 문화체육관광부장관은 관광특구를 방문하는 관광객의 편리한 관광 활동을 위하여 관광특구 안의 문화 · 체육 · 숙박 · 상가 · 교통 · 주차시설로서 관광객 유치를 위하여 특히 필요하다고 인정되는 시설에 대하여 관광진흥개발기금을 대여하거나 보조할 수 있다(동법 제72조 제2항).

정답 ②

34 관광진흥법상 관광사업을 경영하기 위하여 시 · 도지사 또는 시장 · 군수 · 구청장의 지정을 받아야 하는 사업은?

① 관광 편의시설업
② 종합유원시설업
③ 카지노업
④ 여행업

핵심해설 관광 편의시설업을 경영하려는 자는 문화체육관광부령으로 정하는 바에 따라 특별시장 · 광역시장 · 특별자치시장 · 도지사 · 특별자치도지사 또는 시장 · 군수 · 구청장의 지정을 받아야 한다(「관광진흥법」 제6조 제1항).

오답해설 ② 테마파크업을 경영하려는 자는 문화체육관광부령으로 정하는 시설과 설비를 갖추어 특별자치시장 · 특별자치도지사 · 시장 · 군수 · 구청장의 허가를 받아야 한다(동법 제5조 제2항).
③ 카지노업을 경영하려는 자는 전용영업장 등 문화체육관광부령으로 정하는 시설과 기구를 갖추어 문화체육관광부장관의 허가를 받아야 한다(동법 제5조 제1항).
④ 여행업을 경영하려는 자는 특별자치시장 · 특별자치도지사 · 시장 · 군수 · 구청장에게 등록하여야 한다(동법 제4조 제1항).
※ 2025년 8월 28일 법률 개정으로 '유원시설업'의 명칭이 '테마파크업'으로 변경되었다.

정답 ①

35 관광진흥법상 관광특구에 관한 설명으로 옳지 않은 것은?

① 관광특구로 지정하려면 관광특구 전체면적 중 관광활동과 직접적인 관련성이 없는 토지의 비율이 10퍼센트를 초과하지 아니하여야 한다.
② 관광특구는 시장 · 군수 · 구청장의 신청에 따라 시 · 도지사가 정한다.
③ 시 · 도지사는 관광특구진흥계획의 집행 상황을 연 1회 평가하여야 한다.
④ 서울특별시에서 관광특구를 지정하려면 해당 지역의 최근 1년간 외국인 관광객 수가 10만 명 이상이어야 한다.

핵심해설 해당 지역의 최근 1년간 외국인 관광객 수가 10만 명(서울특별시는 50만 명) 이상이어야 한다(「관광진흥법 시행령」 제58조 제1항).

정답 ④

36 푸드 마일리지(Food Mileage)와 관련 있는 것을 모두 고른 것은?

ㄱ. 사회적 책임	ㄴ. 푸드 마일스(Food Miles)
ㄷ. 미국의 사회학자 폴 레이	ㄹ. 테이크 아웃

① ㄱ, ㄴ   ② ㄱ, ㄹ

③ ㄴ, ㄷ   ④ ㄷ, ㄹ

핵심해설 푸드 마일리지(푸드 마일스)란 영국의 환경 운동가 팀 랭(Tim Lang)이 창안한 것으로, 식품이 생산된 이후 소비자의 식탁에 오르기까지 이동한 거리를 말한다. 식품의 무게(t) × 이동 거리(km)로 계산할 수 있으며, 푸드 마일리지가 클수록 멀리서 이동했다는 의미이다. 이동 과정에서 신선도를 위해 화학 약품을 사용하여 환경을 오염시키고, 선박·비행기 등을 이용하여 탄소를 배출하므로 지구온난화를 가속시킨다. 로컬 푸드를 활용하여 푸드 마일리지를 줄일 수 있다.

정답 ①

37 복합리조트(IR)에 대한 설명으로 옳지 않은 것은?

① 카지노뿐만 아니라 호텔, 컨벤션, 쇼핑 등이 복합적으로 통합된 리조트를 의미한다.
② 라스베이거스에서 시작되었다.
③ 싱가포르에서는 1개의 복합리조트를 허가하였다.
④ 마리나베이샌즈는 2010년 개장하였다.

핵심해설 싱가포르의 복합리조트로는 2개의 복합리조트(마리나베이샌즈, 리조트 월드 센토사)가 허가를 받았다.

정답 ③

38 다음 (　　)에 들어갈 내용은?

(　　) 여행사는 여행상품을 만들어 소매여행사에 판매하는 여행사를 말한다.

① 홀세일러(Wholesaler)
② 리테일러(Retailer)
③ 온라인(On-line)
④ 오프라인(Off-line)

핵심해설 홀세일러(Wholesaler)는 도매업 방식, 리테일러(Retailer)는 소매업 방식이다.

정답 ①

39 우리나라가 의료법 개정을 통해 외국인 환자 유치를 허용한 연도는?

① 2006년

② 2009년

③ 2012년

④ 2015년

핵심해설 2009년 외국인 환자 유치를 허용하는 의료법 개정을 시작으로, 의료관광이 활성화되었다.

정답 ②

40 여행업의 산업적 특성이 아닌 것은?

① 계절성이 높은 산업

② 수요탄력성이 낮은 산업

③ 고정자산 비중이 낮은 산업

④ 창업이 용이한 산업

핵심해설 여행업은 수요탄력성이 매우 큰 산업이다.

정답 ②

41 다음 설명에 해당하는 것은?

- 대한항공에서 개발한 국내 최초의 항공예약 시스템
- 주요 기능은 항공좌석 예약 및 발권, 호텔 · 렌터카 예약, 한글 여행정보 제공

① TOPAS

② ABACUS

③ GALILEO

④ SABRE

오답해설 ② 아시아나항공에서 이용하는 예약 · 발권 시스템
③ 유나이티드항공, 영국항공 등에서 이용하는 예약 · 발권 시스템
④ 아메리칸항공이 도입한 예약 · 발권 시스템

정답 ①

42 다음 설명에 해당하는 것은?

> • 바쁜 현대인들에게 간편성 제공
> • 가정의 식사를 대체하는 음식이라는 개념
> • 식품산업의 발전된 기술을 이용하여 다양한 레토르트(Retort) 식품 상품화

① Slow Food
② Local Food
③ LOHAS
④ HMR

핵심해설 ④ Home Meal Replacement의 약자로, 가정간편식이다.

오답해설
① 패스트 푸드와 반대되는 개념으로, 전통적인 재료나 요리법을 사용하여 각 나라의 특성을 지키고자 한다.
② 지역 내에서 생산되는 농산물로, 장거리 수송 과정을 거치지 않은 것을 말한다.
③ Lifestyle of Health and Sustainability의 약자로, 건강한 삶과 환경의 지속가능한 발전을 추구하는 생활방식을 말한다.

정답 ④

43 우리나라 관광발전사에 관한 설명으로 옳지 않은 것은?

① 1970년대에 국제관광공사가 발족되었다.
② 1980년대에 해외여행 완전자유화 조치가 이루어졌다.
③ 1990년대에 경제협력개발기구에 가입하여 선진국 관광정책기구들과 협력이 이루어졌다.
④ 2000년대에 관광산업의 선진화 원년이 선포되었다.

핵심해설 1962년에 국제관광공사가 발족되었다.

정답 ①

44 우리나라 관광기구의 약자가 올바르게 짝지어진 것을 모두 고른 것은?

> ㄱ. 한국관광협회중앙회 – KTA
> ㄴ. 한국호텔업협회 – KTHA
> ㄷ. 한국관광공사 – KTO
> ㄹ. 한국일반여행업협회 – KGTA

① ㄱ, ㄴ
② ㄱ, ㄷ
③ ㄴ, ㄷ
④ ㄴ, ㄹ

오답해설
ㄴ. 한국호텔업협회 : KHA
ㄹ. 한국일반여행업협회 : KATA

정답 ②

45 관광현상 구성요소 간의 관계를 유기적으로 살펴보는 데 초점을 두는 관광의 정의는?

① 경제적 정의
② 사회문화적 정의
③ 여가활동적 정의
④ 시스템적 정의

오답해설 ① 관광객 수, 지출액 등에 초점을 맞춘다.
② 관광지 내에 거주하는 주민과 관광객 간의 상호작용에 초점을 맞춘다.
③ 휴식, 경험과 교양의 확대, 기분전환 등에 초점을 맞춘다.

정답 ④

46 국제관광에 관한 설명으로 옳은 것은?

① 1년 이상 방문객을 관광객으로 본다.
② 경제협력개발기구(OECD)에서는 국제관광객과 영구방문객으로 구분하고 있다.
③ 관광객 수용국 입장에서 인바운드와 아웃바운드로 구분된다.
④ 1990년대 이후 급성장하였다.

핵심해설 관광객 수용국 입장에서는 인바운드로 구분한다.

정답 ③

47 관광코스 유형이 아닌 것은?

① 안전핀형
② 스푼형
③ 탬버린형
④ 방황형

핵심해설 관광코스 유형에는 피스톤형, 스푼형, 안전핀형, 탬버린(텀블링)형이 있다.

정답 ④

48 코틀러(P. Kotler)가 Marketing Management(1984)에서 밝힌 제품의 3가지 수준이 아닌 것은?

① 확장제품

② 주변제품

③ 실제제품

④ 핵심제품

오답해설 ① 실제제품에 부가적인 서비스들이 더해진 것
③ 제품으로부터 추구하는 편익을 구체적으로 유형화한 것
④ 소비자가 해당 제품으로부터 원하는 편익

정답 ②

49 마케팅 용어에 관한 설명으로 옳은 것은?

① 마케팅믹스는 상품(Product), 가격(Price), 포장(Packaging), 판매촉진(Promotion)의 최적결합 노력이다.

② 시장세분화는 하나의 시장을 이질성을 지닌 하위시장으로 나누어 마케팅하는 것이다.

③ 표적시장은 세분시장 특성별로 각각 적합한 마케팅믹스를 제공하는 것이다.

④ 포지셔닝은 불특정 시장에 있는 고객의 마음속에 존재하기 위해 마케팅하는 것이다.

오답해설 ① 마케팅믹스는 상품(Product), 가격(Price), 유통경로(Place), 판매촉진(Promotion)의 최적 결합 노력이다.
② 시장세분화는 하나의 시장을 동질성을 지닌 하위시장끼리 나누어 마케팅하는 것이다.
④ 포지셔닝은 잠재 고객의 마음속에서 유리한 위치로 존재하기 위해 마케팅하는 것이다.

정답 ③

50 국민관광에 관한 설명으로 옳지 않은 것은?

① 국민이 자발적으로 관광활동에 참여하는 관광이다.

② 2000년대부터 본격적으로 진흥되었다.

③ 국민관광은 국민의 후생·복지 측면에서 중요하다.

④ 국민관광 이동총량이란 1년 동안 국민들이 국내관광여행 목적으로 이동한 총량이다.

핵심해설 1980년대부터 국민관광진흥사업이 본격적으로 추진되었다.

정답 ②

05 2020년 필기 기출문제

제1과목 국 사

---

01 옥저에 관한 설명으로 옳은 것은?

① 서옥제가 있었다.
② 민며느리제가 있었다.
③ 책화라는 풍습이 있었다.
④ 영고라는 제천행사가 있었다.

핵심해설 민며느리제(예부제)
어린 여자를 남자의 집에 데려가 기른 후에 성인이 되어 여자가 친정으로 돌아가면, 남자의 집으로 다시 돌아오게 하기 위해 돈을 지불하고 혼인을 하는 풍습이다.

오답해설 ① 고구려의 혼인 풍습으로, 데릴사위제이다.
③ 동예의 풍습으로, 다른 부족의 생활권을 침범하면 노비나 가축으로 변상하게 하는 것이다.
④ 부여의 제천행사이다.

정답 ②

02 신라 지증왕의 업적으로 옳은 것은?

① 금관가야를 병합하였다.
② 우산국을 정복하였다.
③ 황룡사에 구층 목탑을 세웠다.
④ 관산성에서 백제 성왕을 살해하였다.

핵심해설 지증왕 시기 신라는 우경을 보급하여 농업이 크게 발달하였고, 우산국을 정복하여 영토로 편입하였다. 이러한 국력 신장을 바탕으로 지증왕은 국호를 '신라'라 정하고, 왕의 칭호를 '마립간'에서 '왕'으로 바꾸었다.

오답해설 ① 신라 법흥왕 때의 일이다.
③ 선덕여왕 때 자장의 건의로 건립하였다.
④ 신라 진흥왕 때의 일이다.

정답 ②

PART 01

03 5세기 대에 고구려에서 발생한 역사적 사건으로 옳은 것은?

① 고국천왕이 진대법을 실시하였다.

② 미천왕이 낙랑군을 축출하였다.

③ 연개소문이 정변을 일으켰다.

④ 장수왕이 도읍을 평양으로 옮겼다.

핵심해설 장수왕은 427년 수도를 국내성에서 평양성으로 옮겨 남하정책을 추진하였다. 이후 고구려는 남하정책을 통해서 영토를 남한강 유역까지 확대하였다.

정답 ④

04 다음에 해당하는 인물은?

> 설총을 낳은 후로는 스스로 소성거사라 일컬었다. 그는 〈십문화쟁론〉을 저술하고, 화쟁 사상을 주장하였다.

① 혜 자   ② 의 상

③ 원 효   ④ 원 광

핵심해설 원 효
• 일심 사상을 바탕으로 화쟁 사상 주장
• 아미타 신앙을 전파하여 불교 대중화에 기여
• 〈대승기신론소〉, 〈금강삼매경론〉 저술

정답 ③

05 왕건과 관련된 사건 중 시간 순서상 가장 마지막에 일어난 것은?

① 송악으로 수도를 옮겼다.

② 신라 경순왕이 고려에 항복하였다.

③ 금성(나주)을 정벌하였다.

④ 신검이 이끄는 후백제군이 패하면서 후백제가 멸망하였다.

핵심해설 ③ 금성(나주) 정벌(903) → ① 고려 건국·송악 천도(918) → ② 신라 항복(935) → ④ 후백제 정벌·후삼국 통일(936)

정답 ④

06 고려 후기 문화교류에 관한 설명으로 옳은 것은?

① 유학자들에 의해 성리학이 수용되었다.
② 원나라의 영향으로 상감청자를 만들기 시작하였다.
③ 새롭게 들어온 다포 양식으로 부석사에 무량수전을 지었다.
④ 의학과 약학 지식을 정리하여 〈의방유취〉를 간행하였다.

핵심해설 성리학은 충렬왕 시기 유학자 안향에 의해 수용되었다.

오답해설 ② 상감청자는 12세기 중엽부터 13세기 중엽까지 전성기를 이루었으나, 원 간섭기 이후 퇴조하였다.
③ 부석사 무량수전은 주심포 양식과 배흘림기둥을 특징으로 하는 고려 후기의 대표적인 건축물이다.
④ 조선 세종 때 편찬된 동양 최대의 의학백과사전이다.

정답 ①

07 고려시대 신분제에 관한 설명으로 옳은 것을 모두 고른 것은?

> ㄱ. 문벌귀족은 음서와 공음전의 특권을 누렸다.
> ㄴ. 향리는 세습직이어서 과거 응시가 금지되었다.
> ㄷ. 백정은 조세, 공납, 역을 부담하였다.
> ㄹ. 군현민이 반란을 일으키면 군현을 향·소·부곡으로 강등하기도 하였다.

① ㄱ, ㄴ
② ㄱ, ㄷ, ㄹ
③ ㄴ, ㄷ, ㄹ
④ ㄱ, ㄴ, ㄷ, ㄹ

핵심해설 고려의 신분 구조

구 분	신 분	
지배 계층	귀 족	왕족, 문무 관료
	중 류	서리, 향리, 하급 장교
피지배 계층	양 민	농민, 상인, 수공업자, 향·부곡·소민
	천 민	공·사노비

오답해설 ㄴ. 법적으로 양인 이상이면 과거에 응시할 수 있으며, 지방 향리의 자제도 과거를 통해서 귀족의 대열에 진입할 수 있었다.

정답 ②

08 고려시대 문화와 사상에 관한 설명으로 옳지 않은 것은?

① 무신집권기에는 불교의 결사운동이 활발하게 전개되었다.

② 부처의 힘을 빌려 외적의 침략을 막고자 〈불조직지심체요절〉을 간행하였다.

③ 일연의 〈삼국유사〉와 이승휴의 〈제왕운기〉에서 단군에 대해 서술하였다.

④ 풍수지리설은 묘청의 서경천도운동의 이론적 근거가 되었다.

핵심해설 부처의 힘을 빌려 몽골(원)의 침략을 극복하고자 〈팔만대장경〉을 간행하였다.

오답해설 ① 무신정권이 교종을 탄압하자 지눌이 신앙결사 운동(수선사 결사)을 지원하였다.
③ 일연의 〈삼국유사〉와 이승휴의 〈제왕운기〉는 단군조선을 통해 고려의 역사와 전통에 대한 자부심을 나타내었다.
④ 개경세력과 서경세력의 정치적 투쟁에 이용되었으며, 묘청의 서경천도운동(묘청의 난)의 이론적 근거가 되었다.

정답 ②

09 다음에서 설명하는 조선시대 교육기관은?

> • 사림이 중앙 정계에 진출하면서 지방에 많이 세워졌다.
> • 훌륭한 유학자의 제사를 지내고 성리학을 연구하는 곳이다.
> • 붕당의 형성에 영향을 주었다.

① 서 당   ② 향 교

③ 서 원   ④ 태 학

핵심해설 서 원
사림에 의해 설립된 사립 교육기관이다. 선현 제향과 학문 연구를 위해 세워졌으며, 조선 중종 때 주세붕이 안향을 기리기 위해 백운동 서원을 처음으로 도입하였다.

정답 ③

10 조선 후기 경제에 관한 설명으로 옳지 않은 것은?

① 관영수공업이 발달하고 민영수공업이 쇠퇴하였다.

② 농촌에서 이탈한 농민들은 도시로 가서 상공업에 종사하기도 하였다.

③ 시전상인들은 왕실이나 관청에 물품을 공급하는 대신 특정 상품에 대한 독점권을 가지고 있었다.

④ 청이나 일본과의 무역을 통해 거상으로 성장하는 상인들도 있었다.

핵심해설 부역제가 해이해지면서 관영수공업이 쇠퇴하고, 민영수공업이 발달하였다.

정답 ①

11 조선 성종 대에 편찬한 조선왕조의 기본 법전은?

① 경국대전 ② 대전통편
③ 조선경국전 ④ 국조오례의

핵심해설 경국대전
세조 때 시작하여 성종 때에 완성한 것으로, 왕명·교지·조례 등을 종합하여 편찬한 조선왕조의 기본 법전이다. 이전, 호전, 예전, 병전, 형전, 공전의 6전 체제로 구성되어 있다.

정답 ①

12 (가) 시기에 관한 설명으로 옳지 않은 것은?

임진왜란 발발	(가)	병자호란 발발

① 후금이 침입하자 인조는 강화도로 피난하였다.
② 이순신이 명량에서 왜군을 크게 물리쳤다.
③ 조선과 명의 연합군이 평양성을 왜군으로부터 탈환하였다.
④ 조선의 관리들이 백두산 일대를 답사하고 백두산정계비를 세웠다.

핵심해설 조선과 청나라의 국경분쟁으로 인해 백두산정계비를 세운 시기는 1712년으로 임진왜란 발발(1592)~병자호란 발발(1636) 사이에 일어난 일이 아니다.

오답해설 ① 정묘호란(1627)
② 명량대첩(1597)
③ 평양성 전투(1592~1593)

정답 ④

13 발생한 사건을 시기 순으로 올바르게 나열한 것은?

ㄱ. 안중근의 이토 히로부미 저격
ㄴ. 봉오동 전투·청산리 대첩
ㄷ. 이봉창·윤봉길 의거
ㄹ. 김원봉의 조선의용대 조직

① ㄱ → ㄴ → ㄷ → ㄹ ② ㄱ → ㄷ → ㄴ → ㄹ
③ ㄴ → ㄷ → ㄹ → ㄱ ④ ㄴ → ㄹ → ㄷ → ㄱ

핵심해설 안중근의 이토 히로부미 저격(1909) → 봉오동 전투·청산리 대첩(1920) → 이봉창·윤봉길 의거(1932) → 김원봉의 조선의용대 조직(1938)

정답 ①

14 발생 시기 순으로 (가)에 들어갈 사건으로 옳은 것은?

> 제1차 한·일 협약 → 을사조약(제2차 한·일 협약) 체결 → (가) → 한국 병합 조약 체결

① 을미사변
② 토지조사령 공포
③ 간도 협약 체결
④ 한·일 의정서 체결

핵심해설 제1차 한·일 협약(1904) → 을사조약(제2차 한·일 협약)(1905) → 간도 협약(1909) → 경술국치(한국 병합 조약)(1910)

간도 협약
일본 남만주 철도 부설권을 얻는 대가로 간도를 청의 영토로 인정한다는 협약

오답해설 ① 1895년
② 1912년
④ 1904년

정답 ③

15 6·25 전쟁 발발 이전에 있었던 사실이 아닌 것은?

① 제주 4·3사건
② 좌우합작 7원칙 발표
③ 3·15 부정 선거
④ 반민족행위처벌법 제정·공포

핵심해설 3·15 부정 선거
1960년 이승만 대통령의 자유당 정권에 의해 자행된 대대적인 부정 선거로, 선거 결과에 반발한 학생과 시민들을 중심으로 전국적으로 시위가 확산되었고 4·19 혁명으로 이어졌다.

오답해설 ① 1948년 남한 단독선거에 반대하며 반미 감정이 높았던 제주도민에 대한 미군정의 공세로 발생한 제주도민과 미군정, 경찰, 서북청년단 간 무장항쟁을 말한다.
② 1946년 남한만의 단독정부 수립을 저지하기 위해 좌우합작 위원회에서 신탁통치 문제 등에 대한 7원칙을 발표하였다.
④ 1948년 이승만 정부 당시 국회에서 친일파 청산 문제를 위하여 「반민족행위처벌법」을 제정하였다.

정답 ③

16 관광자원에 관한 설명으로 옳지 않은 것은?

① 관광객의 관광동기를 일으키는 매력성이 있다.

② 관광객의 관광행동을 끌어들이는 유인성이 있다.

③ 관광자원은 보존과 보호가 필요하다.

④ 관광자원의 가치는 시대나 사회구조의 변화와 관계없이 변하지 않는다.

핵심해설 관광자원의 개념적 특성
- 유인성 : 관광객의 관광행동을 끌어들이는 유인성이 있다.
- 매력성 : 관광객의 관광동기 또는 욕구를 일으키는 매력성이 있다.
- 가치의 변화 : 관광자원은 시대나 사회구조에 따라서 그 가치를 달리한다.
- 보존과 보호의 필요성 : 관광자원은 보존과 보호를 필요로 한다.
- 자연과 인간의 상호작용 : 관광자원은 자연과 인간의 상호작용의 결과이다.
- 범위의 다양성 : 관광자원은 유·무형자원, 자연 및 인문자원 등 그 범위가 다양하다.
- 개발요구성 : 관광자원은 개발로써 관광대상이 된다.

정답 ④

17 우리나라에서 최초로 지정된 국립공원은?

① 한라산   ② 북한산

③ 지리산   ④ 설악산

핵심해설 우리나라의 국립공원은 지리산 국립공원이 1967년 12월 제1호로 지정된 이래 19개의 산악형 국립공원, 1개의 사적형 국립공원, 3개의 해상·해안형 국립공원 등 총 23곳에 이른다.

정답 ③

18 농업관광의 기대효과로 옳지 않은 것은?

① 유휴자원의 소득자원화   ② 농촌지역의 삶의 질 향상

③ 농촌의 도시화 촉진   ④ 농촌과 도시와의 상호교류

핵심해설 농업관광의 기대효과
- 농촌 지역주민의 소득증대
- 농촌 지역경제의 활성화
- 농촌과 도시와의 상호교류 촉진
- 소득의 양극화 완화

정답 ③

19 지역과 문화관광축제의 연결이 옳지 않은 것은?

① 강릉 – 마임축제
② 화천 – 산천어축제
③ 무주 – 반딧불축제
④ 김제 – 지평선축제

핵심해설 마임축제는 춘천에서 열리는 축제로 마임을 통해 문화예술발전에 기여하고 세계적인 문화축제로 도약하기 위해 개최되었다.

오답해설 ② 강원도 화천군에서 해마다 1월 중에 열리는 겨울축제이다.
③ 반딧불이 서식지인 전라북도 무주군에서 열리는 축제이다.
④ 전라북도 김제시의 자연환경과 호남평야에서 생산되는 쌀을 널리 알리기 위해 열리는 축제이다.

정답 ①

20 위락적 관광자원이 아닌 것은?

① 면세점
② 카지노
③ 테마파크
④ 스키장

핵심해설 위락활동의 종류

1	산, 계곡, 폭포 등에서의 피크닉	16	유원지, 관광단지
2	명승지, 사찰탐방 또는 자연경관 감상	17	각종 놀이시설지(돈을 내고 이용하는 각종 어린이 유희시설이 설치되어 있는 곳)
3	등 산		
4	산 또는 계곡 등 산에서의 야영		
5	동굴구경	18	지역 내 공원 같은 곳에서 휴식
6	스 키	19	온천지 방문
7	수 렵	20	동물원, 식물원 가기
8	문화유적지 방문(종교적 방문 제외)	21	드라이브 즐기기
9	민속촌, 박물관, 기념관 또는 전승 공예지 방문	22	자전거 하이킹
10	호수, 댐, 강변 등에서 피크닉 또는 야유회	23	골 프
11	강변, 호수 등 수변에서의 야영	24	테니스
12	낚시(바다낚시 포함)	25	사격, 활쏘기, 승마하기
13	해수욕	26	축구, 야구, 배구 등 각종 운동하기
14	요트타기, 윈드서핑, 스킨 또는 스쿠버다이빙	27	각종 운동경기 운동장에서의 관람
15	보트 또는 배 타기		

정답 ①

21 국가지정문화재 중 국보가 아닌 것은?

① 서울 북한산 신라 진흥왕 순수비

② 서울 원각사지 십층석탑

③ 서울 흥인지문

④ 서울 숭례문

핵심해설 서울 흥인지문은 보물이다.

오답해설 국 보
- 서울 숭례문
- 서울 원각사지 십층석탑
- 서울 북한산 신라 진흥왕 순수비
- 여주 고달사지 승탑
- 보은 법주사 쌍사자 석등
- 충주 탑평리 칠층석탑

※ 2024년 5월 17일 법령 개정에 따라 '국가지정문화재'의 명칭이 '국가지정문화유산'으로 변경되었다.

정답 ③

더 알고가기 **국보의 지정기준(「문화유산의 보존 및 활용에 관한 법률 시행령」 별표1의2)**

보물에 해당하는 문화유산 중 다음의 사항에 해당하는 것이 국보로 지정된다.
- 특히 역사적 · 학술적 · 예술적 가치가 큰 것
- 제작 연대가 오래되었으며, 그 시대의 대표적인 것으로서, 특히 보존가치가 큰 것
- 조형미나 제작기술이 특히 우수하여 그 유례가 적은 것
- 형태 · 품질 · 제재 · 용도가 현저히 특이한 것
- 특히 저명한 인물과 관련이 깊거나 그가 제작한 것

22 사적에 관한 설명으로 옳지 않은 것은?

① 경주 포석정지는 사적 제1호이다.

② 부여 가림성은 백제시대에 축조되었다.

③ 공주 공산성은 백제역사유적지구이다.

④ 서울 한양도성은 유네스코 세계유산이다.

핵심해설 서울 한양도성은 유네스코 세계유산 잠정목록이다. 잠정목록은 회원국들이 인류 보편적 가치가 있는 자연 및 문화 유산으로서 세계유산목록에 등재하기에 적절하다고 생각되는 자국의 유산 목록을 작성한 것을 말한다.

정답 ④

- 강진 도요지
- 설악산천연보호구역
- 중부내륙산성군
- 우포늪
- 낙안읍성
- 화순 운주사 석불석탑군
- 한국전쟁기 피란수도 부산의 유산

- 대곡천암각화군
- 남해안일대 공룡화석지
- 염 전
- 외암마을
- 한양도성
- 양주 회암사지 유적

23 다음 설명에 해당하는 것은?

- 국가무형문화재 제1호
- 유네스코 인류무형유산으로 등재
- 조선시대 역대 왕과 왕비의 신위를 모신 사당에서 제사를 지낼 때 기악연주와 노래·춤이 어우러진 음악

① 농 악
② 종묘제례악
③ 판소리
④ 처용무

핵심해설 **종묘제례악(국가무형유산)**

- 조선시대 역대 왕과 왕비의 신위를 모신 사당(종묘)에서 제사(종묘제례)를 지낼 때 무용과 노래와 악기를 사용하여 연주하는 음악으로, '종묘악'이라고도 한다.
- 종묘제례의식의 각 절차마다 보태평과 정대업이라는 음악을 중심으로 조상의 공덕을 찬양하는 내용의 '종묘악장'을 부른다.
- 종묘제례악이 연주되는 동안, 문무인 보태평지무와 무무인 정대업지무가 곁들여진다.
- 본래 세종 29년(1447) 궁중회례연에 사용하기 위해 창작하였으며, 세조 10년(1464) 제사에 적합하게 고친 후 지금까지 전승되고 있다.
- 매년 5월 첫째 일요일에 행하는 종묘대제에서 보태평과 정대업이 11곡씩 연주되고 있다.
- 국가무형문화재 종묘제례와 더불어 2001년 5월 18일 유네스코 인류무형문화유산으로 등재되었다.
- ※ 2024년 5월 17일 법령 개정에 따라 '국가무형문화재'의 명칭이 '국가무형유산'으로 변경되었다.

정답 ②

24 명승에 해당하는 것을 모두 고른 것은?

> ㄱ. 고양 서오릉
> ㄴ. 영주 소수서원
> ㄷ. 완도 정도리 구계등
> ㄹ. 명주 청학동 소금강

① ㄱ, ㄴ   ② ㄱ, ㄹ

③ ㄴ, ㄷ   ④ ㄷ, ㄹ

오답해설 ㄱ·ㄴ. 사적에 해당한다.

정답 ④

25 유네스코에 등재된 세계유산(문화유산)이 아닌 것은?

① 창덕궁
② 옛 보신각 동종
③ 남한산성
④ 조선왕릉

핵심해설 **한국의 세계문화유산**
- 석굴암·불국사, 해인사 장경판전, 종묘(1995)
- 창덕궁, 수원 화성(1997)
- 경주역사유적지구, 고창·화순·강화 고인돌 유적(2000)
- 조선왕릉(2009)
- 한국의 역사마을 : 하회와 양동(2010)
- 남한산성(2014)
- 백제역사유적지구(2015)
- 산사, 한국의 산지 승원(2018)
- 한국의 서원(2019)
- 가야고분군(2023)

오답해설 **옛 보신각 동종**
서울시 종로구 세종로 1가 보신각에 있었던 조선시대의 동종으로 현재 국립중앙박물관으로 이관하여 보존 중이다.

정답 ②

26 다음 중 관광진흥개발기금법령상 기금에 납부해야 하는 금액이 가장 큰 경우는?

① 국내 항만을 통해서 출국하는 8세 어린이의 경우
② 국내 항만을 통해서 입국하려 하였지만 입국이 거부되어 출국하는 자의 경우
③ 출입국관리법에 따른 강제퇴거 대상자 중 국비로 강제 출국되어 국내 공항을 통해서 출국하는 외국인의 경우
④ 국내 공항을 통해서 입국하는 대한민국 군인의 경우

핵심해설 기금의 설치 및 재원(「관광진흥개발기금법」 제2조 제3항)
국내 공항과 항만을 통하여 출국하는 자로서 대통령령으로 정하는 자는 1만 원의 범위에서 대통령령으로 정하는 금액을 기금에 납부하여야 한다. 다만, 선박을 이용하는 경우에는 1천 원으로 한다.

오답해설 ① · ② · ③ 납부대상인 "대통령령으로 정하는 자"에서 제외되는 경우이므로 납부금은 없다.
④ 국내 공항을 통하여 입국하는 자이므로 납부대상에 해당하지 않는다.
※ 출제 당시 정답은 ①이었으나, 2024년 7월 1일 법령이 개정되어 현재는 정답이 없다.

정답 해설참조

더 알고가기 납부금의 납부대상 및 금액(「관광진흥개발기금법 시행령」 제1조의2)

「관광진흥개발기금법」에서 "대통령령으로 정하는 자"란 다음의 어느 하나에 해당하는 자를 제외한 자를 말한다(납부금은 7천 원으로 함. 다만, 선박을 이용하는 경우에는 1천 원으로 함).
• 외교관여권이 있는 자
• 12세 미만인 어린이
• 국외로 입양되는 어린이와 그 호송인
• 대한민국에 주둔하는 외국의 군인 및 군무원
• 입국이 허용되지 아니하거나 거부되어 출국하는 자
• 출입국관리법에 따른 강제퇴거 대상자 중 국비로 강제 출국되는 외국인
• 공항통과 여객으로서 다음의 어느 하나에 해당되어 보세구역을 벗어난 후 출국하는 여객
  – 항공기 탑승이 불가능하여 어쩔 수 없이 당일이나 그 다음 날 출국하는 경우
  – 공항이 폐쇄되거나 기상이 악화되어 항공기의 출발이 지연되는 경우
  – 항공기의 고장 · 납치, 긴급환자 발생 등 부득이한 사유로 항공기가 불시착한 경우
  – 관광을 목적으로 보세구역을 벗어난 후 24시간 이내에 다시 보세구역으로 들어오는 경우
• 국제선 항공기 및 국제선 선박을 운항하는 승무원과 승무교대를 위하여 출국하는 승무원

27 관광기본법상 지방자치단체가 하여야 하는 것은?

① 매년 관광진흥에 관한 시책과 동향에 대한 보고서를 정기국회가 종료되기 전까지 국회에 제출 하여야 한다.

② 관광에 관한 국가시책에 필요한 시책을 강구하여야 한다.

③ 외국 관광객의 유치를 촉진하기 위하여 해외 홍보를 강화하고 출입국 절차를 개선하여야 한다.

④ 관광진흥의 기반을 조성하기 위하여 관광진흥에 관한 국가기본계획을 수립·시행하여야 한다.

핵심해설 지방자치단체의 협조(「관광기본법」 제6조)
지방자치단체는 관광에 관한 국가시책에 필요한 시책을 강구하여야 한다.

오답해설
① 정부는 매년 관광진흥에 관한 시책과 동향에 대한 보고서를 정기국회가 시작하기 전까지 국회에 제출하여야 한다(「관광기본법」 제4조).
③ 정부는 외국 관광객의 유치를 촉진하기 위하여 해외 홍보를 강화하고 출입국 절차를 개선하며 그 밖에 필요한 시책을 강구하여야 한다(동법 제7조).
④ 정부는 관광진흥의 기반을 조성하고 관광산업의 경쟁력을 강화하기 위하여 관광진흥에 관한 기본계획을 5년마다 수립·시행하여야 한다(동법 제3조 제1항).

정답 ②

28 국제회의산업 육성에 관한 법령상 문화체육관광부장관이 지정한 국제회의 전담조직의 담당업무에 해당하지 않는 것은?

① 국제회의의 유치
② 국제회의산업의 국외 홍보
③ 국제회의 전문인력의 교육
④ 국제회의도시의 지정

핵심해설 국제회의 전담조직의 업무(「국제회의산업 육성에 관한 법률 시행령」 제9조)
• 국제회의의 유치 및 개최 지원
• 국제회의산업의 국외 홍보
• 국제회의 관련 정보의 수집 및 배포
• 국제회의 전문인력의 교육 및 수급
• 지방자치단체의 장이 설치한 전담조직에 대한 지원 및 상호 협력
• 그 밖에 국제회의산업의 육성과 관련된 업무

오답해설 문화체육관광부장관이 대통령령으로 정하는 국제회의도시 지정기준에 맞는 특별시·광역시 및 시를 국제회의도시로 지정할 수 있다(「국제회의산업 육성에 관한 법률」 제14조 제1항).

정답 ④

29 관광진흥법령상 기획여행을 실시하는 자가 광고를 할 경우 표시하여야 하는 내용이 아닌 것은?

① 여행업의 등록번호

② 여행경비

③ 최저 여행인원

④ 여행일정 변경 시 여행자의 사후 동의 규정

기획여행의 광고(「관광진흥법 시행규칙」 제21조)

기획여행을 실시하는 자가 광고를 하려는 경우에는 다음의 사항을 표시하여야 한다. 다만, 둘 이상의 기획여행을 동시에 광고하는 경우에는 다음의 사항 중 내용이 동일한 것은 공통으로 표시할 수 있다.

• 여행업의 등록번호, 상호, 소재지 및 등록관청
• 기획여행명·여행일정 및 주요 여행지
• 여행경비
• 교통·숙박 및 식사 등 여행자가 제공받을 서비스의 내용
• 최저 여행인원
• 보증보험 등의 가입 또는 영업보증금의 예치 내용
• 여행일정 변경 시 여행자의 사전 동의 규정
• 여행목적지(국가 및 지역)의 여행경보단계

정답 ④

30 관광진흥법령상 관광종사원 자격취소 사유에 해당하지 않는 것은?

① 거짓이나 부정한 방법으로 자격을 취득한 경우

② 관광종사원으로서 직무를 수행하는 데 부정 또는 비위 사실이 있는 경우

③ 관광종사원으로서 업무수행능력이 부족한 경우

④ 다른 사람에게 관광종사원 자격증을 대여한 경우

자격취소 등(「관광진흥법」 제40조)

문화체육관광부장관(관광종사원 중 대통령령으로 정하는 관광종사원에 대하여는 시·도지사)은 자격을 가진 관광종사원이 다음의 어느 하나에 해당하면 문화체육관광부령으로 정하는 바에 따라 그 자격을 취소하거나 6개월 이내의 기간을 정하여 자격의 정지를 명할 수 있다. 다만, 거짓이나 그 밖의 부정한 방법으로 자격을 취득한 경우 및 다른 사람에게 관광종사원 자격증을 대여한 경우에 해당하면 그 자격을 취소하여야 한다.

• 거짓이나 그 밖의 부정한 방법으로 자격을 취득한 경우
• 관광사업자의 결격사유(등록 등 또는 사업계획의 승인이 취소되거나 영업소가 폐쇄된 후 2년이 지나지 아니한 자 제외)의 어느 하나에 해당하게 된 경우
• 관광종사원으로서 직무를 수행하는 데에 부정 또는 비위(非違) 사실이 있는 경우
• 다른 사람에게 관광종사원 자격증을 대여한 경우

정답 ③

31 관광진흥법령상 국외여행 인솔자의 자격요건에 해당하지 않는 것은?

① 관광통역안내사 자격을 취득할 것

② 여행업체에서 6개월 이상 근무하고 국외여행 경험이 있는 자로서 문화체육관광부장관이 정하는 소양교육을 이수할 것

③ 국외여행 경험이 많으며 외국어 자격증을 보유할 것

④ 문화체육관광부장관이 지정하는 교육기관에서 국외여행 인솔에 필요한 양성교육을 이수할 것

핵심해설 국외여행 인솔자의 자격요건(「관광진흥법 시행규칙」 제22조)
- 관광통역안내사 자격을 취득할 것
- 여행업체에서 6개월 이상 근무하고 국외여행 경험이 있는 자로서 문화체육관광부장관이 정하는 소양교육을 이수할 것
- 문화체육관광부장관이 지정하는 교육기관에서 국외여행 인솔에 필요한 양성교육을 이수할 것

정답 ③

32 관광진흥법령에서 사용하는 용어의 정의로 옳지 않은 것은?

① "관광사업자"란 관광사업을 경영하기 위하여 등록·허가 또는 지정을 받거나 신고를 한 자를 말한다.

② "민간개발자"란 관광단지를 개발하려는 개인이나 상법 또는 민법에 따라 설립된 법인을 말한다.

③ "관광사업"이란 관광객을 위하여 운송·숙박·음식·운동·오락·휴양 또는 용역을 제공하거나 그 밖에 관광에 딸린 시설을 갖추어 이를 이용하게 하는 업(業)을 말한다.

④ "일반여행업"이란 외국인을 제외한 내국인을 대상으로 하는 여행업을 말한다.

핵심해설 여행업의 종류(「관광진흥법 시행령」 제2조 제1항 제1조)
- 종합여행업 : 국내외를 여행하는 내국인 및 외국인을 대상으로 하는 여행업[사증(査證)을 받는 절차를 대행하는 행위 포함]
- 국내외여행업 : 국내외를 여행하는 내국인을 대상으로 하는 여행업(사증을 받는 절차를 대행하는 행위 포함)
- 국내여행업 : 국내를 여행하는 내국인을 대상으로 하는 여행업
※ 2021년 3월 23일 법령이 개정되어 일반여행업은 종합여행업으로, 국외여행업은 국내외여행업으로 변경되었다.

정답 ④(해설참조)

33 관광진흥법령상 문화관광해설사의 선발 및 활용에 관한 설명으로 옳지 않은 것은?

① 문화체육관광부장관 또는 지방자치단체의 장은 문화관광해설사를 선발하여 활용할 수 있다.

② 지방자치단체의 장은 문화체육관광부령으로 정하는 바에 따라 이론 및 실습을 평가할 수 있다.

③ 문화체육관광부장관은 문화체육관광부령으로 정하는 바에 따라 1개월 이상의 실무수습을 마친 자에게 자격을 부여할 수 있다.

④ 지방자치단체의 장은 예산의 범위에서 문화관광해설사의 활동에 필요한 비용 등을 지원할 수 있다.

문화관광해설사의 선발 및 활용(「관광진흥법」 제48조의8)

• 문화체육관광부장관 또는 지방자치단체의 장은 문화관광해설사 양성을 위한 교육과정을 이수한 사람을 문화관광 해설사로 선발하여 활용할 수 있다.

• 문화체육관광부장관 또는 지방자치단체의 장은 문화관광해설사를 선발하는 경우 문화체육관광부령으로 정하는 바에 따라 이론 및 실습을 평가하고, 3개월 이상의 실무수습을 마친 사람에게 자격을 부여할 수 있다.

• 문화체육관광부장관 또는 지방자치단체의 장은 예산의 범위에서 문화관광해설사의 활동에 필요한 비용 등을 지원할 수 있다.

• 그 밖에 문화관광해설사의 선발, 배치 및 활용 등에 필요한 사항은 문화체육관광부령으로 정한다.

정답 ③

34 관광진흥법령상 지역관광협의회(이하 협의회) 설립에 관한 설명으로 옳지 않은 것은?

① 협의회를 설립하려는 자는 해당 지방자치단체의 장에게 신고하여야 한다.

② 협의회는 법인으로 한다.

③ 협의회에는 지역 내 관광진흥을 위한 이해 관련자가 고루 참여하여야 한다.

④ 협의회에 관하여 관광진흥법에 규정된 것 외에는 민법 중 사단법인에 관한 규정을 준용한다.

지역관광협의회 설립(「관광진흥법」 제48조의9)

• 관광사업자, 관광 관련 사업자, 관광 관련 단체, 주민 등은 공동으로 지역의 관광진흥을 위하여 광역 및 기초 지방자치단체 단위의 지역관광협의회(이하 "협의회")를 설립할 수 있다.

• 협의회에는 지역 내 관광진흥을 위한 이해 관련자가 고루 참여하여야 하며, 협의회를 설립하려는 자는 해당 지방 자치단체의 장의 허가를 받아야 한다.

• 협의회는 법인으로 한다.

• 협의회는 다음의 업무를 수행한다.

    – 지역의 관광수용태세 개선을 위한 업무

    – 지역관광 홍보 및 마케팅 지원 업무

    – 관광사업자, 관광 관련 사업자, 관광 관련 단체에 대한 지원

    – 업무에 따르는 수익사업

    – 지방자치단체로부터 위탁받은 업무

• 협의회의 운영 등에 필요한 경비는 회원이 납부하는 회비와 사업 수익금 등으로 충당하며, 지방자치단체의 장은 협의회의 운영 등에 필요한 경비의 일부를 예산의 범위에서 지원할 수 있다.

• 협의회의 설립 및 지원 등에 필요한 사항은 해당 지방자치단체의 조례로 정한다.

• 협의회에 관하여 이 법에 규정된 것 외에는 「민법」 중 사단법인에 관한 규정을 준용한다.

정답 ①

35 관광진흥법령상 여행업의 종류에 해당하지 않는 것은?

① 일반여행업

② 종합여행업

③ 국외여행업

④ 국내여행업

핵심해설 관광진흥법령상 여행업은 종합여행업, 국내외여행업, 국내여행업으로 세분할 수 있다(「관광진흥법 시행령」 제2조 제1항 제1호).

※ 출제 당시 정답은 ②였으나 2021년 3월 23일 법령이 개정되어 일반여행업은 종합여행업으로, 국외여행업은 국내외여행업으로 변경되었다. 따라서 현재는 정답이 없다.

정답 해설참조

36 관광매체 중 기능적 매체가 아닌 것은?

① 여행업
② 교통업
③ 관광안내업
④ 관광기념품판매업

핵심해설 교통업은 공간적 매체에 해당한다.
관광매체
• 공간적 매체 : 교통시설(도로, 운송수단), 운송시설 등
• 시간적 매체 : 휴게시설, 숙박시설, 편의시설 등
• 기능적 매체 : 관광가이드 등의 통역안내원, 여행알선업자 및 관광기념품 판매업자 등

정답 ②

37 영국의 토마스 쿡이 최초로 단체여행을 성공시킨 시대는?

① Tour 시대
② Tourism 시대
③ Mass Tourism 시대
④ New Tourism 시대

핵심해설 1841년 영국의 토마스 쿡(Thomas Cook)이 역사상 최초로 영리를 목적으로 단체여행을 조직하여 성공을 거두었다.
관광의 발전 단계

구 분	시 기	관광계층	관광동기	조직자	조직동기
Tour 시대 (자연 발생적)	고대 ~1830년대 말	특권계층 (귀족, 승려, 무사)과 일부 부유층의 평민	종 교	교 회	신앙심 향상
Tourism 시대 (매개 서비스적)	1840년대 초 ~제2차 세계대전	특권층과 부유층의 평민	지식욕	기 업	이윤 추구
Mass Tourism 시대 (개발 조직적)	제2차 세계대전 이후 ~현대	대중을 포함한 국민	• 보 양 • 오 락	• 민간기업 • 공공단체 • 국 가	• 이윤 추구 • 국민후생의 증대

정답 ②

관광객	• 새로운 관광상품과 관광지 추구 • 관광경험이 풍부함 • 관광을 통한 자기표현 추구
정보통신기술	• 상호 대화형 기술 • 모든 사용자가 이용 가능한 기술 • 통합기술
상품개발	• 혁신을 통한 경쟁 • 규모와 범위의 경제 • 대각선통합
기업경영	• 노동력을 서비스 질의 핵심으로 간주 • 수급관리균형 추구 • 고객의 욕구파악 중시
산업여건	• 규제 완화 • 산업구조 조정 • 질적성장

PART 01

38 한국관광공사가 수행하는 주요 사업이 아닌 것은?

① 국제관광시장의 조사 및 개척
② 국민관광의 실태조사
③ 회원의 공제사업
④ 관광관련 전문인력 양성과 훈련

핵심해설 한국관광공사의 사업(「한국관광공사법」 제12조)
• 국제관광 진흥사업
  − 외국인 관광객의 유치를 위한 홍보
  − 국제관광시장의 조사 및 개척
  − 관광에 관한 국제협력의 증진
  − 국제관광에 관한 지도 및 교육
• 국민관광 진흥사업
  − 국민관광의 홍보
  − 국민관광의 실태조사
  − 국민관광에 관한 지도 및 교육
  − 장애인, 노약자 등 관광취약계층에 대한 관광 지원
• 관광자원 개발사업
  − 관광단지의 조성과 관리, 운영 및 처분
  − 관광자원 및 관광시설의 개발을 위한 시범사업
  − 관광지의 개발
  − 관광자원의 조사

- 관광산업의 연구·개발사업
  - 관광산업에 관한 정보의 수집·분석 및 연구
  - 관광산업의 연구에 관한 용역사업
- 관광관련 전문인력의 양성과 훈련 사업
- 관광사업의 발전을 위하여 필요한 물품의 수출입업을 비롯한 부대사업으로서 이사회가 의결한 사업

정답 ③

39 대한민국 국민의 국외여행 전면 자유화가 시행된 연도는?

① 1986년   ② 1987년

③ 1989년   ④ 1990년

`핵심해설` 1980년대 우리나라의 관광발전사
- 제주도를 입국사증 면제 지역으로 지정
- 야간 통행 금지 해제(1982) → 제53차 ASTA 총회 개최(1983) → 서울 아시안게임(1986) → 서울올림픽(1988)
  → 해외여행 완전 자유화(1989)

정답 ③

40 마케팅 개념의 발전과정으로 옳은 것은?

① 생산지향적 개념 → 판매지향적 개념 → 제품지향적 개념 → 마케팅지향적 개념

② 제품지향적 개념 → 판매지향적 개념 → 생산지향적 개념 → 마케팅지향적 개념

③ 제품지향적 개념 → 생산지향적 개념 → 판매지향적 개념 → 마케팅지향적 개념

④ 생산지향적 개념 → 제품지향적 개념 → 판매지향적 개념 → 마케팅지향적 개념

`핵심해설` 마케팅의 발전과정
생산지향적 개념 → 제품지향적 개념 → 판매지향적 개념 → 마케팅지향적 개념 → 사회지향적 개념

정답 ④

더 알고가기 마케팅의 발전과정

구 분	내 용
생산지향단계 (산업혁명 이후~1930년대 이전)	[Seller's Market] 생산자 및 재무관리자에 의해 책정된 가격으로 기업의 생산물을 단순히 유통하는 단계
판매지향단계 (1930년대 이후~1950년대)	[Buyer's Market] 생산된 제품을 고객에게 제시하고 설득하여, 구매력을 유발하고 판매를 촉진하는 단계
고객지향단계 (1950년대 이후~1970년대)	[Marketing Concept] 기업 간의 경쟁이 심해지자 기업들은 고객에 대한 봉사의 중요성을 인식하고, 기업의 관심을 판매로부터 고객 만족과 장기적 이윤으로 전환한 단계
사회지향단계 (1970년대 이후~현재)	[Societal Marketing] 인간의 복지를 향상할 수 있는 상품만이 시장에 나올 수 있다는 경영철학이 지배하는 단계

41 마케팅의 촉진활동에 관한 설명으로 옳지 않은 것은?

① 판매촉진은 경쟁사의 모방이 용이하지 않다.

② 광고는 정보의 양이 제한적이다.

③ 인적판매는 정보의 양과 질이 우수하다.

④ 홍보는 정보의 통제가 어렵다.

핵심해설 마케팅 커뮤니케이션 믹스

• 광 고

정보·메시지를 전달하는 형식으로 언어·색채·형상·기호 등의 수단을 구사하여, 상품이나 서비스 등을 고객이나 일반 대중 또는 여행사 및 여행 알선 기관에 주지시켜 효과를 얻는 것이다.

- 장점 : 대중매체를 통한 주의 집중 효과 및 접근성이 뛰어나다.

- 단점 : 전달할 수 있는 정보의 양이 제한적이다.

• 홍 보

상품·서비스 등에 관한 수요를 비간접적으로 자극하는 활동으로, 신문·잡지·라디오·TV 등의 매스미디어에 상품·서비스에 관한 정보를 제공함으로써 이를 기사 또는 뉴스로 보도하게 하는 것이다.

- 장점 : 신뢰도가 높고 초기 비용이 적다.

- 단점 : 정보의 통제가 어렵다.

• 인적판매

판매원이 개별 고객 대상으로 직접 만나면서 제품 구매를 설득하는 마케팅 활동이다.

- 장점 : 질 좋은 정보를 전달할 수 있으며, 즉각적인 피드백이 가능하다.

- 단점 : 비용이 많이 들고 프로모션 속도가 느리다.

• 판매촉진

단기간에 매출을 끌어올리기 위한 광고, 홍보, 인적판매를 제외한 모든 프로모션 활동이다.

- 장점 : 단기 매출 증대에 효과적이며 측정이 용이하다.

- 단점 : 경쟁사의 모방이 용이하고 쉽게 피로를 느낄 수 있다.

정답 ①

42 대한민국에 카지노가 없는 곳은?

① 인천광역시
② 제주특별자치도
③ 광주광역시
④ 부산광역시

핵심해설 국내 카지노업체 현황(2024년 4월 기준)

대 상	시 · 도	업체명(법인명)	
외국인 대상	서 울	• 파라다이스 카지노 워커힐지점 • 세븐럭 카지노 서울강남코엑스점 • 세븐럭 카지노 서울드래곤시티점	
	부 산	• 세븐럭 카지노 부산롯데점 • 파라다이스 카지노 부산지점	
	인 천	• 파라다이스 카지노	• 인스파이어 카지노
	강 원	알펜시아 카지노	
	대 구	호텔인터불고 대구 카지노	
	제 주	• 공즈 카지노 • 세븐스타 카지노 • 드림타워 카지노 • 랜딩 카지노	• 파라다이스 카지노 제주지점 • 제주오리엔탈 카지노 • 제주썬 카지노 • 메가럭 카지노
내 · 외국인 대상	강 원	강원랜드 카지노	

정답 ③

43 외교부에서 운영하는 영사 콜센터의 신속해외송금서비스를 받을 수 있는 경우가 아닌 것은?

① 해외여행 중 현금, 신용카드 등을 분실하거나 도난당한 경우
② 해외여행 중 여권을 분실한 경우
③ 불가피하게 해외 여행기간을 연장하게 된 경우
④ 해외여행 중 교통사고 등 갑작스러운 사고를 당하거나 질병에 걸린 경우

핵심해설 신속해외송금지원제도의 지원대상
단, 마약이나 도박 등의 불법 또는 탈법 목적, 상업적 목적, 정기적 송금 목적의 지원은 불가하다.
• 해외여행 중 현금, 신용카드 등을 분실하거나 도난당한 경우
• 교통사고 등 갑작스러운 사고를 당하거나 질병을 앓게 된 경우
• 불가피하게 해외 여행기간을 연장하게 된 경우, 기타 자연재해 등 긴급 상황이 발생한 경우

정답 ②

더 알고가기 신속해외송금지원제도

영사 콜센터는 2007년 6월부터 우리 국민이 해외에서 소지품 도난, 분실 등으로 긴급경비가 필요한 경우, 국내 연고자로부터 여행경비를 재외공관을 통해 송금받을 수 있도록 신속해외송금을 지원하고 있다. 단, 지원한도는 1회, 미화 3천불 상당이다.

44 관광진흥법령상 관광 편의시설업을 모두 고른 것은?

> ㄱ. 관광공연장업
> ㄴ. 관광순환버스업
> ㄷ. 관광유람선업
> ㄹ. 관광펜션업

① ㄱ, ㄴ   ② ㄱ, ㄷ

③ ㄴ, ㄹ   ④ ㄷ, ㄹ

핵심해설 관광 편의시설업의 종류(「관광진흥법 시행령」 제2조 제1항 제6호)
- 관광유흥음식점업 : 식품위생 법령에 따른 유흥주점 영업의 허가를 받은 자가 관광객이 이용하기 적합한 한국 전통 분위기의 시설을 갖추어 그 시설을 이용하는 자에게 음식을 제공하고 노래와 춤을 감상하게 하거나 춤을 추게 하는 업
- 관광극장유흥업 : 식품위생 법령에 따른 유흥주점 영업의 허가를 받은 자가 관광객이 이용하기 적합한 무도(舞蹈) 시설을 갖추어 그 시설을 이용하는 자에게 음식을 제공하고 노래와 춤을 감상하게 하거나 춤을 추게 하는 업
- 외국인전용 유흥음식점업 : 식품위생 법령에 따른 유흥주점영업의 허가를 받은 자가 외국인이 이용하기 적합한 시설을 갖추어 외국인만을 대상으로 주류나 그 밖의 음식을 제공하고 노래와 춤을 감상하게 하거나 춤을 추게 하는 업
- 관광식당업 : 식품위생 법령에 따른 일반음식점영업의 허가를 받은 자가 관광객이 이용하기 적합한 음식 제공시설을 갖추고 관광객에게 특정 국가의 음식을 전문적으로 제공하는 업
- 관광순환버스업 : 여객자동차운송사업의 면허를 받거나 등록을 한 자가 버스를 이용하여 관광객에게 시내와 그 주변 관광지를 정기적으로 순회하면서 관광할 수 있도록 하는 업
- 관광사진업 : 외국인 관광객과 동행하며 기념사진을 촬영하여 판매하는 업
- 여객자동차터미널시설업 : 여객자동차터미널사업의 면허를 받은 자가 관광객이 이용하기 적합한 여객자동차터미널시설을 갖추고 이들에게 휴게시설·안내시설 등 편익시설을 제공하는 업
- 관광펜션업 : 숙박시설을 운영하고 있는 자가 자연·문화 체험관광에 적합한 시설을 갖추어 관광객에게 이용하게 하는 업
- 관광궤도업 : 궤도사업의 허가를 받은 자가 주변 관람과 운송에 적합한 시설을 갖추어 관광객에게 이용하게 하는 업
- 관광면세업 : 다음의 어느 하나에 해당하는 자가 판매시설을 갖추고 관광객에게 면세물품을 판매하는 업
  - 보세판매장의 특허를 받은 자
  - 면세판매장의 지정을 받은 자
- 관광지원서비스업 : 주로 관광객 또는 관광사업자 등을 위하여 사업이나 시설 등을 운영하는 업으로서 문화체육관광부장관이 관광 관련 산업으로 분류한 쇼핑업, 운수업, 숙박업, 음식점업, 문화·오락·레저스포츠업, 건설업, 자동차임대업 및 교육서비스업 등. 다만, 법에 따라 등록·허가 또는 지정을 받거나 신고를 해야 하는 관광사업은 제외한다.

정답 ③

45 다음에서 설명하는 것으로 옳은 것은?

> 자연을 파괴하거나 그 곳에 살고 있는 사람들을 착취하는 여행 대신, 현지인의 삶과 문화를 존중하고 여행비용이 그 사람들의 생활에 보탬이 되는 여행

① 공정 여행(Fair Travel)
② 나눔 여행(Voluntourism)
③ 스마트 여행(Smart Tourism)
④ 탐사 여행(Discovery Tourism)

핵심해설 공정 여행(Fair Tourism)
관광의 경제적 편익만을 강조한 개발이 아니라 여행자가 지역주민의 삶을 존중하며 배려하고 관광지에 대한 책임감 있는 행동과 태도를 보여 주는 여행

오답해설 ② 봉사자(Volunteer)와 여행(Tourism)의 합성어로, 자원봉사할 수 있는 곳으로 휴가를 떠나는 여행
③ 관광활동 시 ICT 기반을 활용하여 정보나 콘텐츠를 이용하고 실시간 교통정보, 내비게이션과 같은 실시간 길찾기 서비스, 뉴스 검색, 이메일 서비스 등 다양한 콘텐츠를 사용하는 여행
④ 생태적으로 민감한 자원을 대상으로 한 생태관광의 범주에 포함되며, 원시림 등의 생태지역을 방문하는 여행

정답 ①

46 다음의 사례와 관련된 여행 형태는?

> 서울에 2년째 거주하며 한국 기업에 다니고 있는 외국인 A는 휴가를 이용하여 남해안 일대 및 울릉도를 7일간 여행하려고 계획하고 있다.

① 인트라바운드 투어
② 아웃바운드 투어
③ 인바운드 투어
④ 인터내셔날 투어

핵심해설 인트라바운드 투어(Intrabound Tourism)
'내나라 여행'이라는 의미로 쉽게 말해 내국인(국내 장기체류 외국인 포함)의 국내여행을 의미하는 용어이다. 경기 침체와 환율상승 등의 이유로 내국인의 해외여행은 줄었지만 그에 반해 단기간에 저렴하게 즐길 수 있는 국내여행 객은 늘어나는 현상으로 생겨난 용어이다.

오답해설 ② 내국인의 해외여행
③ 외국인의 국내여행
④ 인바운드 투어 + 아웃바운드 투어

정답 ①

47 항공업무 자동화를 위해 미국 아메리칸 항공에서 개발한 최초의 전산예약시스템은?

① SABRE

② GALILEO

③ OAG

④ AMADEUS

핵심해설 SABRE(Semi – Automatic Business Research Environment)
아메리칸 항공(American Airline)이 만든 민간 최초의 온라인 실시간 좌석 예약 시스템
※ 출제 당시 'SABRE'의 오타인 'SAVRE'로 출제되어 전항 정답 처리되었다.

정답 ①(해설참조)

48 다음 설명에 해당하는 관광숙박업은?

> 관광객의 숙박에 적합한 시설을 소규모로 갖추고 숙박에 딸린 음식·운동·휴양 또는 연수에 적합한 시설을 함께 갖추어 관광객에게 이용하게 하는 업

① 가족호텔업

② 소형호텔업

③ 호스텔업

④ 관광펜션업

핵심해설 ② 관광객의 숙박에 적합한 시설을 소규모로 갖추고 숙박에 딸린 음식·운동·휴양 또는 연수에 적합한 시설을 함께 갖추어 관광객에게 이용하게 하는 업(「관광진흥법 시행령」 제2조 제1항 제2호)

오답해설 ① 가족단위 관광객의 숙박에 적합한 시설 및 취사도구를 갖추어 관광객에게 이용하게 하거나 숙박에 딸린 음식·운동·휴양 또는 연수에 적합한 시설을 함께 갖추어 관광객에게 이용하게 하는 업(동법 시행령 제2조 제1항 제2호)
③ 배낭여행객 등 개별 관광객의 숙박에 적합한 시설로서 샤워장, 취사장 등의 편의시설과 외국인 및 내국인 관광객을 위한 문화·정보 교류시설 등을 함께 갖추어 이용하게 하는 업(동법 시행령 제2조 제1항 제2호)
④ 숙박시설을 운영하고 있는 자가 자연·문화 체험관광에 적합한 시설을 갖추어 관광객에게 이용하게 하는 업(동법 시행령 제2조 제1항 제6호)

정답 ②

49 고객이 식당에 들어가지 않고 자동차 안에서 음식을 주문하여 제공받는 방식은?

① 딜리버리 서비스(Delivery Service)

② 바이킹(Viking)

③ 드라이브 쓰루(Drive Through)

④ 테이크아웃(Take Out)

핵심해설 드라이브 쓰루(Drive Through)
차에 탄 채로 쇼핑할 수 있는 상점을 일컫는 말로, 주차하지 않고도 손님이 상품을 살 수 있도록 하는 서비스의 일종이다.

오답해설 ① 식당에서 고객이 주문한 장소로 음식을 배송할 때 사용하는 배달 서비스나 방법이다.
② 일본에서 쓰이는 뷔페식(Buffet) 식당의 별칭으로, 원하는 요리를 제한된 시간 안에 무제한으로 먹을 수 있는 식사 형식이다.
④ 가지고 다니며 먹을 수 있도록 음식을 포장, 판매하는 행위 또는 포장된 음식을 말한다.

정답 ③

50 '오두막·별장·보금자리'라는 뜻으로 초가 형태의 소규모 단독 숙박시설은?

① 방갈로(Bungalow)

② 샤토(Chateau)

③ 빌라(Villa)

④ 코티지(Cottage)

핵심해설 남태평양 등 관광휴양지에 있는 초가 형태를 한 소규모 단독 가옥 형태의 휴양 숙박시설을 말한다.

오답해설 ① 열대지방 건축형태의 일종으로 베란다가 딸린 목조 가옥 형태의 휴양 숙박시설을 말한다.
② 프랑스어로 성(城), 또는 영주의 대저택을 의미하는 말로 보르도(Bordeaux) 지방에서 와인을 제조, 저장할 수 있는 시설을 갖춘 포도원을 말한다.
③ 피서나 휴양, 야외활동을 위한 휴양 숙박시설로 시골의 저택, 교외의 별장이나 별장식 주택, 교외 주택을 말한다.

정답 ④

06 2019년 필기 기출문제

PART 01

제1과목 **국 사**

---

01 일제의 민족 말살 정책과 관련이 깊은 것은?

① 문화 통치
② 황국신민화 정책
③ 병참 기지화 정책
④ 헌병 경찰제도

핵심해설 민족 말살 정책은 1937년 중·일 전쟁 이후 조선인의 민족의식과 저항을 잠재워 전시체제를 강화하기 위한 정책으로, 조선인을 일본의 국민으로 만들기 위해 창씨개명과 황국신민서사 제창을 강요하는 등의 황국신민화 정책을 시행하였다.

오답해설 ① 다이쇼 데모크라시, 즉 일본 내부에 나타난 민주주의와 자유주의 경향으로 조선의 문화와 관습을 존중하며 조선인의 이익과 인권에 대해 온건한 정책을 사용한 시기이다.
③ 1931년 만주사변을 전후로 아시아 대륙 침략과 태평양 전쟁을 위한 보급기지로 한반도를 이용한 일제의 식민지 정책을 뜻한다.
④ 1910년부터 1919년까지 일제의 경찰제도로 헌병이 신분을 유지한 채 일반치안업무를 담당할 수 있도록 한 제도이다.

정답 ②

02 위정척사에 관한 설명으로 옳은 것은?

① 위정척사론자들은 개화운동의 뿌리가 되었다.
② '척사'는 성리학 이외의 사상이라도 무조건 배척만은 하지 말자는 것이다.
③ 반계 유형원은 위정척사 운동의 사상을 제시했다.
④ '위정'은 정학인 성리학을 옹호하는 것이다.

핵심해설 위정척사의 위정(衛正)은 바른 것, 즉 성리학적 질서를 지킨다는 의미이고, 척사(斥邪)는 성리학 이외의 다른 사악한 것들을 배척한다는 뜻이다.

정답 ④

03 청동기시대의 토기가 아닌 것은?

① 민무늬 토기
② 미송리식 토기
③ 덧무늬 토기
④ 붉은 간 토기

핵심해설 덧무늬 토기는 이른 민무늬 토기, 눌러찍기무늬 토기, 빗살무늬 토기와 함께 신석기시대의 대표적인 토기이다.

정답 ③

04 김해 지역에서 출토된 외래계 유물이 아닌 것은?

① 유목민족의 조리 도구인 청동솥
② 일본열도에서 들어온 방패 장식용 파형 청동기
③ 일본산 토기
④ 소그드 은화

핵심해설 소그드 은화
옛 발해의 영토였던 노보고르데예프카성 밖의 취락지에서 발견된 은화이다. 앞면에 왕관문양과 소그드 문자가 새겨져 있다. 이를 통해 발해가 중앙아시아지역의 세력과 교역했음을 알 수 있다.

정답 ④

05 제1차 김홍집 내각에 관한 설명으로 옳은 것은?

① 민씨 정권이 무너지고 등장했다.
② 흥선대원군과 대립하였다.
③ 갑오개혁이 실패한 후 등장했다.
④ 최초의 근대 신문인 한성순보를 발행하였다.

핵심해설 일본은 청·일 전쟁에서 승기를 잡고 조선을 보호국화하기 위해 조선 정부에 내정개혁을 요구했다. 이 때문에 민씨 정권이 무너지고 갑오개혁이 시작되었고, 흥선대원군의 섭정 아래 제1차 김홍집 내각이 등장했다.

오답해설 ④ 한성순보는 1883년에 박문국에서 창간되었던 순간(10일)신문으로 우리나라 최초의 근대 신문이다.

정답 ①

06 백제인에 관한 설명으로 옳지 않은 것은?

① 투호와 바둑 및 장기를 즐겼다.

② 키가 크고 의복이 깔끔하였다.

③ 씨름하는 장면이 그려진 벽화를 남겼다.

④ 상무적 기풍이 강하였다.

핵심해설 각저총

중국 길림성 집안현에 위치한 고구려의 흙무지돌방무덤 중 하나이다. 널방 왼쪽 벽에 두 장사가 씨름하는 모습이 그려져 있어 '각저(씨름의 한자 별칭)총'이라고 불리게 되었다.

정답 ③

07 동서 문화교류가 활발했다는 사실을 증명하는 유물이 아닌 것은?

① 발해 석등

② 경주 계림로 보검

③ 원성왕릉의 무인 석상

④ 동경 용원부의 삼존불상

핵심해설 발해의 석등은 고구려의 전통을 계승했다.

오답해설 ② 이국적인 모양의 보검으로 중앙아시아 지역과의 문화교류를 증명한다.
③ 눈이 깊고 코가 큰 서역인의 모습을 하고 있어서 서역과의 교류를 유추할 수 있다.
④ 십자가 목걸이를 하고 있는 불상으로 그리스도교와 발해 불교의 융합 가능성을 보여 준다.

정답 ①

08 장면 내각에 관한 설명으로 옳지 않은 것은?

① 부정 선거 관련자 처벌을 비롯한 정의사회구현을 국정 목표로 삼았다.

② 지방 자치제를 전면적으로 실시했다.

③ 내각 책임제와 국회 양원제를 채택했다.

④ 국토 건설 사업을 실시했다.

핵심해설 '정의사회구현'은 전두환 정권의 슬로건이었다.

정답 ①

09 다음 중 가장 이른 시기에 발생한 사건은?

① 묘청의 난
② 강동 6주 획득
③ 강조의 정변
④ 귀주대첩

핵심해설 강동 6주 획득 : 993년 서희의 외교담판

오답해설 ③ 강조의 정변 : 1009년 고려 목종
④ 귀주대첩 : 1019년 고려 현종
① 묘청의 난 : 1135년 고려 인종

정답 ②

10 고려시대 불교에 관한 설명으로 옳지 않은 것은?

① 왕자 출신의 의천은 교종을 중심으로 불교계를 통합하려 하였다.
② 선종 승려인 지눌은 정혜쌍수를 주장하였고, 수선사 결사운동을 이끌었다.
③ 광종 대 대장경을 만들고, 승과를 실시하였다.
④ 선종 승려인 보우와 혜근은 원나라로부터 임제종을 수입하였다.

핵심해설 〈초조대장경〉은 고려 현종, 〈재조대장경〉은 고려 고종 때에 만들어졌다. 광종 때에는 대장경을 제작하지 않았다.

정답 ③

더 알고가기   대각국사 의천

• 문종의 아들이자 숙종의 동생으로, 송에서 교리 유학
• 국청사를 중심으로 천태종 개창
• 교종을 중심으로 선종 통합
• 원효의 화쟁 사상 중시
• 교리 학습과 참선 수양 모두 중요하다고 하며 교관겸수 강조
• 흥왕사에 교장도감을 설치하여 〈속장경〉 간행

11 고려시대 토지제도에 관한 설명으로 옳지 않은 것은?

① 수조권에 따라 공전과 사전으로 구분되었다.

② 전시과제도는 문종 대 시작하여 성종 대 완성되었다.

③ 공민왕은 신돈을 등용하였고, 전민변정도감을 설치하여 전제개혁을 시도하였다.

④ 공양왕 대 과전법이 실시되어, 이성계 일파 중심으로 수조권이 재분배되었다.

핵심해설 전시과제도는 태조의 역분전으로 시작하여 경종 때 시정전시과를 거쳐 문종 때 완성되었다.

정답 ②

더 알고가기 | 전지와 시지

• 전지 : 곡물을 수취할 수 있는 토지
• 시지 : 땔감을 얻을 수 있는 토지

12 조선의 대외관계에 관한 설명으로 옳지 않은 것은?

① 조선은 두만강 유역에 4군을, 압록강 중류에 6진을 설치하였다.

② 일본과는 계해약조를 맺고 부산포, 제포, 염포에서 무역을 허용하였다.

③ 명나라와는 조공무역을 하고 책봉을 받았다.

④ 여진족에 대해서는 귀화와 조공을 적극 유도하면서 토벌정책도 병행하였다.

핵심해설 압록강 상류 지역에 4군, 두만강 하류 지역에 6진이 설치되었다.

정답 ①

더 알고가기 | 4군 6진

조선 세종 때 여진족을 몰아낸 후 건설한 군사 시설이다. 평안도 절제사로 임명된 최윤덕이 압록강 유역의 여진족을 소탕한 후 4군을 설치했고, 김종서가 함경도 지방의 여진족을 몰아내고 두만강 유역에 6진을 설치했다. 이때 우리나라의 국경이 압록강과 두만강을 잇는 선으로 확장되었다.

13 조선 후기의 세제 개편에 관한 설명으로 옳은 것은?

① 전세는 연분9등법에 의해 운영되었다.

② 공물은 대동법 시행에 따라 호적에 기재된 인정의 다소에 따라 부과하였다.

③ 군역 부담을 줄이기 위해 군포를 2필에서 1필로 감하였다.

④ 요역은 8결 당 1명의 인원을 기준으로 부과하였다.

오답해설 ① 연분9등법은 농사의 작황을 9등급으로 나누어 수세하는 규정으로 조선 전기 세종 때 시행되었다.
② 대동법은 소유한 토지에 비례하여 공물 대신 쌀을 바치는 납세제도이다.
④ 토지 8결을 단위로 한 사람의 일꾼을 내도록 하는 팔결출일부제는 성종 때 제정되었다.

정답 ③

14 다음 사건의 배경이 된 지역은?

> 1811년 지역 차별에 불만을 품은 상인, 향임층, 무사, 유랑농민 등이 주축이 되어 발생한 민란으로 9개 읍을 점령하는 등 위세를 떨쳤다.

① 전라도   ② 경상도

③ 평안도   ④ 함경도

핵심해설 홍경래의 난
1811년 홍경래·우군칙 등의 주도로 평안도에서 일어난 농민 항쟁이다. 조선 후기 사회·경제적 역량이 성장함에 따라 지식인이 늘고 여러 사회모순에 대한 저항이 확산되었다. 특히 평안도는 중국과의 접경지역으로 활발한 상업 활동이 가능했고 이를 바탕으로 경제 발전과 역동적인 사회의 변동이 진행되고 있었으나 부패한 조선의 중앙 세도 정치권력으로부터 소외되어 지역민들의 불만이 더욱 컸다. 홍경래는 평안도 지역의 상인, 향리, 무사, 농민들을 규합하여 봉기하였고 청천강 이북 지역을 장악했으나 조선의 토벌군에 의해 진압되었다.

정답 ③

15 다음 중 세종 대에 만들어진 것은?

① 국조오례의   ② 여지도서

③ 혼일강리역대국도지도   ④ 칠정산

핵심해설 ④ 조선 세종 때 한양을 기준으로 하여 우리 하늘에서 일어나는 각종 천문현상을 관측하고 역법이론을 연구하여 만들어진 역법이다.

오답해설 ① 성종 때 신숙주에 의해 만들어진 국가의 기본예식인 오례(길례, 가례, 빈례, 군례, 흉례)의 예법과 절차 등을 그림과 함께 편찬한 예전이다.
② 영조 때 각 읍에서 편찬한 읍지를 모아 책으로 만든 전국 읍지이다. 읍지란, 지방 각 읍을 단위로 하여 작성된 지리지를 뜻한다.
③ 태종 때 김사형과 이무, 이회가 만든 세계지도이다.

정답 ④

16 국내여행안내사 A가 사용한 해설기법은?

> 국내여행안내사 A는 국립박물관 입구에서 관광객 그룹을 대상으로 먼저 박물관에 대해 대략적인
> 설명을 한 다음 그 그룹과 동행하면서 관람동선에 있는 주요 전시물을 흥미롭게 설명하였다.

① 담화해설기법
② 이동식해설기법
③ 자기안내해설기법
④ 매체이용해설기법

핵심해설 이동식해설기법
관광객들과 같이 이동하며 관광자원에 대한 해설을 진행하는 기법이다. 관광객들에게 설명하며 장시간 동행하므로
해설자와 관광객들 간의 신뢰가 생기는 장점이 있으나 해설자의 리더십이나 자질이 부족한 경우 분위기가 산만해지
거나 외면당할 수 있다.

오답해설 ① 관광객들과 관광자원에 대한 이야기를 주고받으며 일정한 정보를 전달하거나 반응을 유도하는 해설기법이다.
③ 관광객 스스로 관광자원을 이해할 수 있도록 배치된 안내판, 전시판, 음성기기를 통해 자원이 해설되는 기법
이다.
④ 여러 장치를 이용하여 방문객에게 관광자원을 이해할 수 있는 다양한 상황을 경험하게 하는 해설기법이다.

정답 ②

17 우리나라 전통 건축양식에 관한 설명으로 옳지 않은 것은?

① 배흘림기둥은 원형기둥의 중간부가 굵고 상부와 하부가 가늘게 된 건축양식이다.
② 주심포 양식은 기둥 위에만 포가 놓인 공포형식이다.
③ 다포 양식은 기둥 위와 기둥 사이에 포가 놓인 공포형식이다.
④ 치미는 추녀마루 끝에 위치하는 이무기 꼬리 모양의 장식이다.

핵심해설 치미는 장식기와의 일종으로 용마루의 양 끝에 얹혀 건물의 위엄과 화려함을 높이는 기능을 한다. 추녀마루 끝에
위치한 장식은 잡상으로 주로 궁궐의 전각과 문루의 추녀마루에 올려 장식한다.

정답 ④

18 조선시대 서원에 관한 설명으로 옳지 않은 것은?

① 서원은 국립 교육기관으로 국가 지원을 받았다.

② 최초의 서원은 주세붕이 설립한 백운동서원이다.

③ 서원은 지방에 소재한 교육기관이었다.

④ '한국의 서원'으로 유네스코 세계유산에 등재되었다.

핵심해설 서원은 사림들에 의해 설립된 사설 교육기관이다. 선현들의 제사를 지내고 그들의 뜻을 받들어 성리학과 도학 위주의 교육을 하였다.

정답 ①

더 알고가기	조선의 공립 교육기관

• 성균관 : 조선 최고의 교육기관으로 소과에 합격해야만 입학이 가능
• 사부학당 : 한양에 있던 관립 교육기관으로 사학이라고도 함
• 향교 : 지방 교육기관으로 사부학당과 같은 기능을 함

19 유네스코 인류무형문화유산으로 등재된 것을 모두 고른 것은?

ㄱ. 종묘제례 및 종묘제례악	ㄴ. 판소리
ㄷ. 강릉단오제	ㄹ. 수원화성

① ㄱ, ㄹ

② ㄴ, ㄷ

③ ㄷ, ㄹ

④ ㄱ, ㄴ, ㄷ

핵심해설 대한민국의 유네스코 인류무형문화유산

• 종묘제례 및 종묘제례악
• 강릉단오제
• 강강술래
• 영산재
• 가 곡
• 매사냥
• 줄타기
• 아리랑
• 농 악
• 제주해녀문화
• 연등회, 한국의 등불 축제
• 한국의 장 담그기

• 판소리
• 남사당놀이
• 처용무
• 제주칠머리당영등굿
• 대목장
• 택 견
• 한산모시짜기
• 김 장
• 줄다리기
• 씨 름
• 한국의 탈춤

오답해설 수원화성은 1997년도에 유네스코 세계유산으로 지정되었지만 무형문화유산은 아니다.

정답 ④

20 한글에 관한 설명으로 옳은 것은?

① 조선정부는 용비어천가를 한글로 지어 조선 건국의 정당성과 역사성을 강조하였다.

② 1446년에 훈민정음이 창제되었다.

③ 한글의 창제 원리는 인의예지신 오상이다.

④ 훈민정음은 28자의 표의문자이다.

핵심해설 용비어천가

1447년 조선 세종 때 간행된 조선왕조의 창업을 칭송한 서사시이다. 훈민정음으로 지어진 최초의 책이며, 대한민국 보물로 지정되어 있다.

오답해설 ② 훈민정음은 1443년에 창제되었고, 1446년에 반포되었다.

③ 초성은 발음기관을 상형하여 만들어졌고, 중성은 동양 철학의 원리를 적용해 우주의 기본요소인 삼재(三才), '•(天), —(地), ㅣ(人)'을 상형하여 기본자를 만들었다.

④ 훈민정음은 표음문자이다.

정답 ①

21 우리나라 국립공원 중 해상 면적이 큰 순서대로 올바르게 나열한 것은?

① 한려해상 > 다도해상 > 변산반도 > 태안해안

② 한려해상 > 다도해상 > 태안해안 > 변산반도

③ 다도해상 > 한려해상 > 변산반도 > 태안해안

④ 다도해상 > 한려해상 > 태안해안 > 변산반도

핵심해설
- 다도해해상 국립공원 : 2,266.221km^2
- 한려해상 국립국원 : 535.676km^2
- 태안해안 국립공원 : 377.019km^2
- 변산반도 국립공원 : 153.934km^2

정답 ④

22 댐과 강유역명의 연결이 옳지 않은 것은?

① 팔당댐 – 한강유역

② 충주댐 – 금강유역

③ 안동댐 – 낙동강유역

④ 장성댐 – 영산강유역

핵심해설 충주댐은 남한강의 댐이다. 금강에는 대청댐이 있다.

정답 ②

23 지역과 특산물의 연결이 옳지 않은 것은?

① 금산 – 인삼
② 통영 – 나전칠기
③ 안성 – 목기
④ 봉화 – 송이

안성은 유기가 유명하다. 목기가 유명한 곳은 남원이다.

정답 ③

24 24절기(節氣) 중 18번째 절기로 서리가 내리기 시작하는 시기는?

① 처 서
② 백 로
③ 상 강
④ 한 로

24절기

계 절	절 기
봄	• 입춘 : 봄의 시작 • 우수 : 비가 내리고 싹이 틈 • 경칩 : 개구리가 겨울잠에서 깸 • 춘분 : 낮이 길어지기 시작 • 청명 : 봄 농사 준비 • 곡우 : 농사비가 내림
여 름	• 입하 : 여름의 시작 • 소만 : 본격적인 농사의 시작 • 망종 : 씨뿌리기 • 하지 : 낮이 가장 긴 시기 • 소서 : 여름 더위의 시작 • 대서 : 더위가 가장 심한 때
가 을	• 입추 : 가을의 시작 • 처서 : 일교차가 커짐 • 백로 : 이슬이 내리기 시작 • 추분 : 밤이 길어지는 시기 • 한로 : 찬 이슬이 내림 • 상강 : 서리가 내리기 시작
겨 울	• 입동 : 겨울의 시작 • 소설 : 얼음이 얼기 시작 • 대설 : 눈이 가장 많이 내림 • 동지 : 밤이 연중 가장 긴 때 • 소한 : 겨울 중 가장 추운 때 • 대한 : 겨울 큰 추위

정답 ③

25 우리나라 전통연극에 관한 설명으로 옳은 것은?

① 고성 오광대놀이의 등장인물은 양반, 각시, 장자마리 등이다.

② 남사당놀이는 풍물, 버나, 살판, 어름, 덧뵈기, 덜미 등으로 구성된다.

③ 택견은 국가무형문화재로 유네스코 인류무형문화유산으로 등재될 예정이다.

④ 송파 산대놀이는 국가무형문화재로 꼭두쇠를 중심으로 한 유랑 남성들이 연희하는 마당놀이이다.

핵심해설 **남사당놀이의 구성**
- 풍물 : 꽹과리, 징, 장구, 북 등의 타악기 연주
- 버나 : 나무 막대기를 사용한 사발 돌리기
- 살판 : 땅재주, 지상에서의 다양한 곡예
- 어름 : 줄타기. 팽팽한 외줄 위에서의 다양한 곡예
- 덧뵈기 : 가면극으로 마당씻이, 옴탈마당, 샌님잡이, 먹중으로 구성
- 덜미 : 인형조종자가 꼭두각시 인형을 조종하며 악사와 함께 관객들과 소통하며 극을 진행

오답해설 ① 고성 오광대놀이에는 말뚝이, 문둥이, 원양반, 청제양반, 적제양반, 흑제양반, 홍백양반, 도령, 비비, 중, 각시, 시골양반, 큰어미, 제밀주, 마당쇠, 봉사, 상주 등 17종이 사용된다. 양반, 각시, 장자마리 순으로 등장하는 것은 강릉 관노 가면극이다.
③ 택견은 2011년에 유네스코 인류무형문화유산으로 등재되었다.
④ 꼭두쇠를 중심으로 한 유랑 남성들이 연희하는 것은 남사당놀이이다.
※ 2024년 5월 17일 법령 개정에 따라 '국가무형문화재'의 명칭이 '국가무형유산'으로 변경되었다.

정답 ②

26 관광진흥개발기금법령상 관광진흥개발기금에 관한 설명으로 옳은 것은?

① 선박을 이용하여 출국하는 자는 1만 원의 관광진흥개발기금을 납부하여야 한다.

② 한국산업은행이 관광진흥개발기금의 대여업무를 할 경우에는 미리 기금대여업무계획을 작성하여 기획재정부장관의 승인을 받아야 한다.

③ 관광진흥개발기금의 기금지출관은 기금출납보고서를 그 행위를 한 달의 말일을 기준으로 작성하여 다음 달 10일까지 기획재정부장관에게 제출하여야 한다.

④ 문화체육관광부장관은 회계연도마다 기금의 결산보고서를 작성하여 다음 연도 2월 말일까지 기획재정부장관에게 제출하여야 한다.

핵심해설 결산보고(「관광진흥개발기금법 시행령」 제21조).
문화체육관광부장관은 회계연도마다 기금의 결산보고서를 작성하여 다음 연도 2월 말일까지 기획재정부장관에게 제출하여야 한다

오답해설 ① 출국납부금은 7천 원으로 한다. 다만, 선박을 이용하는 경우에는 1천 원으로 한다(동법 시행령 제1조의2 제2항).
② 문화체육관광부장관의 승인을 받아야 한다(동법 시행령 제9조).
③ 다음 달 15일까지 기획재정부장관에게 제출하여야 한다(동법 시행령 제16조).

정답 ④

27 국제회의산업 육성에 관한 법령상 국제회의도시의 지정기준이 아닌 것은?

① 지정대상 도시 전체가 국제회의복합지구로 지정되어 있을 것

② 지정대상 도시에 숙박시설 · 교통시설 · 교통안내체계 등 국제회의 참가자를 위한 편의시설이 갖추어져 있을 것

③ 지정대상 도시에 국제회의시설이 있고, 해당 특별시 · 광역시 또는 시에서 이를 활용한 국제회의산업 육성에 관한 계획을 수립하고 있을 것

④ 지정대상 도시 또는 그 주변에 풍부한 관광자원이 있을 것

핵심해설 국제회의도시의 지정기준(「국제회의산업 육성에 관한 법률 시행령」 제13조)
• 지정대상 도시에 국제회의시설이 있고, 해당 특별시 · 광역시 또는 시에서 이를 활용한 국제회의산업 육성에 관한 계획을 수립하고 있을 것
• 지정대상 도시에 숙박시설 · 교통시설 · 교통안내체계 등 국제회의 참가자를 위한 편의시설이 갖추어져 있을 것
• 지정대상 또는 그 주변에 풍부한 관광자원이 있을 것

정답 ①

• 국제회의도시 : 국제회의산업의 육성·진흥을 위하여 지정된 특별시·광역시 또는 시를 말한다.
• 국제회의복합지구 : 국제회의시설 및 국제회의집적시설이 집적되어 있는 지역을 말한다.

28 관광기본법상 관광진흥계획의 수립 및 연차보고에 관한 설명으로 옳지 않은 것은?

① 정부는 관광진흥에 관한 기본계획을 5년마다 수립·시행하여야 한다.
② 관광진흥에 관한 기본계획은 국가관광전략회의의 심의를 거쳐 확정한다.
③ 정부는 관광진흥에 관한 기본계획에 따라 매년 시행계획을 수립·시행하고 그 추진실적을 평가하여 기본계획에 반영하여야 한다.
④ 정부는 매년 관광진흥에 관한 시책과 동향에 대한 보고서를 정기국회가 시작하기 7일 전까지 국회에 제출하여야 한다.

핵심해설 정기국회가 시작하기 전까지 국회에 제출하여야 한다(「관광기본법」제4조).

정답 ④

PART 01

29 관광진흥법령상 유원시설업자가 유기시설 또는 유기기구의 사용중지 등 필요한 조치를 취하고 사고보고를 해야 하는 중대한 사고에 해당하지 않는 경우는?

① 사망자가 발생한 경우
② 사고 발생일부터 3일 이내에 실시된 의사의 최초 진단결과 2주 이상의 입원 치료가 필요한 부상자가 동시에 3명 이상 발생한 경우
③ 사고 발생일부터 3일 이내에 실시된 의사의 최초 진단결과 1주 이상의 입원 치료가 필요한 부상자가 동시에 5명 이상 발생한 경우
④ 유기시설 또는 유기기구의 운행이 10분 이상 중단되어 인명 구조가 이루어진 경우

핵심해설 유기시설 등에 의한 중대한 사고(「관광진흥법 시행령」제31조의2)
• 사망자가 발생한 경우
• 의식불명 또는 신체기능 일부가 심각하게 손상된 중상자가 발생한 경우
• 사고 발생일부터 3일 이내에 실시된 의사의 최초 진단결과 2주 이상의 입원 치료가 필요한 부상자가 동시에 3명 이상 발생한 경우
• 사고 발생일부터 3일 이내에 실시된 의사의 최초 진단결과 1주 이상의 입원 치료가 필요한 부상자가 동시에 5명 이상 발생한 경우
• 유기시설 또는 유기기구의 운행이 30분 이상 중단되어 인명 구조가 이루어진 경우
※ 2025년 8월 28일 법률 개정으로 '유원시설업'은 '테마파크업'으로, '유기시설 또는 유기기구'는 '테마파크시설'로 그 명칭이 변경되었으나 시행령에는 아직 적용되지 않았다.

정답 ④

30 관광진흥법령상 (   )에 들어갈 내용을 순서대로 올바르게 나열한 것은?

> 문화체육관광부장관은 관광자원을 효율적으로 개발하고 관리하기 위하여 전국을 대상으로 관광개발 기본계획을 (ㄱ)년마다 수립하며, 권역별 관광개발계획은 (ㄴ)년마다 수립한다.

① ㄱ – 10, ㄴ – 5
② ㄱ – 15, ㄴ – 5
③ ㄱ – 15, ㄴ – 10
④ ㄱ – 20, ㄴ – 10

핵심해설 관광개발계획의 수립시기(「관광진흥법 시행령」 제42조)
관광개발기본계획은 10년마다, 권역별 관광개발계획은 5년마다 수립한다.

정답 ①

31 관광진흥법령상 과태료를 부과하는 경우가 아닌 것은?

① 카지노사업자가 영업준칙을 지키지 아니한 경우
② 유원시설업에 종사하는 안전관리자가 안전교육을 받지 아니한 경우
③ 관광통역안내의 자격을 가진 사람이 관광안내를 할 때 자격증을 패용하지 아니한 경우
④ 허가를 받지 아니하고 종합유원시설업 및 일반유원시설업을 경영한 경우

핵심해설 허가를 받지 않고 테마파크업을 경영한 경우 과태료가 아닌 3년 이하의 징역 또는 3천만 원 이하의 벌금에 처해지는 벌칙이 부과된다(「관광진흥법」 제82조).
※ 2025년 8월 28일 법률 개정으로 '유원시설업'의 명칭이 '테마파크업'으로 변경되었다.

정답 ④

32 관광진흥법령상 관광특구진흥계획의 수립 내용에 포함해야 할 사항이 아닌 것은?

① 내국인 관광객 유치 인원 실태조사 강구
② 관광불편신고센터의 운영계획
③ 범죄예방 계획 및 바가지 요금, 퇴폐행위, 호객행위 근절 대책
④ 외국인 관광객을 위한 토산품 등 관광상품 개발·육성계획

핵심해설 관광특구진흥계획의 수립 내용(「관광진흥법 시행규칙」 제65조)
• 범죄예방 계획 및 바가지 요금, 퇴폐행위, 호객행위 근절 대책
• 관광불편신고센터의 운영계획
• 관광특구 안의 접객시설 등 관련시설 종사원에 대한 교육계획
• 외국인 관광객을 위한 토산품 등 관광상품 개발·육성계획

정답 ①

33 관광진흥법령상 호텔업의 종류에 관한 설명으로 옳은 것은?

① 호스텔업 – 관광객의 숙박에 적합한 시설을 소규모로 갖추고 숙박에 딸린 음식 · 운동 · 휴양 또는 연수에 적합한 시설을 함께 갖추어 관광객에게 이용하게 하는 업

② 관광호텔업 – 관광객의 숙박에 적합한 시설을 갖추어 관광객에게 이용하게 하고 숙박에 딸린 음식 · 운동 · 오락 · 휴양 · 공연 또는 연수에 적합한 시설 등을 함께 갖추어 관광객에게 이용하게 하는 업

③ 소형호텔업 – 배낭여행객 등 개별 관광객의 숙박에 적합한 시설로서 샤워장, 취사장 등의 편의시설과 외국인 및 내국인 관광객을 위한 문화 · 정보 교류시설 등을 함께 갖추어 이용하게 하는 업

④ 가족호텔업 – 숙박시설을 운영하고 있는 자가 자연 · 문화 체험관광에 적합한 시설을 갖추어 관광객에게 이용하게 하는 업

① 배낭여행객 등 개별 관광객의 숙박에 적합한 시설로서 샤워장, 취사장 등의 편의시설과 외국인 및 내국인 관광객을 위한 문화 · 정보 교류시설 등을 함께 갖추어 이용하게 하는 업(「관광진흥법 시행령」 제2조 제1항 제2호 마목)

③ 관광객의 숙박에 적합한 시설을 소규모로 갖추고 숙박에 딸린 음식 · 운동 · 휴양 또는 연수에 적합한 시설을 함께 갖추어 관광객에게 이용하게 하는 업(동법 시행령 제2조 제1항 제2호 가목)

④ 가족단위 관광객의 숙박에 적합한 시설 및 취사도구를 갖추어 관광객에게 이용하게 하거나 숙박에 딸린 음식 · 운동 · 휴양 또는 연수에 적합한 시설을 함께 갖추어 관광객에게 이용하게 하는 업(동법 시행령 제2조 제1항 제2호 라목)

정답 ②

34 관광진흥법령상 관광객 이용시설업의 종류가 아닌 것은?

① 전문휴양업
② 관광공연장업
③ 관광유람선업
④ 관광순환버스업

관광순환버스업은 관광 편의시설업에 해당한다.

관광객 이용시설업의 종류(「관광진흥법 시행령」 제2조 제1항 제3호)
- 전문휴양업
- 종합휴양업
- 야영장업
- 관광유람선업
- 관광공연장업
- 외국인관광 도시민박업
- 한옥체험업

정답 ④

관광사업의 종류(「관광진흥법」 제3조)

- 여행업
- 관광숙박업(호텔업, 휴양 콘도미니엄업)
- 관광객 이용시설업
- 국제회의업
- 카지노업
- 테마파크업
- 관광 편의시설업

35 관광진흥법령상 호텔업 등록을 한 자가 등급결정을 신청하여야 하는 호텔업을 모두 고른 것은?

> ㄱ. 관광호텔업
> ㄴ. 가족호텔업
> ㄷ. 소형호텔업
> ㄹ. 수상관광호텔업

① ㄱ, ㄴ　　　　　　　　　　② ㄴ, ㄷ
③ ㄱ, ㄷ, ㄹ　　　　　　　　④ ㄴ, ㄷ, ㄹ

핵심해설 **호텔업의 등급결정(「관광진흥법 시행령」 제22조 제1항)**
관광진흥법 제19조 제1항 단서에서 "대통령령으로 정하는 자"란 관광호텔업, 수상관광호텔업, 한국전통호텔업, 가족호텔업, 소형호텔업 또는 의료관광호텔업의 등록을 한 자를 말한다.
※ 출제 당시 답은 ③이었으나, 2019년 11월 19일 법령이 개정되어 현재는 정답이 없다.

정답 해설참조

36 관광 스토리텔링에 관한 설명으로 옳은 것은?

① 소셜관광으로서 사회정책 지원활동이 포함된 관광이다.

② 관광자원의 감성적 테마를 기획·창작하여 흥미로움을 전달하는 관광이다.

③ 재난 발생지를 방문하여 교훈을 얻는 특별목적의 관광이다.

④ 관광지의 자연환경과 경제를 위해 장기적인 편익을 발생시키는 관광이다.

핵심해설 관광 스토리텔링

관광지와 관련된 소재를 발굴하여 의미를 찾고 이야기를 통해 관광지에 정체성을 부여하거나 강화하는 것으로 관광객들은 관광자원과 상호작용을 통해 새로운 가치를 만들 수 있다. 특별히 스토리텔링의 활용을 통해 지역의 정체성을 확립하고 다른 관광지와의 차별성을 강화할 수 있기 때문에 정책적으로 효과가 크다.

오답해설 ① 복지 관광

③ 다크 투어리즘

④ 지속가능한 관광

정답 ②

37 우리나라 테마파크의 분류로 적합하지 않은 것은?

① 시민들을 위한 유원지 공원

② 어린이와 청소년을 위한 놀이기구 공원

③ 자연 보존을 위한 국립공원

④ 특정 개념을 가진 공원

핵심해설 테마파크란 특정한 주제를 갖고 놀이시설이나 행사를 기획하고 제공함으로써 관광객들에게 즐거움과 감동을 제공하는 놀이공원을 말한다. 국립공원은 국가를 대표할 수 있는 자연경관, 경승지를 지정하여 보호하고 육성하기 위한 것으로 국민들의 보건, 휴양, 정서생활을 위해 나라에서 관리하는 공원을 말한다.

정답 ③

38 국내 노인복지관광과 관련된 정책이 아닌 것은?

① 노인 돌봄여행 서비스
② 문화누리카드 사업
③ 사회적 관광
④ 슬로시티 관광

슬로시티

1999년 이탈리아에서 시작된 '느림의 삶'을 추구하려는 운동으로, 공해로부터 자연환경을 보호하는 환경정책을 실시하며 유기농 식품을 생산하고 소비하고, 전통 문화와 음식들이 유지되는 도시에 인증을 주고 있다.

한국의 슬로시티

- 전남 신안군(증도)
- 전남 담양군(창평면)
- 충남 예산군(대흥면)
- 경북 상주시(함창·이안·공검면)
- 강원도 영월군(김삿갓면)
- 충남 태안군(소원면)
- 경남 김해시(봉하마을·화포천습지)
- 강원도 춘천시(실레마을)
- 전남 완도군(청산도)
- 경남 하동군(악양면)
- 전북 전주시(한옥마을)
- 경북 청송군(주왕산면·파천면)
- 충북 제천시(수산면)
- 경북 영양군(석보면)
- 충남 서천군(한산면)
- 전남 장흥군(유치면, 방촌문화마을)

① 신체적 특성으로 여행 욕구 충족이 어려운 노인·장애인에게 전문 돌봄인력 동반 여행 서비스를 제공하는 정책
② 기초생활수급자 및 차상위계층을 대상으로 문화예술, 국내여행, 체육활동을 지원하는 카드로 2025년 기준 연간 15만 원을 지원하는 정책
③ 복지관광을 뜻하며 저소득층이나 노인, 장애인 등 관광 경험이 제한되는 계층에 대한 지원정책

정답 ④

39 관광객을 위한 원스톱 예약결제시스템과 관련되지 않은 것은?

① 플랫폼 설계
② 온라인 관광정보
③ 어플리케이션
④ 현금 결제

원스톱 서비스

원스톱 서비스란 한 곳에서 관련된 일을 한 번에 처리하는 방식을 의미한다. 주로 온라인에 설계된 플랫폼인 특정 어플리케이션을 통해 관광정보를 제공받고 해당 어플리케이션에서 결제까지 일괄적으로 진행할 수 있다.

정답 ④

40 젠트리피케이션(Gentrification)이 관광산업에 미치는 영향이 아닌 것은?

① 관광시설의 임대료 상승
② 지속가능한 관광
③ 도시관광의 성장
④ 기존 거주민과 상인들 간의 갈등

젠트리피케이션(Gentrification)
'고급화하다'라는 의미의 젠트리파이(Gentrify)에서 파생된 용어로 낙후된 지역에 상류층의 고급주택가가 들어서는 등의 고급화 현상으로 사람들이 몰리고 지역이 활성화되면서 임대료가 올라 원주민들이 내몰리는 현상을 가리킨다.

지속가능한 관광
미래 세대의 관광기회를 보호하고 증진하는 동시에 현 세대의 관광객 및 지역 사회의 필요를 충족하는 것으로 문화의 보존, 필수적인 생태 과정, 생물의 다양성, 생물 지원 체계를 유지하는 동시에 경제·사회·심미적 필요를 충족할 수 있게 관리하는 것을 의미한다.

정답 ②

41 우리나라에서 지정한 관광특구가 아닌 곳은?

① 동대문 패션타운
② 강원도 대관령
③ 경남 미륵도
④ 경기도 남이섬

대한민국 관광특구(문화체육관광부, 2024년 7월 기준)

서울(7)	명동·남대문·북창동·다동·무교동	충북(3)	수안보온천
	이태원		속리산
	동대문 패션타운		단 양
	종로·청계	충남(2)	아산시온천
	잠 실		보령해수욕장
	강남 마이스	전북(2)	무주 구천동
	홍대 문화예술		
부산(2)	해운대		정읍 내장산
	용두산·자갈치	전남(2)	구 례
대구(1)	동성로		목 포
인천(1)	월 미	경북(4)	경주시
대전(1)	유 성		백암온천
경기(5)	동두천		문 경
	평택시 송탄		포항 영일만
	고 양	경남(2)	부곡온천
	수원 화성		미륵도
	통일동산	제주(1)	제주도
강원(2)	설 악		
	대관령		

정답 ④

42 관광 서비스와 정보통신기술(ICT ; Information Communication Technology)의 융합 사례가 아닌 것은?

① 온라인 기반 여행사
② 스마트 관광도시
③ 관광특구 지정
④ 빅데이터 활용 맞춤형 서비스

핵심해설 관광특구 지정은 정보통신기술의 융합과 가장 관련이 적다.

관광특구(「관광진흥법」 제2조 제11호)
"관광특구"란 외국인 관광객의 유치 촉진 등을 위하여 관광 활동과 관련된 관계 법령의 적용이 배제되거나 완화되고, 관광 활동과 관련된 서비스·안내 체계 및 홍보 등 관광 여건을 집중적으로 조성할 필요가 있는 지역으로 이 법에 따라 지정된 곳을 말한다.

관광특구의 지정(「관광진흥법」 제70조 제1항)
관광특구는 다음의 요건을 모두 갖춘 지역 중에서 시장·군수·구청장의 신청에 따라 시·도지사가 지정한다.
• 외국인 관광객 수가 최근 1년간 10만명(서울은 50만명) 이상일 것
• 관광안내시설, 공공편익시설 및 숙박시설 등이 갖추어져 외국인 관광객의 관광수요를 충족시킬 수 있는 지역일 것
• 관광활동과 직접적인 관련성이 없는 토지의 비율이 10%를 초과하지 아니할 것
• 위의 요건들을 갖춘 지역이 서로 분리되어 있지 아니할 것

정답 ③

43 A는 다음의 조건을 모두 갖춘 숙박시설 운영을 계획하고 있다. A가 운영하려는 숙박시설의 유형은?

> • 자연 및 주변 환경과 조화를 이룰 수 있는 3층 이하의 건축물일 것
> • 객실이 30실 이하일 것
> • 취사 및 숙박에 필요한 시설을 갖출 것
> • 바베큐장·캠프파이어 등 주인의 환대가 가능한 1종류 이상의 이용시설을 갖출 것
> • 숙박 및 이용시설에 대하여 외국어 안내표기를 할 것

① 관광펜션
② 가족호텔
③ 한국전통호텔
④ B & B(Bed & Breakfast)

오답해설 ② 가족호텔업(「관광진흥법 시행령」 별표1 제2호 라목)
• 가족단위 관광객이 이용할 수 있는 취사시설이 객실별로 설치되어 있거나 층별로 공동취사장이 설치되어 있을 것
• 욕실이나 샤워시설을 갖춘 객실이 30실 이상일 것
• 객실별 면적이 19제곱미터 이상일 것
• 외국인에게 서비스를 제공할 수 있는 체제를 갖추고 있을 것
• 대지 및 건물의 소유권 또는 사용권을 확보하고 있을 것. 다만, 회원을 모집하는 경우에는 소유권을 확보하여야 한다.

③ 한국전통호텔업(동법 시행령 별표1 제2호 다목)
- 건축물의 외관은 전통가옥의 형태를 갖추고 있을 것
- 이용자의 불편이 없도록 욕실이나 샤워시설을 갖추고 있을 것
- 외국인에게 서비스를 제공할 수 있는 체제를 갖추고 있을 것
- 대지 및 건물의 소유권 또는 사용권을 확보하고 있을 것. 다만, 회원을 모집하는 경우에는 소유권을 확보하여야 한다.
④ 베드 앤드 브렉퍼스트(Bed and Breakfast)
영국과 북아메리카, 아일랜드, 뉴질랜드, 오스트레일리아(호주) 등 주로 영어권 국가에 있는 숙박 시설이다. 숙박과 아침 식사를 비교적 저렴한 가격으로 이용할 수 있다.

정답 ①

44 UNWTO(세계관광기구) 관광통계기준에 의한 관광객은?

① 국경을 오가는 계절적 근로자
② 국경을 오가는 성지순례객
③ 공항 내 통과여객
④ 외교관, 영사, 주둔군인 및 그 가족

핵심해설 UNWTO(세계관광기구)의 관광객 정의
- 관광객 : 방문국에 1박 이상 체재하는 사람(비거주자, 해외동포, 항공기 승무원 등)
- 비관광객 : 국경통근자, 유목민, 군인, 외교관, 통과객, 이주자

정답 ②

45 플로그(Plog. S. C)가 제안한 안전지향형(Psychocentrics) 성격을 가진 관광객의 관광행태가 아닌 것은?

① 패키지상품 선호
② 대규모 현대식 숙박시설 선호
③ 잘 알려진 관광지 선호
④ 모험지향형 관광경험 추구

핵심해설 플로그의 관광행동유형
- 안전지향형(Psychocentrics) : 패키지투어, 대규모 현대식 숙박시설 선호
- 중간지향형(Midcentrics) : 안전형과 새로움형의 중간
- 새로움지향형(Allocentrics) : 행동중심, 모험지향, 미지탐험 선호

정답 ④

46 관광현상의 시대별 변천과정을 순서대로 연결한 것은?

> ㄱ. Mass Tourism
> ㄴ. Tourism
> ㄷ. Tour
> ㄹ. Alternative Tourism

① ㄱ - ㄴ - ㄷ - ㄹ
② ㄷ - ㄱ - ㄹ - ㄴ
③ ㄷ - ㄴ - ㄱ - ㄹ
④ ㄹ - ㄱ - ㄴ - ㄷ

핵심해설 관광의 발전 단계 요약

구 분	시 기	관광계층	관광동기	조직자	조직동기
Tour (자연발생적)	고대~1830년대	특권계층(귀족, 승려, 무사)과 일부 부유층	종 교	교 회	신앙심 향상
Tourism (매개 · 서비스적)	1840년대~ 제2차 세계대전	특권계층과 부유층	지식탐구	기 업	이윤 추구
Mass Tourism (개발 · 조직적)	제2차 세계대전~ 현대	대중을 포함한 국민	휴양, 오락	민간기업, 공공단체, 국가	이윤추구, 국민후생 증대

정답 ③

47 카지노를 중심으로 호텔, 컨벤션시설, 테마파크, 엔터테인먼트시설, 레스토랑, 쇼핑센터 등의 다양한 시설들이 동일 공간에 조성되어 있는 관광시설은?

① 관광특구
② 메가(Mega) 쇼핑몰
③ 디즈니월드
④ 복합리조트

핵심해설 복합리조트
카지노, 호텔, 대형회의장, 쇼핑몰, 테마파크, 레스토랑 등 다양한 시설과 기능을 갖춘 리조트

오답해설 ① 외국인 관광객 유치 촉진을 위해 관광 관련 서비스와 홍보활동 등을 강화하기 위해 시장 · 군수 · 구청장의 신청에 따라 시 · 도지사가 지정하는 지역이다.
② 초대형 쇼핑몰을 의미하며, 쇼핑 공간내의 녹지나 분수, 조형물 등 즐기거나 쉴 수 있는 환경과 극장, 영화관, 오락시설 등을 마련하여 방문객들이 목표 공간에 머무는 시간을 연장시켜 매출을 극대화한다.
③ 세계 최대 규모의 종합 휴양지로 플로리다 올랜도에 위치해 있다.

정답 ④

48 한국관광공사가 수행하는 사업이 아닌 것은?

① 외래관광객 유치를 위한 홍보
② 관광관련 전문인력의 양성과 훈련 사업
③ 관광에 관한 국제협력의 증진
④ 관광진흥장기발전계획 수립

핵심해설 한국관광공사가 수행하는 사업(「한국관광공사법」 제12조)
- 국제관광 진흥사업
  - 외국인 관광객의 유치를 위한 홍보
  - 국제관광시장의 조사 및 개척
  - 관광에 관한 국제협력의 증진
  - 국제관광에 관한 지도 및 교육
- 국민관광 진흥사업
  - 국민관광의 홍보
  - 국민관광의 실태 조사
  - 국민관광에 관한 지도 및 교육
  - 장애인, 노약자 등 관광취약계층에 대한 관광 지원
- 관광자원 개발사업
  - 관광단지의 조성과 관리, 운영 및 처분
  - 관광자원 및 관광시설의 개발을 위한 시범사업
  - 관광지의 개발
  - 관광자원의 조사
- 관광산업의 연구 · 개발사업
  - 관광산업에 관한 정보의 수집 · 분석 및 연구
  - 관광산업의 연구에 관한 용역사업
- 관광관련 전문인력의 양성과 훈련 사업
- 관광사업의 발전을 위하여 필요한 물품의 수출입업을 비롯한 부대사업으로서 이사회가 의결한 사업

정답 ④

49 주사위를 넣은 용기를 진동하여 결정된 3개의 주사위 합이 플레이어가 베팅한 숫자 혹은 숫자의 조합과 일치하면 정해진 배당금을 지급하는 카지노 게임은?

① 블랙잭

② 바카라

③ 다이사이

④ 크랩스

핵심해설 다이사이

플레이어가 베팅한 숫자나 숫자의 조합이 셰이커(주사위 용기)로 흔들어 결정된 3개의 주사위 합과 일치하면 정해진 배당률에 의해 배당금이 지급되는 게임

오답해설 ① 21을 넘지 않는 한도 내에서 딜러와 겨루어 숫자가 크면 이기는 게임

② 두 장의 카드를 더한 수의 끝자리가 9에 가까운 쪽이 이기는 게임

④ 다이스라고 불리기도 하며, 여러 가지 숫자와 기호가 그려진 테이블에서 주사위를 굴려 나오는 점수에 따라 승부하는 게임

정답 ③

50 용어에 관한 설명 중 옳지 않은 것은?

① CSF(Charter Service Flight) – 부정기항공운송

② LCC(Low Convenience Carrier) – 저가항공사

③ SSF(Scheduled Service Flight) – 정기항공운송

④ ICAO(International Civil Aviation Organization) – 국제민간항공기구

핵심해설 저가항공사를 의미하는 LCC는 Low Convenience Carrier가 아니라 Low Cost Carrier이다.

*Convenience : 편의, 편의시설

정답 ②

07 2018년 필기 기출문제

PART 01

제1과목 **국 사**

---

01 밑줄 친 '이 시대'에 관한 설명으로 옳은 것은?

> 이 시대 사람들은 강가나 바닷가에 살면서 물고기를 잡거나 사냥을 하였다. 초기에 식물의 열매나 뿌리를 채취하여 먹는 생활을 하다가, 뒤에는 농사를 짓고 가축도 기르게 되었다.

① 계절에 따라 이동 생활을 하며 동굴에서 살았다.
② 검은 간토기와 덧띠 토기를 사용하였다.
③ 고인돌에 비파형 동검 등을 부장하였다.
④ 특정 동물을 자기 부족의 기원과 연결시켜 숭배하였다.

핵심해설 〈보기〉는 신석기시대에 대한 설명이다. 신석기시대에는 농경과 정착생활이 시작되면서 특정 동물을 자기 부족의 기원과 결부하여 숭배하는 토테미즘 형태의 신앙이 발생하였다.

오답해설 ① 구석기시대에는 계절에 따라 이동 생활을 하며 동굴, 바위 그늘이나 강가에 막집을 짓고 살았다.
② 검은 간토기, 덧띠 토기는 철기시대의 대표적인 토기이다.
③ 비파형 동검은 청동기시대의 동검이다.

정답 ④

더 알고가기 신석기시대의 원시신앙

구 분	내 용
애니미즘	농사에 큰 영향을 끼치는 자연 현상이나 자연물에 정령이 깃들어 있다고 믿는 신앙
토테미즘	특정 동물을 자기 부족의 기원과 결부하여 숭배하는 신앙
샤머니즘	영혼이나 하늘을 인간과 연결하는 무당과 주술을 믿는 신앙

02 ( )에 해당하는 왕은?

> ( )은 장수 장문휴를 보내 당나라의 등주자사 위준을 공격하게 하였다. 이에 당나라에서 대문예를 파견하여 발해를 토벌하게 하는 동시에, 신라로 하여금 발해의 남쪽 경계를 치게 하였다.

① 고 왕   ② 무 왕
③ 문 왕   ④ 선 왕

핵심해설 발해의 무왕은 732년 장수 장문휴를 보내 당나라 등주를 습격하게 하여 자사 위준을 죽였다. 이에 발해와 당나라 사이에 분쟁이 일어나게 된다. 당나라는 733년 대문예에게 발해를 토벌하게 하고, 한편으로는 신라에 사신을 보내 발해의 남쪽 경계를 공격하게 하였다.

정답 ②

더 알고가기	무왕의 업적

구 분	내 용
연호 사용	독자적인 연호 '인안' 사용
대외 정복	북만주 일대 장악, 당의 등주(산둥 반도) 공격
외교 관계	돌궐·일본과 우호, 당·신라와 적대

03 다음과 같은 지방제도를 실시한 국가에 관한 설명으로 옳지 않은 것은?

> • 지방의 읍(邑)을 담로라고 불렀다.
> • 5방이 있으며, 방마다 몇 개의 군을 관할하였다.

① 상대등이 귀족회의를 주관하면서 왕권을 견제하였다.
② 좌평을 비롯한 16등급의 관리가 나랏일을 맡아 보았다.
③ 지배층은 왕족인 부여씨와 8성의 귀족으로 이루어졌다.
④ 중국의 남조와 활발하게 교류하고 일본에 불교를 전해주었다.

핵심해설 담로는 백제의 지방 행정구역으로 지방 지배의 거점이었다. 5방은 백제의 지방 행정 단위를 말한다. 신라의 귀족 세력을 대표하는 상대등은 귀족회의인 화백회의를 주관하면서 왕권을 견제하였다.

오답해설 ② 백제에는 왕 아래에 좌평을 비롯한 16등급의 관리가 있어 나랏일을 맡아 보았다.
③ 백제의 지배층은 왕족인 부여씨와 8성의 귀족으로 구성되었다.
④ 백제 성왕은 중국의 남조와 활발하게 교류하였으며 일본에 불교를 전하였다.

정답 ①

더 알고가기 삼국의 관등제 정비

구 분	고구려	백 제	신 라
관 등	10여 관등	16관등	17관등
수 상	대대로	상좌평	상대등

04 ( )에 관한 설명으로 옳은 것은?

> ( )은(는) 성덕왕 3년(704)에 한산주 도독이 되었으며, 전기 몇 권을 지었다. 그가 쓴 〈고승전〉,
> 〈화랑세기〉, 〈악본〉, 〈한산기〉 등이 아직도 남아 있다.
>
> — 〈삼국사기〉 —

① 외교 문서를 잘 지은 문장가로 유명하였다.

② 이두를 정리하여 한문 교육의 보급에 공헌하였다.

③ 진골 신분으로 신라의 문화를 주체적으로 인식하려 하였다.

④ 당의 빈공과에 급제하고 귀국하여 시무 개혁안을 건의하였다.

핵심해설 김대문

신라의 진골 출신 귀족으로, 〈고승전〉, 〈화랑세기〉, 〈악본〉, 〈한산기〉 등의 저서를 통해 신라의 문화를 주체적으로
인식하려는 경향을 보여주었다.

오답해설 ① 강수는 외교 문서를 잘 지은 문장가로 유명하였다.

② 설총은 〈화왕계〉를 저술하였으며, 이두를 정리하여 한문 교육의 보급에 공헌하였다.

④ 최치원은 당에서 빈공과에 급제하였으며, 진덕여왕에게 시무책 10여조를 건의하였다.

정답 ③

더 알고가기 최치원

868년 12세의 어린 나이로 중국 당나라에 유학을 떠나 18세에 빈공과에 합격하였다. 879년 당에서 큰 농민 반란이
일어났을 때 주도자 황소에게 항복을 권하는 '토황소격문'이라는 글을 써서 보냈는데, 그것을 읽은 황소가 놀라 침대에
서 굴러떨어졌다고 하여 최치원의 이름이 널리 알려졌다. 885년 그는 신라로 귀국하여 관리가 되었다. 진성여왕에게
시무책을 올리는 등 어지러운 정치를 바로잡고자 노력하였으나, 진골 귀족의 견제로 중앙 관직에서 물러나게 되었다.
이후 그는 각지를 유랑하며 경주·합천·부산 해운대 등을 떠돌다가 말년에는 해인사에 머물렀는데, 언제 세상을 떠났는
지는 알 수 없다. 부산 해운대는 '해운(바다의 구름)'이라는 그의 호(號)에서 유래된 것이다. 외로운 구름을 뜻하는 '고운(孤
雲)'이라는 또 다른 호도 있는데, 이는 개혁을 추진하였으나 이루지 못하고 유랑 생활에 오를 수밖에 없었던 그의 쓸쓸한
말년을 잘 표현한 것이라 하겠다.

05 〈삼국사기〉에 관한 설명으로 옳지 않은 것은?

① 유교적 합리주의 사관에 기초하였다.
② 기전체로 서술하였다.
③ 현존하는 우리나라 최고(最古)의 역사서이다.
④ 단군신화가 수록되어 있다.

핵심해설 단군의 건국에 대한 기록은 〈삼국유사〉, 〈제왕운기〉, 〈동국여지승람〉 등에서 찾아볼 수 있다.

오답해설 ① · ② · ③ 〈삼국사기〉는 현존하는 우리나라 최고(最古)의 역사서로 기전체 방식이며, 유교적 합리주의적 사관에 입각하여 서술하였다.

정답 ④

더 알고가기	고려시대 역사서		
구 분	저 서	저 자	내 용
고려 초기	7대 실록	황주량	현재 전하지 않음
고려 중기	삼국사기	김부식	현존하는 최고(最古)의 역사서, 기전체, 유교적 합리주의 사관, 신라 계승 의식
고려 후기	삼국유사	일 연	단군신화 최초 기록
	제왕운기	이승휴	우리 역사의 시작을 단군조선이라고 서술, 우리 역사를 중국사와 대등하게 파악하는 자주성
	동명왕편	이규보	동명왕의 업적 칭송, 고구려 계승 의식

06 고려 광종 때에 실시한 정책이 아닌 것은?

① 과거제 시행
② 노비안검법 실시
③ 광덕, 준풍 등의 연호 사용
④ 2성 6부제 중심의 중앙 관제 정비

핵심해설 광종의 왕권 강화 정책
• 과거제 시행
• 노비안검법 실시
• 광덕, 준풍 등의 독자적인 연호 사용
• 주현공부법 실시

오답해설 성종은 당의 3성 6부제를 반영하여 고려의 실정에 맞게 2성 6부로 고쳐 중앙 관제를 정비하였다.

정답 ④

구 분	내 용
유교 정치 이념 실현	최승로의 시무 28조 수용
지방제도 정비	12목 설치하여 지방관 파견, 향리제도 마련
유학 교육 진흥	국자감 정비, 과거제 정비, 경학·의학 박사 파견
중앙 관제 정비	2성 6부제(당 제도 기반)

07 　다음 사건을 발생한 순서대로 바르게 나열한 것은?

> ㄱ. 무신정변
> ㄴ. 묘청의 난
> ㄷ. 위화도 회군
> ㄹ. 강화도 천도

① ㄱ - ㄴ - ㄷ - ㄹ
② ㄱ - ㄹ - ㄴ - ㄷ
③ ㄴ - ㄱ - ㄹ - ㄷ
④ ㄴ - ㄷ - ㄱ - ㄹ

핵심해설 　ㄴ. 1135년 묘청을 중심으로 서경에서 일어난 반란이다.
　　ㄱ. 1170년 무신 정중부 등에 의해 일어난 정변이다.
　　ㄹ. 1232년 몽골(원)이 침입하자 최우가 항전을 위해 도읍을 강화로 옮긴 사건이다.
　　ㄷ. 1388년 요동 정벌이 단행되었으나 이성계가 위화도에서 군대를 돌려 우왕을 폐위하고 권력을 장악한 사건이다.

정답 ③

구 분	내 용
배 경	공민왕 때 명은 철령 이북의 땅이 자신들의 영토라고 주장하며 철령위를 설치하겠다고 통보
발 단	명의 철령위 통보에 최영은 즉각적인 출병을 통한 요동 정벌을 주장, 이성계는 4불가론을 제시하며 반대
결 과	최영의 주장에 따라 요동 정벌이 단행되었으나, 이성계는 위화도에서 군대를 돌려 개성으로 돌아와 최영을 유배하고 우왕을 폐위한 후 군사적 실권을 장악

08 다음은 모두 어느 왕대의 일인가?

> • 계미자 주조
> • 호패법 실시
> • 6조 직계제 시행

① 태 조   ② 태 종
③ 세 종   ④ 성 종

핵심해설 태종은 왕권을 강화하기 위해 6조 직계제를 시행하였으며, 주자소를 설치하여 계미자를 주조하였다. 또한 호패법을 실시하여 호구와 인구를 정확하게 파악하였다.

정답 ②

| 더 알고가기 | 태종의 업적 |

구 분	내 용
왕권강화책	사병 혁파, 6조 직계제 실시, 사간원 독립
국가 경제 기반 확립	호패법 실시, 양전 사업 실시
문화적 업적	주자소 설치, 계미자 주조, 〈혼일강리역대국도지도〉 제작

09 다음 설명에 해당하는 사건은?

> 사관 김일손이 사초에 '조의제문'을 실은 것이 문제가 되어 많은 사림이 피해를 입었다.

① 무오사화   ② 갑자사화
③ 기묘사화   ④ 을사사화

핵심해설 무오사화
1498년 사관 김일손이 사초에 실은 김종직의 '조의제문'이 문제가 되어, 사림세력이 훈구세력에 의해 화를 입은 사건이다. 조선시대 4대 사화 중 첫 번째로 일어난 사화이다.

오답해설 ② 1504년 연산군의 어머니인 윤씨의 복위 문제를 둘러싸고 훈구세력과 사림세력이 탄압을 받은 사건이다.
③ 1519년 남곤, 심정 등과 같은 공신들은 중종반정 이후 개혁을 추진하던 조광조 일파를 모함하여 죽이거나 유배를 보낸 사건이다.
④ 1545년 왕실의 외척인 대윤과 소윤이 대립하다가 대윤이 소윤으로부터 탄압을 받으면서 사림세력이 화를 입은 사건이다.

정답 ①

10　조선 후기의 농업 경제에 관한 옳은 설명만을 모두 고른 것은?

> ㄱ. 농사직설과 같은 농서가 간행되었다.
> ㄴ. 한 집에서 넓은 토지를 경영하는 광작이 성행하였다.
> ㄷ. 지대 납부 방식이 도조법에서 타조법으로 변화되었다.
> ㄹ. 담배, 인삼과 같은 작물이 재배되어 상품화되기도 하였다.

① ㄱ, ㄴ　　　　　　　　　　② ㄱ, ㄷ
③ ㄴ, ㄹ　　　　　　　　　　④ ㄷ, ㄹ

핵심해설　ㄴ. 조선 후기 이앙법의 전국 보급으로 대규모 광작이 성행하면서 농민 계층이 소수의 부농과 다수의 임노동자로 분화되었다.
　ㄹ. 조선 후기에는 담배, 인삼, 채소, 면화 등의 상품작물 재배가 널리 확대되었다.

오답해설　ㄱ. 〈농사직설〉은 조선 15세기 세종 때 간행되었다.
　ㄷ. 지대 납부 방식이 타조법(정률제)에서 도조법(정액제)으로 변화되었다.

정답 ③

더 알고가기　조선 후기의 농업 경제

구 분	내 용
논농사	이앙법 전국적 확대(이모작), 보리 재배 확대(보리는 소작료 수취 대상에서 제외) → 광작 경영 → 농민층의 분화(경영형 부농, 임노동자), 소작지 얻기 어려워짐
밭농사	시비법 개선, 씨를 밭고랑에 뿌리는 견종법 시행 → 밭에서의 토지 생산성이 이전에 비해 급증
상품작물 재배	면화, 채소, 담배, 인삼 등 재배 확대
지대 납부 방식	타조법 → 도조법 변화

11 실학자와 그의 저서가 바르게 연결되지 않은 것은?

① 유수원 – 우서
② 박지원 – 북학의
③ 홍대용 – 임하경륜
④ 유형원 – 반계수록

박제가는 〈북학의〉를 저술하여 청의 문물을 수용하자고 주장하였다.

① 유수원은 〈우서〉를 저술하여 상공업의 진흥을 강조하고, 사·농·공·상의 직업적 평등화와 전문화를 주장하였다.
③ 홍대용은 실학자로서 〈의산문답〉, 〈임하경륜〉 등을 저술하고, 성리학의 극복과 지전설을 주장하였다.
④ 〈반계수록〉은 유형원이 통치제도의 개혁안을 담은 책이다.

정답 ②

| 더 알고가기 | 실학의 발달 |

구 분	내 용
중농학파	• 농민 생활의 안정을 위한 토지제도의 개혁 주장 • 유형원, 이익, 정약용 등
중상학파	• 상공업과 기술 혁신을 통한 부국강병과 청의 문물 수용 주장 • 유수원, 홍대용, 박지원, 박제가 등

12 다음 설명에 해당하는 단체는?

• 양기탁, 안창호 등이 조직 주도
• 비밀결사 형태로 조직
• 105인 사건을 계기로 와해

① 신민회   ② 신간회
③ 보안회   ④ 근우회

신민회(1907~1911)
일제에 저항하는 비밀결사조직으로 최초로 공화정을 주장하였다. 실력 양성(대성학교, 오산학교)과 독립군 기지 건설(삼원보, 한흥동) 등 다양한 활동을 전개하였다. 그러나 1911년 일제가 조작한 105인 사건으로 와해되었다.

② 신간회는 민족주의 세력과 사회주의 세력의 민족 유일당 운동으로 1927년에 창립되었다.
③ 보안회는 1904년에 일제의 황무지 개간권 요구에 반대운동을 전개하기 위해 조직된 독립운동단체이다.
④ 근우회는 신간회의 자매단체로, 1927년 조직된 여성 항일운동단체이다.

정답 ①

구 분	내 용
주요 추진 세력	• 보안회 : 일제의 황무지 개간권 요구 반대운동 전개 • 신민회 : 국권 회복과 공화 정체의 국민 국가 건설 목표, 대성학교 설립, 독립군 기지 건설(신흥무관학교), 105인 사건(1911)으로 해산 • 기타 : 헌정연구회(입헌 정치 체제 수립 추구), 대한자강회(헌정연구회를 모체로 함), 대한협회(교육 보급과 산업 개발, 민권 신장 추구)
의 의	민족 독립운동의 올바른 이념·전략 제시, 장기적인 민족 독립운동의 기반 조성
한 계	일제에 의한 정치적·군사적 예속 상태에서 전개

13 다음 내용과 모두 관련된 인물은?

> • '국혼' 강조
> • 〈한국통사〉 저술
> • 유교구신론 주장

① 박은식   ② 신채호
③ 안재홍   ④ 정인보

핵심해설 박은식

민족주의 역사학자의 대표적 인물로, 〈한국통사〉, 〈한국독립운동지혈사〉 등을 저술하여 일제의 불법적인 침략을 규탄하였다. '국혼'을 강조하였으며, 실천적인 새로운 유교 정신을 강조하는 '유교구신론'을 주장하였다.

오답해설 ② 신채호는 고대사를 연구하여 〈조선사연구초〉, 〈조선상고사〉 등을 저술하였다.
③·④ 안재홍, 정인보 등은 조선학운동을 전개하여 민족중흥을 제창하였다.

정답 ①

구 분	내 용
민족주의 사학	• 주체적 발전과 민족의 자주성을 강조한 역사학 • 신채호, 박은식, 정인보, 안재홍, 문일평 등
사회경제 사학	• 유물사관에 입각하여 보편주의적 관점을 보인 역사학 • 백남운, 이청원 등
실증주의 사학	• 문헌 고증을 통한 실증적 방법을 중시한 역사학 • 이병도, 손진태 등

14 시간 순서상 가장 마지막에 일어난 사건은?

① 자유시 참변
② 대한민국 임시정부의 한국광복군 창설
③ 대한독립군 연합부대의 봉오동 전투
④ 조선혁명군 연합부대의 영릉가 전투

핵심해설 ③ 1920년 대한독립군 연합부대가 중국 지린성 봉오동에서 일본군을 격파한 전투이다.
① 1921년 러시아령 자유시에서 한국독립군과 러시아 적군이 교전한 사건이다.
④ 1932년 양세봉이 이끄는 조선혁명군은 중국 의용군과 연합하여 영릉가 전투를 승리로 이끌었다.
② 한국광복군은 대한민국 임시정부가 1940년에 결성한 군대이다.

정답 ②

더 알고가기　1920 · 30년대 국외 무장 투쟁

구 분	내 용
의열단	• 김원봉 등이 중심이 되어 1919년 만주 길림에서 조직 • 신채호에게 의뢰하여 작성한 〈조선혁명선언〉을 활동 지침으로 삼아 일제 요인 암살과 식민통치 기관 파괴에 주력 • 김익상, 김상옥, 김지섭, 나석주 등
봉오동 전투 (1920.6)	대한독립군, 군무도독부, 국민회군은 일본군을 봉오동 골짜기로 유인하여 격파
청산리 대첩 (1920.10)	1920년 10월 21일 백운평 전투를 시작으로 6일 동안 청산리 일대에서 10여 회의 전투를 벌여 일본군을 크게 격파
영릉가 전투 (1932.4)	조선혁명군과 중국 의용군이 연합하여 중국 만주 신빈 지역에서 일본군에 승리한 전투, 연합군은 도망가는 일본군을 추격하여 영릉가성과 상협하를 점령하고 막대한 양의 전리품을 획득

15 5·10 총선거 이전에 있었던 사실이 아닌 것은?

① 좌우합작 7원칙 발표

② 모스크바 3국 외상 회의 개최

③ 조선건국준비위원회 결성

④ 반민족행위처벌법 제정

핵심해설 5·10 총선거는 1948년 5월 10일 우리나라의 제헌 국회 구성을 위해 실시한 최초의 국회의원 총선거이다.
1948년 9월 일제강점기 때 반민족행위자의 처벌을 목적으로 「반민족행위처벌법」이 제정되었다.

오답해설 ① 1946년 좌우합작위원회는 좌익과 우익 간의 의견을 절충하여 신탁 통치 문제, 토지개혁 문제, 친일파 처리
문제 등을 포함한 좌우 합작 7원칙을 발표하였다.

② 1945년 12월 소련의 모스크바에서 미국, 소련, 영국의 3개국 간에 진행한 회의이다.

③ 1945년 8·15 광복과 함께 조직된 최초의 건국준비단체이다.

정답 ④

더 알고가기 | 대한민국 정부 수립

구 분	내 용
정부 수립 전개	유엔 결의 → 5·10 총선거 → 제헌 국회 구성 → 헌법 제정 → 대한민국 정부 수립(1948.8.15)
좌우익의 대립 격화	제주도 4·3 사건(1948), 여수·순천 10·19 사건(1948)
북한 공산 정권의 수립	북한은 공산당 체제로 조선 민주주의 인민 공화국 수립(1948)
6·25 전쟁 발발 (1950)	수많은 인명의 살상, 전 국토의 초토화, 산업 시설 파괴, 한반도 분단의 고착화

PART 01

16 다음 설명에 해당하는 해설기법은?

> • 역사적 시기·생활·사건들을 다시 나타내 보이는 기법이다.
> • 주제를 이해시키는 데 효과적이다.
> • 준비기간이 많이 소요되는 단점이 있다.

① 동행 해설기법
② 담화 해설기법
③ 재현 해설기법
④ 매체이용 해설기법

핵심해설 재현 해설기법
역사적 시기나 생활, 사건들을 실제상황에 가깝게 재현해 보이는 해설기법이다. 단순 담화보다 효과적일 수 있으나 재현이 잘못 이루어졌을 경우 자원을 왜곡할 수 있다.

오답해설 ① 관광객들과 함께 움직이며 관광자원에 대한 해설을 하는 기법이다. 관광객들의 질문을 받으며 보조를 맞추어 이동하고 장시간 설명하므로 신뢰가 생기는 장점이 있으나 잘못되었을 경우 분위기가 산만해지고 외면받을 수 있다.
② 담화 해설기법은 말하는 기능을 이용하는 것이다. 말을 하거나 말을 대신하는 몸짓 등을 통해 관광객을 이해시키고 일정한 반응을 유도한다.
④ 여러 가지 장치를 이용하여 해설하는 것으로 방문객에게 여러 가지 상황을 경험하게 할 수 있다.

정답 ③

더 알고가기 매체이용 해설기법의 장·단점

구 분	내 용
장 점	• 터치스크린과 비디오 등을 이용해 인쇄물, 해설 간판의 시각적 문제를 해소할 수 있다. • 전시물, 축소모형, 실물모형 등으로 관람객의 시선을 집중시킬 수 있다. • 최신 장비를 도입한 매체해설은 첨단기술의 놀라움과 편리함으로 관람객에게 호기심과 신비감을 주어 장시간의 관심을 유도할 수 있다.
단 점	• 고장 대비와 관리 유지를 위해 정기적 보수 및 예비품이 항상 준비되어 있어야 한다. • 계속적으로 동일한 내용이 반복되므로 재방문자나 종사자가 지루함을 느낄 수 있다. • 설치를 하는 데 전기이용, 야외 및 벽지이용 등에 제약점이 따른다.

17 국내 유일의 사적(도시)형 국립공원은?

① 경주 국립공원
② 덕유산 국립공원
③ 북한산 국립공원
④ 태안해안 국립공원

핵심해설 1968년 12월에 지정된 경주 국립공원은 현재 지정된 국립공원 중 유일한 사적(도시)형 국립공원이다.

오답해설 덕유산, 북한산 국립공원은 산악형 국립공원이며, 태안해안 국립공원은 해상 · 해안형 국립공원이다.

정답 ①

더 알고가기 경주 국립공원

구 분	내 용
지정일	1968년 12월 31일
면 적	136.55km^2
행정구역	경상북도
문화자원	경주 불국사 다보탑, 경주 불국사 삼층석탑, 경주 불국사 연화교 및 칠보교, 경주 불국사 청운교 및 백운교, 경주 불국사 금동비로자나불좌상, 경주 석굴암 석굴, 경주 감은사지 동 · 서 삼층석탑, 경주 태종무열왕릉비 등

18 다음 설명에 해당하는 온천은?

- 관광특구로 지정된 라듐성 유황온천이다.
- 국내에서 최고수온이 가장 높다.
- 〈동국통감〉의 고려기에 '영산온정'이라 기록되어 있다.

① 수안보온천
② 부곡온천
③ 유성온천
④ 백암온천

핵심해설 부곡온천

경남 창녕군 부곡면에 위치한 온천으로 최고수온은 국내에서 가장 높은 78℃이다. 라듐성 유황온천으로 목욕을 하면 피부가 윤이 나고 매끄러워져 여성들에게 인기가 좋으며, 피부병 · 부인병 · 신경통 등에 효과가 좋다. 1997년 1월 18일 관광특구로 지정되었으며 연간 약 300만 명의 관광객이 방문하는 관광명소이다.

정답 ②

더 알고가기 부곡온천의 기록

부곡온천의 정확한 생성 시기는 알 수 없다. 그러나 〈동국통감〉 고려기의 '영산온정'이라는 기록과 〈동국여지승람〉 영산현 조의 '온천이 현의 동남쪽 17리에 있더니 지금은 폐했다'라는 기록을 통해 부곡에 오래전부터 온천이 존재했음을 추정할 수 있다.

19 지역과 특산물의 연결이 옳지 않은 것은?

① 강화 - 화문석
② 한산 - 세모시
③ 남원 - 목기공예품
④ 영양 - 누에가루

핵심해설 경상북도 영양군의 대표적인 특산물로는 고추를 꼽을 수 있다.

오답해설 누에가루는 영천, 예천, 상주 등의 특산물로 알려져 있다.

정답 ④

더 알고가기

국가중요농업유산 지정 현황(2025년 2월 기준)

지정번호	명 칭
제1호	청산도 구들장 논
제2호	제주 밭담
제3호	구례 산수유농업
제4호	담양 대나무 밭
제5호	금산 인삼농업
제6호	하동 전통 차농업
제7호	울진 금강송 산지농업
제8호	부안 유유동 양잠농업
제9호	울릉 화산섬 밭농업
제10호	의성 전통수리 농업시스템
제11호	보성 전통차 농업시스템
제12호	장흥 발효차 청태전 농업시스템
제13호	완주 생강 전통 농업시스템
제14호	고성 해안지역 둠벙 관개시스템
제15호	상주 전통곶감
제16호	강진 연방죽 생태순환 수조 농업시스템
제17호	창원 독뫼 감 농업
제18호	서천 한산모시 농업
제19호	청양 구기자 전통농업

20 다음 설명에 해당하는 것은?

> • 국가무형문화재 제9호이다.
> • 백제장군과 병졸의 원혼을 위로하고자 시작되었다.
> • 장군제(將軍祭)의 성격을 띤다.

① 우륵문화제
② 개천예술제
③ 은산별신제
④ 행주문화제

핵심해설 은산별신제
충청남도 부여군에서 열리는 향토축제로, 1966년 국가무형유산으로 지정되었다. 주요 행사로는 백제장군과 병졸의 원혼을 위로하기 위한 위령제가 펼쳐진다. 3년에 한 번씩 1월이나 2월에 15일 동안 열리며 장군제(將軍祭)의 성격을 띠고 있다.

오답해설 ① 매년 9월경 충청북도 충주시에서 주최하는 축제로, 주요 행사로는 악성 우륵을 추모하는 행사와 민족예술공연 등이 있다.
② 매년 개천절을 전후해 6일 동안 경상남도 진주시 일원에서 개최되는 예술제이다.
④ 경기도 고양시에서 주최하는 축제로, 주요 행사는 행주대첩의 전승을 기념하는 내용이다.
※ 2024년 5월 17일 법령 개정에 따라 '국가무형문화재'의 명칭이 '국가무형유산'으로 변경되었다.

정답 ③

[은산별신제]

21 국가지정문화재로서 사적의 지정조건으로 옳지 않은 것은?

① 저명한 건물 또는 정원 및 중요한 전설지 등으로서 종교·교육·생활·위락 등과 관련된 경승지일 것

② 국가의 중대한 역사적 사건과 깊은 연관성을 가지고 있을 것

③ 국가에 역사적·문화적으로 큰 영향을 미친 저명한 인물의 삶과 깊은 연관성이 있을 것

④ 선사시대 또는 역사시대의 사회·문화생활을 이해하는 데 중요한 정보를 가질 것

핵심해설 사적의 지정조건(「문화유산의 보존 및 활용에 관한 법률 시행령」 별표1의2)
- 역사적 가치
  - 정치·경제·사회·문화·종교·생활 등 각 분야에서 세계적, 국가적 또는 지역적으로 그 시대를 대표하거나 희소성과 상징성이 뛰어날 것
  - 국가에 역사적·문화적으로 큰 영향을 미친 저명한 인물의 삶과 깊은 연관성이 있을 것
  - 국가의 중대한 역사적 사건과 깊은 연관성을 가지고 있을 것
  - 특정 기간 동안의 기술 발전이나 높은 수준의 창의성 등 역사적 발전상을 보여줄 것
- 학술적 가치
  - 선사시대 또는 역사시대의 정치·경제·사회·문화·종교·생활 등을 이해하는 데 중요한 정보를 제공할 것
  - 선사시대 또는 역사시대의 정치·경제·사회·문화·종교·생활 등을 알려주는 유구(遺構)의 보존상태가 양호할 것

※ 출제 당시 ①은 명승의 지정조건이었으나, 2022년 3월 8일 법령이 개정되어 현재는 명승의 지정조건에 해당하지 않는다.

※ 2024년 5월 17일 법령 개정에 따라 '국가지정문화재'의 명칭이 '국가지정문화유산'으로 변경되었다.

정답 해설참조

더 알고가기 **명승의 지정조건(「자연유산의 보존 및 활용에 관한 법률 시행령」 별표2)**

자연경관·역사문화경관·복합경관의 어느 하나에 해당하는 자연유산으로서 다음의 어느 하나 이상의 가치를 충족하는 것
- 역사적 가치
  - 종교, 사상, 전설, 사건, 저명한 인물 등과 관련된 것
  - 시대나 지역 특유의 미적 가치, 생활상, 자연관 등을 잘 반영하고 있는 것
  - 자연환경과 사회·경제·문화적 요인 간의 조화를 보여주는 상징적 공간 혹은 생활 장소로서의 의미가 있는 것
- 학술적 가치
  - 대상의 고유한 성격을 파악할 수 있는 각 구성요소가 완전하게 남아있는 것
  - 자연물·인공물의 희소성이 높아 보존가치가 있는 것
  - 위치, 구성, 형식 등에 대한 근거가 명확하고 진실한 것
  - 조경의 구성 원리와 유래, 발달 과정 등에 대하여 학술적으로 기여하는 바가 있는 것
- 경관적 가치
  - 우리나라를 대표하는 자연물로서 심미적 가치가 뛰어난 것
  - 자연 속에 구현한 경관의 전통적 아름다움이 잘 남아있는 것
  - 정자·누각 등의 조형물 또는 자연물로 이루어진 조망지로서 자연물, 자연현상, 주거지, 유적 등을 조망할 수 있는 저명한 장소인 것
- 그 밖의 가치 : 「세계문화유산 및 자연유산의 보호에 관한 협약」(이하 "협약") 제2조에 따른 자연유산에 해당하는 것

22 건축물과 관련된 용어와 이에 대한 설명이 바르게 연결된 것은?

① 주심포 양식 – 기둥 상부와 기둥 사이에 모두 공포를 배치함

② 고래 – 방이나 솥에 불을 때기 위한 구멍을 지칭함

③ 배흘림기둥 – 기둥의 중간부가 가늘고 밑과 위가 굵은 형태임

④ 팔작지붕 – 우진각지붕 위에 맞배지붕을 올려놓은 모습으로, 용마루 부분이 삼각형의 벽을 형성함

핵심해설 팔작지붕

우진각지붕 위에 맞배지붕을 올려놓은 것과 같은 형태의 지붕으로, 조선시대 다포집에서 많이 사용되었고 주로 정전 건물에 쓰였다.

오답해설 ① 건물의 기둥 위에만 공포를 배치하는 건축 양식을 말한다.

② 방의 구들장 밑으로 불길과 연기가 통하여 나가는 길이다.

③ 원형 기둥의 중간부가 굵고 밑과 위로 가면서 가늘게 한 것으로, 소위 엔타시스(Entasis)라고 부른다.

정답 ④

더 알고가기 건축물 관련 용어

구 분	내 용
다포 양식	기둥 상부와 기둥 사이에 모두 공포를 배치한 건축 양식
아궁이	방이나 솥에 불을 때기 위해 만든 구멍
부넘기	불길이 아궁이로부터 골고루 고래로 넘어가게 만든 언덕
민흘림기둥	원형 기둥을 위로 올라가면서 직선적으로 가늘게 한 형태

23 화가와 작품의 연결이 옳지 않은 것은?

① 정선 – 금강전도

② 김홍도 – 인왕제색도

③ 김정희 – 세한도

④ 안견 – 몽유도원도

핵심해설 정선은 조선 후기 화가로 한국적 산수화풍을 확립하였으며, 진경산수화의 창시자로 알려져 있다. 대표작으로는 〈금강전도〉, 〈인왕제색도〉 등이 있다.

오답해설 ① 정선의 〈금강전도〉는 금강내산의 전체적인 경관을 둥근 원형의 구도로 그린 걸작이다.

③ 김정희는 조선 후기의 서예가이자 문인화가이다. '추사체'라고 불리는 독특한 서체를 확립하였으며, 대표적인 작품으로 〈세한도〉가 있다.

④ 안견은 조선 전기 화단을 대표하는 산수화의 대가로, 대표작으로는 〈몽유도원도〉 등이 있다.

정답 ②

[금강전도]

[인왕제색도]

[세한도]

[몽유도원도]

24 유네스코 지정 세계기록유산 중 지정 시기가 가장 빠른 것과 가장 늦은 것을 순서대로 나열한 것은?

> ㄱ. 승정원일기
> ㄴ. 조선왕조실록
> ㄷ. 조선왕조의궤
> ㄹ. 조선왕실 어보와 어책

① ㄱ, ㄷ   ② ㄴ, ㄹ
③ ㄷ, ㄴ   ④ ㄹ, ㄱ

핵심해설 조선왕조실록은 1997년으로 지정 시기가 가장 빠르고, 조선왕실 어보와 어책은 2017년으로 가장 늦다.

오답해설 조선왕조실록(1997) – 승정원일기(2001) – 조선왕조의궤(2007) – 조선왕실 어보와 어책(2017)

정답 ②

25 남사당놀이에 관한 설명으로 옳지 않은 것은?

① 국가무형문화재이다.
② 꼭두쇠는 우두머리를 지칭한다.
③ '살판'은 줄타기를 이르는 말이다.
④ 놀이를 통해 양반의 부도덕성을 비판하였다.

핵심해설 남사당놀이

국가무형유산으로 지정된 남사당놀이는 우두머리인 꼭두쇠를 포함하여 40명 이상의 남자들로 이루어진 남사당패가 행했던 민중놀이이다. 주요 상연은 풍물, 버나(대접돌리기), 살판(땅재주), 어름(줄타기), 덧보기(가면극), 덜미(꼭두각시놀음) 등으로 구성된다. 남사당놀이는 놀이를 통해 양반의 부도덕성을 비판하고 억압받는 민중의 사기를 북돋아 주었다.
※ 2024년 5월 17일 법령 개정에 따라 '국가무형문화재'의 명칭이 '국가무형유산'으로 변경되었다.

정답 ③

더 알고가기 **민속놀이의 종류**

구 분	내 용
영산줄다리기 (국가무형유산)	경상남도 창녕군 영산면에 전승되는 민속놀이로 '줄쌈', '삭전'이라고도 부름
광주칠석고싸움놀이 (국가무형유산)	주로 정월대보름을 전후하여 전라남도 일대(현재의 광주광역시 남구 대촌동 칠석마을)에서 열리는 남성집단놀이
안동차전놀이 (국가무형유산)	안동지방에서 정월대보름 전후에 행하던 민속놀이로 '동채싸움'이라고도 부름
봉죽놀이	서해안 일대 어촌에서 만선을 상징하는 깃발인 봉죽을 들고 풍어를 기원하며 즐기던 민속놀이

[남사당놀이]

[광주칠석고싸움놀이]

[안동차전놀이]

26 관광기본법상 관광진흥에 관한 기본계획 수립에 포함되어야 하는 내용으로 옳지 않은 것은?

① 관광진흥을 위한 정책의 기본방향

② 관광진흥을 위한 기반 조성에 관한 사항

③ 관광진흥과 관련된 지방자치단체의 역할 분담에 관한 사항

④ 관광진흥을 위한 제도 개선에 관한 사항

핵심해설 관광진흥계획의 수립(「관광기본법」 제3조 제2항)

기본계획에는 다음의 사항이 포함되어야 한다.

- 관광진흥을 위한 정책의 기본방향
- 관광의 지속가능한 발전에 관한 사항
- 국내외 관광여건과 관광 동향에 관한 사항
- 관광진흥을 위한 기반 조성에 관한 사항
- 관광진흥을 위한 관광사업의 부문별 정책에 관한 사항
- 관광진흥을 위한 재원 확보 및 배분에 관한 사항
- 관광진흥을 위한 제도 개선에 관한 사항
- 관광산업 인력 양성과 근로실태조사 등 관광 종사자의 근무환경 개선을 위한 기반 조성에 관한 사항
- 관광진흥과 관련된 중앙행정기관의 역할 분담에 관한 사항
- 관광시설의 감염병 등에 대한 안전·위생·방역 관리에 관한 사항
- 그 밖에 관광진흥을 위하여 필요한 사항

정답 ③

27 관광진흥개발기금법령상 납부금의 부과·징수 업무의 위탁기관으로 옳지 않은 것은?

① 「항만공사법」에 따른 항만공사

② 지방해양수산청장

③ 「항공사업법」에 따른 공항운영자

④ 「한국산업은행법」에 따른 한국산업은행

핵심해설 납부금 부과·징수 업무의 위탁(「관광진흥개발기금법 시행령」 제22조)

문화체육관광부장관은 납부금의 부과·징수 업무를 지방해양수산청장, 「항만공사법」에 따른 항만공사 및 「항공사업법」에 따른 공항운영자에게 각각 위탁한다.

정답 ④

28 국제회의산업 육성에 관한 법령상 국제회의집적시설의 지정요건으로 옳지 않은 것은?

① 국제회의집적시설 지정 대상 지역 내에서 개최된 회의에 참가한 외국인이 지정일이 속한 연도의 전년도 기준 8천명 이상일 것

② 해당 시설이 국제회의복합지구 내에 있을 것

③ 해당 시설과 국제회의복합지구 내 전문회의시설 간의 업무제휴 협약이 체결되어 있을 것

④ 해당 시설 내에 외국인 이용자를 위한 안내체계와 편의시설을 갖출 것

핵심해설 국제회의집적시설의 지정요건(「국제회의산업 육성에 관한 법률 시행령」 제13조의4 제1항)
• 해당 시설(설치 예정인 시설을 포함)이 국제회의복합지구 내에 있을 것
• 해당 시설 내에 외국인 이용자를 위한 안내체계와 편의시설을 갖출 것
• 해당 시설과 국제회의복합지구 내 전문회의시설 간의 업무제휴 협약이 체결되어 있을 것

정답 ①

더 알고가기 국제회의복합지구 지정요건(「국제회의산업 육성에 관한 법률 시행령」 제13조의2 제1항)

• 국제회의복합지구 지정 대상 지역 내에 전문회의시설이 있을 것
• 국제회의복합지구 지정 대상 지역 내에서 개최된 회의에 참가한 외국인이 국제회의복합지구 지정일이 속한 연도의 전년도 기준 5천명 이상이거나 국제회의복합지구 지정일이 속한 연도의 직전 3년간 평균 5천명 이상일 것
• 국제회의복합지구 지정 대상 지역에 제4조 각 호(「관광진흥법」에 따른 관광숙박업의 시설로서 100실 이상의 객실을 보유한 시설, 「유통산업발전법」에 따른 대규모점포, 「공연법」에 따른 공연장으로서 300석 이상의 객석을 보유한 공연장)의 어느 하나에 해당하는 시설이 1개 이상 있을 것
• 국제회의복합지구 지정 대상 지역이나 그 인근 지역에 교통시설·교통안내체계 등 편의시설이 갖추어져 있을 것

---

29 관광진흥법령상 카지노업의 허가를 받을 수 있는 자는?

① 19세 미만인 자

② 「외국환거래법」을 위반하여 금고 이상의 형을 선고받고 형이 확정된 자

③ 금고 이상의 실형을 선고받고 그 집행이 끝나거나 집행을 받지 아니하기로 확정된 후 2년이 지난 자

④ 금고 이상의 형의 선고유예를 받고 그 유예기간 중에 있는 자

핵심해설 결격사유(「관광진흥법」 제22조 제1항)
다음의 어느 하나에 해당하는 자는 카지노업의 허가를 받을 수 없다.
• 19세 미만인 자
• 「폭력행위 등 처벌에 관한 법률」에 따른 단체 또는 집단을 구성하거나 그 단체 또는 집단에 자금을 제공하여 금고 이상의 형을 선고받고 형이 확정된 자
• 조세를 포탈(逋脫)하거나 「외국환거래법」을 위반하여 금고 이상의 형을 선고받고 형이 확정된 자
• 금고 이상의 실형을 선고받고 그 집행이 끝나거나(집행이 끝난 것으로 보는 경우를 포함) 집행을 받지 아니하기로 확정된 후 2년이 지나지 아니한 자
• 금고 이상의 형의 집행유예를 선고받고 그 유예기간 중에 있는 자
• 금고 이상의 형의 선고유예를 받고 그 유예기간 중에 있는 자
• 임원 중에 위의 규정 중 어느 하나에 해당하는 자가 있는 법인

정답 ③

30 관광진흥법령상 여행업에 관한 설명으로 옳지 않은 것은?

① 일반여행업의 등록을 한 자는 기획여행을 실시할 수 있다.

② 문화체육관광부장관은 외국인 의료관광의 활성화를 위하여 외국인 의료관광 유치·지원 관련 기관에 관광진흥개발기금을 대여할 수 없다.

③ 여행업자는 여행일정을 변경하려면 여행자의 사전 동의를 받아야 한다.

④ 국외여행 인솔자의 자격요건을 갖춘 자가 내국인의 국외여행을 인솔하려면 문화체육관광부장관에게 등록하여야 한다.

핵심해설 의료관광 활성화(「관광진흥법」 제12조의2 제1항)

문화체육관광부장관은 외국인 의료관광(의료관광이란 국내 의료기관의 진료, 치료, 수술 등 의료서비스를 받는 환자와 그 동반자가 의료서비스와 병행하여 관광하는 것)의 활성화를 위하여 대통령령으로 정하는 기준을 충족하는 외국인 의료관광 유치·지원 관련 기관에 「관광진흥개발기금법」에 따른 관광진흥개발기금을 대여하거나 보조할 수 있다.

오답해설 ① 여행업(종합여행업, 국내외여행업, 국내여행업)의 등록을 한 자는 문화체육관광부령으로 정하는 요건을 갖추어 문화체육관광부령으로 정하는 바에 따라 기획여행을 실시할 수 있다(동법 제12조).

③ 여행업자는 여행일정(선택관광 일정을 포함)을 변경하려면 문화체육관광부령으로 정하는 바에 따라 여행자의 사전 동의를 받아야 한다(동법 제14조 제3항).

④ 국외여행 인솔자의 자격요건을 갖춘 자가 내국인의 국외여행을 인솔하려면 문화체육관광부장관에게 등록하여야 한다(동법 제13조 제2항).

※ 2021년 3월 23일 법령이 개정되어 일반여행업에서 종합여행업으로 명칭이 변경되었다.

정답 ①·②(해설참조)

31 관광진흥법령상 관광숙박업에 해당하지 않는 것은?

① 가족호텔업

② 호스텔업

③ 외국인관광 도시민박업

④ 소형호텔업

핵심해설 관광숙박업의 종류(「관광진흥법」 제3조 제1항 제2호 및 시행령 제2조 제1항 제2호)

• 호텔업
  - 관광호텔업
  - 한국전통호텔업
  - 호스텔업
  - 의료관광호텔업
  - 수상관광호텔업
  - 가족호텔업
  - 소형호텔업
• 휴양 콘도미니엄업

정답 ③

32 관광진흥법령상 3년 이하의 징역 또는 3천만 원 이하의 벌금에 처하는 경우에 해당하는 것은?

① 카지노업의 허가를 받지 아니하고 카지노업을 경영한 자
② 허가를 받지 아니하고 유원시설업을 경영한 자
③ 카지노 기구의 검사합격증명서를 훼손하거나 제거한 자
④ 안전성검사를 받지 아니하고 유기시설을 설치한 자

벌칙(「관광진흥법」 제82조)

다음의 어느 하나에 해당하는 자는 3년 이하의 징역 또는 3천만 원 이하의 벌금에 처한다. 이 경우 징역과 벌금은 병과할 수 있다.

- 제4조(등록) 제1항에 따른 등록을 하지 아니하고 여행업·관광숙박업(사업계획의 승인을 받은 관광숙박업만 해당)·국제회의업 및 관광객 이용시설업을 경영한 자
- 제5조(허가와 신고) 제2항에 따른 허가를 받지 아니하고 테마파크업을 경영한 자
- 제20조(분양 및 회원 모집) 제1항 및 제2항을 위반하여 시설을 분양하거나 회원을 모집한 자
- 제33조의2(사고보고의무 및 사고조사) 제3항에 따른 사용중지 등의 명령을 위반한 자

① 카지노업의 허가를 받지 아니하고 카지노업을 경영한 자는 7년 이하의 징역 또는 7천만 원 이하의 벌금에 처한다(동법 제81조 제1항 제1호).
③ 카지노 기구의 검사합격증명서를 훼손하거나 제거한 자는 2년 이하의 징역 또는 2천만 원 이하의 벌금에 처한다(동법 제83조 제1항 제6호).
④ 안전성검사를 받지 아니하고 테마파크시설을 설치한 자는 1년 이하의 징역 또는 1천만 원 이하의 벌금에 처한다(동법 제84조 제3호).
※ 2025년 8월 28일 법률 개정으로 '유원시설업'은 '테마파크업'으로, '유기시설 또는 유기기구'는 '테마파크시설'로 그 명칭이 변경되었다.

정답 ②

33 관광진흥법령상 용어의 정의로 옳지 않은 것은?

① "관광지"란 관광객의 다양한 관광 및 휴양을 위하여 각종 관광시설을 종합적으로 개발하는 관광 거점 지역으로서 이 법에 따라 지정된 곳을 말한다.
② "조성계획"이란 관광지나 관광단지의 보호 및 이용을 증진하기 위하여 필요한 관광시설의 조성 과 관리에 관한 계획을 말한다.
③ "공유자"란 단독 소유나 공유의 형식으로 관광사업의 일부 시설을 관광사업자로부터 분양받은 자를 말한다.
④ "관광사업자"란 관광사업을 경영하기 위하여 등록·허가 또는 지정을 받거나 신고를 한 자를 말한다.

"관광지"란 자연적 또는 문화적 관광자원을 갖추고 관광객을 위한 기본적인 편의시설을 설치하는 지역으로서 이 법에 따라 지정된 곳을 말한다(「관광진흥법」 제2조 제6호).

① "관광단지"란 관광객의 다양한 관광 및 휴양을 위하여 각종 관광시설을 종합적으로 개발하는 관광 거점 지역으로서 이 법에 따라 지정된 곳을 말한다(동법 제2조 제7호).

③ "소유자 등"이란 단독 소유나 공유(共有)의 형식으로 관광사업의 일부 시설을 관광사업자(사업계획의 승인을 받은 자를 포함)로부터 분양받은 자를 말한다(동법 제2조 제5호).

※ 2024년 2월 27일 법령 개정으로 '공유자'가 '소유자'로 변경되면서 ③도 옳은 선지가 되었다.

정답 ①·③(해설참조)

34 관광진흥법령상 관광개발기본계획에 관한 설명으로 옳지 않은 것은?

① 문화체육관광부장관은 관광개발기본계획을 수립하여야 한다.

② 관광개발기본계획은 5년마다 수립한다.

③ 관광개발기본계획에는 전국의 관광 여건과 관광 동향에 관한 사항을 포함하여야 한다.

④ 문화체육관광부장관은 수립된 관광개발기본계획을 확정하여 공고하려면 관계 부처의 장과 협의하여야 한다.

관광개발계획의 수립시기(「관광진흥법 시행령」 제42조)
관광개발기본계획은 10년마다, 권역별 관광개발계획은 5년마다 수립한다.

①·③ 문화체육관광부장관은 관광자원을 효율적으로 개발하고 관리하기 위하여 전국을 대상으로 다음과 같은 사항을 포함하는 관광개발기본계획(이하 "기본계획")을 수립하여야 한다(「관광진흥법」 제49조 제1항).

- 전국의 관광 여건과 관광 동향(動向)에 관한 사항
- 전국의 관광 수요와 공급에 관한 사항
- 관광자원 보호·개발·이용·관리 등에 관한 기본적인 사항
- 관광권역(觀光圈域)의 설정에 관한 사항
- 관광권역별 관광개발의 기본방향에 관한 사항
- 그 밖에 관광개발에 관한 사항

④ 문화체육관광부장관은 수립된 기본계획을 확정하여 공고하려면 관계 부처의 장과 협의하여야 한다(동법 제50조 제2항).

정답 ②

35 관광진흥법령상 지역관광협의회의 설립에 관한 설명으로 옳지 않은 것은?

① 관광사업자, 관광 관련 단체 등은 공동으로 지역의 관광진흥을 위하여 광역 및 기초 지방자치단체 단위의 지역관광협의회를 설립할 수 있다.

② 지역관광협의회를 설립하려는 자는 해당 지방자치단체의 장의 허가를 받아야 한다.

③ 지역관광협의회는 법인으로 한다.

④ 지방자치단체의 장은 협의회의 운영 등에 필요한 경비를 지원할 수 없다.

지역관광협의회 설립(「관광진흥법」 제48조의9 제5항)
협의회의 운영 등에 필요한 경비는 회원이 납부하는 회비와 사업 수익금 등으로 충당하며, 지방자치단체의 장은 협의회의 운영 등에 필요한 경비의 일부를 예산의 범위에서 지원할 수 있다.

정답 ④

36 아시아 · 태평양관광협회를 지칭하는 약어는?

① UNWTO

② ASTA

③ OECD

④ PATA

핵심해설 PATA(Pacific Area Travel Association)는 아시아 · 태평양관광협회를 뜻하는 용어이다.

오답해설 ① UNWTO : 세계관광기구
② ASTA : 미주(국)여행업협회
③ OECD : 경제협력개발기구

정답 ④

37 자연관광자원으로 옳지 않은 것은?

① 기 후　　　　　　　　② 동 물

③ 농 장　　　　　　　　④ 식 물

핵심해설 농장은 산업관광자원에 해당한다.

오답해설 ① · ② · ④ 자연관광자원은 자연 그대로의 모습이 관광의 객체인 자원적인 역할을 하는 것, 자연 그 자체가 경치로서의 가치가 있는 것을 의미한다.

정답 ③

더 알고가기　관광자원의 개념적 특성

- 범위의 다양성
- 유인성
- 매력성
- 가치의 변화
- 개발요구성
- 보존과 보호의 필요성
- 자연과 인간의 상호작용

38 공공주도형 관광개발의 내용으로 옳지 않은 것은?

① 영리목적의 개발

② 중앙정부 주체의 개발

③ 한국관광공사 주체의 개발

④ 공익성 우선 개발

핵심해설 공공주도형 관광개발은 정부, 지방자치단체, 공공기관 등에서 주체가 되어 개발계획을 수립하고 시행하는 것을 의미한다. 국민의 삶의 질 향상을 위한 자원 개발, 국가 경제에의 기여 등 비영리, 공익성 추구를 목적으로 한다. 영리목적의 개발은 민간주도형 관광개발에 해당한다.

정답 ①

39 관광사업의 특성에 관한 설명으로 옳지 않은 것은?

① 사업주체와 내용이 복합적이다.

② 관광지의 입지의존성이 크다.

③ 무형의 서비스가 중요한 사업요소이다.

④ 외부환경 변화에 민감하지 않다.

핵심해설 관광욕구의 충족은 생활 필수적인 것이 아니고 임의적 성격을 띠기 때문에 관광여행 자체가 외부 사정의 변동에 매우 민감하게 영향을 받는다.

정답 ④

더 알고가기 관광사업의 특성

구 분	내 용
복합성	• 사업주체의 복합성 : 관광사업은 정부 및 지방자치단체 등의 공공기관과 민간 기업이 분담하여 추진하는 사업으로, 주관과 달성의 과정에서 복합성이 현저하게 나타남 • 사업내용의 복합성 : 관광사업은 여러 가지 업종이 모여 하나의 통합된 사업을 완성한다는 특징이 있음
입지의존성	관광지의 기후, 자원의 우열, 교통사정에 따라 선택의 차이가 크게 나타나며, 이는 경영적 환경과 관광객의 소비성향에도 크게 영향을 받음
변동성	사회적·경제적·자연적 요인 등 외부환경 변화에 매우 민감하게 영향을 받음
공익성	관광사업은 공사의 여러 관련 사업으로 이루어진 복합체라는 특징으로 인해 기업이라 할지라도 이윤추구만을 목적으로 할 수 없음
서비스성	관광사업은 관광객에게 서비스를 제공하는 영업을 중심으로 구성되어 있기 때문에 무형의 서비스가 가장 중요함

40 여행업에 관한 내용으로 옳지 <u>않은</u> 것은?

① 시설 이용의 알선

② 계약 체결의 대리

③ 농산물의 직거래

④ 여행 편의 제공

핵심해설 여행업(「관광진흥법」 제3조 제1항 제1호 및 시행령 제2조 제1항 제1호)
여행자 또는 운송시설·숙박시설, 그 밖에 여행에 딸리는 시설의 경영자 등을 위하여 그 시설 이용 알선이나 계약
체결의 대리, 여행에 관한 안내, 그 밖의 여행 편의를 제공하는 업으로서 종합여행업, 국내외여행업, 국내여행업이
있다.

정답 ③

더 알고가기	여행업의 등록기준(「관광진흥법 시행령」 별표1)

구 분	내 용
종합여행업	• 자본금(개인의 경우에는 자산평가액) : 5천만 원 이상일 것 • 사무실 : 소유권이나 사용권이 있을 것
국내외여행업	• 자본금(개인의 경우에는 자산평가액) : 3천만 원 이상일 것 • 사무실 : 소유권이나 사용권이 있을 것
국내여행업	• 자본금(개인의 경우에는 자산평가액) : 1천500만 원 이상일 것 • 사무실 : 소유권이나 사용권이 있을 것

41 다음에서 설명하는 서비스로 옳은 것은?

> 고속성, 안전성, 정시성, 경제성, 쾌적성을 특성으로 하는 서비스를 말한다.

① 항공서비스

② 호텔서비스

③ 카지노서비스

④ 외식서비스

핵심해설 항공서비스는 항공기라는 유형재를 활용하여 고객에게 지상서비스, 기내서비스 등 무형재인 서비스를 제공하는
것을 의미하며, 고속성, 안전성, 정시성, 경제성, 쾌적성, 자본집약성 등의 특성이 있다.

정답 ①

구 분	내 용
고속성	타 교통기관에 비해 늦게 등장하였음에도 불구하고 단시간 내 전 세계 주요 도시를 연결하는 항공노선망을 구축하고 항공운송 중심의 국제 교통체계를 형성함
안전성	모든 교통기관에서 가장 중요시되는 요소로 다른 교통수단보다 안전성이 우월함
정시성	타 교통기관에 비해 항공기의 정비 및 기상조건에 의해 크게 제약을 받으므로 정시성(定時性) 확보가 관건임
경제성	이용요금이 비싼 것은 사실이지만 시간 가치와 서비스 가치를 고려하여 경제성이 상승하고 있음
쾌적성	장거리 여행을 하는 승객을 위한 객실시설, 기내서비스 및 안전한 비행을 통한 쾌적성이 중요함
자본집약성	규모의 경제가 발휘되는 자본집약적 산업임

42 다음에서 설명하는 것으로 옳은 것은?

> 기업에서 주어진 목적이나 목표달성을 위해 종업원, 거래관계자 등에게 관광이라는 형태로 동기유발을 시키거나 생산효율성을 증대할 수 있는 관광상품

① 컨벤션
② 무역박람회
③ 인센티브 투어
④ 전시회

핵심해설 보상여행, 포상관광의 의미로 주로 일반 기업이나 단체 등에서 자사 자체상품의 판매 실적이 우수하거나 큰 공헌을 했을 때 크게 포상하여 여행을 보내 주는 것을 말한다.

오답해설 ① 정보전달을 목적으로 하며 가장 일반적인 회의를 말한다.
② 무역 진흥을 목적으로 상품을 선전하는 전시설명회를 의미한다.
④ 견본시와 박람회의 중간형으로 주로 상업적인 목적으로 개최되는 전시를 지칭한다.

정답 ③

구 분	내 용
Ethnic Tourism	이문화(異文化) 존속 및 교류를 지향하는 관광
Educational Tourism	관광객의 교양이나 자기개발을 주목적으로 하는 관광으로 그랜드 투어나 수학여행을 포함하는 관광형태
Dark Tourism	재난 현장이나 비극적 참사의 현장을 방문하는 관광

43 고대 로마시대에 관광이 활성화되었던 이유로 옳지 않은 것은?

① 군사용 도로의 정비

② 물물경제의 도입

③ 다양한 숙박시설의 등장

④ 안정된 치안 유지

핵심해설 고대 로마시대의 관광 활성화 이유
- 군사용 도로의 정비
- 안정된 치안 유지
- 다양한 숙박시설의 등장
- 화폐 경제의 보급
- 학문의 발달과 지식수준의 향상으로 미지의 세계에 대한 동경 증가

정답 ②

더 알고가기	서양의 중세시대 관광

구 분	내 용
관광의 암흑기	중세에 들어 유럽의 사회조직은 혼란 상태에 빠졌고 로마시대에 건설한 도로도 모두 파괴되어 관광여행은 자취를 감추었음
십자군 원정	십자군 원정은 관광부활의 계기가 되었는데, 육로 및 해로의 개발은 물론 동방에 대한 지식과 관심을 높이고 동·서양의 교류를 확대함
종교관광의 성황	세계가 로마 교황을 정점으로 한 기독교문화 공동체였던 탓에 종교관광이 성황을 이룸

44 관광매체 중 공간적 매체에 해당하지 않는 것은?

① 철 도

② 항 공

③ 호 텔

④ 선 박

핵심해설 공간적 매체에는 교통 기관, 도로, 운송 시설 등이 해당한다. 호텔은 시간적 매체에 속한다.

정답 ③

45 관광상품의 특성으로 옳지 않은 것은?

① 비소멸성
② 생산과 소비의 동시성
③ 상호보완성
④ 무형성

핵심해설 관광상품이 다른 제품들과 다른 점은 소멸성이 높다는 점이다. 항공기·열차·버스 좌석 등 사용하지 않은 좌석 또는 운동경기장의 빈 좌석 등은 적기에 판매되어야 하며, 만약 당일에 판매되지 못하면 아무런 가치 없이 손실을 봐야 한다. 이러한 이유로 항공사와 호텔산업에서는 실제 고객에게 나쁜 이미지를 주기 쉬운 초과예약(Over Booking)이 실시되고 있다.

오답해설 ②·③·④ 관광상품은 이외에도 계절성, 이질성 등의 특성이 있다.

정답 ①

46 관광마케팅믹스 중 전통적 마케팅믹스(4P's)가 아닌 것으로만 짝지어진 것은?

① Product, People
② Place, Process
③ People, Physical Evidence
④ Price, Promotion

핵심해설 마케팅믹스는 일정한 시점을 정해 놓고 전략적 의사결정에 따라 선정한 마케팅의 여러 수단을 결합하여 마케팅계획을 작성하는 것으로, 4Ps는 제품(Product), 가격(Price), 유통(Place), 촉진(Promotion)을 의미한다.

정답 ③

더 알고가기 STP 마케팅 전략

구 분	내 용
시장세분화 (Segmentation)	고객의 니즈와 트렌드를 고려하여 고객을 집단으로 나눔
목표고객설정 (Targeting)	세분화된 시장 중 목표 세분시장 선택
포지셔닝 (Positioning)	경쟁시장에서 상대적 우위를 확보하기 위해 전략적 위치를 확보, 목표 세분시장의 뇌리에 브랜드, 상품 등을 각인

47 다음에서 설명하는 관광의 개념은?

> 사회적 약자, 소외계층들에게 관광체험의 기회를 부여하여 개인의 자아실현이나 삶의 질 향상을 실현하는 사회복지 차원의 관광

① 다크 투어리즘(Dark Tourism)
② 그랜드 투어(Grand Tour)
③ 녹색관광(Green Tourism)
④ 소셜 투어리즘(Social Tourism)

핵심해설 **소셜 투어리즘(Social Tourism)**
대중의 정서 함양과 건강 증진을 위해 저소득층에게 국내관광을 즐길 수 있도록 권장함과 동시에 이를 실현할 수 있도록 특별 지원과 공적 시설 확충, 유급 휴가제도 실시와 같은 사회복지적 정책을 추진하는 것이다.

오답해설 ① 역사적인 비극이나 재난이 일어난 곳을 체험하고 교훈을 얻는 관광이다.
② 17세기 중반부터 19세기 초반까지 유럽 상류층 자제들 사이에서 유행한 여행으로, 주로 고대 그리스, 로마의 유적지와 이탈리아, 파리를 필수 코스로 밟았다.
③ 농촌, 어촌, 산촌 등 도회지를 벗어난 지방의 녹색지역을 대상으로 한 관광형태이다.

정답 ④

48 Alternative Tourism(대안관광)의 유사 개념으로 옳지 않은 것은?

① Soft Tourism(연성관광)
② High Impact Tourism(하이 임팩트 투어리즘)
③ Appropriate Tourism(적정관광)
④ Green Tourism(녹색관광)

핵심해설 **Alternative Tourism(대안관광)**
관광이 환경에 미치는 부정적인 영향으로 인해 발생하는 문제에 대한 대안이 될 만한 새로운 관광형태이다. 유사 개념으로 Soft Tourism(연성관광), Appropriate Tourism(적정관광), Green Tourism(녹색관광), Low Impact Tourism(저영향관광), Eco Tourism(생태관광) 등이 있다.

정답 ②

더 알고가기 관광의 형태

구 분	내 용
Outbound Tourism	내국인의 국외관광
Overseas Tourism	외국인의 국외관광
Inbound Tourism	외국인의 국내관광
Domestic Tourism	내국인의 국내관광

49 IATA 항공사 코드와 항공사의 연결로 옳지 않은 것은?

① BX – 에어부산
② AK – 에어아시아
③ LJ – 제주항공
④ TW – 티웨이항공

`핵심해설`

항공사명	IATA 코드	ICAO 코드
진에어	LJ	JNA
제주항공	7C	JJA

`정답` ③

50 다음에서 설명하는 것으로 옳은 것은?

> 총회, 컨벤션, 컨퍼런스 등의 회의에 보조적으로 개최되는 짧은 교육프로그램으로, 특정문제나 과제에 관한 새로운 지식, 기술, 아이디어 등을 교환하고 교육하는 30명 내외의 소규모 회의

① 워크숍(Workshop)
② 패널토의(Panel Discussion)
③ 콩그레스(Congress)
④ 포럼(Forum)

`핵심해설` 워크숍(Workshop)
문제해결능력의 일환으로서 참여를 강조하고 소집단(30~35명) 정도의 인원이 특정문제나 과제에 관해 새로운 지식·기술·아이디어 등을 교환하는 강력한 교육적 프로그램이다.

`오답해설` ② 청중이 모인 자리에서 벌이는 사회자와 연사의 공개 토론회로 청중도 자신의 의견을 발표하는 것을 말한다.
③ 대표자들이 참가하는 회합이나 집회와 회담을 말한다.
④ 한 주제에 대해 상반된 견해를 가진 동일 분야의 전문가들이 사회자의 주도하에 청중 앞에서 벌이는 공개 토론회로 청중이 자유롭게 질의에 참여할 수 있으며, 사회자가 의견을 종합하는 것을 말한다.

`정답` ①

`더 알고가기` **국제회의의 종류 및 규모(「국제회의산업 육성에 관한 법률 시행령」 제2조)**

국제회의는 다음의 어느 하나에 해당하는 회의를 말한다.
• 국제기구, 기관 또는 법인·단체가 개최하는 회의로서 다음의 요건을 모두 갖춘 회의
　– 해당 회의에 3개국 이상의 외국인이 참가할 것
　– 회의 참가자가 100명 이상이고 그 중 외국인이 50명 이상일 것
　– 2일 이상 진행되는 회의일 것
• 국제기구, 기관, 법인 또는 단체가 개최하는 회의로서 다음의 요건을 모두 갖춘 회의
　–「감염병의 예방 및 관리에 관한 법률」 제2조 제2호에 따른 제1급감염병 확산으로 외국인이 회의장에 직접 참석하기 곤란한 회의로서 개최일이 문화체육관광부장관이 정하여 고시하는 기간 내일 것
　– 회의 참가자 수, 외국인 참가자 수 및 회의일수가 문화체육관광부장관이 정하여 고시하는 기준에 해당할 것

제1과목 국 사

01 다음 설명에 해당하는 것은?

> 낭가와 불교 양가 대 유가의 싸움이며, 국풍파 대 한학파의 싸움이며, 독립당 대 사대당의 싸움이며,
> 진취 사상 대 보수 사상의 싸움

① 서경천도운동
② 이자겸의 난
③ 만적의 난
④ 무신 정변

핵심해설 신채호의 서경천도운동 인식

일제강점기 역사가이자 독립운동가였던 신채호는 한민족의 독립 투쟁을 전개하기 위해 자주적이며 진취적인 민족의식을 고취할 필요가 있다고 생각하였다. 그는 이런 관점에서 묘청의 서경천도운동을 '일천년래 제일대사건'이라고 하였다. 이 사건이 낭가와 불교 양가 대 유교의 싸움이며, 국풍파 대 한학파의 싸움이며, 독립당 대 사대당의 싸움이며, 진취 사상 대 보수 사상의 싸움이라고 보았다. 이는 신채호가 고려시대 묘청이 김부식에 패배한 이후 조선사가 독립적·진취적으로 진전하지 못하여 일제강점기를 초래하였다고 파악하였기 때문이다.

오답해설 ② 이자겸은 11세기 이래 대표적 고려 문벌이었던 경원 이씨 집안의 인물로, 권력을 장악하기 위해 난을 일으켰다(1126).
③ 무신 집권기에는 최충헌의 노비였던 만적이 중심이 되어 신분제도를 없앨 것을 주장하며 난을 일으켰으나 실패하였다(1198).
④ 무신에 대한 차별이 원인이 되어 정중부와 이의방 등은 보현원에서의 연회를 계기로 무신정변을 일으켰다(1170).

정답 ①

서경파와 개경파의 비교

구 분	서경파	개경파
중심인물	묘청, 정지상 등 지방출신의 개혁적 관리	김부식 등 보수적 귀족 세력
성 격	개혁적	보수적
대외 정책	북진주의 표방 (금국정벌, 칭제건원, 서경천도)	사대주의 강조 (금과 외교)
사 상	전통적 풍수지리 사상	보수적 유교 정치 사상
계승 의식	고구려 계승 의식	신라 계승 의식

02 고려의 경제 정책에 관한 설명으로 옳은 것은?

① 토지 대장인 양안과 호구 장부인 호적을 작성하였다.
② 시장을 감독하는 관청인 동시전을 설치하였다.
③ 농사직설 등 농서를 간행, 보급하였다.
④ 상평통보가 발행되어 널리 유통되었다.

핵심해설 고려의 경제 정책
고려 정부는 안정적인 재정 운영을 위해 토지와 호구를 조사하여 토지 대장인 양안과 호구 장부인 호적을 작성하였다. 양안에는 경작지의 소유주와 면적, 형태 등을 기록하였고, 호적에는 부부를 중심으로 구성된 가족을 기재하였다.

오답해설 ② 신라는 지증왕 때 수도에 동시전을 설치하여 상행위를 감독하였다.
③ 〈농사직설〉은 조선 세종 때 간행한 농업 서적이다.
④ 조선 후기에는 상평통보가 발행되어 전국적으로 유통되었다.

정답 ①

고려시대의 사원 경제

구 분	내 용
대농장 경영	국가로부터 지급받은 사원전과 노비를 바탕으로 함
상공업 활동	승려와 노비들이 상업 활동과 수공업 활동 전개 → 경제력 확대
고리대	축적된 부를 바탕으로 장생고 운영

03 고려시대 유학에 관한 설명으로 옳지 않은 것은?

① 지방에 향교를 설립하여 유학을 가르쳤다.

② 최충은 9재 학당을 세워 유학 교육에 힘썼다.

③ 유교 예법에 따라 의례를 정리한 국조오례의가 편찬되었다.

④ 성리학을 수용하여 권문세족의 횡포와 불교의 폐단을 비판하였다.

핵심해설 국조오례의

조선 성종 때 간행된 의례서로 국가의 여러 행사에 필요한 의례를 정비한 책이다. 오례는 제사 의식인 길례, 관례와 혼례 등의 가례, 사신 접대 의례인 빈례, 군사 의식에 해당하는 군례, 상례 의식인 흉례를 가리킨다.

오답해설 ① 고려시대 지방에 설치된 향교는 지방 관리와 서민 자제의 교육을 담당하였다.

② 해동공자로 불릴 정도로 뛰어난 유학자였던 최충은 9재 학당(문헌공도)을 세워 유학 교육에 힘썼다.

④ 고려 말 신진 사대부들은 현실 사회의 모순을 개혁하기 위한 사상으로 성리학을 받아들여 권문세족의 횡포와 불교의 폐단을 비판하였다.

정답 ③

더 알고가기	고려시대의 유학	
구 분	**성 격**	**대표적 유학자**
초 기	자주적, 주체적	최승로 등
중 기	사대적, 보수적	최충, 김부식 등
후 기	성리학의 수용	정몽주, 정도전 등

04 다음 중 가장 먼저 세운 비는?

① 창녕비

② 황초령비

③ 마운령비

④ 단양 적성비

핵심해설 단양 신라 적성비

신라 진흥왕이 한강 유역을 차지하였음을 보여 주는 유물로, 비의 건립은 진흥왕 6~11년(545~550) 사이였을 것으로 추정된다. 신라를 도와 공을 세운 적성 출신 인물을 포상하고 적성 지역 백성들을 위로하고자 비를 세운다는 내용을 담고 있다.

[단양 신라 적성비(국보)]

오답해설 ④를 제외한 나머지는 진흥왕이 세운 4개의 순수비에 대한 설명이다. 나머지 하나는 북한산비이다.

① 창녕비(561)는 진흥왕 때 낙동강 유역을 차지한 기념으로 세운 비석이다.

②·③ 황초령비(568)와 마운령비(568)는 신라가 함경도 지방에 진출했다는 사실을 입증해 주는 비석이다.

정답 ④

더 알고가기	고구려의 비석
구 분	**내 용**
광개토대왕릉비	• 건립 시기 : 장수왕 시기 • 내용 : 신라에 침입한 왜군 격퇴 등 광개토대왕의 업적
충주(중원) 고구려비	• 건립 시기 : 장수왕 시기 • 내용 : 고구려의 남하정책, 한강 유역 장악 등 장수왕의 업적

05 다음 중앙 관제가 존재한 국가에 관한 설명으로 옳지 않은 것은?

> • 중정대
> • 주자감
> • 정당성

① 고구려 계승 의식을 갖고 있었다.
② 전국을 9주 5소경 체제로 정비하였다.
③ 인안, 대흥 등의 독자적 연호를 사용하였다.
④ 영주도, 신라도, 거란도 등 교통로가 존재하였다.

핵심해설 발해의 중앙 관제
감찰 기구인 중정대, 교육 담당 기구인 주자감, 국정 운영 기관인 정당성은 모두 발해의 중앙 관제이다.
② 통일신라는 중앙 집권 체제를 강화하기 위해 지방의 행정 조직을 9주 5소경으로 정비하였다. 군사·행정상의 요지에 5소경을 설치하여 수도인 경주가 한쪽으로 치우쳐 있는 문제를 보완하고, 지방의 균형 있는 발전을 도모하였다. 또한 전국을 9주로 나누어 도독을 파견하였고, 그 아래에는 군과 현을 두어 지방관을 파견하였다.

오답해설 ① 발해는 일본에 보낸 국서에 고려(고구려) 또는 고려국왕이라는 명칭을 사용한 점에서 고구려 계승 의식을 표방하였음을 알 수 있다.
③ 인안·대흥 등은 발해의 독자적인 연호로, 중국과 대등한 지위에 있었음을 대외적으로 과시하기 위해 사용하였다.
④ 넓은 영토를 차지한 발해는 5개의 주요 교통로(조공도, 영주도, 일본도, 신라도, 거란도)를 통해 여러 지역과 교류하였다.

정답 ②

더 알고가기 발해의 통치 체제

구 분	내 용
중앙 조직	3성 6부제 – 당의 제도 수용, 운영과 명칭은 독자적
지방 조직	5경 15부 62주
말단 조직	촌락은 토착민의 수령이 다스림

06 다음 법이 있었던 국가에 관한 설명으로 옳은 것은?

> 그것은 대개 사람을 죽인 자는 즉시 죽이고, 남에게 상처를 입힌 자는 곡식으로 갚는다. 도둑질을 한 자는 노비로 삼는다. 용서를 받고자 하는 자는 한 사람마다 50만 전을 내야 한다.

① 여러 가가 사출도를 나누어 다스렸다.
② 혼인 풍습으로 민며느리제가 존재하였다.
③ 천군이 소도라는 신성 지역을 다스렸다.
④ 건국과 관련하여 단군신화가 전해지고 있다.

핵심해설 고조선의 8조법
〈보기〉는 고조선의 8조법이다. 고조선의 8조법 중 '사람을 죽인 자는 즉시 죽이고, 상처를 입힌 자는 곡식으로 보상한다.'는 부분에서 고조선 사회에서는 생명과 노동력이 중시되었음을 알 수 있다. 또한 '도둑질을 한 자는 노비로 삼는다.'는 부분에서 사유재산과 계급이 발생한 사회였음을 알 수 있다.
④ 〈삼국유사〉와 〈동국통감〉 등에는 단군왕검이 고조선을 건국(기원전 2333)하였다는 단군신화가 기록되어 있다.

오답해설 ① 부여는 왕 아래 가축의 이름을 딴 마가, 우가, 저가, 구가 등의 관리가 있어 각각 행정 구획인 사출도를 다스렸다.
② 옥저는 민며느리제라는 혼인 풍습과 골장제라는 가족 공동 무덤의 매장 풍습이 있었다.
③ 삼한에서는 종교를 주관하는 제사장인 천군이 소도라는 신성 지역을 다스렸는데, 이를 통해 삼한 사회가 제정이 분리되어 운영되었음을 알 수 있다.

정답 ④

더 알고가기 고조선의 성립과 발전

구 분	내 용
성 립	족장 사회에서 가장 먼저 국가로 발전
건 국	단군왕검이 건국(기원전 2333, 〈삼국유사〉·〈동국통감〉)
성 장	요령 지방과 대동강 유역을 중심으로 독자적인 문화 형성
발 전	기원전 3세기 왕위 세습, 연나라와 대립할 만큼 강성

07 신라 불교에 관한 설명으로 옳지 않은 것은?

① 원효는 일심 사상의 이론적 체계를 마련하였다.

② 의상은 화엄 사상을 바탕으로 교단을 형성하였다.

③ 혜심은 유불일치설을 주장하고 심성 도야를 강조하였다.

④ 혜초는 인도에서 불교를 공부하고 왕오천축국전을 서술하였다.

핵심해설 혜심의 유불일치설

고려 후기 혜심은 유불일치설을 주장하며 심성의 도야를 강조하여 장차 성리학을 수용할 수 있는 사상적 토대를 마련하였다. 혜심은 유교와 불교는 다른 것 같지만 근본에 있어서 차이가 없으며, 유가뿐만 아니라 도가도 불교에서 흘러나온 것으로 불가와 다르지 않다는 주장을 펼쳤다.

오답해설 ① 신라의 원효는 모든 것이 한마음에서 나온다는 일심 사상을 바탕으로 종파 간 사상적 대립을 조화하였다.

② 신라 중대에는 의상이 모든 존재는 상호 의존적인 관계에 있으면서 서로 조화를 이루고 있다는 화엄 사상을 바탕으로 교단을 형성하였다.

④ 신라의 혜초는 인도를 다녀온 후 〈왕오천축국전〉을 지어 인도와 중앙아시아 등지의 풍물을 기록하였다.

정답 ③

더 알고가기 **고대의 호국불교**

구 분	내 용
신라의 불교식 왕명	법흥왕~진덕여왕
원광의 세속 5계	신라 청소년들에게 마음가짐과 행동의 규범을 제시
황룡사, 미륵사 등 건립	신라의 팽창 의지(황룡사), 백제의 중흥(미륵사)

08 다음과 같은 폐단을 시정하기 위해 시행된 제도는?

> 사주인은 자기가 갖고 있는 물품으로 관청에 대신 내고, 그 고을 농민들에게 낸 물건 값을 턱없이 높게 쳐서 열 배의 이득을 취하니 이것은 백성의 피땀을 짜내는 것입니다.

① 공 법
② 대동법
③ 균역법
④ 영정법

핵심해설 대동법

〈보기〉는 조선시대 지방 특산물을 현물로 냈던 공납이 농민에게 가장 큰 부담을 주고 있다는 내용이다. 조선시대 공납은 방납의 폐해가 나타나면서 농민에게 큰 피해를 주었다. 광해군 때 이러한 공납의 폐단을 바로잡기 위해 대동법이 경기도에 처음 시행되었고, 점차 확대되어 숙종 때에는 평안도와 함경도를 제외한 전국에서 시행되었다. 대동법 시행으로 토산물 대신 토지의 결수에 따라 쌀, 삼베, 무명, 동전 등을 낼 수 있게 되자, 토지가 없는 농민은 부담이 줄어 크게 환영하였다. 대동법에 따라 공납은 대체로 토지 1결당 쌀 12두를 냈다.

오답해설 ① 공법은 조선 세종 때 비옥도와 풍흉에 따라 등급을 나누어 수취한 제도이다.
③ 영조 때 실시된 균역법은 군대에 안 가는 대신 내는 옷감을 1년에 2필에서 1필로 줄여 주는 제도이다.
④ 영정법은 풍흉에 관계없이 전세를 토지 1결당 4두로 고정한 것이다.

정답 ②

더 알고가기 조선 후기 수취 체제의 개편

구 분		내 용
전 세	영정법	풍흉에 관계없이 전세를 토지 1결당 미곡 4두로 고정
공 납	대동법	토지의 결수를 기준으로 쌀, 삼베, 무명, 동전 등으로 납부
군 역	균역법	1년에 군포 1필 부담, 부족분은 어장세, 선박세 및 결작 등으로 보충

09 병자호란에 따른 조선의 실상에 관한 설명으로 옳지 않은 것은?

① 청에 대한 적대감과 복수심으로 북벌론을 주창하였다.

② 세자를 비롯해 많은 신하와 백성이 포로로 끌려갔다.

③ 청나라에 바치는 조공품이 늘어나 백성들의 생활이 곤궁해졌다.

④ 압록강 지역에 4군, 두만강 지역에 6진을 설치하였다.

핵심해설 조선 세종은 최윤덕과 김종서를 각각 압록강과 두만강 유역에 보내 여진을 몰아내고 4군 6진을 개척하여 오늘날의 국경을 확정하였다.

오답해설 ① 병자호란 이후 조선에서는 조선인의 자존심을 회복하기 위해 청에 복수하고 치욕을 갚자는 북벌론이 제기되었다.
② 병자호란이 끝난 후 소현 세자와 봉림대군, 3학사(홍익한·윤집·오달제) 등 척화론자와 수만 명의 백성이 청의 수도로 끌려갔다.
③ 연행사 등의 사신단을 통해 청나라에 바치는 조공품은 백성들에게 큰 부담이었다.

정답 ④

더 알고가기 북벌론과 북학론

구 분	내 용
북벌론	병자호란 때 청에 당한 치욕을 씻기 위해 청을 정벌하고자 한 주장을 일컫는 것으로 북벌보다는 서인의 정권 유지에 더 도움이 됨
북학론	영조·정조 때 일부 학자들이 조선 문화의 후진성을 자각하게 되면서 청을 오랑캐로 배척하지 말고 그 문물을 받아들이자고 주장

10 시기순으로 사건을 바르게 나열한 것은?

> ㄱ. 갑오개혁
> ㄴ. 갑신정변
> ㄷ. 광무개혁
> ㄹ. 을사조약

① ㄴ - ㄱ - ㄷ - ㄹ

② ㄴ - ㄷ - ㄱ - ㄹ

③ ㄷ - ㄱ - ㄹ - ㄴ

④ ㄷ - ㄴ - ㄱ - ㄹ

핵심해설 갑신정변(1884) → 갑오개혁(1894) → 광무개혁(1897) → 을사조약(1905)이다.
따라서 ① ㄴ - ㄱ - ㄷ - ㄹ 순서이다.

정답 ①

시 기	내 용
1876년	강화도 조약 체결
1882년	임오군란, 미국과 수호 통상 조약 체결
1889년	함경도에 방곡령 실시
1894년	동학 농민 운동, 갑오개혁 실시
1895년	을미사변, 을미개혁 실시
1896년	아관파천, 독립협회 설립
1897년	대한제국 성립
1905년	경부선 개통, 을사조약, 천도교 성립

11   다음 내용과 관련된 조선시대 기구로 옳지 않은 것은?

> • 3사라고 칭하였다.
> • 언론 기능을 담당하였다.

① 홍문관   ② 승정원
③ 사간원   ④ 사헌부

핵심해설   승정원은 국왕의 최측근에 있으면서 그 명령을 출납하는 임무를 담당하였으므로 오늘날의 대통령 비서실에 해당하는 기관이다.

오답해설   ① · ③ · ④ 조선시대 사헌부, 사간원, 홍문관의 3사는 언론 기능을 담당하였다. 사헌부는 관리의 비리를 감찰하였고, 사간원은 왕이 잘못을 저질렀을 때 이를 비판하는 일을 하였다. 홍문관은 왕의 자문 기관으로서 학문을 연구하면서 언론 기능을 담당하였다. 3사의 말과 글은 고관은 물론이고 왕도 함부로 막을 수 없었다.

정답 ②

더 알고가기   조선의 중앙 정치 구조

구 분	내 용
특 징	왕권과 신권의 조화, 통치 규범의 법제화(경국대전), 언론 · 학술 중시
주요 기관	• 의정부 : 최고 관부, 합의제, 6조에서 행정 분담 • 승정원(왕명 출납), 의금부(특별 재판) : 왕권 강화 기구 • 사간원 · 사헌부 · 홍문관(3사) : 간쟁 · 감찰 · 경연 담당, 서경권 행사 → 왕권 견제 • 춘추관(역사 편찬), 한성부(수도의 행정과 치안), 성균관(국립대학)

12 조선 전기 문화에 관한 설명으로 옳은 것은?

① 판소리와 한글소설이 유행하는 등 서민문화가 확대되었다.

② 아라비아 역법을 참고하여 칠정산이라는 역법서를 편찬하였다.

③ 동국지리지, 아방강역고 등과 같은 역사 지리서를 편찬하였다.

④ 우리나라의 산천을 사실적으로 표현한 진경산수화가 유행하였다.

핵심해설 칠정산

조선 전기 세종 시기에는 새로운 역법이 마련되었다. 중국의 수시력과 아라비아의 회회력을 참고하여 〈칠정산〉을 만들었는데, 우리나라 역사상 최초로 서울을 기준으로 천체 운동을 정확하게 계산한 것이다.

오답해설 ① 조선 후기 서민들은 한글소설, 사설시조, 판소리, 탈놀이 등을 통해 자신들을 표현하였다.

③ 조선 후기 국토에 대한 연구에서는 한백겸의 〈동국지리지〉, 정약용의 〈아방강역고〉, 이중환의 〈택리지〉 등의 우수한 지리서가 편찬되었다.

④ 조선 후기의 진경산수화는 중국의 것을 모방하던 화풍에서 벗어나 사실적으로 우리나라의 자연을 그린 것이다.

정답 ②

더 알고가기 조선 전기 과학 기술의 발달

구 분	내 용
인쇄술	국가적 편찬 사업으로 발전, 금속 활자(계미자와 갑인자) 주조, 조지서 설치(종이 생산)
과학 기구 · 천문 · 수학	혼의 · 간의(천체 관측), 앙부일구(해시계), 자격루(물시계), 인지의 제작, 수학 교재 〈상명산법〉이 널리 이용
서적 편찬	• 농서 : 〈농사직설〉, 〈금양잡록〉 • 병서 : 〈진도〉, 〈병장도설〉, 〈동국병감〉 • 의서 : 〈향약집성방〉, 〈의방유취〉 • 역법서 : 〈칠정산〉

[앙부일구]

[자격루]

[의방유취]

13 일제가 청산리 대첩의 보복으로 우리 동포를 학살한 사건은?

① 간도 참변
② 만보산 사건
③ 자유시 참변
④ 갑산 화전민 사건

핵심해설 **간도 참변**
일본은 1920년 봉오동 전투와 청산리 전투에서 연이어 패배한 후 그에 대한 보복으로 북간도 지역의 무고한 동포들을 습격하여 무차별 학살하였는데, 이를 간도 참변 또는 경신 참변이라고 한다.

오답해설 ② 1931년 만주 지린성 장춘 부근의 만보산으로 이주한 한국인들이 수로 공사를 시작하자, 중국인들이 퇴거를 강요하며 관개 시설을 파괴한 사건이 만보산 사건이다.
③ 1921년 러시아의 자유시에 집결한 독립군 부대가 러시아 적군의 공격으로 큰 피해를 입은 사건이 자유시 참변이다.
④ 갑산 화전민 사건은 1929년 일제의 식민지 수탈 정책으로 증가한 화전민들이 함경남도 갑산지역에서 일제의 추방 정책에 저항하였던 사건이다.

정답 ①

더 알고가기 **독립군의 시련**

구 분	내 용
간도 참변(1920)	• 봉오동·청산리 전투에 대한 일제의 보복 • 한인촌에 대한 대량 학살, 방화, 약탈, 파괴 자행
자유시 참변(1921)	대한 독립 군단이 러시아의 자유시로 집결 → 러시아의 적색군이 독립군의 무장 해제 요구, 저항하는 독립군 공격 → 독립군 희생

14 현재까지 남아있는 근대 문화유산으로 옳지 않은 것은?

① 독립문

② 명동성당

③ 통감부 청사

④ 덕수궁 중명전

핵심해설 **통감부 청사**

1906년부터 1910년까지 일제가 한국을 완전 병탄할 목적으로 설치한 감독기관으로, 이를 통해 일제는 한국병탄의 예비 작업을 수행하였다. 서울의 남산 '왜성대'에 설치되었던 통감부 터에는 현재 '서울애니메이션센터'가 자리하고 있다.

오답해설 ① 독립협회가 건립한 독립문(1898년 완공), ② 고딕 건축 양식을 띤 명동성당(1898년 완공), ④ 을사조약(을사늑약)이 체결되었던 비운의 장소인 덕수궁 중명전 등은 현재까지 남아있는 대표적인 근대 문화유산이다.

정답 ③

더 알고가기 **대표적 근대 문화유산**

구 분	내 용
약현성당(1892)	한국 최초의 천주교 성당
독립문(1898)	프랑스 개선문 모방, 독립 의식 고취 목적, 독립협회 설립
덕수궁	• 석조전(1910) : 르네상스식 건축, 광복 이후 미·소 공동 위원회가 개최되기도 함 • 정관헌(1900) : 고종은 이곳에서 외빈을 초대하여 연회를 열거나 다과를 드는 등 휴식 공간으로 사용함 • 중명전(1900) : 덕수궁에 딸린 접견소 겸 연회장으로 지어진 건물로, 1905년에 이곳에서 을사조약이 강제로 체결됨
명동(종현)성당(1898)	고딕 양식 건축, 민주화 운동의 중심지로서의 역할을 함
손탁호텔(1902)	유럽 궁전 건축 양식 모방, 대한제국 시기 열강들의 외교 현장이었으며, 정동구락부와 그들의 후신인 독립협회 회원들의 모임 장소로 활용함

[약현성당]

[독립문]

[명동성당]

15 광복 후 김구의 활동으로 옳은 것은?

① 한국 민주당과 함께 남한만의 총선거 실시를 주장하였다.
② 김일성에게 남북 정치 지도자 회담을 제안하였다.
③ 모스크바 3국 외상 회의에서 결정된 신탁통치안을 지지하였다.
④ 새 국가 건설을 위해 조선 건국 동맹을 결성하였다.

핵심해설 유엔에서 한반도 문제가 논의되는 동안 김구와 김규식은 김일성과 김두봉에게 남북 협상을 제의하여 1948년 4월 평양에서 남북 정치 지도자들이 한자리에 모였다. 이 회의에서 단독 정부 수립 반대, 외국 군대 즉시 철수를 요구하는 결의문이 채택되었다. 그러나 남북 협상은 냉전 체제라는 현실의 벽을 넘지 못하였다. 남한의 단독 정부를 수립하려는 세력들에게 환영받지 못하였으며, 유엔이나 미군정의 단독 선거 추진에도 영향을 미치지 못하였다.

오답해설 ① 김구 등 남북 협상파는 5·10 총선거에 불참하였다.
③ 김구는 반탁의 입장을 고수하였다.
④ 1944년 여운형 등이 국내에서 비밀 결사로 조선 건국 동맹을 조직하였다.

정답 ②

더 알고가기 단독 정부 수립과 통일 정부 수립

단독 정부 수립		통일 정부 수립
• 이승만의 정읍 발언(1946) • 한국 민주당 등 우익의 지지	↔	• 여운형, 김규식의 좌·우 합작 운동(1946) • 김구, 김규식의 남북 협상(1948)

16 자연적 관광자원이 아닌 것은?

① 사 적

② 온 천

③ 동 굴

④ 산 악

핵심해설 자연적 관광자원은 관광자원 가운데 가장 원천적인 것으로, 사람의 손을 거치지 않은 자연현상이 관광효과에 기여할 수 있는 모든 것을 의미한다. 사적은 문화적 관광자원에 속한다.

오답해설 ②·③·④ 온천, 동굴, 산악은 자연경관지로서의 원형을 보전하고 있는 자연적 관광자원이다.

정답 ①

더 알고가기 자연적 관광자원의 유형과 기능

유 형	기 능
산지관광자원	• 자연감상·휴식기능 : 경관미 감상, 피서, 피한 • 운동·오락기능 : 등반, 스키, 암벽등반, 수렵, 캠프 • 교육기능 : 생태계관찰, 청소년수련장
하천관광자원	• 문화공간기능 : 야외행사, 지역축제 • 교통기관 이용기능 : 유람선 • 교육기능 : 생태계관광
해안관광자원	• 휴식기능 : 해수욕, 피서, 낚시 • 교육기능 : 해저수족관, 생태관광, 훈련, 교육캠핑 • 교통기관 이용기능 : 유람선, 보트, 요트
온천관광자원	• 요양기능 : 치료 • 휴식기능 : 온천욕 • 운동·오락기능 : 부대시설, 인근관광자원과 연계한 운동·오락

17 온천법상 (   )에 들어갈 용어로 옳은 것은?

> 시·도지사는 온도·성분 등이 우수하고 주변환경이 양호하여 건강증진 및 심신요양에 적합하다고
> 인정하는 온천이 있는 온천원보호지구, 온천공보호구역 또는 온천이용시설을 행정안전부장관의 승
> 인을 받아 (   )으로 지정할 수 있다.

① 보양온천   ② 관광온천
③ 휴양온천   ④ 요양온천

핵심해설   보양온천의 지정(「온천법」 제9조 제1항)
시·도지사는 온도·성분 등이 우수하고 주변환경이 양호하여 건강증진 및 심신요양에 적합하다고 인정하는 온천
이 있는 온천원보호지구, 온천공보호구역 또는 온천이용시설을 행정안전부장관의 승인을 받아 보양온천으로 지정
할 수 있다.

정답 ①

더 알고가기   **온천지의 시설발달에 의한 분류(김병문)**

구 분	내 용
자연형 온천지	자연상태와 사회개발상태를 비교하여 자연상태가 월등하거나 온천이 자연 그대로 용출하는 온천지
보양 및 휴양형 온천지	병 치료에 탁월하거나 가족휴양지로서 조용하고 다소의 숙박시설이 갖추어지고 자연상태가 약간 우세한 지점의 온천지
관광지형 온천지	온천주변에 온천 수용상태의 숙박시설은 물론 상점이 상당히 발달한 지점의 온천지

18 석회동굴을 모두 고른 것은?

> ㄱ. 제주 만장굴
> ㄴ. 제주 협재굴
> ㄷ. 영월 고씨굴
> ㄹ. 울진 성류굴

① ㄱ, ㄴ   ② ㄱ, ㄹ
③ ㄴ, ㄷ   ④ ㄷ, ㄹ

핵심해설   석회동굴
석회동굴은 석회층이 있는 곳에 발달하는 동굴(종유석·석순·석주가 발달)이다. 석회동굴에는 고수굴, 고씨굴,
초당굴, 환선굴, 용담굴, 비룡굴, 관음굴, 성류굴 등이 있다.

[영월 고씨굴]

[울진 성류굴]

오답해설 ㄱ. 제주 만장굴이나 ㄴ. 제주 협재굴은 용암동굴의 사례이다.

정답 ④

더 알고가기 **동굴의 종류**

구 분	종 류
석회동굴	고수굴, 고씨굴, 초당굴, 환선굴, 용담굴, 비룡굴, 관음굴, 성류굴 등
용암(화산)동굴	만장굴, 김녕사굴, 빌레못굴, 협재굴, 황금굴, 쌍룡굴, 소천굴, 미천굴, 수산굴 등
해식동굴	산방굴, 정방굴, 가사굴 등

---

19 우리나라 국립공원 중 면적이 가장 넓은 국립공원과 가장 좁은 국립공원을 순서대로 나열한 것은?

① 한려해상 국립공원, 월출산 국립공원

② 다도해해상 국립공원, 월출산 국립공원

③ 한려해상 국립공원, 북한산 국립공원

④ 다도해해상 국립공원, 북한산 국립공원

핵심해설 다도해해상 국립공원은 전라남도 신안군에서부터 여수시까지 5개 시·군에 걸쳐 있는 우리나라에서 가장 넓은 2,266.221km²의 면적을 자랑하는데, 국내 14번째 국립공원으로 400여 개의 많은 섬으로 이루어져 있다고 해서 다도해(多島海)라고 명명되었다. 월출산 국립공원은 1988년 6월 11일 20번째 국립공원으로 지정되었으며, 면적은 56.22km²로 우리나라에서 가장 면적이 좁은 국립공원이다.

정답 ②

더 알고가기 **국립공원 지정(2025년 2월 기준)**

• 최초 지정된 국립공원 : 지리산 국립공원(1967.12.29)
• 가장 최근 지정된 국립공원 : 팔공산 국립공원(2023.12.31)

20 다음에 설명하는 문화재는?

> • 1983년 사적 제302호로 지정되었다.
> • 매년 정월 대보름에 장군 임경업 비각에서 제를 올리고 민속행사가 열린다.

① 경주 양동마을
② 아산 외암마을
③ 순천 낙안읍성
④ 고성 왕곡마을

핵심해설 순천 낙안읍성(사적)
고려 후기부터 잦은 왜구의 침입을 막기 위해 조선 전기에 흙으로 쌓은 성이다. 성안에는 동헌, 객사, 임경업장군비 등이 원형대로 보존되어 있다. 현존하는 조선시대의 읍성 가운데 온전히 보존된 것들 중 하나로, 조선 전기의 양식을 그대로 간직하고 있다.

오답해설 ① 월성 손씨와 여강 이씨가 형성한 경북 경주 양동마을은 국가민속문화유산으로, 조선시대 전통문화와 자연을 고스란히 간직하고 있어 2010년 유네스코 세계문화유산으로 등재되었다.
② 설화산 기슭 경사지에 위치한 아산 외암마을은 2000년 국가민속문화유산으로 지정되었다.
④ 고성 왕곡마을은 국가민속문화유산으로 북방식 전통가옥이 밀집한 곳이다.

[경주 양동마을]

[아산 외암마을]

정답 ③

더 알고가기	성곽의 거주 주체에 의한 분류

구 분	내 용
도 성	왕궁이 있는 도읍지에 궁궐과 관청건물이 있는 궁성을 보호할 목적으로 외곽에 쌓은 나성을 갖춘 성
궁 성	왕이 거처하며 통치하는 궁궐을 성벽이나 담장으로 둘러싼 공간
행재성	왕이 군사·행정상 중요한 지역에 가서 임시로 머무는 이궁이 있는 곳
읍 성	• 지방 통치제가 발달하면서 각 지방의 주요 도시와 거점지역에 축조된 성곽으로, 행정적·군사적 기능을 수행 • 지방 관청이 있는 고을을 방어할 목적으로 축성한 성곽

21 조선왕조의궤에 관한 설명으로 옳지 않은 것은?

① 의궤(儀軌)란 의식(儀式)의 궤범(軌範)이라는 뜻이다.

② 왕실의 중요행사를 문자와 그림으로 정리한 국가기록물이다.

③ 세종 때 최초로 편찬하여 일제강점기까지 계속 기록되어 있다.

④ 조선왕조 의식의 변화뿐 아니라 동아시아 지역의 문화를 비교할 수 있는 사료이다.

핵심해설 조선왕조의궤

조선왕조(1392~1910) 600여 년간의 왕실 의례에 관한 기록물로, 왕실의 중요한 의식(儀式)을 글과 그림으로 기록하여 보여주고 있다. 태조 때 최초로 편찬하기 시작하여 일제강점기까지 계속 편찬되었다. 그러나 임진왜란 때 조선 전기 의궤들은 대부분 소실되어 남아있지 않고 현재 남아있는 것은 모두 임진왜란 이후에 제작한 것이다.

 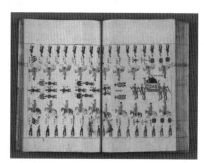

[조선왕조의궤]

오답해설 ① · ② 의궤(儀軌)란 '의식(儀式)의 궤범(軌範)'이라는 뜻으로, '국가전례의 따라야 할 기본'이라는 의미를 담고 있다. 〈조선왕조의궤〉는 조선왕실에서 중요한 행사가 있을 때 그 내용을 문자와 그림으로 정리한 대표적인 국가기록물이다.

④ 조선왕조 의식의 변화뿐 아니라 동아시아 지역의 문화를 비교 · 연구, 이해하는 풍부한 내용을 담고 있다.

정답 ③

더 알고가기 화성성역의궤

구 분	내 용
연 혁	• 1794~1796년(정조 18~20) 경기 화성에 성을 쌓고 새로운 도시를 건설한 일을 정리한 책 • 축성 후 1801년에 발간되었으며, 축성 계획 · 제도 · 법식뿐 아니라 동원된 인력의 인적사항 · 재료의 출처 및 용도 · 예산 및 임금 계산 · 시공 기계 · 재료 가공법 · 공사일지 등을 상세히 기록
의 의	화성이 성곽 축성 등 건축사에 큰 발자취를 남기고 있음을 증명하고 있으며, 동시에 기록으로서 역사적 가치가 매우 큼

22 우리나라 전통도자기에 관한 설명으로 옳지 않은 것은?

① 도자기 종류에는 토기, 청자, 백자 등이 있다.

② 도자기에 문양을 만드는 기법에는 상감, 양각, 음각 등이 있다.

③ 조선청자에는 백자 태토에 철분이 함유된 유약을 입힌 것도 있다.

④ 고려청자는 몽골의 침입으로 청자 제작 기술이 더욱 발전되었다.

핵심해설 고려청자는 13세기 후반 몽골의 침입 이후 원 간섭기에 이르러 점차 쇠퇴하였다. 몽골의 침략에 대항하여 전쟁을 치른 후 국력이 소모되면서 전과 같은 청자 제작이 어려워졌기 때문이다.

오답해설 ① 도자기 종류로서 청자, 백자, 분청사기 등은 제작 기법에 따른 구분이다.
② 도자기에 문양을 만드는 기법은 상감·양각·음각·투각(구멍을 뚫는 것)이 기본을 이루며, 상감 기법에서는 금이나 은으로 선을 넣는 금입사, 은입사가 있다.
③ 조선청자는 백자를 만드는 태토를 사용하여 그 위에 청자 유약만 발랐다는 점에서 고려청자와 결정적으로 다르다.

정답 ④

더 알고가기 | 청자의 변천 과정

구 분	내 용
초기 청자 시기 (950~1050)	녹청자로 대표되는 초기 청자 시기
순청자 시기 (1050~1150)	고려청자가 정착되었으며, 순수한 청자색을 지닌 무문·음각·양각 또는 여러 가지 모양의 청자가 제작됨
상감청자 시기 (1150~1250)	• 상감 기법 : 나전 칠기와 은입사 기법을 자기에 적용한 것 • 그릇 표면에 홈을 파서 문양이나 그림을 새기고 백토, 흑토, 적토 등을 정교하게 메운 후 초벌구이를 하고 그 위에 청자유를 입혀서 재벌구이를 함
쇠퇴기 (1250~1350)	원 간섭기 이후 쇠퇴

23 우리나라 전통 건축물에 관한 설명으로 옳은 것은?

① 다포 양식은 공포(栱包)가 기둥 위에만 있다.

② 다포 양식의 목조 건물에는 숭례문, 경복궁 근정전이 있다.

③ 주심포 양식의 목조 건물에는 화엄사 각황전, 통도사 대웅전이 있다.

④ 주심포 양식은 공포를 기둥 위뿐 아니라 기둥 사이에도 설치하는 건축 양식이다.

핵심해설 다포 양식의 사례
숭례문, 흥인지문, 창덕궁 인정전, 경복궁 근정전, 창경궁 명정전, 덕수궁 중화전, 화엄사 각황전, 금산사 미륵전, 통도사 대웅전, 심원사 보광전, 석왕사 응진전 등

오답해설 ① 다포는 기둥 위뿐 아니라 기둥 사이에도 공포(栱包)를 짜 올리는 방식이다.
③ 주심포 양식의 건물로 가장 오래된 것은 안동 봉정사 극락전이며, 가장 대표적인 건물은 영주 부석사 무량수전과 예산 수덕사 대웅전이다.
④ 주심포 양식은 기둥 위에만 공포를 짜 올리는 건축 양식이다.

정답 ②

더 알고가기 익공 양식

구 분	내 용
특 징	• 조선시대 초 우리나라에서 독자적으로 개발하여 사용된 공포 양식 • 향교, 서원, 사당 등의 유교 건축물에 주로 사용 • 궁궐이나 사찰의 침전, 누각, 회랑 등 주요건물이 아닌 부차적 건물에 주로 사용
사 례	오죽헌, 경복궁 경회루, 청평사 회전문, 종묘 정전 및 영령전, 서울 문묘 명륜당, 옥산서원 독락당

[다포 양식]

[주심포 양식]

[익공 양식]

24 강릉단오제에 관한 설명으로 옳지 않은 것은?

① 음력 5월 15일 전후로 1주일간 개최된다.

② 다른 지역 단오제와 상이한 신화체계를 가지고 있다.

③ 강릉관노가면극이 공연된다.

④ 2005년 유네스코 인류무형문화유산으로 등재되었다.

핵심해설 단오제의 행사는 음력 4월 5일부터 음력 5월 7일까지 개최되는데, 단오제를 지내지 않으면 이 지역에 큰 재앙이 온다고 전해진다.

[강릉단오제]

오답해설 ② 강릉단오제 제사의 대상은 대관령 산신(김유신 장군으로 전해짐)과 국사성황신[國師城隍神, 범일국사(梵日國師)라고 전해짐]으로 다른 지역 단오제와 상이한 신화체계를 가지고 있다.

③ 전통 음악과 민요 오독떼기, 관노가면극(官奴假面劇), 시 낭송 및 다양한 민속놀이가 개최된다.

④ 2005년 유네스코가 지정하는 인류무형문화유산으로 등재되어 전 세계의 인류가 보존해야 할 유산이 되었다.

정답 ①

더 알고가기 동제(洞祭)

구 분	내 용
의 미	마을 사람들이 공동으로 마을을 지켜 주는 수호신에게 평안과 풍요를 기원하기 위하여 제사를 올리는 공동체 의식
대 상	• 자연신 : 천신, 성신, 산신, 지신, 수신 등 • 인물신 : 단군신 · 태조대왕신, 장군신으로 김유신 · 최영 · 남이 · 임경업 등
사 례	강릉단오제, 부여의 은산별신제, 경산의 자인단오제 등

25 국가무형문화재가 아닌 것은?

① 고성농요

② 북청사자놀음

③ 해 녀

④ 남도노동요

핵심해설 남도노동요는 전라남도 지방의 민요로 시·도무형유산이다.

오답해설 ① 경상남도 고성지역에 전승되는 농사짓기소리로, 국가무형유산이다.

② 북청사자놀음은 정월 대보름에 사자탈을 쓰고 놀던 민속놀이로, 국가무형유산이다.

③ 해녀는 한국의 전통적 해양문화와 여성 어로문화를 대표하는 산 증인으로, 국가무형유산이다.

※ 2024년 5월 17일 법령 개정에 따라 '국가무형문화재', '시·도무형문화재'의 명칭이 각각 '국가무형유산', '시·도무형유산'으로 변경되었다.

정답 ④

더 알고가기

문화유산의 지정(「문화유산의 보존 및 활용에 관한 법률」 제23~26조)

구 분	내 용
보물 및 국보 (제23조)	• 국가유산청장은 문화유산위원회의 심의를 거쳐 유형문화유산 중 중요한 것을 보물로 지정할 수 있다. • 국가유산청장은 제1항의 보물에 해당하는 문화유산 중 인류문화의 관점에서 볼 때 그 가치가 크고 유례가 드문 것을 문화유산위원회의 심의를 거쳐 국보로 지정할 수 있다. • 보물과 국보의 지정기준과 절차 등에 필요한 사항은 대통령령으로 정한다.
사 적 (제25조)	• 국가유산청장은 문화유산위원회의 심의를 거쳐 기념물 중 중요한 것을 사적으로 지정할 수 있다. • 사적의 지정기준과 절차 등에 필요한 사항은 대통령령으로 정한다.
국가민속문화유산 (제26조)	• 국가유산청장은 문화유산위원회의 심의를 거쳐 민속문화유산 중 중요한 것을 국가민속문화유산으로 지정할 수 있다. • 국가민속문화유산의 지정기준과 절차 등에 필요한 사항은 대통령령으로 정한다.

자연유산의 지정(「자연유산의 보존 및 활용에 관한 법률」 제11·12조)

구 분	내 용
천연기념물 (제11조)	• 국가유산청장은 자연유산위원회의 심의를 거쳐 제2조 제1호 가목부터 라목까지의 어느 하나에 해당하는 자연유산 중 역사적·경관적·학술적 가치가 높은 것으로 보존의 필요성이 있는 것을 천연기념물로 지정할 수 있다. 다만, 「야생생물 보호 및 관리에 관한 법률」 제2조 제1호에 따른 야생생물 중 야생동물을 천연기념물로 지정하려는 경우에는 관계 중앙행정기관의 장과 협의하여야 한다. • 동물·식물을 천연기념물로 지정하는 경우에는 해당 종의 서식지·번식지·도래지로서 중요한 지역이거나 해당 지역이 개발 등에 노출되는 등 동물·식물이 훼손될 위험이 있으면 종과 그 지역을 함께 천연기념물로 지정할 수 있다. • 천연기념물의 지정기준과 절차·방법 등에 관하여 필요한 사항은 대통령령으로 정한다.
명 승 (제12조)	• 국가유산청장은 자연유산위원회의 심의를 거쳐 제2조 제1호 마목부터 사목까지의 어느 하나에 해당하는 자연유산 중 역사적·경관적·학술적 가치가 높은 것으로 보존의 필요성이 있는 것을 명승으로 지정할 수 있다. • 명승의 지정기준과 절차·방법 등에 관하여 필요한 사항은 대통령령으로 정한다.

26 관광기본법상 지방자치단체의 책무에 해당하는 것은?

① 관광에 관한 국가시책에 필요한 시책을 강구하여야 한다.

② 외국 관광객의 유치를 촉진하기 위하여 해외 홍보를 강화하고 출입국 절차를 개선하며 그 밖에 필요한 시책을 강구하여야 한다.

③ 매년 관광진흥에 관한 시책과 동향에 대한 보고서를 정기국회가 시작하기 전까지 국회에 제출하여야 한다.

④ 관광에 대한 국민의 이해를 촉구하여 건전한 국민관광을 발전시키는 데에 필요한 시책을 강구하여야 한다.

핵심해설 지방자치단체의 협조(「관광기본법」 제6조)
지방자치단체는 관광에 관한 국가시책에 필요한 시책을 강구하여야 한다.

오답해설 ② · ③ · ④ 정부의 역할이다.
② 외국 관광객의 유치(동법 제7조)
③ 연차보고(동법 제4조)
④ 국민관광의 발전(동법 제13조)

정답 ①

27 관광진흥개발기금법령상 관광진흥개발기금의 대여 신청을 거부하거나 그 대여를 취소할 수 있는 사유에 해당하는 것을 모두 고른 것은?

> ㄱ. 거짓으로 대여를 신청한 경우
> ㄴ. 「관광진흥법」에 따른 등록 · 허가 · 지정 또는 사업계획 승인 등의 취소 또는 실효 등으로 기금의 대여자격을 상실하게 된 경우
> ㄷ. 대여조건을 이행하지 아니한 경우
> ㄹ. 잘못 지급된 경우

① ㄱ, ㄷ
② ㄱ, ㄴ, ㄹ
③ ㄴ, ㄷ, ㄹ
④ ㄱ, ㄴ, ㄷ, ㄹ

핵심해설 목적 외의 사용 금지 등(「관광진흥개발기금법」 제11조 제3항)
문화체육관광부장관은 기금의 대여를 신청한 자 또는 기금의 대여를 받은 자가 다음의 어느 하나에 해당하면 그 대여 신청을 거부하거나, 그 대여를 취소하고 지출된 기금의 전부 또는 일부를 회수한다.
• 거짓이나 그 밖의 부정한 방법으로 대여를 신청한 경우 또는 대여를 받은 경우
• 잘못 지급된 경우
• 「관광진흥법」에 따른 등록 · 허가 · 지정 또는 사업계획 승인 등의 취소 또는 실효 등으로 기금의 대여자격을 상실하게 된 경우
• 대여조건을 이행하지 아니한 경우
• 그 밖에 대통령령으로 정하는 경우

정답 ④

28 국제회의산업 육성에 관한 법령상 국제회의 전담조직의 업무가 아닌 것은?

① 국제회의의 유치 및 개최 지원

② 국제회의산업의 국외 홍보

③ 국제회의 관련 정보의 수집 및 배포

④ 국제회의시설에 부과되는 부담금 징수

핵심해설 국제회의 전담조직의 업무(「국제회의산업 육성에 관한 법률 시행령」 제9조)
- 국제회의의 유치 및 개최 지원
- 국제회의산업의 국외 홍보
- 국제회의 관련 정보의 수집 및 배포
- 국제회의 전문인력의 교육 및 수급(需給)
- 지방자치단체의 장이 설치한 전담조직에 대한 지원 및 상호 협력
- 그 밖에 국제회의산업의 육성과 관련된 업무

정답 ④

29 관광진흥법령상 의료관광호텔업의 등록기준으로 옳지 않은 것은?

① 대지 및 건물의 소유권 또는 사용권을 확보하고 있을 것

② 객실별 면적이 15제곱미터 이상일 것

③ 의료관광객의 출입이 편리한 체계를 갖추고 있을 것

④ 의료관광객이 이용할 수 있는 취사시설이 객실별로 설치되어 있거나 층별로 공동취사장이 설치되어 있을 것

핵심해설 객실별 면적은 19제곱미터 이상이어야 한다(「관광진흥법 시행령」 별표1).

정답 ②

더 알고가기 의료관광호텔업의 등록기준(「관광진흥법 시행령」 별표1)

- 의료관광객이 이용할 수 있는 취사시설이 객실별로 설치되어 있거나 층별로 공동취사장이 설치되어 있을 것
- 욕실이나 샤워시설을 갖춘 객실이 20실 이상일 것
- 객실별 면적이 19제곱미터 이상일 것
- 「교육환경 보호에 관한 법률」 제9조 제13호·제22호·제23호 및 제26호에 따른 영업이 이루어지는 시설을 부대시설로 두지 않을 것
- 의료관광객의 출입이 편리한 체계를 갖추고 있을 것
- 외국어 구사인력 고용 등 외국인에게 서비스를 제공할 수 있는 체제를 갖추고 있을 것
- 의료관광호텔 시설(의료관광호텔의 부대시설로 「의료법」 제3조 제1항에 따른 의료기관을 설치할 경우에는 그 의료기관을 제외한 시설)은 의료기관 시설과 분리될 것. 이 경우 분리에 관하여 필요한 사항은 문화체육관광부장관이 정하여 고시한다.
- 대지 및 건물의 소유권 또는 사용권을 확보하고 있을 것
- 의료관광호텔업을 등록하려는 자가 「관광진흥법 시행령」 별표1에 따른 요건을 충족하는 외국인환자 유치 의료기관의 개설자 또는 유치업자일 것

30 관광진흥법령상 카지노사업자에게 금지되는 행위에 해당하지 않는 것은?

① 허가받은 전용영업장 외에서 영업을 하는 행위

② 「해외이주법」에 따른 해외이주자를 입장하게 하는 행위

③ 19세 미만인 자를 입장시키는 행위

④ 정당한 사유 없이 그 연도 안에 60일 이상 휴업하는 행위

카지노사업자 등의 준수 사항(「관광진흥법」 제28조 제1항)
카지노사업자(대통령령으로 정하는 종사원을 포함)는 다음의 어느 하나에 해당하는 행위를 하여서는 아니 된다.

• 법령에 위반되는 카지노기구를 설치하거나 사용하는 행위
• 법령을 위반하여 카지노기구 또는 시설을 변조하거나 변조된 카지노기구 또는 시설을 사용하는 행위
• 허가받은 전용영업장 외에서 영업을 하는 행위
• 내국인(「해외이주법」 제2조에 따른 해외이주자는 제외)을 입장하게 하는 행위
• 지나친 사행심을 유발하는 등 선량한 풍속을 해칠 우려가 있는 광고나 선전을 하는 행위
• 카지노업의 영업 종류에 해당하지 아니하는 영업을 하거나 영업 방법 및 배당금 등에 관한 신고를 하지 아니하고 영업하는 행위
• 총매출액을 누락시켜 관광진흥개발기금 납부금액을 감소시키는 행위
• 19세 미만인 자를 입장시키는 행위
• 정당한 사유 없이 그 연도 안에 60일 이상 휴업하는 행위

정답 ②

31 관광진흥법령상 유원시설업의 조건부 영업허가에 관한 설명으로 옳은 것은?

① 특별자치시장·특별자치도지사·시장·군수·구청장은 5년의 범위에서 문화체육관광부령으로 정하는 시설 및 설비를 갖출 것을 조건으로 영업허가를 할 수 있다.

② 천재지변의 경우에는 해당 사업자의 신청에 따라 허가 조건에 해당하는 시설과 설비를 갖추어야 할 기간을 여러 차례 연장할 수 있다.

③ 특별자치시장·특별자치도지사·시장·군수·구청장은 조건부 영업허가를 받은 자가 정당한 사유 없이 정해진 기간 내에 허가 조건을 이행하지 아니한 경우라도 그 허가를 즉시 취소할 수는 없다.

④ 조건부 영업허가를 받은 자는 허가 조건에 해당하는 필요한 시설 및 기구를 갖춘 경우 그 내용을 특별자치시장·특별자치도지사·시장·군수·구청장에게 다시 허가받아야 한다.

조건부 영업허가(「관광진흥법」 제31조 제1항)
특별자치시장·특별자치도지사·시장·군수·구청장은 테마파크업 허가를 할 때 5년의 범위에서 대통령령으로 정하는 기간에 문화체육관광부령으로 정하는 시설 및 설비를 갖출 것을 조건으로 허가할 수 있다.

② 천재지변이나 그 밖의 부득이한 사유가 있다고 인정하는 경우에는 해당 사업자의 신청에 따라 한 차례에 한하여 1년을 넘지 아니하는 범위에서 그 기간을 연장할 수 있다(동법 제31조 제1항).
③ 특별자치시장·특별자치도지사·시장·군수·구청장은 조건부 영업허가를 받은 자가 정당한 사유 없이 정해진 기간에 허가 조건을 이행하지 아니하면 그 허가를 즉시 취소하여야 한다(동법 제31조 제2항).
④ 조건부 영업허가를 받은 자는 정해진 기간 내에 허가 조건에 해당하는 필요한 시설 및 기구를 갖춘 경우 그 내용을 특별자치시장·특별자치도지사·시장·군수·구청장에게 신고하여야 한다(동법 제31조 제3항).
※ 2025년 8월 28일 법률 개정으로 '유원시설업'의 명칭이 '테마파크업'으로 변경되었다.

정답 ①

32 관광진흥법령상 한국관광협회중앙회의 업무 중 문화체육관광부장관의 허가를 받아야 하는 것은?

① 관광 통계
② 회원의 공제사업
③ 국가나 지방자치단체로부터 위탁받은 업무
④ 관광안내소의 운영

회원의 공제사업은 문화체육관광부장관의 허가를 받아야 한다(「관광진흥법」 제43조 제1항 및 제2항).

정답 ②

33 관광진흥법령상 지역관광협의회(이하 "협의회"라 한다)의 설립에 관한 설명으로 옳지 않은 것은?

① 관광사업자, 관광 관련 사업자, 관광 관련 단체, 주민 등은 공동으로 광역 및 기초 지방자치단체 단위의 협의회를 설립할 수 있다.
② 협의회를 설립하려는 자는 해당 지방자치단체의 장의 허가를 받아야 한다.
③ 협의회는 지역관광 홍보 및 마케팅 지원 업무에 따르는 수익사업을 수행할 수 없다.
④ 협의회의 설립 및 지원 등에 필요한 사항은 해당 지방자치단체의 조례로 정한다.

지역관광협의회 설립(「관광진흥법」 제48조의9 제4항)
협의회는 다음의 업무를 수행한다.
• 지역의 관광수용태세 개선을 위한 업무
• 지역관광 홍보 및 마케팅 지원 업무
• 관광사업자, 관광 관련 사업자, 관광 관련 단체에 대한 지원
• 위의 업무에 따르는 수익사업
• 지방자치단체로부터 위탁받은 업무

정답 ③

34 관광진흥법령상 관광특구에 관한 설명으로 옳지 않은 것은?

① 관광특구는 시장·군수·구청장의 신청(특별자치시 및 특별자치도의 경우는 제외한다)에 따라 시·도지사가 지정한다.
② 특별자치시장·특별자치도지사·시장·군수·구청장은 관할 구역 내 관광특구를 방문하는 외국인 관광객의 유치 촉진 등을 위하여 관광특구진흥계획을 수립하고 시행하여야 한다.
③ 관광특구로 지정하기 위해서는 최근 1년간 외국인 관광객 수가 5만 명 이상이어야 한다.
④ 관광특구 안에서는 「식품위생법」 제43조에 따른 영업제한에 관한 규정을 적용하지 아니한다.

관광특구로 지정하기 위해서는 문화체육관광부장관이 고시하는 기준을 갖춘 통계전문기관의 통계결과 해당 지역의 최근 1년간 외국인 관광객 수가 10만 명(서울특별시는 50만 명) 이상이어야 한다(「관광진흥법」 제70조 제1항 제1호 및 시행령 제58조 제1항).

정답 ③

35 관광진흥법령상 1년 이하의 징역 또는 1천만 원 이하의 벌금에 처하는 경우가 아닌 것은?

① 허가받은 사항에 대해 유원시설업의 변경허가를 받지 아니하고 영업을 한 자

② 유기시설로 인하여 사망자가 발생하였음에도 이를 특별자치시장·특별자치도지사·시장·군수·구청장에게 통보하지 아니한 유원시설업자

③ 안전성검사를 받지 아니하고 안전성검사 대상 유기시설을 설치한 자

④ 신고를 하지 아니하고 기타유원시설업의 영업을 한 자

핵심해설 아래에 해당하는 자에게는 500만 원 이하의 과태료를 부과한다(「관광진흥법」 제86조 제1항).

- 제33조의2 제1항(테마파크업자는 그가 관리하는 테마파크시설로 인하여 대통령령으로 정하는 중대한 사고가 발생한 때에는 즉시 사용중지 등 필요한 조치를 취하고 문화체육관광부령으로 정하는 바에 따라 특별자치시장·특별자치도지사·시장·군수·구청장에게 통보하여야 함)에 따른 통보를 하지 아니한 자
- 제38조의 제6항[관광통역안내의 자격이 없는 사람은 외국인 관광객을 대상으로 하는 관광안내(제1항 단서에 따라 외국인 관광객을 대상으로 하는 여행업에 종사하여 관광안내를 하는 경우에 한정. 이하 이 조에서 같음)를 하여서는 아니 됨]을 위반하여 관광통역안내를 한 자

오답해설 벌칙(「관광진흥법」 제84조)

- 제5조 제3항에 따른 테마파크업의 변경허가를 받지 아니하거나 변경신고를 하지 아니하고 영업을 한 자
- 제5조 제4항 전단에 따른 테마파크업의 신고를 하지 아니하고 영업을 한 자
- 제13조 제4항을 위반하여 자격증을 빌려주거나 빌린 자 또는 이를 알선한 자
- 거짓이나 그 밖의 부정한 방법으로 제25조 제3항 또는 제33조 제1항에 따른 검사를 수행한 자
- 제33조를 위반하여 안전성검사를 받지 아니하고 테마파크시설을 설치한 자
- 거짓이나 그 밖의 부정한 방법으로 제33조 제1항에 따른 검사를 받은 자
- 제34조 제2항을 위반하여 테마파크시설 또는 테마파크시설의 부분품(部分品)을 설치하거나 사용한 자
- 제35조 제1항 제14호에 해당되어 관할 등록기관 등의 장이 내린 명령을 위반한 자
- 제35조 제1항 제20호에 해당되어 관할 등록기관 등의 장이 내린 개선명령을 위반한 자
- 제38조 제8항을 위반하여 자격증을 빌려주거나 빌린 자 또는 이를 알선한 자
- 제52조의2 제1항에 따른 허가 또는 변경허가를 받지 아니하고 같은 항에 규정된 행위를 한 자
- 제52조의2 제1항에 따른 허가 또는 변경허가를 거짓이나 그 밖의 부정한 방법으로 받은 자
- 제52조의2 제4항에 따른 원상회복명령을 이행하지 아니한 자
- 제55조 제3항을 위반하여 조성사업을 한 자

※ 2025년 8월 28일 법률 개정으로 '유원시설업'은 '테마파크업'으로, '유기시설 또는 유기기구'는 '테마파크시설'로 그 명칭이 변경되었다.

정답 ②

36 우리나라 국립공원으로 지정되지 않은 것은?

① 칠갑산

② 태백산

③ 월악산

④ 무등산

핵심해설 칠갑산은 충남 청양에 위치한 도립공원이다.

오답해설 ② 태백산은 2016년 8월 22일 국립공원으로 지정되었다.
③ 월악산은 1984년 12월 31일 국립공원으로 지정되었다.
④ 무등산은 2013년 3월 4일 국립공원으로 지정되었다.

정답 ①

더 알고가기 | 국립공원의 유형(2025년 2월 기준)

구 분	내 용
산악형 국립공원(19개)	지리산, 계룡산, 설악산, 속리산, 한라산, 내장산, 가야산, 덕유산, 오대산, 주왕산, 북한산, 치악산, 월악산, 소백산, 월출산, 무등산, 태백산, 변산반도, 팔공산 국립공원
해상·해안형 국립공원(3개)	한려해상, 태안해안, 다도해상 국립공원
사적형 국립공원(1개)	경주 국립공원

[주왕산 주왕계곡 일원]

[소백산 주목군락]

[무등산 주상절리대]

PART 01

37 중국이 처음으로 우리나라 제1위의 입국자 수를 기록한 연도는?

① 2011년
② 2012년
③ 2013년
④ 2014년

핵심해설 2012년에는 외래관광객 1,000만 명 시대에 진입하였고, 2013년에는 외래관광객 1,200만 명을 돌파하였다. 특히 방한 중국인 관광객이 2012년 283만여 명에서 2013년에는 전년 대비 52.5%의 성장률을 보이며 432만여 명으로 크게 증가하여 중국 시장이 우리나라 제1의 인바운드 시장으로 부상하였다.

정답 ③

38 제3차 관광개발기본계획(2012~2021)의 광역 관광권 개발 추진 전략으로 옳지 않은 것은?

① 수도관광권 – 미래를 선도하는 동북아 관광허브
② 충청관광권 – 3대 문화·역사관광의 거점
③ 호남관광권 – 아시아를 대표하는 문화관광 중추지역
④ 부·울·경관광권 – 해양레저·크루즈관광 중추지역

핵심해설 제3차 관광개발기본계획(2012~2021)의 광역 관광권 개발 추진 전략
• 충청관광권 : '과학기술과 관광이 결합된 융합관광의 거점'
• 대구·경북관광권 : '3대 문화 역사관광의 거점'

정답 ②

더 알고가기 제4차 관광개발기본계획(2022~2031)의 관광권역별 개발방향

• 수도·강원·제주권 : 글로벌 K관광 선도지대
• 충청권 : 과학기술 기반의 백제·중원문화관광지대
• 전라권 : 다도해·새만금을 품은 문화예술관광지대
• 대구·경북권 : 유교문화에 기반한 역사문화·생태관광지대
• 부산·울산·경남권 : 산업기반 해양레저·문화관광지대

39 2017년 기준 호텔업 등급결정사업에 관한 설명으로 옳지 않은 것은?

① 호텔산업 질적 성장을 위해 실시한다.
② 호텔업 등급평가 대상은 4년마다 등급평가를 받아야 한다.
③ 등급결정업무는 한국관광공사가 수탁·수행한다.
④ '별' 등급체계를 사용한다.

> **핵심해설** 호텔업 등급결정사업(「관광진흥법 시행규칙」 제25조의3 제2항)
> 「관광진흥법」 개정에 따라 2014년 9월 12일부터 관광호텔업, 수상관광호텔업, 한국전통호텔업, 소형호텔업, 의료관광호텔업은 3년마다 등급평가를 의무적으로 받아야 한다.

> **오답해설**
> ① 호텔업의 시설 및 서비스 수준을 높이고 이용자의 편의를 위해 2014년부터 호텔업 등급결정을 의무화하였다.
> ③ 문화체육관광부는 2015년 1월 1일부터 호텔 등급의 공정성과 신뢰도 향상을 위해 공공기관인 한국관광공사에 등급결정업무를 위탁하고 있다.
> ④ 우리나라의 호텔 등급은 기존 무궁화 등급제도에서 국제적 관례에 맞는 별 등급제도로 변경되었다.

정답 ②

더 알고가기 호텔 등급 표지(「행정규칙」 문화체육관광부 고시 제2022-32호)

구 분	내 용
등 급	5성급(별 5개), 4성급(별 4개), 3성급(별 3개), 2성급(별 2개) 및 1성급(별 1개)
디자인	• 한국 전통 기와지붕의 곡선을 모티브로 한 별 형태를 사용 • 바탕 색채로는 청명한 하늘을 표현하기 위해 감청색(쪽빛)을 적용

PART 01

40 우리나라 카지노업에 관한 설명으로 옳지 않은 것은?

① 1967년 인천 소재 올림포스 호텔이 카지노를 최초로 개설하였다.

② 2016년 12월 기준, 전국 카지노 업체별 입장객은 강원랜드가 가장 많다.

③ 2000년 10월 개관한 강원랜드는 「폐광지역 개발 지원에 관한 특별법」에 의거 한시적으로 내국인 출입이 허용되고 있다.

④ 1994년 8월 이후, 전국의 카지노 사업 허가권, 지도·감독권은 경찰청에서 가지고 있다.

핵심해설 카지노사업은 사행사업이라 하여 경찰청에서 관리하였으나, 1994년 8월 「관광진흥법」이 개정되면서 관광산업으로 전환되어 이때부터 문화체육관광부에서 허가권과 지도·감독권을 가지게 되었다. 단, 2006년 7월부터 제주지역 카지노에 대하여는 제주특별자치도가 허가 및 지도·감독 기능을 가지고 있다.

오답해설 ① 1967년 인천 올림포스호텔 카지노가 최초로 개설되었다.

② 2016년 카지노업체 총 매출액은 2조 9,033억 원(외국인전용 카지노 1조 2,757억 원, 강원랜드 카지노 1조 6,276억 원)이고 입장객은 553만 명(외국인전용 카지노 236만 명, 강원랜드 카지노 317만 명)이다.

③ 2000년 10월 개관한 강원랜드 카지노는 「폐광지역 개발 지원에 관한 특별법」 제11조를 적용받아 국내에서 유일하게 내국인이 출입 가능한 카지노로 운영되고 있다.

정답 ④

더 알고가기 | 카지노산업의 발전과정

시 기	내 용
1967년	최초로 인천 올림포스호텔 카지노 개설
1994년 8월	「관광진흥법」 개정, 카지노산업을 관광산업으로 규정함으로써 위상변화
1995년 12월	「폐광지역 개발 지원에 관한 특별법」 제정, 내국인 출입이 가능한 카지노 설치 허용
2005년 1월	한국관광공사 자회사에 3개 카지노 신규허가(서울 2, 부산 1)
2006년 7월	제주지역 카지노 인허가권 제주특별자치도에 이양

41 우리나라 컨벤션센터와 소재지의 연결이 옳지 않은 것은?

① DCC – 대구

② CECO – 창원

③ BEXCO – 부산

④ HICO – 경주

핵심해설 DCC(대전컨벤션센터)는 대전에 위치하고 있다.

정답 ①

더 알고가기 **국내 지역별 컨벤션센터 현황**

구 분	내 용
수도권	COEX(서울), SETEC(서울), aT센터(서울), KINTEX(고양), 송도컨벤시아(인천), SCC(수원)
대전·세종	DCC(대전), SCC(세종)
전 북	GSCO(군산)
광 주	김대중컨벤션센터(광주)
대구·경북	EXCO(대구), GUMICO(구미), HICO(경주), ADCO(안동)
부산·울산·경남	BEXCO(부산), CECO(창원), UECO(울산)
제 주	ICC JEJU(서귀포)

42 우리나라 저비용 항공사의 IATA와 ICAO 기준 코드로 옳은 것은?

		IATA	ICAO
① 이스타	–	ZE	ESR
② 진에어	–	JL	JJA
③ 에어부산	–	BR	ABL
④ 제주항공	–	LJ	JNA

핵심해설 우리나라의 주요 항공사 코드

항공사명	IATA 코드	ICAO 코드
대한항공	KE	KAL
아시아나항공	OZ	AAR
에어부산	BX	ABL
진에어	LJ	JNA
이스타	ZE	ESR
제주항공	7C	JJA
에어서울	RS	ASV
티웨이항공	TW	TWB

정답 ①

43 관광종사원 국가자격시험으로 옳지 않은 것은?

① 국내여행안내사　　　　　　　② 호텔서비스사
③ 컨벤션기획사　　　　　　　　④ 호텔경영사

핵심해설 컨벤션기획사(MP ; Meeting Planner)는 국제회의의 유치·기획·준비·진행 등 제반 업무 운영과 회의 목표 설정, 예산 관리, 등록 기획, 계약, 협상, 현장 관리, 회의 평가 등에 관련된 일을 하는 직업 또는 사람으로 컨벤션기획가, 컨벤션기획자라고도 한다.

오답해설 ①·②·④ 관광종사원 자격제도는 1962년에 시행된 관광통역안내사 제도를 효시로, 관광에 대한 전문지식과 기술을 일정 수준 이상 갖춘 자로 하여금 관광사업체에 종사하게 함으로써 관광산업 서비스 질과 신뢰도를 증진시키기 위하여 도입된 제도이다. 현재 호텔경영사, 호텔관리사, 호텔서비스사, 관광통역안내사, 국내여행안내사 등의 자격제도를 운영하고 있다.

　　　　　　　　　　　　　　　　　　　　　　　　　　　　　　　　　　　　　정답 ③

더 알고가기　관광종사원 면접시험 평가항목(「관광진흥법 시행규칙」 제45조 제1항)

- 국가관·사명감 등 정신자세
- 전문지식과 응용능력
- 예의·품행 및 성실성
- 의사발표의 정확성과 논리성

---

44 대안관광(Alternative Tourism)의 형태로 옳지 않은 것은?

① 생태관광(Eco Tourism)
② 녹색관광(Green Tourism)
③ 연성관광(Soft Tourism)
④ 대중관광(Mass Tourism)

핵심해설 대중관광(Mass Tourism)
대다수 관광상품들이 대중에게 제공되어야 함을 의미하는 관광으로, 대량 관광 단계(Mass Tourism 시대)에서 나타났다.

오답해설 대안관광(Alternative Tourism)은 '지속가능한 관광(Sustainable Tourism)의 방식'으로 관광객의 대량이동과 활동으로 야기되는 사회 환경의 부정적 영향을 최소화하고자 하는 관광이다.
① 생태관광(Eco Tourism)은 지역주민의 삶의 질을 증진하고 환경을 보전할 수 있도록 하는 자연지역으로 떠나는 책임 있는 관광이다.
② 녹색관광(Green Tourism)은 농촌의 자연과 문화 등을 이용 친환경성을 고려하는 관광의 한 형태이다.
③ 연성관광(Soft Tourism)은 관광의 경제적 편익만을 강조한 개발이 아니라 지역주민과 찾아온 손님 간의 상호이해, 지역 문화적 전통 존중, 환경보존을 달성하도록 하는 관광형태이다.

　　　　　　　　　　　　　　　　　　　　　　　　　　　　　　　　　　　　　정답 ④

구 분	내 용
환경적 지속성	관광자원에 대한 영향을 최소화하고 미래 세대의 자원 이용의 기회를 보존하면서, 현재의 관광객과 지역사회의 욕구를 충족할 수 있는 관광
사회·문화적 지속성	관광산업과 관광객, 지역사회, 관광자원 간의 긴장과 갈등을 줄여 생산적이고 조화로운 관계를 추구
지역경제적 지속성	관광을 통해 얻어지는 경제적인 편익이 지역경제 전반에 걸쳐 널리 확산되고 가능한 한 지역 밖으로의 누수를 최소화하며, 장기적으로 지속성이 있어야 함

45　기능적 관광매체가 아닌 것은?

① 관광선전

② 관광통역안내업

③ 관광지

④ 관광정보

핵심해설　관광지는 관광객체로 관광객의 다양한 욕구를 자극하거나 불러일으키며, 관광욕구와 동기를 충족하여 주는 관광대상물이다. 관광의 주체와 객체를 연결하는 역할, 즉 관광객의 욕구와 관광대상을 결합하는 역할을 하는 것을 관광매체라고 한다.

정답　③

더 알고가기　관광매체의 종류

구 분	내 용
시간적 매체	숙박 시설, 관광객 이용시설, 관광 편의시설 등
공간적 매체	교통 기관, 도로, 운수 시설 등
기능적 매체	여행업, 관광통역안내업, 관광기념품판매업, 관광정보, 관광선전, 관광 행정 등

46 관광사업의 특성이 아닌 것은?

① 복합성
② 비민감성
③ 공익성
④ 서비스성

핵심해설 민감성이란 환경적 변화나 영향에 대해 반응하는 정도로, 관광사업은 환경적 변화나 외부적 영향에 매우 민감하게 반응한다. 특히 자연재해, 질병발생, 정치적 혼란, 테러 등 위협요소는 관광 수요를 위축케 하는 결과를 초래한다.

오답해설 ① 관광사업은 사업 주체의 복합성과 사업 내용의 복합성을 가지고 있다.
③ 공익성이란 관광사업은 공적인 것과 사적인 여러 관련 사업으로 이루어진 복합체라는 것이다.
④ 관광사업을 서비스 산업이라고 하는 것은 관광상품의 대부분이 눈에 보이지 않는 서비스이기 때문이다.

정답 ②

더 알고가기 관광사업의 변동성 요인

구 분	내 용
사회적 요인	사회 정세의 변화, 국제 정세의 변화, 정치 불안, 폭동, 질병발생 등
경제적 요인	경제 불황, 소득 불안정, 환율 변동, 외화 사용 제한 조치 등
자연적 요인	기후, 지진, 태풍 등 파괴적인 자연 현상 등

47 정량적인 관광 수요 예측방법으로 옳지 않은 것은?

① 회귀분석법
② 시계열분석법
③ 델파이기법
④ 중력모형

핵심해설 델파이기법(Delphi Technique)은 관련 분야의 전문가 집단에게 2~3회의 설문을 통하여 의견을 종합하여 예측하는 방법으로, 정성적(질적) 예측방법이다.

오답해설 ① 종속변수를 설명할 수 있는 독립변수들을 찾아내고 이들 간의 관계를 규명하여 미래의 수요를 예측하는 방법으로, 인과관계분석법이라고도 한다.
② 예측하고자 하는 변수의 패턴을 과거 자료만을 이용하여 파악하고 이를 바탕으로 미래의 수요를 예측하는 방법이다.
④ 두 지역 간의 유통량을 측정하는 방법이다.

정답 ③

더 알고가기 관광 수요 예측방법

정량적(양적) 예측방법	정성적(질적) 예측방법
• 과학적 통계분석 방법에 따른 계량적 자료를 이용하여 수요로 미래를 예측하는 방법 • 단기간의 예측 방법으로 주로 이용	• 전문가들의 주관적 견해를 근거로 하여 미래의 수요를 예측하는 방법 • 장기적인 예측 방법으로 주로 이용

48 국제관광기구의 약어에 대한 표기로 옳지 않은 것은?

① UNWTO - 세계관광기구
② PATA - 아시아·태평양관광협회
③ ASTA - 미주여행업협회
④ APEC - 세계여행관광협의회

핵심해설 아시아·태평양경제협력체(APEC)는 아시아·태평양 공동체의 달성을 장기 비전으로 하여 아시아·태평양 지역의 경제 성장과 번영을 목표로 삼고 있는 국제기구이다. WTTC(세계여행관광협의회)는 민간 국제조직으로 관광산업에 대한 인식제고를 위해 관광의 경제적 파급효과 분석 등 연구를 수행하는 포럼이다.

정답 ④

더 알고가기 국제관광기구의 주요 기능

국제관광기구	주요 기능
세계관광기구 (UNWTO)	• 세계 관광 정책을 조정, 관광 통계 자료 발간, 교육·조사·연구 • 회원국의 관광경제 발전 도모, 관광 편의 촉진
경제협력개발기구(OECD) 관광 위원회	• 국제관광의 자유화 • 관광의 중요성에 대한 이해 증진 • 관광 부문 국제협력 증진 • 회원국의 관광 정책 분석, 표준 설정 및 관광 홍보에 대한 회의 개최
아시아·태평양경제협력체 (APEC)	• 아시아·태평양 지역 내 관광 장애 요인 제거 • 지속가능한 관광 개발 • 관광의 중요성에 대한 인식 확산
아시아·태평양관광협회 (PATA)	• 아시아·태평양 지역의 자원·환경의 보존·개발 • 지역관광 진흥을 위한 조사·연구·판촉·개발·교육사업 등 지원

49 국제관광의 긍정적인 효과로 옳지 않은 것은?

① 세계평화에 기여
② 국민경제적 향상효과
③ 고용 창출 및 증대효과
④ 일탈행동의 증가

핵심해설 국제관광은 다른 나라를 목적지로 하는 여행으로, 국내관광에 비해 수준 높은 관광 윤리를 요구한다. 비행이나 범죄 등의 일탈행동은 '타락 관광'이라는 비난을 들을 수 있다.

오답해설 ①·②·③ 국제관광을 통하여 세계는 시간적·공간적으로 가까워졌고, 상호 접촉을 통하여 이해 증진 도모, 국제친선, 문화적 교류 등이 가능하게 되었으며, 경제적 생활수준의 향상과 여가의 증대에 따라 고도성장을 거듭하고 있다.

정답 ④

긍정적 효과	부정적 효과
• 국제친선과 문화교류가 증대 • 해외 방문을 통한 국제 무역 증진에 기여 • 국가 경제 및 국제수지 개선에 기여 • 다양한 관련 산업의 발전과 고용 확대 효과	관광지에서의 소비가 해당국의 관광 수입으로 유입되어 외화 반출 현상이 나타남

50 관광마케팅의 발전 과정으로 옳은 것은?

> ㄱ. 상품 지향적 마케팅
> ㄴ. 판매 지향적 마케팅
> ㄷ. 사회 지향적 마케팅
> ㄹ. 고객 지향적 마케팅

① ㄱ - ㄴ - ㄷ - ㄹ   ② ㄱ - ㄴ - ㄹ - ㄷ
③ ㄷ - ㄱ - ㄴ - ㄹ   ④ ㄷ - ㄴ - ㄹ - ㄱ

핵심해설 관광마케팅의 발전 과정

마케팅이란 소비자가 무엇을 원하고 있는가를 찾아내어 이를 충족하기 위한 제반 활동으로, 기업이 궁극적으로 수익을 창출하여 지속가능한 경쟁적 우위를 확보하는 과정이다. 마케팅의 개념은 시장 상황과 소비자의 의식 변화에 따라 변모되어 왔고, 시대의 흐름에 따라 생산 중심의 마케팅에서 제품(상품) 중심, 판매 중심의 마케팅으로, 다시 소비자(고객) 중심의 마케팅으로 변화하면서 발전해 왔다. 오늘날에는 단순한 판매의 개념을 넘어 기업의 사회적 책임이라는 개념에까지 이르게 되었다. 따라서 관광마케팅의 발전 과정은 ② ㄱ - ㄴ - ㄹ - ㄷ 순서이다.

정답 ②

더 알고가기 마케팅 개념의 발전에 따른 주요 요소 비교

구 분	소비자	관심 영역	기업의 과업
생산 지향적 개념	제품 구입에 여유가 있음	제품 유용성과 가격	생산 효율 개선, 원가 절감
제품 지향적 개념	가격 대비 고품질, 좋은 제품 선호	품질과 가격	품질 개선
판매 지향적 개념	필수품이 아니면 잘 구입하지 않음	소비자 제품 구매 자극	광고, 유통 경로 관리 치중
소비자 지향적 마케팅 개념	생산자보다 자신의 필요와 욕구를 잘 알고 있음	소비자 욕구 충족	표적 고객의 욕구 충족을 통한 고객 지향, 이익 지향 통합 활동
사회 지향적 마케팅 개념	소비자, 사회 복지 향상이 중요시됨	마케팅 관점 + 소비자 복리 증진	사회 복지 향상, 소비자 욕구 충족, 기업의 이윤 달성

09 ▶ 2016년 필기 기출문제

제1과목 국 사

---

01 다음 그림과 같은 형태가 대표적 무덤 양식이었던 시기의 사회상에 관한 설명으로 옳은 것은?

① 농경생활이 시작되고 애니미즘이 생겨났다.

② 주로 동굴이나 강가에 막집을 짓고 살았다.

③ 사유재산제도와 사회계급이 발생하였다.

④ 사회신분제도인 골품제가 만들어졌다.

핵심해설 그림은 청동기시대의 무덤인 고인돌로 중국 랴오닝성과 지린성, 한반도의 전 지역에 널리 분포되어 있다. 고인돌은 제작에 많은 인력이 동원되었다. 이러한 사실은 당시 지배층이 가진 권력과 경제력이 얼마나 막강했는지를 잘 보여준다. 한편, 농경의 발달로 잉여 생산물이 생기자 생산물을 더 많이 차지하는 사람들이 나타났다. 이에 사유재산이 발생하면서 사람들은 더 많은 재산을 차지하기 위해 싸움을 벌였다. 이 과정에서 계급이 나타나고 사회 전반에 걸쳐 큰 변화가 일어났다.

오답해설 ① 신석기시대에는 농경생활이 시작되면서 농사에 큰 영향을 끼치는 자연 현상이나 자연물에 정령이 있다고 믿는 애니미즘(만물정령신앙) 형태의 신앙이 발생하였다.

② 구석기시대에는 동굴이나 강가에 막집을 짓고 살았다.

④ 신라는 골품제에 의해 신분에 따라 정치 활동에서부터 옷차림, 집의 크기, 수레의 크기 등 일상생활까지 규제하였다.

정답 ③

PART 01

더 알고가기	청동기시대의 사회 모습

구 분	내 용
시 기	기원전 2000∼1500년경
도 구	청동제 무기, 반달 돌칼, 민무늬 토기 등
경 제	농업 생산력 향상, 벼농사 시작
사 회	계급 발생, 군장(족장) 등장, 고인돌 제작

02 고구려와 신라의 교섭·교류 사실을 알려주는 문화유산이 아닌 것은?

① 임신서기석
② 광개토대왕릉비
③ 중원 고구려비
④ 호우명 그릇

핵심해설 임신서기석

1934년 경주 북쪽의 석장사(石丈寺) 터 부근 언덕에서 발견된 신라시대의 비석이다. 신라의 두 청년이 유교 경전을 습득하고 실천하겠다고 맹세한 내용이 새겨져 있어 신라에서 유교 경전 교육을 실시하였음을 알려 준다.

오답해설 ② 광개토대왕릉비에는 백제가 일본과 화통하고 신라가 일본의 침입을 막지 못해 광개토대왕에게 구원을 요청하자 이에 따라 5만의 보병과 기병을 신라에 파견하여 왜군을 격퇴하였다는 내용이 있다.
③ 충주(중원) 고구려비에는 '신라토내당주(新羅土內幢主)' 등의 표현이 있어 당시 고구려군이 신라의 영토에 주 둔하며 영향력을 행사하였다는 사실을 확인할 수 있다.
④ 고구려의 군대는 한동안 신라 영토 내에 머무르기도 하였는데, 이를 보여주는 것이 호우명 그릇이다.

[임신서기석]

[충주(중원) 고구려비]

[호우명 그릇]

정답 ①

구 분	내 용
고구려	북방의 유목 민족인 돌궐과 연합하여 수를 견제 → 고구려가 요서 지방을 선제 공격, 수의 여러 차례 공격을 모두 막아냄
백 제	신라에게 빼앗긴 한강 유역을 되찾기 위하여 고구려 및 일본과 연합하고, 신라 공격
신 라	한강 유역 차지로 삼국 통일의 발판을 마련 → 백제와 고구려의 공격으로 군사적 고립 → 당에 군사적 지원 요청

03 다음 인용문에서 밑줄 친 '왕'은 누구인가?

> 나라 안의 여러 주와 군에서 공물과 부세를 바치지 않아 나라의 창고가 텅 비고 나라의 씀씀이가 궁핍하게 되었다. 왕이 사자를 보내 조세를 독촉하니, 이로 인하여 곳곳에서 도적들이 일어났다. 이때 원종과 애노 등이 사벌주를 근거로 반란을 일으키자, 왕이 나마(奈麻) 영기에게 명하여 붙잡게 하였다.
>
> – 〈삼국사기〉 신라본기 –

① 경애왕   ② 선덕여왕

③ 진덕여왕   ④ 진성여왕

핵심해설 진성여왕

9세기 말 진성여왕 때는 사회 전반에 걸쳐 모순이 증폭되었다. 중앙 정부의 기강이 극도로 문란해졌으며, 지방의 조세 납부 거부로 국가 재정도 바닥이 드러났다. 그리하여 한층 더 강압적으로 조세를 징수하게 되자 마침내 각지에서 농민들이 봉기하였다. 상주에서 일어난 원종과 애노의 난을 시작으로 농민의 항쟁이 전국적으로 확산되자 중앙 정부의 지방에 대한 통제력은 거의 사라져 갔다.

정답 ④

더 알고가기	신라 말의 사회 변화

구 분	내 용
통치력 약화	귀족들의 정권 다툼과 대토지 소유 확대, 지방 토착 세력의 확대, 사원의 대토지 소유 확대
호족 등장	지방의 큰 세력가들이 호족으로 등장
농민 봉기	진성여왕 시기부터 정치 기강 문란, 지방의 조세 납부 거부 → 중앙 정부의 강압적인 조세 징수 → 농민 봉기(원종과 애노의 난)

PART 01

04 다음 문화유산을 건립 순서대로 바르게 나열한 것은?

ㄱ. 석굴암과 불국사
ㄴ. 미륵사지 석탑
ㄷ. 수원 화성
ㄹ. 해인사 장경판전

---

① ㄱ - ㄴ - ㄷ - ㄹ   ② ㄱ - ㄴ - ㄹ - ㄷ
③ ㄴ - ㄱ - ㄹ - ㄷ   ④ ㄴ - ㄷ - ㄱ - ㄹ

핵심해설 ㄴ. 7세기 경 건립된 백제의 미륵사지 석탑은 목탑 양식의 석탑을 대표한다.
ㄱ. 〈삼국유사〉에는 석불사로 기록되어 있는 석굴암은 경덕왕 10년(751) 김대성이 불국사를 중창할 때 왕명에 따라
세우기 시작하였다.
ㄹ. 15세기에 건립된 것으로 추정되는 합천 해인사 장경판전은 세계 유일의 대장경판 보관용 건물이다. 대장경판이
훼손되지 않도록 칸마다 크기가 다른 창을 내어 통풍과 습도유지를 하고 있으며, 1995년 12월에 유네스코
세계문화유산으로 지정되었다.
ㄷ. 수원 화성은 정조가 아버지인 사도세자의 묘를 옮기면서 축조한 성으로, 1794년 1월부터 짓기 시작하여 1796년
9월에 완성하였다. 화성 축조에는 근대적 기계인 거중기, 활차, 녹로 등이 사용되었고, 실학사상의 거두인 정약
용과 채제공 등이 참여하였다.
따라서 건립 시기는 ③ ㄴ - ㄱ - ㄹ - ㄷ 순서이다.

정답 ③

[익산 미륵사지 석탑]

[석굴암 석굴]

[합천 해인사 장경판전]

[수원 화성]

05 고려의 대외무역활동에 관한 설명으로 옳지 않은 것은?

① 대외무역의 발달과 함께 벽란도는 국제 무역항으로 발전하였다.

② 서적, 도자기와 같은 귀족들의 수요품을 일본에서 수입하였다.

③ 대식국인이라 불리던 아라비아 상인들이 와서 물품을 교역하였다.

④ 종이, 인삼 등의 특산품을 송나라에 수출하였다.

핵심해설 일본은 11세기 후반부터 고려에 내왕하면서 수은, 유황 등을 가지고 와 식량, 인삼, 도자기, 서적 등과 바꾸어 갔다.

오답해설 ① 고려시대 예성강 하구의 벽란도는 국제 무역항으로 크게 번성하였다.
③ 대식국인이라 불리던 아라비아 상인들도 고려에 들어와서 수은, 향료, 산호 등을 팔았다. 이들을 통하여 고려의 이름이 서방 세계에 널리 알려지게 되었다.
④ 고려는 서해안의 해로를 통하여 송으로부터 왕실과 귀족의 수요품을 수입하는 대신에 종이, 인삼 등 수공업품과 토산물을 수출하였다.

정답 ②

더 알고가기 | 고려시대의 무역

구 분	내 용
특 징	공무역 발달, 대송 무역 중심, 국제 무역항 벽란도의 번성
사 례	• 송 : 수입(비단, 약재 등 왕실과 귀족의 수요품), 수출(종이·인삼 등) • 거란·여진 : 수입(은·모피·말), 수출(농기구·식량) • 일본 : 수입(수은·유황), 수출(식량·인삼·서적) • 아라비아 상인 : 수은, 향료 등을 판매 → 고려(Corea)의 이름이 서방에 알려짐

PART 01

06 고려시대에 편찬된 서적을 모두 고른 것은?

ㄱ. 고려사	ㄴ. 삼국사절요
ㄷ. 삼국사기	ㄹ. 제왕운기
ㅁ. 해동역사	

① ㄱ, ㄴ   ② ㄴ, ㄷ

③ ㄷ, ㄹ   ④ ㄹ, ㅁ

`핵심해설` ㄷ. 12세기 고려 인종의 명을 받아 김부식 등이 편찬한 〈삼국사기〉는 현존하는 우리나라 최고(最古)의 역사서로, 본기·세가·지·표·열전으로 분류되어 편찬된 기전체 정사이다.
ㄹ. 고려시대 이승휴는 1287년(충렬왕 13) 〈제왕운기〉를 저술하여 우리나라 역사를 단군에서부터 서술하고 우리 역사를 중국사와 대등하게 파악하였다.

`오답해설` ㄱ. 15세기 중엽 조선시대에는 기전체 서술로 대표적인 역사서인 〈고려사〉가 완성되었다.
ㄴ. 〈삼국사절요〉는 1476년 조선 성종 때 노사신, 서거정 등이 편찬한 단군조선으로부터 삼국의 멸망까지를 다룬 편년체의 역사서이다.
ㅁ. 〈해동역사〉는 조선 후기 실학자인 한치윤이 저술한 기전체의 한국통사이다.

`정답` ③

`더 알고가기` **고려시대의 역사 서술**

시 기	역사학의 경향	대표적 사서
초 기	• 자주적 사관 • 고구려 계승 의식	황주량 〈7대 실록〉(태조~목종)
중 기	• 유교적 합리주의 사관 • 신라 계승 의식	김부식 〈삼국사기〉
무신 집권기	• 민족적 자주 사관 • 고구려 계승 의식	• 각훈 〈해동고승전〉 • 이규보 〈동명왕편〉
원 간섭기	• 민족적 자주 사관 • 고조선 계승 의식	• 일연 〈삼국유사〉 • 이승휴 〈제왕운기〉
말 기	성리학적 유교 사관	이제현 〈사략〉

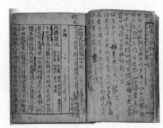
[삼국사기]

[제왕운기]

[삼국유사]

07 고려 공민왕의 개혁정치에 관한 설명으로 옳지 않은 것은?

① 오위도총부를 설치하였다.

② 전민변정도감을 설치하였다.

③ 정동행성의 이문소를 폐지하였다.

④ 몽골풍의 의복과 변발을 폐지하였다.

핵심해설 오위도총부는 조선시대 궁궐과 서울을 수비하는 중앙군인 5위의 지휘감독권을 가진 기관이다.

오답해설 ② 고려 공민왕은 승려 신돈을 기용하고 전민변정도감을 설치하여 권문세족이 불법적으로 빼앗은 농토를 원래 주인에게 돌려주고, 노비로 전락한 양민의 신분을 되돌려 주었다.

③ 이문소(理問所)는 고려에서 원과 관계된 범죄를 다스렸던 기구로, 정동행성의 부속 기구 가운데 권력이 가장 강력하였다. 70여 년간 존속된 정동행성은 공민왕 5년(1356) 당시 정동행성의 대표 기관인 이문소가 혁파됨으로써 폐지되었다.

④ 공민왕은 반원 자주를 내세워 원의 간섭으로 바뀌었던 관제를 복구하고, 몽골풍의 의복과 변발을 금지하였다.

정답 ①

더 알고가기 공민왕의 개혁 정치

구 분	내 용
배 경	원·명 교체기 이용
반원 자주 정책	쌍성총관부 탈환, 관제 복구, 몽골풍 금지, 친원파 제거, 정동행성 이문소 폐지, 요동 공략
왕권 강화 정책	정방 폐지(권문세족 억압 → 신진 사대부 기용), 전민변정도감 설치(신돈 등용, 권문세족의 토지와 노비 몰수), 과거제도 정비
결 과	원의 압력과 권문세족의 반대, 신진 사대부의 세력 미약, 공민왕 피살 → 개혁 중단

08 다음 사건을 발생 순서대로 바르게 나열한 것은?

ㄱ. 1·2차 나선정벌 단행
ㄴ. 안용복이 일본에 건너가 울릉도와 독도가 조선 영토임을 주장
ㄷ. 명의 요청으로 도원수 강홍립과 약 1만 명의 군사 파견
ㄹ. 백두산정계비 건립

---

① ㄱ - ㄷ - ㄴ - ㄹ ② ㄱ - ㄷ - ㄹ - ㄴ
③ ㄷ - ㄱ - ㄴ - ㄹ ④ ㄷ - ㄱ - ㄹ - ㄴ

핵심해설 ㄷ. 명이 후금을 정벌하기 위해 원군을 요청하자 광해군은 1618년 강홍립, 김경서에게 군사 1만여 명을 이끌고 명군을 원조하게 하면서도 상황을 보아 대처하도록 명령을 내렸다.
ㄱ. 러시아 세력의 침략으로 위협을 느낀 청은 정벌군을 파견하고, 아울러 조선에 원병을 요청하였다. 이에 조선에서는 두 차례에 걸쳐 조총 부대를 출동시켜 큰 성과를 거두고 돌아왔는데, 이를 나선정벌(1654년, 1658년 두 차례)이라고 한다.
ㄴ. 조선 숙종 19년(1693) 때 안용복은 일본으로 건너가 울릉도와 더불어 독도가 조선의 영토임을 확인받고 돌아왔다.
ㄹ. 숙종 38년(1712) 때 조선은 청과의 국경 분쟁 문제를 해결하기 위하여 백두산에 정계비를 설치하였다.
따라서 사건 발생은 ③ ㄷ - ㄱ - ㄴ - ㄹ 순서이다.

정답 ③

| 더 알고가기 | 조선과 청·일본과의 관계 |

구 분	내 용
청과의 관계	• 북벌 정책(17세기) → 북벌론 대두(18세기) • 간도 지방의 영토 분쟁 발생 → 숙종 때 백두산정계비 건립
일본과의 관계	• 왜란 후 일본과 국교 재개 → 통신사 파견 • 울릉도, 독도에 일본 침입 → 숙종 때 안용복의 활약

09 조선시대 관리등용제도가 아닌 것은?

① 천 거
② 독서삼품과
③ 음 서
④ 과 거

핵심해설 통일신라 원성왕 때에는 유교 경전의 이해 수준을 시험하여 관리를 채용하는 독서삼품과를 마련하였다. 이 제도는 골품제도 때문에 그 기능을 제대로 발휘하지는 못하였지만 학문과 유학을 널리 보급하는 데 이바지하였다.

오답해설 ① 천거(薦擧)는 고관의 추천을 받아 간단한 시험을 치른 후 관리에 등용하는 제도로서, 대개 기존 관리를 대상으로 실시하였다.
③ 음서는 2품 이상 고위 관리의 자제를 대상으로 시행된 무시험 관리 채용제도이다.
④ 과거에는 문과와 무과, 기술관을 뽑는 잡과가 있었으며, 그중에서도 문과가 가장 중시되었다.

정답 ②

더 알고가기 조선의 관리등용제도

구 분	내 용
과 거	• 응시 자격 : 양인 이상 응시 가능(법제적), 실제로는 양반이 주로 응시 • 시험 종류 : 문과(문관 선발), 무과(무반 선발), 잡과(기술관 선발)
기 타	취재(특별 채용 시험), 천거(추천제도), 음서(고려에 비해 대상 축소)

10 조선시대 서적에 관한 설명으로 옳지 않은 것은?

① 칠정산 – 일곱 개 천체의 위치를 계산하는 방법을 서술한 역법서
② 지봉유설 – 진법 위주의 군사훈련 지침을 서술한 병법서
③ 향약집성방 – 우리 풍토에 적합한 약재와 치료방법을 정리한 의학서
④ 총통등록 – 화약 무기의 제작과 그 사용법을 정리한 병서

핵심해설 조선 후기 이수광은 〈지봉유설〉(1614)을 저술하여 실학을 최초로 이론화하였으며, 유럽 문명 · 회교 문명 · 불교 문명권이 있음을 소개하여 문화 인식의 폭을 확대하였다. 조선 전기에는 진법서인 〈병장도설〉이 편찬되어 군사훈련의 지침서로 사용되었다.

오답해설 ① 〈칠정산〉은 세종 때 중국의 수시력과 아라비아의 회회력을 참고로 하여 만든 역법서로, 우리나라 역사상 최초로 서울을 기준으로 천체 운동을 정확하게 계산하였다.
③ 세종 때 왕명으로 편찬한 〈향약집성방〉은 우리나라 풍토에 알맞은 약재와 치료방법을 개발 · 정리한 것으로 민간에서 우리나라 약재를 가지고 쉽게 약을 지을 수 있게 했다는 점에서 높게 평가된다.
④ 〈총통등록〉은 화약 무기의 제작과 그 사용법을 정리한 책으로 세종 때 편찬되었다.

정답 ②

더 알고가기 조선 전기 과학 기술의 발달

구 분	내 용
과학 기구	측우기(강우량 측정), 자격루 · 앙부일구(시간 측정)
천문 · 역법	혼의 · 간의(천체 관측), 〈천상열차분야지도〉(천문도), 〈칠정산〉(역법서)
의 학	〈향약집성방〉, 〈의방유취〉
병 서	〈총통등록〉, 〈동국병감〉, 〈병장도설〉
인쇄술	주자소 설치(계미자 · 갑인자 주조)
무기 · 병선	화약 무기 제조, 거북선

[금영 측우기]

[천상열차분야지도]

[의방유취]

11 조선 후기에 제작된 그림이 아닌 것은?

① 정선의 인왕제색도
② 신윤복의 단오풍정
③ 김홍도의 씨름도
④ 안견의 몽유도원도

핵심해설 〈몽유도원도〉는 조선 전기 세종 때 안평대군이 꿈속에서 황홀하게 거닐었던 도원을 안견에게 설명하여 그리게 한 것이다. 안견은 이 작품을 3일만에 완성하였다고 한다.

오답해설 ① 조선 후기 정선의 진경산수화 중 대표작으로는 〈인왕제색도〉와 〈금강전도〉가 있다.
②·③ 조선 후기 풍속 화가로는 김홍도와 신윤복이 유명하다. 김홍도는 당시의 서민 문화를 적나라하게 표현하였고, 신윤복은 양반의 위선적인 행각과 남녀 사이의 애정 등을 감각적이고 해학적으로 묘사하였다.

정답 ④

더 알고가기 조선 후기의 회화

구 분	내 용
진경산수화의 등장	정선 〈인왕제색도〉, 〈금강전도〉
풍속화의 유행	김홍도 〈무동〉, 〈씨름〉, 신윤복 〈단오풍정〉
서양화 기법의 도입	강세황 〈영통골입구도〉
민화의 유행	서민의 소원을 기원하고 생활공간을 장식, 〈까치호랑이〉

[인왕제색도]

[금강전도]

[무 동]

12 임오군란을 계기로 일본과 체결한 조약은?

① 제물포 조약

② 강화도 조약

③ 한성 조약

④ 시모노세키 조약

핵심해설 임오군란 이후 청은 독일인 묄렌도르프를 고문으로 파견하는 등 조선의 내정과 외교 문제에 적극적으로 간섭하였으며, 일본은 공사관이 습격당한 일을 구실로 조선과 제물포 조약을 체결하였다. 이 조약으로 조선은 일본에 배상금을 지불하고 일본군이 서울에 주둔하는 것을 허용하게 됐다.

오답해설 ② 일본이 운요호를 보내 무력으로 위협하며 조선에 통상 수교를 강요하자 결국 조선은 일본과 강화도 조약을 맺고 문호를 개방하였다(1876).

③ 갑신정변이 끝나고 조선과 일본은 배상금 지급과 공사관 신축 비용 부담 등을 내용으로 하는 한성 조약을 체결하였다(1884).

④ 일본은 청·일 전쟁(1894~1895)에서 승리하여 시모노세키 조약(1895)을 체결하면서 요동(랴오둥) 반도와 타이완을 넘겨받았다.

정답 ①

더 알고가기 | 역사적 사건과 관련된 조약

사 건	관련 조약
운요호 사건	• 조·일 수호 조규(강화도 조약) • 조·일 수호 조규 부록 • 조·일 통상 장정
〈조선책략〉 유포	조·미 수호 통상 조약
임오군란	• 조선 – 청 : 조·청 상민 수륙 무역 장정 • 조선 – 일본 : 제물포 조약
갑신정변	• 조선 – 일본 : 한성 조약 • 청 – 일본 : 톈진 조약

13 모스크바 3국 외상 회의에서 결의된 내용으로 옳지 않은 것은?

① 임시 민주 정부 수립
② 미·소 공동 위원회 설치
③ 최고 5년 기한의 신탁통치 시행
④ 남북한 총선거를 통한 한국 통일안 시행

핵심해설 모스크바 3국 외상 회의의 주요 결정 내용은 임시 민주 정부 수립, 미·소 공동 위원회 설치, 최장 5년간의 신탁통치 시행이다.

오답해설 1947년 11월 유엔은 소련이 불참한 가운데 총회를 열었다. 유엔 총회는 인구 비례에 따라 총선거를 실시하고, 이를 기반으로 정부를 수립하자는 미국의 제안을 통과시켰다. 이듬해 초에는 총선거 실시를 위해 유엔 한국 임시 위원단을 결성하여 한국에 파견하였다.

정답 ④

더 알고가기 모스크바 3국 외상 회의(1945. 12)

• 한국을 독립 국가로 발전시키기 위해 한국 민주주의 임시 정부를 수립한다.
• 한국 민주주의 임시 정부 수립을 원조하기 위해 미·소 공동 위원회를 설치한다.
• 미·영·소·중 4국 정부가 공동으로 관리하는 최장 5년간의 신탁통치를 실시한다.

---

14 다음 내용과 모두 관련된 인물은?

• 민족주의 역사학
• 독사신론
• 조선혁명선언서

① 정인보   ② 신채호
③ 박은식   ④ 백남운

핵심해설 **신채호**
자료의 인물은 민족주의 역사학자 신채호로, 〈조선상고사〉에서 역사를 '아와 비아의 투쟁'으로 설명하였다. 개항기 신채호는 〈이순신전〉, 〈을지문덕전〉 등 위인전기를 통해 민족의식을 고취하였으며, 〈독사신론〉을 통해 민족 중심의 역사 서술을 강조하여 민족주의 역사학의 연구 방향을 제시하였다. 〈조선혁명선언〉은 신채호가 저술한 것으로, 의열단의 활동 지침이 되었다. 그는 독립운동에 헌신하다가 1936년 뤼순 감옥에서 순국하였다.

오답해설 ① 정인보는 〈여유당전서〉 간행 사업을 계기로 조선학 운동을 전개한 역사학자이다.
③ 박은식은 〈한국통사〉, 〈한국독립운동지혈사〉를 저술하였으며, 국가나 민족의 흥망은 국혼의 존재 여부에 달려 있고, 그 국혼은 바로 역사에 담겨 있는 것이라고 주장하였다.
④ 사회경제 사학자인 백남운은 1930년대 유물 사관에 입각하여 〈조선사회경제사〉와 〈조선봉건사회경제사〉를 저술하였다.

정답 ②

더 알고가기   민족주의 사학자

구 분	내 용
박은식	〈한국통사〉, 〈한국독립운동지혈사〉 저술, 민족 정신을 '혼'으로 파악
신채호	〈조선상고사〉, 〈조선사연구초〉 저술, 고대사 연구에 주력
정인보	〈조선사연구〉 저술, 조선의 '얼' 강조

15 대한민국 임시 정부가 1940년에 창설한 군사조직은?

① 북로 군정서

② 대한독립군

③ 조선의용대

④ 한국광복군

핵심해설 한국광복군

대한민국 임시 정부는 1940년 중국 충칭에서 중국 정부의 지원을 받아 한국광복군을 창설하였다. 1941년 일본이 태평양 전쟁을 일으키자 대한민국 임시 정부는 일본에 선전 포고를 하고 한국광복군을 참전시켰다. 1943년 가을에 영국군의 협조 요청으로 광복군이 미얀마, 인도 전선에 파견되어 포로 심문, 선전 활동 등을 주로 담당하였다. 일제의 패망이 다가오자 한국광복군은 국내 진공 작전을 준비하였다. 이를 위하여 국내에 침투할 특수 요원을 육성하기도 하였다. 그러나 한국광복군의 국내 진공 작전은 일본의 갑작스러운 패망으로 실행에 옮기지 못하였다.

오답해설 ① 북간도에서 대종교 계통의 인사들에 의해 독립운동 단체인 중광단이 확대 개편된 것이 북로 군정서군이다.

② 1919년 홍범도가 의병 출신을 중심으로 창설한 항일 독립군 부대로, 간도국민회와 연합하여 활발한 국내진공작전을 펼쳤다.

③ 조선의용대는 중국 관내에서 결성된 최초의 한인 무장 부대로, 중국의 지원을 받으며 대일 심리전과 후방 공작 활동을 전개하였다.

정답 ④

더 알고가기   만주의 독립군 부대

구 분	내 용
서로 군정서	신흥 무관 학교 출신이 중심이 되어 결성
대한독립단	박장호, 조맹선 등 의병장을 중심으로 결성
광복군 총영	대한민국 임시 정부 직속의 독립군 부대
국민회군	기독교인들이 중심이 되어 결성
북로 군정서	대종교 세력이 중심이 되어 결성
대한독립군	홍범도가 의병 출신을 중심으로 창설

16 다음 산악자원 중 국립공원이 아닌 것은?

① 주왕산
② 무등산
③ 대둔산
④ 가야산

핵심해설 대둔산은 전북에 위치한 도립공원이다.

오답해설 국립공원의 지정 현황(2025년 2월 기준)
- 산악형 국립공원 : 지리산, 계룡산, 설악산, 속리산, 한라산, 내장산, 가야산, 덕유산, 오대산, 주왕산, 북한산, 치악산, 월악산, 소백산, 월출산, 무등산, 태백산, 변산반도, 팔공산 국립공원
- 해상·해안형 국립공원 : 한려해상, 태안해안, 다도해해상 국립공원
- 사적형 국립공원 : 경주 국립공원

정답 ③

더 알고가기 국립공원 지정과 유형(「자연공원법」 제2조 제2호 및 제4조 제1항)

구 분	내 용
지 정	• 국립공원은 우리나라의 자연생태계나 자연 및 문화경관을 대표할 만한 지역으로서 「자연공원법」에 따라 지정된 공원을 말함 • 국립공원은 환경부장관이 지정·관리함
유 형	• 산악형 • 해상·해안형 • 사적형

PART 01

17 동굴의 생성원인이 다른 것은?

① 만장굴
② 쌍룡굴
③ 협재굴
④ 성류굴

핵심해설 성류굴은 석회동굴이다.

오답해설 ① 만장굴, ② 쌍룡굴, ③ 협재굴은 용암(화산)동굴이다.

[만장굴]

[쌍룡굴]

[협재굴]

정답 ④

더 알고가기 | 천연기념물 지정 동굴

명 칭	소재지
제주 김녕굴과 만장굴	제주 제주시
울진 성류굴	경북 울진군
익산 천호동굴	전북 익산시
삼척 대이리 동굴지대	강원 삼척시
영월 고씨굴	강원 영월군
삼척 초당굴	강원 삼척시
제주 한림 용암동굴지대(소천굴·황금굴·협재굴)	제주 제주시
단양 고수동굴	충북 단양군
평창 백룡동굴	강원 평창군
단양 노동동굴	충북 단양군
단양 온달동굴	충북 단양군
제주 어음리 빌레못동굴	제주 제주시
제주 당처물동굴	제주 제주시
제주 수산동굴	제주 서귀포시
제주 용천동굴	제주 제주시
제주 선흘리 벵뒤굴	제주 제주시
정선 산호동굴	강원 정선군
평창 섭동굴	강원 평창군
정선 용소동굴	강원 정선군
거문오름 용암동굴계 상류동굴군(웃산전굴·북오름굴·대림굴)	제주 제주시
정선 화암동굴	강원 정선군
영월 분덕재동굴	강원 영월군

18 해수욕장과 지역의 연결이 옳은 것은?

① 구룡포해수욕장 – 강원도
② 화진포해수욕장 – 충청남도
③ 중문해수욕장 – 전라남도
④ 구조라해수욕장 – 경상남도

핵심해설 ① 구룡포해수욕장 – 경상북도, ② 화진포해수욕장 – 강원도, ③ 중문해수욕장 – 제주도이다.

정답 ④

더 알고가기 우리나라의 주요 해수욕장

지 역	주요 해수욕장
경기·인천	서포리, 을왕리, 제부도, 하나개 등
강원도	거진, 경포대, 교암, 낙산, 동호, 등명, 망상, 맹방, 문암, 사천, 속초, 송정, 송지호, 수산, 안목, 어달, 연곡, 오산, 옥계, 장호, 주문진, 죽도, 하조대, 화진포 등
충청남도	난지도, 대천, 만리포, 몽산포, 무창포, 삼봉, 안면, 연포, 천리포, 청포대, 춘장대 등
전라북도	격포, 구시포, 동호, 변산, 선유도 등
전라남도	나로우주, 대광, 만성리검은모래, 방죽포, 송이도, 송호, 수문, 신도, 율포, 추포, 톱머리, 홍도 등
경상북도	고래불, 구룡포, 구산, 대진, 망양정, 봉평, 영일대, 월포, 장사, 칠포, 화진, 후포 등
경상남도	구조라, 남일대, 명사, 비진, 함목, 황포 등
부 산	광안리, 다대포, 송도, 송정, 일광, 해운대 등
제주도	곽지, 김녕성세기, 삼양검은모래, 신양섭지코지, 이호테우, 중문, 표선해비치, 함덕서우봉, 협재, 화순금모래 등

19 온천과 지역의 연결이 옳지 않은 것은?

① 덕구온천 – 경상북도
② 수안보온천 – 충청남도
③ 백암온천 – 경상북도
④ 마금산온천 – 경상남도

핵심해설 수안보온천은 충북 충주시 수안보면에 위치하고 있다. 이 온천의 수질특성은 유황 라듐 단순천인데, 물은 무색투명하고 아주 매끄럽다.

정답 ②

더 알고가기 우리나라의 주요 온천

구 분	내 용
한반도의 중서부	온양, 도고, 유성, 이천온천
한반도의 중동부	척산, 오색, 덕구, 백암, 수안보온천
한반도의 남동부	경산, 마금산, 동래, 해운대온천

20 국가지정문화재의 연결이 옳지 않은 것은?

① 사적 제1호 – 종묘
② 보물 제1호 – 서울 흥인지문
③ 명승 제1호 – 명주 청학동 소금강
④ 국보 제1호 – 서울 숭례문

핵심해설 사적 제1호는 경주 포석정지(鮑石亭址)로서 신라 임금의 놀이터로 만들어진 별궁이다. 서울시 종로구에 있는 종묘(宗廟)는 사적 제125호로 조선시대 역대 왕과 왕비의 신위를 모시는 사당이다.
※ 국가유산청에서 문화재 지정번호를 폐지하였으므로, 지정번호를 묻는 문제는 출제되지 않을 것으로 보인다.

정답 ①

더 알고가기 주요 지정유산

종 목	명 칭	
국 보	• 서울 숭례문 • 서울 북한산 신라 진흥왕 순수비 • 보은 법주사 쌍사자 석등	• 서울 원각사지 십층석탑 • 여주 고달사지 승탑
보 물	• 서울 흥인지문 • 옛 보신각 동종 • 서울 원각사지 대원각사비	
사 적	• 경주 포석정지 • 수원 화성 • 부여 부소산성	• 김해 봉황동 유적 • 부여 가림성
국가무형유산	• 종묘제례악 • 남사당놀이 • 판소리	• 양주 별산대놀이 • 갓 일

※ 2024년 5월 17일 법령 개정에 따라 '문화재', '문화재청', '국가지정문화재', '국가무형문화재'의 명칭이 각각 '국가유산', '국가유산청', '국가지정문화유산', '국가무형유산'으로 변경되었다.

[명주 청학동 소금강]

[서울 흥인지문]

[경주 포석정지]

21 판소리에 관한 설명으로 옳지 않은 것은?

① 지역에 따라 동편제, 서편제, 중고제로 나뉜다.
② '발림'은 흥을 돋우기 위한 추임새이다.
③ 한국의 유네스코 인류무형문화유산이다.
④ '아니리'는 소리를 하던 중 어떠한 상황이나 장면 등을 설명 또는 대화식으로 엮어 나가는 것이다.

핵심해설 '발림'은 판소리에서 창자(唱者)가 소리의 가락이나 사설의 극적인 내용에 따라서 손·발·몸을 움직여서 소리나 사설의 감정을 표현하는 몸짓이나 율동이다.

오답해설 ① 우리나라 판소리의 3개의 유파는 지역에 따라 동편제, 서편제, 중고제로 나뉜다.
③ 판소리는 2003년 11월 7일 유네스코 인류무형문화유산으로 등재되었다.
④ '아니리'는 판소리에서 창자가 소리를 하다가 한 대목에서 다른 대목으로 넘어가기 전에 자유로운 장단으로 사설을 엮어나가는 것이다.

정답 ②

더 알고가기 판소리의 분류

구 분	내 용
동편제	전라북도 섬진강의 동쪽 지방인 운봉·구례·순창·흥덕 등지를 중심으로 하여 명창 송흥록의 소릿조인 우조 창법으로 씩씩하고 힘차게 부르는 판소리 창조
서편제(강산제)	섬진강의 서쪽 지방인 광주·나주·보성 등지를 중심으로 명창 박유전의 소릿조인 계면조의 창법으로 아름답고 맑으면서 애조 섞인 표현의 판소리 창조
중고제	충청도 지방에서 많이 불리며 염계달·김성옥의 창제를 계승한 것

22 한국의 유네스코 세계기록유산이 아닌 것은?

① 승정원일기

② 조선왕조의궤

③ 동국여지승람

④ 새마을운동 기록물

핵심해설 조선 성종 때 편찬된 〈동국여지승람〉은 단순히 군현의 지리에 관한 사항만 기록한 것이 아니라 군현의 연혁, 지세, 인물, 풍속, 산물, 교통 등을 자세하게 수록하였다.

오답해설 우리나라의 세계기록유산(2025년 2월 기준)
훈민정음(1997), 조선왕조실록(1997), 직지심체요절(2001), 승정원일기(2001), 조선왕조의궤(2007), 해인사 대장경판 및 제경판(2007), 동의보감(2009), 일성록(2011), 5·18 민주화운동 기록물(2011), 난중일기(2013), 새마을운동 기록물(2013), 한국의 유교책판(2015), KBS 특별생방송 '이산가족을 찾습니다' 기록물(2015), 조선왕실 어보와 어책(2017), 국채보상운동 기록물(2017), 조선통신사 기록물(2017), 4·19혁명 기록물(2023), 동학농민혁명 기록물(2023)이 있다.

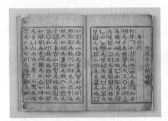
[훈민정음]

[동의보감]

[난중일기]

정답 ③

| 더 알고가기 | 2017년 등재 한국의 세계기록유산 |

명칭	내용
조선왕실 어보와 어책	금·은·옥에 아름다운 명칭을 새긴 어보, 오색 비단에 책임을 다할 것을 훈계하고 깨우쳐 주는 글을 쓴 교명, 옥이나 대나무에 책봉하거나 아름다운 명칭을 수여하는 글을 새긴 옥책과 죽책, 금동판에 책봉하는 내용을 새긴 금책 등
국채보상운동 기록물	국가가 진 빚을 국민이 갚기 위해 1907년부터 1910년까지 일어난 국채보상운동의 전 과정을 보여주는 기록물
조선통신사 기록물	일본 에도 막부의 초청으로 12회에 걸쳐 조선국에서 일본국으로 파견되었던 외교사절단에 관한 자료

23 문화관광축제와 지역의 연결이 옳은 것은?

① 남강유등축제 - 진주
② 세계무술축제 - 무주
③ 지평선축제 - 인제
④ 국제마임축제 - 제천

핵심해설 진주남강유등축제는 경상남도 진주 소재의 남강에 색색의 등불을 띄우는 유등놀이에서 기원한 축제이다.

오답해설 ② 세계무술축제 - 충주, ③ 지평선축제 - 김제, ④ 국제마임축제 - 춘천에서 개최된다.

정답 ①

더 알고가기 | 2025년도 문화관광축제 및 예비축제

구 분	내 용
서 울	관악강감찬축제
부 산	광안리어방축제, 동래읍성역사축제, 부산국제록페스티벌
대 구	대구치맥페스티벌, 대구약령시한방문화축제
인 천	인천펜타포트음악축제, 부평풍물대축제, 소래포구축제
광 주	추억의충장축제, 광주김치축제
대 전	대전효문화뿌리축제
울 산	울산옹기축제, 태화강마두희축제
세 종	세종축제
경 기	수원화성문화제, 시흥갯골축제, 안성맞춤남사당바우덕이축제, 연천구석기축제, 화성뱃놀이축제, 여주오곡나루축제, 부천국제만화축제
강 원	강릉커피축제, 정선아리랑제, 평창송어축제, 화천산천어축제, 평창효석문화제, 춘천마임축제, 한탄강얼음트레킹축제
충 북	음성품바축제, 영동난계국악축제, 괴산고추축제
충 남	한산모시문화제, 보령머드축제, 천안흥타령축제, 금산인삼축제, 서산해미읍성축제, 논산딸기축제
전 북	순창장류축제, 임실N치즈축제, 진안홍삼축제, 김제지평선축제, 무주반딧불축제, 장수한우랑사과랑축제
전 남	보성다향대축제, 영암왕인문화축제, 정남진장흥물축제, 목포항구축제, 진도신비의바닷길축제, 함평나비축제, 담양대나무축제, 곡성세계장미축제
경 북	포항국제불빛축제, 고령대가야축제, 안동탈춤축제, 문경찻사발축제, 영주풍기인삼축제, 청송사과축제
경 남	밀양아리랑대축제, 진주유등축제, 하동야생차문화축제, 산청한방약초축제, 통영한산대첩축제, 김해분청도자기축제
제 주	탐라문화제

※ 출처 : 문화체육관광부

24 다음 중 삼보(三寶)사찰이 아닌 것은?

① 송광사   ② 통도사

③ 불국사   ④ 해인사

핵심해설 불국사는 신라 경덕왕 10년(751)에 당시 재상이었던 김대성이 짓기 시작하여, 혜공왕 10년(774)에 완성하였다. 뛰어난 건축 기술과 예술성을 보여 주며, 석가탑으로 불리는 3층 석탑·다보탑·청운교 및 백운교 등이 유명하다.

오답해설 ①·②·④ 삼보사찰은 불(佛)·법(法)·승(僧)의 세 가지 보물을 간직하고 있는 사찰로, 통도사(通度寺)·해인사(海印寺)·송광사(松廣寺)가 삼보사찰에 속한다.

정답 ③

더 알고가기   우리나라의 사찰

구 분	내 용
삼보사찰	통도사, 해인사, 송광사
5대 사찰	삼보사찰 + 범어사, 화엄사
5대 적멸보궁	통도사, 상원사, 봉정암, 법흥사, 정암사
8대 총림	송광사, 해인사, 수덕사, 백양사, 통도사, 동화사, 쌍계사, 범어사

[송광사 국사전]

[통도사 대웅전]

[해인사 장경판전]

25 관광자원의 유형과 구성요소의 연결이 옳지 않은 것은?

① 자연관광자원 - 산악, 동굴
② 사회관광자원 - 풍속, 생활관습
③ 문화관광자원 - 국보, 보물
④ 산업관광자원 - 공업단지, 사찰

핵심해설 산업적 관광자원은 산업 관계의 유·무형의 여러 자원으로, 목장, 농원, 공업단지, 전시회, 박람회 등이 속한다. 사찰은 문화관광자원이다.

정답 ④

더 알고가기 한국관광공사의 관광자원 분류(1983)

유 형		구성요소
유형 관광자원	자연적 관광자원	천연자원, 천문자원, 동·식물
	문화적 관광자원	고고학적 유적, 사적, 사찰공원
	사회적 관광자원	풍속, 행사, 생활, 예술, 교육, 스포츠
	산업적 관광자원	공업단지, 유통단지, 광업소, 농장, 목장, 백화점
	관광레크리에이션자원	캠프장, 수영장, 놀이시설, 어린이 공원
무형 관광자원	인적 관광자원	국민성, 풍속, 관습, 예절 등
	비인적 관광자원	고유종교, 사상, 철학, 역사, 음악, 가곡 등

PART 01

26 관광기본법상 외국 관광객의 유치를 촉진하기 위하여 해외 홍보를 강화하고 출입국 절차를 개선하며 그 밖에 필요한 시책을 강구하여야 하는 주체는?

① 한국관광공사
② 정 부
③ 국 회
④ 한국관광협회중앙회

외국 관광객의 유치(「관광기본법」 제7조)
정부는 외국 관광객의 유치를 촉진하기 위하여 해외 홍보를 강화하고 출입국 절차를 개선하며 그 밖에 필요한 시책을 강구하여야 한다.

정답 ②

27 국제회의산업 육성에 관한 법령상 국제회의시설이 아닌 것은?

① 전문회의시설
② 준회의시설
③ 전시시설
④ 공항시설

국제회의시설의 종류(「국제회의산업 육성에 관한 법률 시행령」 제3조 제1항)
국제회의시설은 전문회의시설·준회의시설·전시시설·지원시설 및 부대시설로 구분한다.

정답 ④

28 국제회의산업 육성에 관한 법령상 문화체육관광부장관이 국제회의 정보의 공급·활용 및 유통을 촉진하기 위하여 지원할 수 있는 사업시행기관의 사업이 아닌 것은?

① 국제회의 정보 및 통계의 수집·분석
② 국민관광정보의 가공 및 유통
③ 국제회의 정보망의 구축 및 운영
④ 국제회의 정보의 활용을 위한 자료의 발간 및 배포

국제회의 정보의 유통 촉진(「국제회의산업 육성에 관한 법률」 제13조 제2항 및 시행규칙 제8조 제1항)
문화체육관광부장관은 국제회의 정보의 공급·활용 및 유통을 촉진하기 위하여 사업시행기관이 추진하는 다음의 사업을 지원할 수 있다.
• 국제회의 정보 및 통계의 수집·분석
• 국제회의 정보의 가공 및 유통
• 국제회의 정보망의 구축 및 운영
• 그 밖에 국제회의 정보의 유통 촉진을 위하여 필요한 사업으로 문화체육관광부령으로 정하는 사업(국제회의 정보의 활용을 위한 자료의 발간 및 배포)

정답 ②

29 국제회의산업 육성에 관한 법령상 문화체육관광부장관이 국제회의 전문인력의 양성 등을 위하여 사업시행기관이 추진하는 사업 중 지원할 수 있는 사업은?

① 국제회의집적시설의 지정
② 국제회의 복합지구의 지정
③ 국제회의 전문인력 양성을 위한 인턴사원제도
④ 국제회의 관련 국제협력을 위한 조사·연구

핵심해설 **국제회의 전문인력의 교육·훈련 등(「국제회의산업 육성에 관한 법률」제10조 및 시행규칙 제5조)**
문화체육관광부장관은 국제회의 전문인력의 양성 등을 위하여 사업시행기관이 추진하는 다음의 사업을 지원할 수 있다.
• 국제회의 전문인력의 교육·훈련
• 국제회의 전문인력 교육과정의 개발·운영
• 그 밖에 국제회의 전문인력의 교육·훈련과 관련하여 필요한 사업으로서 문화체육관광부령으로 정하는 사업 (국제회의 전문인력 양성을 위한 인턴사원제도 등 현장실습의 기회를 제공하는 사업)

정답 ③

30 관광진흥법상 조성계획의 수립 등에 관한 규정이다. 다음 (   ) 안에 들어갈 내용으로 옳게 짝지어진 것은?

> 관광지 등을 관할하는 (㉠)은(는) 조성계획을 작성하여 시·도지사의 승인을 받아야 한다. 이를 변경(대통령령으로 정하는 경미한 사항의 변경은 제외한다)하려는 경우에도 또한 같다. 다만, 관광단지를 개발하려는 공공기관 등 문화체육관광부령으로 정하는 (㉡) 또는 민간개발자는 조성계획을 작성하여 대통령령으로 정하는 바에 따라 시·도지사의 승인을 받을 수 있다.

① ㉠ – 시장·군수·구청장, ㉡ – 사단법인
② ㉠ – 시장·군수·구청장, ㉡ – 공공법인
③ ㉠ – 공공법인, ㉡ – 시장·군수·구청장
④ ㉠ – 개인사업자, ㉡ – 시장·군수·구청장

핵심해설 **조성계획의 수립 등(「관광진흥법」제54조 제1항)**
관광지 등을 관할하는 시장·군수·구청장은 조성계획을 작성하여 시·도지사의 승인을 받아야 한다. 이를 변경(대통령령으로 정하는 경미한 사항의 변경은 제외)하려는 경우에도 또한 같다. 다만, 관광단지를 개발하려는 공공기관 등 문화체육관광부령으로 정하는 공공법인 또는 민간개발자(이하 "관광단지개발자")는 조성계획을 작성하여 대통령령으로 정하는 바에 따라 시·도지사의 승인을 받을 수 있다.

정답 ②

31 관광진흥법상 권역별 관광개발계획에 포함해야 하는 사항으로 명시된 것은?

① 관광지 연계에 관한 사항

② 관광지 지정 절차에 관한 사항

③ 관광권역의 설정에 관한 사항

④ 관광진흥개발기금의 용도에 관한 사항

관광개발기본계획 등(「관광진흥법」 제49조 제2항)

시·도지사(특별자치도지사는 제외)는 기본계획에 따라 구분된 권역을 대상으로 다음의 사항을 포함하는 권역별 관광개발계획(이하 "권역계획")을 수립하여야 한다.

• 권역의 관광 여건과 관광 동향에 관한 사항

• 권역의 관광 수요와 공급에 관한 사항

• 관광자원의 보호·개발·이용·관리 등에 관한 사항

• 관광지 및 관광단지의 조성·정비·보완 등에 관한 사항

• 관광지 및 관광단지의 실적 평가에 관한 사항

• 관광지 연계에 관한 사항

• 관광사업의 추진에 관한 사항

• 환경보전에 관한 사항

• 그 밖에 그 권역의 관광자원의 개발, 관리 및 평가를 위하여 필요한 사항

정답 ①

32 관광진흥법령상 업종별 관광협회의 설립에 관한 설명으로 옳은 것은?

① 업종별 관광협회는 특별시·광역시·도 및 특별자치도를 단위로 설립하여야 한다.

② 업종별 관광협회는 지역별 특수성을 고려하여 지역 단위로 설립하여야 한다.

③ 업종별 관광협회는 해외에 지부를 설립하여야 한다.

④ 업종별 관광협회는 문화체육관광부장관의 설립허가를 받아야 한다.

업종별 관광협회는 문화체육관광부장관의 설립허가를, 지역별 관광협회는 시·도지사의 설립허가를 받아야 한다 (「관광진흥법」 제45조 제2항).

정답 ④

33 관광진흥법령상 여행업의 종류가 아닌 것은?

① 관광호텔업

② 국내여행업

③ 일반여행업

④ 국외여행업

여행업의 종류(「관광진흥법 시행령」 제2조 제1항 제1호)
- 종합여행업 : 국내외를 여행하는 내국인 및 외국인을 대상으로 하는 여행업(사증을 받는 절차를 대행하는 행위를 포함)
- 국내외여행업 : 국내외를 여행하는 내국인을 대상으로 하는 여행업(사증을 받는 절차를 대행하는 행위를 포함)
- 국내여행업 : 국내를 여행하는 내국인을 대상으로 하는 여행업
- ※ 출제 당시 정답은 ①이었으나 2021년 3월 23일 법령이 개정되어 현재 답은 ①·③·④에 해당한다.

정답 해설참조

---

34 관광진흥법상 민간개발자에 해당하지 않는 것은?

① 관광단지를 개발하려는 개인
② 관광단지를 개발하려는 상법상의 법인
③ 관광단지를 개발하려는 관광기본법상의 법인
④ 관광단지를 개발하려는 민법상의 법인

핵심해설 "민간개발자"란 관광단지를 개발하려는 개인이나 「상법」 또는 「민법」에 따라 설립된 법인을 말한다(「관광진흥법」 제2조 제8호).

정답 ③

---

35 관광진흥법상 사업계획 승인 시의 인·허가 의제사항이 아닌 것은?

① 산지관리법에 따른 산지전용허가
② 사방사업법에 따른 사방지(砂防地) 지정의 해제
③ 초지법에 따른 초지전용(草地轉用)의 허가
④ 사도법에 따른 하천공사 등의 허가

핵심해설 **사업계획 승인 시의 인·허가 의제 등(「관광진흥법」 제16조 제1항)**
사업계획의 승인을 받은 때에는 다음의 허가, 해제 또는 신고에 관하여 특별자치시장·특별자치도지사·시장·군수·구청장이 소관 행정기관의 장과 미리 협의한 사항에 대해서는 해당 허가 또는 해제를 받거나 신고를 한 것으로 본다.
- 「농지법」에 따른 농지전용의 허가
- 「산지관리법」에 따른 산지전용허가 및 산지전용신고, 산지일시사용허가·신고, 「산림자원의 조성 및 관리에 관한 법률」에 따른 입목벌채 등의 허가·신고
- 「사방사업법」에 따른 사방지(砂防地) 지정의 해제
- 「초지법」에 따른 초지전용(草地轉用)의 허가
- 「하천법」에 따른 하천공사 등의 허가 및 실시계획의 인가, 점용허가(占用許可) 및 실시계획의 인가
- 「공유수면 관리 및 매립에 관한 법률」에 따른 공유수면의 점용·사용허가 및 점용·사용 실시계획의 승인 또는 신고
- 「사도법」에 따른 사도개설(私道開設)의 허가
- 「국토의 계획 및 이용에 관한 법률」에 따른 개발행위의 허가
- 「장사 등에 관한 법률」에 따른 분묘의 개장신고(改葬申告) 및 분묘의 개장허가(改葬許可)

정답 ④

36 관광의 구성요소 중 관광객체의 내용으로 옳지 않은 것은?

① 관광대상을 의미한다.

② 관광욕구를 충족시키는 역할을 한다.

③ 관광정보를 포함한다.

④ 관광자원과 관광시설을 포함한다.

핵심해설 관광정보는 관광주체와 관광객체 사이를 연결하는 관광매체이다.

오답해설 ① · ② 관광객의 다양한 관광욕구를 충족하는 역할을 하는 것이 관광객체, 즉 관광대상이다.

④ 관광객체는 유형적 · 무형적 · 문화적 관광자원과 위락 · 스포츠 등을 위한 관광시설을 포함한다.

정답 ③

더 알고가기 관광의 구성요소

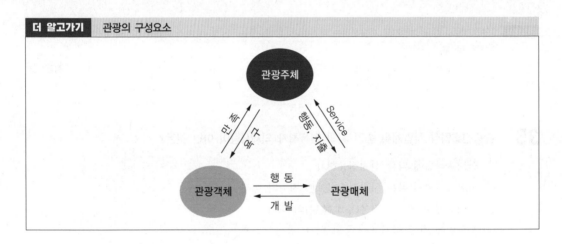

---

37 국제회의 종류 중 특별한 기술을 교육하고 습득하기 위한 목적으로 소규모 집단이 참여하는 회의는?

① 클리닉(Clinic)

② 컨벤션(Convention)

③ 포럼(Forum)

④ 심포지엄(Symposium)

핵심해설 클리닉(Clinic)은 참가자에게 특정 분야의 지식과 기술을 교육하며, 문제를 해결하고 분석하기 위해 마련된 소규모 모임이다. 항공 예약 담당자를 예로 들면, 컴퓨터 좌석 예약 시스템(CRS)을 어떻게 운용할 것인가 등을 여기에서 배운다.

오답해설
② 컨벤션(Convention)은 정보 전달을 주목적으로 하는 연차 총회(Annual Meeting)와 같은 정기 집회에 많이 사용된다.
③ 포럼(Forum)은 사회자의 주도하에 청중들 앞에서 벌이는 공개 토론회(Panel Discussion)이다.
④ 심포지엄(Symposium)은 포럼과 유사한 형태이나 포럼에 비해 공식적이고 형식적이다.

정답 ①

더 알고가기 국제회의의 종류

구 분	내 용
컨벤션(Convention)	정보 전달을 목적으로 하는 정기 집회
컨퍼런스(Conference)	회의 진행상 많은 토론과 참여, 연구를 위한 회의
콩그레스(Congress)	대표자들이 참가하는 회합이나 집회와 회담
포럼(Forum)	전문가들이 사회자의 주도로 청중 앞에서 벌이는 공개 토론회
심포지엄(Symposium)	포럼과 유사한 형태로 진행되며 포럼에 비해 공식적이고 형식적인 회의
세미나(Seminar)	대면 토의로 진행되는 교육적 목적의 비형식적 모임
워크숍(Workshop)	특정한 문제나 과제에 관한 아이디어와 지식, 기술, 통찰 방법 등을 교환하는 소규모 회의

38 대한민국 국적 항공사의 코드가 아닌 것은?

① 7C

② OZ

③ CX

④ BX

핵심해설

항공사명	IATA 코드	ICAO 코드
캐세이패시픽항공	CX	CPA

오답해설 ① 7C는 제주항공, ② OZ는 아시아나항공, ④ BX는 에어부산의 IATA 코드이다.

정답 ③

39 관광의 긍정적 효과가 아닌 것은?

① 국제수지 개선

② 도시범죄 증가

③ 환경보호의식 제고

④ 문화교류 증진

여행객들은 쉽게 범죄의 표적이 되며, 이는 관광의 부정적 효과이다.

① 관광은 국제수지의 개선을 통해 국민경제의 발전에 기여한다.
③ 최근 문화관광은 환경보호의식을 제고하고, 타 문화에 대한 상호이해에 공헌한다.
④ 지역 간, 국가 간 인적·문화적 교류의 가교역할을 한다.

정답 ②

더 알고가기	관광의 효과
긍정적 효과	부정적 효과
• 국제수지 개선 • 환경보호의식 제고 • 문화교류 증진 • 고용 창출 • 국민소득의 증대 • 재정 수입의 증대 • 외화 획득	• 도시범죄 증가 • 물가 및 지가의 상승 • 산업 구조의 불안정화 • 경제적 종속 관계의 형성 • 사회비용의 증가

40 여행사의 업무가 아닌 것은?

① 상담업무

② 판매업무

③ 예약 및 수배업무

④ 관광기본법 제정 업무

우리나라 최초의 관광 관련 법규는 「관광사업법」이며, 법의 제정은 국회의 업무이다.

①·②·③ 여행사는 관광객과 여행상품 서비스 공급자 사이에서 관광객을 위해 여행과 관련된 알선, 수배, 예약, 판매 대행, 상담 등의 여행 서비스를 제공한다.

정답 ④

구 분	내 용
상담 기능	여행자에게 각종 정보를 제공하며 여행상담 서비스를 제공
수배 기능	여행목적지의 숙박 · 식사 · 교통수단 · 관광매력물 및 기타 관광서비스에 대한 예약 등 여행에 필요한 제반 구성요소를 구매 · 확보하여 고객에게 서비스하는 업무
판매 대행 기능	항공사나 철도회사 등을 대행하여 항공권이나 철도승차권을 판매하는 업무
수속 대행 기능	여행에 필요한 사증발급, 여행자보험 등을 여행사가 여행자를 대신해 주는 것
여행안내 기능	여행일정을 예정대로 원활하게 진행하고 여행객에게 최대의 만족을 주기 위한 안내업무

41 전형적인 주최여행으로 숙박, 교통, 음식 등의 여행소재를 포괄한 상품을 제공하여 주요 관광지를 방문하는 여행은?

① Special Interest Tour

② Interline Tour

③ Incentive Tour

④ Package Tour

핵심해설 패키지여행(Package Tour) 상품은 주최여행의 전형적인 형태이다. 교통 운송 기관, 숙박 시설, 음식 시설, 관광지, 안내 서비스 등을 하나로 묶어 판매하는 여행 상품으로, 여행사는 사전에 여행 요소들을 대량으로 구입하여 기획 · 생산하고 있다.

오답해설 ① SIT(Special Interest Tourism)는 자신의 관심과 개성이 중요한 이슈를 차지하는 관광으로, 음식관광, 와인투어, 축제관광, 박물관관광 등이다.
② 대리점 초청 여행(Interline Tour)은 항공회사가 판매 촉진을 위해 가맹 대리점을 초대하는 여행이다.
③ 포상여행(Incentive Tour)은 기업체 등의 단체에서 업적을 수행한 직원에게 제공하는 포상여행이다.

정답 ④

구 분	내 용
시리즈여행(Series Tour)	동일한 유형, 목적, 기간, 코스로 정기적으로 실시하는 여행
크루즈여행(Cruise Tour)	유람선을 이용하여 항해를 하면서 기항지에 하선하여 하는 여행
전세여행(Charter Tour)	여행의 구성요소 전부 또는 일부를 전세 내어 실시하는 여행
컨벤션여행(Convention Tour)	국제회의의 전 · 후 · 중간에 하는 여행
팸투어(Fam Tour)	사전 답사여행
산업관광(Plant Tour)	산업(공업) 분야의 주로 기술이나 시설관광

42 복지관광의 목표가 아닌 것은?

① 복지의 증진
② 삶의 질 향상
③ 관광 소외 계층에 대한 관광 참여 기회 제한
④ 개인의 자아실현에 기여

복지관광은 장애인, 노인, 저소득층 등 사회 소외 계층의 관광 참여 기회를 확대하는 관광이다.

① 국내와 국제의 구분 없이 관광을 즐기는 대상에서 소외된 계층의 복지 증진을 위해 제공하는 관광이 복지관광이다.
②·④ 관광을 단순한 휴양 및 위락 활동이 아니라 개인의 자아실현과 삶의 질 향상을 위한 기본권으로 보는 인식변화와 관련된 것이 복지관광이다.

정답 ③

더 알고가기 복지관광의 특징과 주요 내용

구 분	내 용
특 징	영리성과 공리성을 동시에 충족하는 종합관광형태
주요 내용	유급휴가제도의 확대, 여행비용의 절감, 여행계절의 연장, 여행구매력 증진 등
관광지원제도	관광예금, 관광금고, 바캉스 보너스제, 단체할인, 관광비용 보조금제도, 여행바우처, 극빈가정 전액지원제 등

43 인바운드 관광의 활성화 방안으로 옳지 않은 것은?

① 외래관광객 유치를 위한 홍보 강화
② 출입국 수속 절차의 복잡화
③ 관광상품의 개발
④ 외래관광객을 위한 숙박시설 확충

외국인이 우리나라에서 행하는 관광을 인바운드(Inbound) 관광이라고 한다. 외국인 관광객 유치를 위해서는 비자 발급이나 출입국 수속 절차가 간단해야 한다.

①·③·④ 인바운드(Inbound) 관광의 활성화 방안으로는 주한 외국 관광청의 설립 유도 등 외래관광객 유치를 위한 홍보 강화, 한류 등 관광상품의 개발, 외래관광객을 위한 숙박시설 확충 등이 있다.

정답 ②

- 외국인 관광객의 유치·선전
- 국제관광시장의 조사 및 개척
- 관광에 관한 국제협력 증진
- 국제관광에 관한 지도 및 교육
- 관광상품의 특성화
- 항공노선과 좌석의 공급 확대
- 홍보간행물 발간 및 영상·홍보 시각물 제작

44 호텔 객실 중 객실과 객실 사이가 문으로 연결되어 있는 객실은?

① 커넥팅룸(Connecting Room)
② 인사이드룸(Inside Room)
③ 아웃사이드룸(Outside Room)
④ 어드조이닝룸(Adjoining Room)

핵심해설 커넥팅룸(Connecting Room)은 연결되어 있는 객실로서 연결도어(Connecting Door)가 있는 객실을 말한다. 이 도어를 열어서 2실 또는 그 이상을 연결하여 사용한다.

오답해설 ② 인사이드룸(Inside Room)은 호텔 건물의 내부에 위치하는 객실로, 외부 경관을 볼 수 없는 전망이 없는 객실을 말한다.
③ 아웃사이드룸(Outside Room)은 외부의 경관을 내다볼 수 있는 전망이 좋은 객실을 말한다.
④ 어드조이닝룸(Adjoining Room)은 나란히 위치하는 객실로, 객실 사이에 연결 문이 없다.

정답 ①

더 알고가기 침대 개수 및 구조에 따른 호텔 객실 분류

구 분	내 용
싱글룸(Single Room)	1인용 베드(Single Bed)를 설비한 객실
트윈룸(Twin Room)	싱글 베드 또는 세미더블 베드가 2대 설치된 2인용 호텔 객실
트리플룸(Triple Room)	트윈 베드 룸에 보조 침대를 추가로 제공하는 객실
스튜디오룸(Studio Room)	변형할 수 있는 침대 1개(낮에는 소파, 밤에는 침대로 사용)가 갖추어져 있는 객실

45 호텔이 제공하는 서비스가 아닌 것은?

① 음식 서비스

② 숙박 서비스

③ 연회 서비스

④ 항공 탑승권 발권 서비스

핵심해설 여행사의 항공예약발권 사무원은 여행사나 항공사에서 항공기를 예약하고자 하는 고객의 항공권 예약과 발권에 관한 업무를 수행한다.

오답해설 ①·②·③ 호텔 서비스에는 가시적으로 나타나는 제반 시설을 이용하는 숙박 서비스 기능과 음식 기능(먹는 것, 마시는 것), 집회 기능(연회, 모임, 대화), 문화 서비스 기능(교육, 예술, 공예학회), 스포츠와 레저 기능(즐거움, 단련놀이), 상업 서비스 기능(쇼핑, 패션, 생활정보 모집), 건강관리 서비스 기능(건강, 의료, 헬스, 미용), 비즈니스 서비스 기능(상담, 회의, 전시회, 비즈니스 정보 교환) 등이 있다.

정답 ④

| 더 알고가기 | 호텔 서비스의 구성 요소 |

구 분	내 용
인적 서비스	안내(표현, 표정, 동작, 언어, 복장, 외모 : 태도적 서비스), 판매, 접객 서비스, 유니폼 서비스, 용역 서비스 등
물적 서비스	객실, 레스토랑, 부대시설, 시설, 비품, 인테리어, 안전, 건물 외관 및 조경, 냉·난방 서비스, 차량 서비스, 청소 서비스 등
시스템적 서비스	인적 서비스와 물적 서비스가 결합한 것으로, 회원제도, 후불제도, VIP 카드제도, 예약제도, 요금제도, 할인제도, 수화물 및 분실물 보관 서비스, 입·퇴실 서비스, 턴다운(Turn Down) 서비스 등

46 마케팅 믹스 4P's에 해당하는 것은?

① Process

② Place

③ People

④ Physical Evidence

핵심해설 일반적으로 마케팅 믹스는 4P라고 부르며, 제품(Product), 가격(Price), 유통(Place), 촉진(Promotion)으로 구성된다. 서비스 산업에서는 물리적 증거(Physical Evidence), 사람(People), 프로세스(Process)를 추가적으로 분석한다.

정답 ②

구 분	내 용
사람(People)	서비스를 생산, 판매하는 서비스 제공자와 서비스를 제공받는 고객
물리적 증거(Physical Evidence)	유형적 시설이나 장비, 유형적 단서, 그 외에 배치·음향·조명 등과 같은 기타 환경
서비스 조립 과정 (Process of Service Assembly)	서비스 산출을 위해 정해진 정책이나 절차, 기계화 정도, 종사원 재량 정도, 고객의 참여 정도, 예약 시스템, 서비스 수용 능력 등

47 카지노 게임 중 테이블에서 하는 게임이 아닌 것은?

① 슬롯머신(Slot Machine)
② 룰렛(Roulette)
③ 바카라(Baccarat)
④ 블랙잭(Blackjack)

핵심해설 슬롯머신(Slot Machine)은 기계에 부착된 핸들이나 버튼을 사용하면 기계의 릴(Reel)이 회전하다가 멈추는 결과에 따라 미리 정해진 배당표로 시상 금액이 정해지는 게임이다.

오답해설 룰렛(Roulette), 바카라(Baccarat), 블랙잭(Blackjack)은 카지노에서 할 수 있는 게임의 종류 중 테이블게임이다.
② 룰렛(Roulette)은 딜러가 수십 개의 고정 숫자가 표시된 회전판을 돌리고 회전판 위에 반대 방향으로 공을 돌린 후 공이 낙착되는 숫자를 알아맞힌 참가자에게 소정의 당첨금을 지불하는 방식의 게임이다.
③ 바카라(Baccarat)는 딜러가 양편으로 구분되는 참가자에게 각각 카드를 분배한 후 양측 중 카드 숫자 합이 9에 가까운 쪽을 승자로 결정하는 방식의 게임이다.
④ 블랙잭(Blackjack)은 딜러와 플레이어 간의 승부를 겨루는 게임으로, 게임 플레이어 카드의 합이 21을 넘지 않는 범위 내에서 딜러 카드의 합보다 높으면 이기는 게임이다.

정답 ①

| 더 알고가기 | 카지노 게임의 종류 |

구 분	내 용
다이사이(Tai Sai)	Dice Shaker(주사위를 넣어서 흔드는 용기)에 있는 주사위 3개를 흔들어 주사위가 나타내는 합 또는 조합을 알아맞히는 참가자에게 소정의 당첨금을 지급하는 게임
빅 휠(Big Wheel)	손으로 큰 바퀴 모양 기구를 돌려 가죽 막대기에 걸려 멈추는 번호 또는 같은 그림에 돈을 건 사람이 당첨금을 받는 게임
마작(Mahjong)	참가자가 14개 패를 갖고 3개씩 조를 맞추어 보면 나중에 3개씩 4개 조가 되면 완성패가 되어 판이 모두 끝나게 되는 게임
비디오게임(Video Game)	기계에 릴 대신 모니터가 장착되어 있어서 버튼을 누르면서 하는 게임

48 시장세분화 변수 중 인구통계적 변수가 아닌 것은?

① 성 별   ② 연 령
③ 직 업   ④ 개 성

핵심해설 사회 계층이나 개성 등은 심리적 변수(생활 유형 변수)에 해당한다. 심리적 변수는 객관적으로 측정하기가 어려워 현실적으로 세분화하기가 어려운 단점이 있다.

오답해설 ①·②·③ 인구통계학적 변수 요인은 직업별 인구 수, 지역별·연령별·성별 인구분포 등 시장을 구성하는 사람에 대한 요인으로서 시장의 전체규모와 성격을 규정하는 인적통계치로 이루어진다.

정답 ④

더 알고가기   시장세분화의 기준

구 분	내 용
지리적 변수	지역, 인구밀도, 기후 등
인구통계적 변수 또는 사회경제적 변수	연령, 성별, 소득, 직업, 교육수준, 가족규모, 가족생활주기, 종교, 세대, 사회 등
심리분석적 변수	사회적 계층, 라이프 스타일(Life Style), 개성 등
행동적 변수	구매동기, 구매를 통한 혜택, 사용률, 상표 충성도, 사용량 등

49 항공 탑승권에 기재되어 있는 정보가 아닌 것은?

① 승객의 도착지
② 승객의 자택주소
③ 승객의 좌석번호
④ 승객의 성명

핵심해설 항공권 기재 정보
- 탑승자 성명(여권상의 영문 이름과 동일해야 함)
- 해당 항공권의 제한 사항, 규제 사항
- 탑승자의 여정(여행하는 곳의 도시명)
- 항공사 코드(2자리로 표시)
- 해당 항공사의 항공기편명
- 좌석번호와 좌석의 예약 상태
- 해당 항공편의 출발날짜와 시간
- 요금 적용규정과 유효 기간, 항공 운임 계산
- 최초 출발 도시 및 최종 목적지
- 항공사 예약 번호와 수화물 허용량

정답 ②

50 관광상품의 일반적인 특성이 아닌 것은?

① 생산과 소비의 동시성이 강하다.
② 유형성과 무형성이 병존한다.
③ 계절의 영향을 받지 않는다.
④ 인적 서비스의 비중이 크다.

핵심해설 관광은 주로 외부에서 이루어지는 활동으로 기후나 계절과 같은 자연환경에 많은 영향을 받는다. 관광지의 자연환경에 따라 성수기와 비수기가 확연하게 구분되므로 관광상품은 계절성을 띤다고 할 수 있다.

오답해설 ① 일반경영에서는 사전에 별도의 장소에서 재화를 생산한 후 나중에 판매되고 비교적 장기간 사용 및 보관할 수 있는데, 반면에 관광경영에서는 재화의 판매가 먼저 발생하고 다음에 생산과 소비가 동시에 발생한다.
② 유형성과 무형성의 결합은 쇼핑 상품, 관광지의 특산물, 여행지의 음식물, 관광지 등과 같은 관광상품 등을 의미한다. 즉, 하나의 유형성인 상품에 무형성의 서비스를 결합한 것이라 할 수 있다.
④ 공급(판매)과 구매(소비)가 거의 동일 현장에서 이루어지기 때문에 상품을 취급하는 종사 인력의 판매 방법, 기술, 매너, 상담술, 안내 기술 등이 결정적인 영향을 끼칠 때가 많으므로 인적 서비스의 중요성이 강조된다.

정답 ③

더 알고가기	관광상품의 특성

구 분	내 용
가격체계 불안정성	계절성과 소멸성으로 인해 관광상품은 가격체계가 불안정
공간의 제약성	형태를 갖춘 구체적인 상품이 거의 없고 서비스 형태의 상품이 현지(생산지)에서 판매되므로, 다른 곳으로 옮기거나 판매할 수 없음
공급의 비탄력성	수요 변화에 따라 공급량을 신축적으로 조절할 수 없음
유사성과 모방성	경쟁 업체에서 쉽게 모방할 수 있음
비저장성	판매되지 않은 경우에는 재고로 저장할 수 없음
복합성	패키지투어와 같이 관광상품은 복합적인 재화로 구성됨
주관성	효용의 개인차가 큰 상품임

10 2015년 필기 기출문제

제1과목 국 사

01 신석기시대와 관련이 없는 것은?

① 간석기

② 반달 돌칼

③ 빗살무늬 토기

④ 암사동 선사 유적

핵심해설 청동기시대의 반달 돌칼은 곡식의 이삭을 훑거나 꺾어 낟알을 거두어들이는 데 사용하던 수확용 도구이다.

오답해설 ① 신석기시대에는 돌을 갈아서 만든 간석기를 사용하였다.

③ 신석기시대 사람들은 진흙을 빚은 후 불에 구워 만든 빗살무늬 토기를 사용하였다.

④ 봉산 지탑리, 양양 오산리, 서울 암사동, 부산 동삼동 등은 대표적인 신석기시대 유적지이다.

정답 ②

더 알고가기 신석기시대

구 분	내 용
시 기	기원전 8000년경
유 물	• 간석기 : 돌괭이 등의 농기구 • 토기 사용 : 이른 민무늬 · 덧무늬 · 빗살무늬 토기 • 의복과 그물의 제작 : 뼈바늘, 가락바퀴 사용
주 거	강가나 바닷가에 위치한 움집(원형, 둥근 사각형)
생 활	• 사냥 · 채집 생활, 농경생활 시작 • 부족(씨족) 사회, 정착생활 • 평등 사회
신 앙	애니미즘, 샤머니즘, 토테미즘, 영혼(조상) 숭배

02 고구려 광개토대왕에 관한 설명으로 옳은 것은?

① 율령을 반포하여 중앙 집권 국가 체제를 강화하였다.

② 낙랑군을 몰아내고 압록강 중류 지역에서 남쪽으로 진출하였다.

③ 중국 남북조와 각각 교류하면서 두 세력을 조종하는 외교 정책을 썼다.

④ 신라와 왜·가야 사이의 세력 경쟁에 개입하여 신라에 침입한 왜를 격퇴하였다.

핵심해설 **광개토대왕**

고구려의 광개토대왕은 서북쪽으로는 후연을 격파하고, 동쪽으로는 숙신과 동부여를 굴복시켜 요동 지방을 포함한 만주 남부 지방과 두만강 하류 유역까지 차지하였다. 또한 백제를 공격하여 한강 이북 지역을 차지하였으며, 신라 내물왕의 요청을 받아들여 신라에 침입한 왜를 물리치며 한반도 남부 지역까지 영향력을 넓혔다.

오답해설 ① 고구려 소수림왕은 율령을 반포하여 국가의 조직을 체계적으로 정비하였다.

② 고구려의 미천왕은 311년 서안평을 점령하고 313년 낙랑군을 축출하였으며, 대동강 유역을 확보한 후 요동 지역으로 세력을 점차 확대해 나갔다.

③ 고구려 장수왕은 중국 남북조와 각각 교류하면서 대립하고 있던 두 세력을 조종하는 외교 정책을 써서 중국을 견제하였다.

정답 ④

더 알고가기 고구려의 발전과 대외 항쟁

구 분	내 용
4세기	• 미천왕 : 낙랑군 축출, 대동강 유역 확보 • 소수림왕 : 불교 공인, 율령 반포, 태학 설립, 전진과 수교
5세기	• 광개토대왕(4세기 말~5세기 초) : 영토 확장(만주), 신라에 침입한 왜구 격퇴 • 장수왕 : 평양천도, 한강 장악, 충주(중원) 고구려비 건립
6~7세기	• 남북세력(돌궐 – 고구려 – 백제 – 일본)과 동서세력(신라 – 수) 대립 • 수와 대결 : 살수대첩(612) • 당과 대결 : 안시성 전투(645) • 나·당 연합군의 공격 → 멸망(668) • 발해 건국(698)

03 시간 순서상 가장 마지막에 일어난 사건은?

① 광덕, 준풍 등 독자적 연호를 사용하였다.

② 노비안검법을 실시하여 호족 세력을 약화시켰다.

③ 최승로는 시무 28조를 올려 유교의 진흥을 요구하였다.

④ 정계와 계백료서를 지어 관리가 지켜야 할 규범을 제시하였다.

핵심해설 **최승로의 시무 28조**
신라 6두품 출신인 최승로는 고려 성종에게 시무 28조(982)를 올려 유교 사상에 입각한 각종 개혁을 요구하고, 태조로부터 경종에 이르는 5대 왕의 치적에 대한 잘잘못을 평가하여 교훈으로 삼도록 하였다. 성종은 최승로의 건의를 수용하여 국가 재정을 낭비하는 불교 행사를 억제하고, 유교 사상을 정치의 근본이념으로 삼아 통치 체제를 정비하였다.

오답해설 ① 국왕의 권위를 높이기 위하여 스스로를 황제라 칭하고, 광덕, 준풍 등 독자적인 연호를 사용한 왕은 광종이다 (949~960).
② 광종은 노비안검법을 실시하여 호족들이 불법으로 차지하고 있던 노비들을 양인으로 해방하여 호족 세력의 경제 기반 약화와 왕권 강화를 추구하였다(956).
④ 고려 태조는 〈정계〉와 〈계백료서〉를 지어 관리가 지켜야 할 규범을 제시하였다(936).

정답 ③

더 알고가기 **광종의 왕권 강화 정책**

정 책	목 적
노비안검법	호족 세력 약화, 국가 재정 확보 → 왕권 강화
과거제도	신구 세력 교체 → 왕권 강화
공복제도	지배층의 위계 질서 확립 → 왕권 강화

04 신문왕 대의 사건이 아닌 것은?

① 유학 교육을 위해 국학을 설립하였다.

② 관료전을 지급하여 녹읍을 혁파하였다.

③ 김흠돌 모역 사건을 계기로 귀족 세력을 숙청하였다.

④ 당과의 무역 확대로 산둥 반도에 법화원이 만들어졌다.

핵심해설 신라의 장보고는 9세기 전반에 청해진(전남 완도)을 거점으로 해상권을 장악하고 당, 신라, 일본, 동남아시아의 물품을 중계 무역하였다. 장보고의 활약을 계기로 중국 산둥 반도 연안과 대운하 연변, 창장 강 어귀 등지에는 국제 교역을 담당하는 신라 교민 사회가 형성되었다. 장보고는 9세기(흥덕왕)경 산둥 반도 적산포에 법화원을 세워 신라인들의 정서적 안정을 꾀하였다.

오답해설 ① 통일신라에서는 신문왕 때 유학 교육기관인 국학을 설립한 후 경덕왕 때 태학으로 고치고, 박사와 조교를 두어 논어와 효경 등의 유교 경전을 가르쳤다.

② 신문왕은 귀족의 경제력을 약화하기 위하여 관리에게 관료전을 지급하고, 식읍을 제한하면서 귀족의 녹읍을 폐지하는 정책을 추진하였다.

③ 신라는 신문왕 때 김흠돌의 모역 사건을 계기로 귀족 세력을 숙청하면서 왕권이 전제화되었다.

정답 ④

더 알고가기 | 신문왕의 업적

구 분	내 용
왕권 강화	김흠돌의 반란을 진압하고 귀족 세력 숙청
통치제도	9주 5소경 완비, 9서당 정비
토지제도	관료전 지급, 녹읍 폐지
학문 진흥	국학 설립

05 발해와 관련이 없는 것은?

① 마 진
② 인 안
③ 정당성
④ 해동성국

핵심해설 **후고구려**

궁예는 신라 왕족의 후예로, 북원(원주)의 양길 세력 아래에 있었다. 점차 세력을 키운 궁예는 송악(개성)에 도읍을 정하고 후고구려를 세웠다(901). 이후 도읍을 철원으로 옮기고 국호를 마진이라 하였다가, 다시 태봉으로 고치고 새로운 정치를 추구해 나갔다.

오답해설 ② 발해 무왕은 '인안'이라는 연호를 사용하여 독립국임을 대내외에 선언하는 한편, 동북방의 여러 세력을 복속하여 영역을 확장하였다.
③ 발해는 귀족들이 모인 정당성을 중심으로 정치가 이루어졌다.
④ 발해 선왕 시기에는 영토를 크게 확장하여 고구려의 옛 땅을 대부분 되찾아 이 무렵 중국인들은 발해를 '바다 동쪽의 융성한 나라'라는 뜻의 '해동성국'이라고 불렀다.

정답 ①

더 알고가기 **발해의 통치제도**

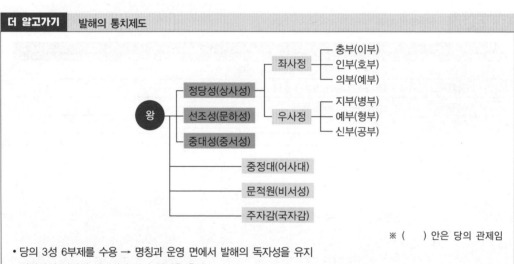

- 당의 3성 6부제를 수용 → 명칭과 운영 면에서 발해의 독자성을 유지
- 정당성의 장관인 대내상이 국가 행정을 총괄
- 국가의 중요한 일은 귀족들이 정당성에 모여 회의를 열어서 결정(정당성 중심의 운영)
- 6부의 명칭은 유교 도덕을 나타내는 '충, 인, 의, 지, 예, 신' 사용

06 고려시대의 유물이 아닌 것은?

① 부석사 무량수전
② 월정사 팔각 9층 석탑
③ 혼일강리역대국도지도
④ 청자 상감운학문 매병

핵심해설 혼일강리역대국도지도(1402)

조선 태종 때 만들어진 세계 지도이다. 이 지도의 필사본이 일본에 현존하고 있는데, 지금 남아 있는 세계 지도 중 동양에서 가장 오래된 것이다. 지도에는 중국이 중앙에 가장 크게 그려져 있고, 우리나라가 그 다음으로 크게 그려져 있다. 특히 한반도의 모습이 오늘날의 지도 모습과 매우 유사하다.

오답해설 ① 부석사 무량수전은 우리나라에 남아 있는 고려시대 목조 건축물 중 하나이다.
② 월정사 팔각 9층 석탑은 고려 전기의 대표적인 다각다층탑이다.
④ 고려시대의 청자 상감운학문 매병은 상감청자의 대표적 사례이다.

정답 ③

[영주 부석사 무량수전]

[평창 월정사 팔각 9층 석탑]

[청자 상감운학문 매병]

더 알고가기 주심포 양식과 다포 양식

구 분	내 용
주심포 양식	• 지붕 무게를 받치는 공포가 기둥 위에만 짜여 있는 건축 양식 • 안동 봉정사 극락전 : 가장 오래된 건축물 • 영주 부석사 무량수전, 수덕사 대웅전 : 주변 자연과 조화를 이룸
다포 양식	• 공포가 기둥뿐만 아니라 기둥과 기둥 사이에도 짜여 있는 건축 양식, 화려한 것이 특징 • 사리원 성불사 응진전 : 조선시대 건축에 큰 영향을 끼침

07 고려시대에 천태종을 창시하고 교관겸수를 제창하여 교단 통합 운동을 펼쳤던 승려는?

① 의 천
② 일 연
③ 균 여
④ 지 눌

핵심해설 **의 천**

11세기에 이르러 고려의 불교계는 종파적으로 분열상을 나타냈다. 이러한 불교계를 개혁하고자 의천은 천태종으로 불교 교단을 통합하려는 운동을 펼쳤다. 그는 숙종의 후원을 받아 교종을 중심으로 선종을 받아들여 천태종을 개창하고 사상과 실천을 아울러 강조하는 교관겸수를 주장하였다. 한편, 의천은 고려와 송·요 등의 대장경에 대한 해설서를 모아 〈교장(속장경)〉을 편찬하였다.

오답해설 ② 고려시대 일연은 불교사를 중심으로 지방의 기록과 민간 설화까지 포함하여 〈삼국유사〉를 저술하였다.
③ 고려 광종 때 균여는 귀법사를 중심으로 활동하며 화엄 사상을 중심으로 법상종을 융합시키려는 성상융회(性相融會)를 강조하였다.
④ 고려 후기 지눌은 정혜쌍수와 돈오점수를 내세우면서 선종을 중심으로 교종을 포용하여 교와 선의 대립을 극복하고자 하였다.

정답 ①

더 알고가기 **고려에서의 불교 통합 운동**

구 분	의 천	지 눌
종 파	해동 천태종	조계종
시 기	중기(11세기)	무신 집권기
특 징	교종 중심의 통합	선종 중심의 통합
사 상	교관겸수	정혜쌍수, 돈오점수

08 1920년대 비타협적 민족주의 인사들과 사회주의자들이 민족협동전선으로 조직한 단체는?

① 신민회
② 신간회
③ 보안회
④ 한인 애국단

핵심해설 신간회

정우회 선언을 계기로 비타협적 민족주의자 인사들과 조선 공산당 등 사회주의자들은 1927년 2월 민족협동전선인 신간회를 창립하고, 회장에는 이상재, 부회장에는 홍명희를 선출하였다. 신간회는 국내뿐만 아니라 일본과 만주에도 지회를 두었다. 1928년에는 141개 지회, 회원 4만 명에 이를 정도로 민중의 지지를 받았다. 신간회는 각 지방의 지회를 중심으로 순회 강연회를 개최하여 민중을 계몽하고 민족의식을 고취하였으며, 한국인 본위의 교육 시행, 타협적 정치 운동 배격, 착취 기관 철폐 등을 주장하였다. 또한 노동 쟁의, 소작 쟁의, 동맹 휴학 등 사회 운동도 적극 지원하였다.

오답해설 ① 을사조약 체결 이후 합법적인 계몽 운동에 한계를 느낀 안창호, 양기탁 등은 1907년 비밀결사인 신민회를 결성하였다.
③ 1904년에는 일제의 황무지 개간권 요구에 반대하여 유생, 전직 관리 등의 주도로 보안회가 설립되었다.
④ 한인 애국단은 1923년 국민 대표회의 이후 침체에 빠진 대한민국 임시 정부에 활로를 모색하기 위해 1931년 김구가 상하이에서 조직한 단체이다.

정답 ②

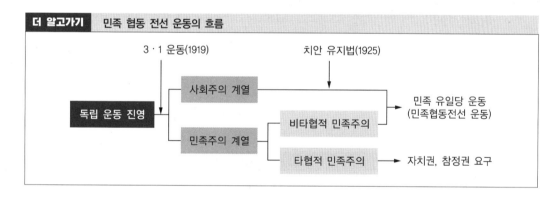

더 알고가기 민족 협동 전선 운동의 흐름

PART 01

09 조선 태조 대 정도전이 편찬한 법전은?

① 경제육전

② 경국대전

③ 대전통편

④ 조선경국전

핵심해설 **조선경국전**

조선 태조 때 정도전은 주나라 제도인 〈주례〉의 6전 체제를 모델로 〈조선경국전〉을 저술하였다. 그는 특히 치전(治典)에서 재상 중심의 통치를 제시하였다. 즉, 훌륭한 재상을 선택하여 재상에게 정치의 실권을 부여하여 위로는 임금을 받들어 올바르게 인도하고, 아래로는 백관을 통괄하고 만민을 다스리는 중책을 부여하자고 주장하였다.

[조선경국전]

오답해설 ① 조선 초 태조 때 조준 등은 우리나라 최초의 법전인 〈경제육전〉을 편찬하였다.

② 조선 성종은 조선의 정치 이념인 유교에 따라 나라를 다스리기 위해서 세조 때부터 만들기 시작한 〈경국대전〉을 완성하였다.

③ 조선 후기 정조는 〈대전통편〉의 편찬 등 법전 재정비를 통하여 국가의 집권 체제를 확립함으로써 왕권을 강화하고자 하였다.

정답 ④

더 알고가기 고려와 조선의 법률

구 분	고 려	조 선
운 영	71개조의 기본법, 관습법 위주로 시행	〈경국대전〉과 〈대명률〉로 대표되는 법전에 의해 규율
중 죄	반역죄, 불효죄	반역죄, 강상죄
형 벌	태, 장, 도, 유, 사의 형벌 존재	

10 다음 〈보기〉에서 설명하는 조직은?

> 불교와 민간 신앙 등의 신앙적 기반과 동계 조직 같은 공동체 조직의 성격을 모두 띠었다. 주로 상을 당하였을 때에나 어려운 일이 생겼을 때에 서로 돕는 역할을 하였다.

① 향 약
② 향 청
③ 향 도
④ 유향소

핵심해설 향 도

향도는 고려시대 불교 신앙과 관련하여 나타난 조직이었다. 고려시대 매향 활동을 하는 무리들을 향도라고 하였다. 불교 신앙에서 비롯된 향도는 고려 말부터 점차 농민 공동체 조직으로 그 성격이 바뀌기 시작하였으며, 조선시대에 이르러 동계 조직으로서의 성격을 갖게 되었다. 향도는 주로 상을 당하였을 때나 어려운 일이 생겼을 때 서로 돕는 역할을 하게 되었다. 그러나 향약이 널리 보급되면서 향도는 점차 약화하였으며, 후에 상여를 메는 사람인 상두꾼으로만 유래하게 되었다.

오답해설 ① 향약은 향촌에 있는 사족들이 그 지역의 농민들을 통제하기 위해 만든 규약이다.
② 향청은 유향소의 바뀐 이름으로 향소라고도 한다.
④ 유향소는 조선시대 지방 자치를 위하여 설치한 기구이다.

정답 ③

더 알고가기 조선시대 정부의 촌락 지배

구 분	내 용
면리제	조선 초기, 몇 개의 이(里)를 면으로 묶음
오가작통제	성종 때 법 제정, 17세기 중엽 이후 적용 강화됨, 통수가 통 관장

11 조선 영조 대 균역법 시행으로 감소된 재정의 보충방법이 아닌 것은?

① 이이 등은 수미법을 주장하였다.

② 어장세, 선박세 등 잡세 수입으로 보충하게 하였다.

③ 지주에게 결작이라고 하여 토지 1결당 미곡 2두를 부담시켰다.

④ 일부 상류층에서 선무군관이라는 칭호를 주고, 군포 1필을 납부하게 하였다.

핵심해설 지방 특산물을 현물로 납부하는 공납은 초기부터 방납 형식으로 운영되면서 폐단이 많아져 농민의 부담이 가중되었다. 이에 이이와 류성룡 등이 방납의 폐단을 극복하기 위해 수미법 실시를 주장하기도 했지만, 확대 시행되지는 못하였다.

오답해설 ② · ③ · ④ 균역법 실시 이후 부족해진 재정은 지주에게 1결당 쌀 2두의 결작을 징수하거나 어장세 · 염세 · 선박세 또는 각 지방의 토호 등에게 1년에 1필씩 선무군관포를 징수하여 보충하였다.

정답 ①

더 알고가기	균역법

구 분	내 용
배 경	5군영의 성립, 군적 수포의 증가, 양반의 증가로 면역자 증가 → 군역 재원의 감소, 군포 부담의 불균등 → 농민 부담의 가중
부 과	1년에 군포 2필에서 1필로 경감
재정 보완책	결작(1결 2두) 부과, 선무군관포나 잡세(어장세, 염세, 선박세 등)의 수입으로 부족한 재정을 보충
결 과	농민 부담의 일시적 경감 → 지주가 결작을 농민에게 전가 → 군적 문란, 농민의 부담 가중

12 다음 사건을 발생한 순서대로 바르게 나열한 것은?

> ㄱ. 5 · 10 총선거 실시
> ㄴ. 김구의 남북 협상 제의
> ㄷ. 모스크바 3국 외상 회의 개최
> ㄹ. 제1차 미 · 소 공동 위원회 개최

① ㄷ - ㄹ - ㄱ - ㄴ
② ㄷ - ㄹ - ㄴ - ㄱ
③ ㄹ - ㄷ - ㄱ - ㄴ
④ ㄹ - ㄷ - ㄴ - ㄱ

핵심해설 ㄷ. 1945년 12월 모스크바 3국 외상 회의에서 미 · 소 공동 위원회의 설치, 한국 임시 민주주의 정부 수립, 신탁통치 실시 등을 결정하였다.
ㄹ. 모스크바 3국 외상 회의 결정문이 발표된 직후 1946년 서울에서 제1차 미 · 소 공동 위원회가 개최되었다.
ㄴ. 유엔에서 한반도 문제가 논의되는 동안 김구와 김규식은 1948년 2월 김일성과 김두봉에게 편지를 보내 남북 협상을 제의하여 1948년 4월 평양에서 남북 정치 지도자들이 한자리에 모였다.
ㄱ. 1948년 5월 10일 우리나라 역사상 처음으로 만 21세 이상의 모든 국민이 투표권을 갖고 국회의원을 선출하는 총선거가 실시되었다.
따라서 사건 발생은 ② ㄷ - ㄹ - ㄴ - ㄱ 순서이다.

정답 ②

더 알고가기   5 · 10 총선거의 실시와 대한민국 정부의 수립

구 분	내 용
5 · 10 총선거 실시 (1948.5.10)	남한만의 단독 선거 실시 → 중도 세력 참가 거부 → 제헌 국회 구성 → 헌법 제정
대한민국 정부 수립 선포 (1948.8.15)	제헌 국회 의원들의 간접 선거 → 이승만 대통령, 이시영 부통령 선출
유엔 총회의 승인 (1948.12.12)	한반도 유일의 합법 정부로 승인

13 1882년 체결한 조·미 수호 통상 조약의 내용이 아닌 것은?

① 관세권 인정

② 치외법권 허용

③ 최혜국 대우 허용

④ 부산 등 3개 항구 개항

핵심해설 강화도 조약에 따라 조선은 부산을 비롯한 3개 항구를 열고, 일본의 조선 해안 측량권과 영사 재판권(치외법권) 등을 허용하였다. 또한 추가로 체결된 부속 조약에 의해 무관세 무역, 일본 화폐 유통 등이 허용되었다.

오답해설 **조·미 수호 통상 조약의 내용**
1882년 체결된 조·미 수호 통상 조약에는 양국 가운데 한 나라가 제3국의 압박을 받으면 서로 도와준다는 거중조정(居中調停) 조항이 있고, 치외 법권과 최혜국 대우의 규정도 포함되어 있었다. 그러나 비록 낮은 비율일지라도 수출입 상품에 대해 관세를 부과하는 내용과 곡식의 무제한 유출을 방지하는 규정을 담고 있어 정부가 조약을 체결하는 과정에서 상당한 노력을 기울였음을 보여 준다.

정답 ④

더 알고가기 개항기 각국과의 수교 내용

구 분	내 용
조·일 수호 조규 부록(1876)	개항장에서 일본인의 거류지를 설정하고 무역을 허용
조·청 상민 수륙 무역 장정(1882)	청 상인에게 내지 통상권을 인정
조·미 수호 통상 조약(1882)	최초로 최혜국 대우 조항을 설정
조·영 수호 통상 조약(1883)	치외법권 조항 포함
조·프 수호 통상 조약(1886)	천주교 포교의 자유를 인정

14 대한민국 임시 정부의 기관지는?

① 만세보   ② 독립신문

③ 황성신문   ④ 대한매일신보

핵심해설 독립신문

임시 정부의 기관지로 1919년 8월 21일 창간되었다. 일주일에 2~3회, 지면은 타블로이드판과 비슷한 크기로 4면을 발행하였으며, 국한문 혼용체를 썼다. 논설과 기사는 독립 정신을 고취하는 격렬한 항일의 분위기를 띠었고, 논객으로 이광수, 박은식을 비롯한 최근우, 백성욱 등 열혈 청년들이 활동하였다.

오답해설 ① 만세보는 1906년 천도교가 창간한 일간신문이다.

③ 황성신문은 '시일야방성대곡'을 게재하는 등 일제의 침략 정책을 비판하였다.

④ 대한매일신보는 사실상 신민회의 기관지 역할을 하였는데, 일본의 통감 정치와 침략 야욕을 맹렬히 공격하였다.

정답 ②

더 알고가기 대한민국 임시 정부의 통합 원칙

- 상하이와 연해주에 설립된 정부를 모두 해산하고 한성 정부를 계승할 것
- 정부의 위치는 외교 활동에 편리한 상하이에 둘 것
- 상하이에서 정부 설립 이래에 실시한 행정은 유효한 것으로 인정할 것
- 정부의 명칭은 대한민국 임시 정부로 할 것
- 현임 정부 각원은 모두 해임하고 한성 정부의 각원이 정부를 계승할 것
  → 안창호의 여러 지역의 임시 정부 통합 논의 제안으로 대한민국 임시 정부는 한성 정부의 정통성을 인정하며 통합되었고, 정부의 위치도 상하이에 두게 되었다.

15 다음에서 설명한 책은?

> 세종 대 편찬한 책으로 우리나라 풍토에 맞는 씨앗의 저장법, 토질의 개량법, 모내기법 등 농민의
> 실제 경험을 종합하여 편찬하였다.

① 산림경제 ② 농사직설
③ 농가집성 ④ 임원경제지

핵심해설 농사직설
현존하는 우리나라 최초의 농서로 중국의 농업 기술을 수용하면서도 우리 실정에 맞는 독자적인 농법을 정리하였는
데, 경험 많은 농부들의 실제 경험을 바탕으로 우리나라의 농토와 현실에 맞는 농사짓는 법을 소개한 것이다.

오답해설 ① 〈산림경제〉는 홍만선이 조선 숙종 때 저술한 농업 관련 서적이다.
③ 〈농가집성〉은 17세기 중엽 신속에 의해 편찬되었으며, 벼농사 중심의 농법을 소개하고 모내기법의 보급에 공헌
하였다.
④ 조선 후기 서유구는 농촌 생활 백과사전인 〈임원경제지〉를 저술하였다.

정답 ②

더 알고가기 조선 전기의 농업 기술

구 분	내 용
권농 정책	〈농사직설〉, 〈금양잡록〉 등 농서 간행·보급
논농사	모내기 보급(봄 가뭄 문제로 남부 일부 지역으로 제한) → 벼와 보리의 이모작 가능
밭농사	조, 보리, 콩의 2년 3작이 널리 성행
시비법 발달	밑거름과 덧거름 사용 → 농지를 묵히지 않고 계속하여 경작 가능
기 타	농기구 개량(쟁기, 낫, 호미), 목화 재배 확대(의생활 개선), 약초와 과수 재배 확대

16 전라남도에 소재한 섬이 아닌 것은?

① 오동도   ② 보길도

③ 마라도   ④ 돌산도

핵심해설 천연기념물로 지정된 마라도는 우리나라 최남단의 섬으로 제주도에 속한다. 섬의 가장 높은 곳에는 1915년 설치된 마라도 등대가 자리 잡고 있다.

[마라도 천연보호구역]

오답해설 ① 오동도 – 전라남도 여수시 한려동
② 보길도 – 전라남도 완도군 보길면
④ 돌산도 – 전라남도 여수시 돌산읍

정답 ③

17 댐과 강 유역명의 연결이 옳지 않은 것은?

① 나주댐 – 섬진강 유역   ② 춘천댐 – 한강 유역

③ 합천댐 – 낙동강 유역   ④ 대청댐 – 금강 유역

핵심해설 나주댐은 영산강에 위치한 댐이다. 섬진강 유역에는 섬진강댐, 동복댐, 동화댐, 하동댐 등이 있다.

정답 ①

더 알고가기 5대강 유역의 댐

구 분	내 용
한강 유역	의암댐, 충주댐, 화천댐, 춘천댐, 소양강댐, 청평댐, 괴산댐, 팔당댐 등
낙동강 유역	합천댐, 안동댐, 임하댐, 영천댐, 남강댐 등
금강 유역	대청댐, 금강하굿둑, 용담댐, 보령댐 등
영산강 유역	담양댐, 광주댐, 장성댐, 나주댐 등
섬진강 유역	섬진강댐, 동복댐, 동화댐, 하동댐 등

18 불국사의 다보탑에 관한 설명으로 옳은 것은?

① 국보 제20호이다.
② 무영탑이라고 불려진다.
③ 불국사에 있는 삼층석탑이다.
④ 우리나라에서 가장 오래된 석탑이다.

핵심해설 불국사 다보탑은 통일신라시대의 화강석 석탑으로 국보 제20호이다.

[경주 불국사 다보탑]

오답해설
② 석가탑은 그림자 없는 탑이라고 하여 무영탑이라고 불려진다.
③ 석가탑은 삼층석탑으로 불국사 대웅전 앞 서쪽에 세워져 있으며, 우리나라 일반형 석탑을 대표한다.
④ 익산 미륵사지 석탑은 우리나라 석탑 중 가장 규모가 크며, 창건 시기가 명확하게 밝혀진 석탑 중 가장 이른 시기에 건립되었다.
※ 국가유산청에서 문화재 지정번호를 폐지하였으므로, 지정번호를 묻는 문제는 출제되지 않을 것으로 보인다.

정답 ①

더 알고가기 삼국의 문화유산

국 가	고분 미술	불교 미술	도교의 영향
고구려	장군총, 강서대묘	금동연가7년명여래입상	강서대묘 사신도
백 제	석촌동 고분, 송산리 고분, 무령왕릉	서산 용현리 마애여래삼존상, 익산 미륵사지 석탑, 부여 정림사지 오층석탑	금동대향로, 산수무늬 벽돌
신 라	천마총	경주 배동 석조여래삼존입상, 황룡사 구층목탑	-

[무령왕릉]

[금동연가7년명여래입상]

[백제 금동대향로]

19 백제 무왕 33년에 창건한 백양사가 위치한 국립공원은?

    ① 가야산

    ② 내장산

    ③ 오대산

    ④ 월악산

`핵심해설` 내장산 국립공원은 전라남도와 전라북도의 경계에 있는 국립공원이다. 내장산 국립공원에 위치한 백암산은 '가을의 내장'에 대해 '봄의 백양'으로 일컬어질 정도로 봄 경치가 빼어나며, 가인봉과 백학봉 사이의 골짜기에 거찰 백양사가 있다.

[백양사 극락보전]

`오답해설` ① 가야산은 우두산이라고도 하며, 해인사가 위치해 있다.
        ③ 오대산의 월정사는 전국적인 명찰로서 자장율사가 창건하였다.
        ④ 월악산의 주요 사찰로는 덕주사, 신륵사 등이 있다.

`정답` ②

더 알고가기	자연공원 개요

구 분	내 용
세계 최초 국립공원	미국 옐로스톤(Yellowstone) 국립공원
우리나라 최초 지정 자연공원	• 국립공원 : 지리산(1967.12.29) • 도립공원 : 금오산(1970.6.1) • 군립공원 : 강천산(1981.1.7)
자연공원의 지정 · 관리 (「자연공원법」 제4조 제1항)	• 국립공원 : 환경부장관 • 도립공원 : 도지사 또는 특별자치도지사 • 광역시립공원 : 특별시장 · 광역시장 · 특별자치시장 • 군립공원 : 군수 • 시립공원 : 시장 • 구립공원 : 자치구의 구청장

20 강원도에 위치한 스키장이 아닌 것은?

① 용평리조트　　　　　　　　　　　② 알펜시아리조트
③ 무주리조트　　　　　　　　　　　④ 휘닉스파크

핵심해설　무주리조트는 호남권에 있는 스키장으로 경기, 강원권에 있는 리조트와는 사뭇 다른 설경을 즐길 수 있는 곳이다.

오답해설　①·②·④ 국내 스키장 중 강원도에 위치한 곳은 비발디파크, 엘리시안 강촌, 용평리조트, 휘닉스 스노우파크,
알펜시아리조트, 오크밸리, 하이원리조트, 웰리힐리파크 등이다.

정답 ③

더 알고가기　스키장의 기상 조건

구 분	기상 조건
적설량	보통 1m 이상
적설기간	90~100일 이상
설 질	분설이 바람직함
기 온	-5~-10℃ 정도가 적설보존이나 활동에 좋음
일 조	쾌적한 조건이지만 직사광선은 설원 및 적설보존에 좋지 않음
바 람	15㎧ 이상이면 리프트 중지

21 재래시장과 그 소재 지역의 연결이 옳지 않은 것은?

① 울산 - 죽도시장　　　　　　　　　② 부산 - 자갈치시장
③ 서울 - 남대문시장　　　　　　　　④ 성남 - 모란시장

핵심해설　죽도시장은 포항 시내에 위치한 포항 최대 규모의 재래시장이다. 취급품목은 수산물, 건어물, 활어회, 의류, 채소,
과일, 가구류, 일용잡화 등으로 도매 및 소매가 이루어진다.

정답 ①

더 알고가기　주요 전통시장

구 분	내 용
서울 남대문시장	가장 오래된 대표적인 전통시장
서울 동대문시장	동양 최대 규모의 단일 시장
서울 광장시장	110년 넘는 전통을 지닌 국내 최초의 상설시장
부산 자갈치시장	우리나라 최대의 수산시장
부산 국제시장	1945년 해방 후 본국으로 철수하는 일본인들이 가재도구나 생활용품 등을 팔아 돈을 챙기기 위해 형성된 시장

22 2015년 개관한 '이우환 공간'이 있는 미술관은?

① 인천광역시립미술관

② 대전시립미술관

③ 서울시립미술관

④ 부산시립미술관

핵심해설 부산시립미술관의 '이우환 공간'은 일본 나오시마에 이은 세계 두 번째의 이우환 개인 미술관이다. '이우환 공간'은 보통의 전시관처럼 대표작들을 나열하는 방식이 아닌 건물 자체가 하나의 예술품으로, 공간과 작품 어느 한쪽으로 치우치지 않고 모두를 함께 보여 주는 곳이다.

정답 ④

더 알고가기 박물관의 기능 및 분류

구 분	내 용
기 능	자료의 수집, 수집된 자료의 정리, 분류, 보관, 자료의 조사연구, 전시, 교육 활동 등
분 류	• 설립·운영주체 : 국립, 공립, 사립, 대학, 기업 등 • 이용자 : 공공, 학교, 아동, 특수 • 전시물의 범위 : 종합, 전문 • 전시물의 성격 : 인문계열, 자연계열 등 • 전시 장소 : 실내, 실외, 사이버

23 2015년에 등재된 세계기록유산을 모두 고른 것은?

> ㄱ. 한국의 유교책판
> ㄴ. 새마을운동 기록물
> ㄷ. 5·18 민주화운동 기록물
> ㄹ. KBS 특별생방송 '이산가족을 찾습니다' 기록물

① ㄱ, ㄴ　　　　　　　　　　② ㄱ, ㄹ
③ ㄴ, ㄷ　　　　　　　　　　④ ㄷ, ㄹ

핵심해설 2015년에 등재된 세계기록유산으로는 ㄱ. 한국의 유교책판과 ㄹ. KBS 특별생방송 '이산가족을 찾습니다' 기록물이 있다.

오답해설 ㄴ. 새마을운동 기록물은 2013년 세계기록유산으로 등재되었다.
　　　　　ㄷ. 5·18 민주화운동 기록물은 2011년 세계기록유산으로 등재되었다.

정답 ②

더 알고가기 한국의 세계기록유산(역사서술)

구 분	내 용
조선왕조실록(1997)	사초(史草), 시정기(時政記), 승정원일기(承政院日記, 왕의 비서기관이 작성한 일기), 의정부등록(議政府謄錄, 최고의결기관의 기록), 비변사등록(備邊司謄錄, 문무합의기구의 기록), 일성록(日省錄, 국왕의 동정과 국무에 관한 기록) 등의 자료를 토대로 작성
승정원일기(2001)	승정원은 조선시대 국왕의 비서기관으로서 조선왕조를 이끈 모든 국왕의 일상을 날마다 일기로 작성하는 일을 담당함
일성록(2011)	국왕(정조~순종)이 자신의 통치에 대해 성찰하고 나중의 국정 운영에 참고할 목적으로 쓴 일기

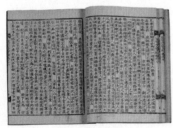

[조선왕조실록]

[승정원일기]

[일성록]

24 음악영화를 주제로 하는 영화제가 매년 8월에 개최되는 도시는?

① 부 산
② 부 천
③ 전 주
④ 제 천

핵심해설 제천 국제음악영화제는 부분 경쟁을 포함한 비경쟁국제영화제로, 영화와 음악을 동시에 즐길 수 있는 국내 최초의 음악영화제이다.

오답해설 ① 부산 국제영화제는 10월경, ② 부천 국제판타스틱영화제는 7월경, ③ 전주 국제영화제는 5월경 매년 개최된다.

정답 ④

25 프리츠커상을 수상했던 일본인 안도 타다오(Ando Tadao)의 국내 건축물 중 제주도에 소재하지 않는 것은?

① 글라스하우스
② 본태박물관
③ 지니어스 로사이
④ 뮤지엄 산

핵심해설 뮤지엄 산(구 한솔뮤지엄)은 강원도 원주시에 위치한 미술관이다.

오답해설 ① · ② · ③ 안도 타다오(Ando Tadao)는 일본의 건축가로, 세계 각국을 여행하고 독학으로 건축을 공부했다. 2000년대 중반부터 한국에서도 대형 프로젝트를 시작해 2008년 제주도 섭지코지에 '글라스하우스'와 '지니어스 로사이(현 유민박물관)'가 지어졌고, 2012년 제주도 서귀포시에 '본태박물관', 2013년 강원도 원주에 '뮤지엄 산', 2014년 서울 종로구 혜화동에 '재능교육 JCC아트'가 건립되었다.

정답 ④

26 관광기본법상 관광 여건 조성을 위하여 관광객이 이용할 숙박·교통·휴식시설 등의 개선 및 확충, 휴일·휴가에 대한 제도 개선 등에 필요한 시책을 강구하여야 하는 주체는?

① 관광협회중앙회   ② 정 부
③ 지방자치단체   ④ 한국관광공사

> **핵심해설** 관광 여건의 조성(「관광기본법」 제8조)
> 정부는 관광 여건 조성을 위하여 관광객이 이용할 숙박·교통·휴식시설 등의 개선 및 확충, 휴일·휴가에 대한 제도 개선 등에 필요한 시책을 마련하여야 한다.
>
> **정답** ②

27 관광진흥법령상 외국인 의료관광 전문인력을 양성하는 전문교육기관 중에서 우수 전문교육기관을 선정하여 지원할 수 있는 주체는?

① 보건복지부장관
② 관광공사사장
③ 문화체육관광부장관
④ 한국관광협회중앙회장

> **핵심해설** 외국인 의료관광 지원(「관광진흥법 시행령」 제8조의3 제1항)
> 문화체육관광부장관은 외국인 의료관광을 지원하기 위하여 외국인 의료관광 전문인력을 양성하는 전문교육기관 중에서 우수 전문교육기관이나 우수 교육과정을 선정하여 지원할 수 있다.
>
> **정답** ③

28 관광진흥법령상 국내를 여행하는 내국인을 대상으로 하는 여행업은?

① 해외여행업   ② 국내여행업
③ 국외여행업   ④ 일반여행업

> **핵심해설** 여행업의 종류(「관광진흥법 시행령」 제2조 제1항 제1호)
> • 종합여행업 : 국내외를 여행하는 내국인 및 외국인을 대상으로 하는 여행업(사증을 받는 절차를 대행하는 행위를 포함)
> • 국내외여행업 : 국내외를 여행하는 내국인을 대상으로 하는 여행업(사증을 받는 절차를 대행하는 행위를 포함)
> • 국내여행업 : 국내를 여행하는 내국인을 대상으로 하는 여행업
> ※ 2021년 3월 23일 법령이 개정되어 일반여행업은 종합여행업으로, 국외여행업은 국내외여행업으로 변경되었다.
>
> **정답** ②(해설참조)

29 관광진흥법상 아래 설명에 해당하는 것은?

> 외국인 관광객의 유치 촉진 등을 위하여 관광 활동과 관련된 관계 법령의 적용이 배제되거나 완화되고, 관광 활동과 관련된 관광 여건을 집중적으로 조성할 필요가 있는 지역으로 관광진흥법에 따라 지정된 곳

① 관광지
② 관광단지
③ 관광특구
④ 지원시설

핵심해설 "관광특구"란 외국인 관광객의 유치 촉진 등을 위하여 관광 활동과 관련된 관계 법령의 적용이 배제되거나 완화되고, 관광 활동과 관련된 서비스·안내 체계 및 홍보 등 관광 여건을 집중적으로 조성할 필요가 있는 지역으로 이 법에 따라 지정된 곳을 말한다(「관광진흥법」 제2조 제11호).

오답해설 정의(「관광진흥법」 제2조 제6호, 제7호, 제10호)
① 자연적 또는 문화적 관광자원을 갖추고 관광객을 위한 기본적인 편의시설을 설치하는 지역으로서 이 법에 따라 지정된 곳을 말한다.
② 관광객의 다양한 관광 및 휴양을 위하여 각종 관광시설을 종합적으로 개발하는 관광 거점 지역으로서 이 법에 따라 지정된 곳을 말한다.
④ 관광지나 관광단지의 관리·운영 및 기능 활성화에 필요한 관광지 및 관광단지 안팎의 시설을 말한다.

정답 ③

30 관광진흥법령상 관광사업자가 본래의 용도로 계속하여 사용하는 것을 조건으로 타인에게 처분할 수 있는 관광사업의 시설이나 기구는?

① 관광숙박업의 부대시설인 식당
② 카지노업의 허가를 받는 데 필요한 시설과 기구
③ 안전성검사를 받아야 하는 유기시설 및 유기기구
④ 전문휴양업의 개별기준에 포함된 시설

핵심해설 관광시설의 타인 경영 및 처분과 위탁 경영(「관광진흥법」 제11조 제1항)
관광사업자는 관광사업의 시설 중 다음의 시설 및 기구 외의 부대시설을 타인에게 경영하도록 하거나, 그 용도로 계속하여 사용하는 것을 조건으로 타인에게 처분할 수 있다.
• 관광숙박업의 등록에 필요한 객실
• 관광객 이용시설업의 등록에 필요한 시설 중 문화체육관광부령으로 정하는 시설(전문휴양업의 개별기준에 포함된 시설)
• 카지노업의 허가를 받는 데 필요한 시설과 기구
• 안전성검사를 받아야 하는 테마파크시설
※ 2025년 8월 28일 법률 개정으로 '유원시설업'은 '테마파크업'으로, '유기시설 또는 유기기구'는 '테마파크시설'로 그 명칭이 변경되었다.

정답 ①

31 관광진흥법상 카지노사업자가 할 수 있는 행위는?

① 19세 미만인 자를 입장시키는 행위

② 선량한 풍속을 해칠 우려가 있는 광고나 선전을 하는 행위

③ 정당한 사유로 그 연도 안에 60일 미만으로 휴업하는 행위

④ 허가받은 전용영업장 외에서 영업을 하는 행위

카지노사업자 등의 준수 사항(「관광진흥법」 제28조 제1항)

카지노사업자(대통령령으로 정하는 종사원을 포함)는 다음의 어느 하나에 해당하는 행위를 하여서는 아니 된다.

• 법령에 위반되는 카지노기구를 설치하거나 사용하는 행위

• 법령을 위반하여 카지노기구 또는 시설을 변조하거나 변조된 카지노기구 또는 시설을 사용하는 행위

• 허가받은 전용영업장 외에서 영업을 하는 행위

• 내국인(「해외이주법」에 따른 해외이주자는 제외)을 입장하게 하는 행위

• 지나친 사행심을 유발하는 등 선량한 풍속을 해칠 우려가 있는 광고나 선전을 하는 행위

• 카지노업의 영업 종류에 해당하지 아니하는 영업을 하거나 영업 방법 및 배당금 등에 관한 신고를 하지 아니하고 영업하는 행위

• 총매출액을 누락시켜 관광진흥개발기금 납부금액을 감소시키는 행위

• 19세 미만인 자를 입장시키는 행위

• 정당한 사유 없이 그 연도 안에 60일 이상 휴업하는 행위

정답 ③

32 국제회의산업 육성에 관한 법률상 국제회의도시로 지정될 수 없는 곳은?

① 광역시

② 특별시

③ 시

④ 자치구

문화체육관광부장관은 대통령령으로 정하는 국제회의도시 지정기준에 맞는 특별시·광역시 및 시를 국제회의도시로 지정할 수 있다(「국제회의산업 육성에 관한 법률」 제14조 제1항).

정답 ④

33 국제회의산업 육성에 관한 법률상 문화체육관광부장관이 국외 여행자의 출국납부금 총액에서 국제회의산업의 육성재원으로 지원할 수 있는 금액의 범위는?

① 100분의 10에 해당하는 금액

② 100분의 20에 해당하는 금액

③ 100분의 30에 해당하는 금액

④ 100분의 40에 해당하는 금액

문화체육관광부장관은 이 법의 목적을 달성하기 위하여 국외 여행자의 출국납부금 총액의 100분의 10에 해당하는 금액의 범위에서 국제회의산업의 육성재원을 지원할 수 있다(「국제회의산업 육성에 관한 법률」 제16조 제1항).

정답 ①

34 국제회의산업 육성에 관한 법률상 문화체육관광부장관이 국제회의 정보의 공급·활용 및 유통을 촉진하기 위하여 사업시행기관의 추진 사업 중 지원할 수 있는 사업이 아닌 것은?

① 국제회의 정보 및 통계의 수집·분석

② 국제회의 정보의 가공 및 유통

③ 국제회의 정보망의 구축 및 운영

④ 국제회의 사업시행기관의 인사정보 제공

핵심해설 국제회의 정보의 유통 촉진(「국제회의산업 육성에 관한 법률」 제13조 제2항 및 시행규칙 제8조 제1항)
문화체육관광부장관은 국제회의 정보의 공급·활용 및 유통을 촉진하기 위하여 사업시행기관이 추진하는 다음의 사업을 지원할 수 있다.
• 국제회의 정보 및 통계의 수집·분석
• 국제회의 정보의 가공 및 유통
• 국제회의 정보망의 구축 및 운영
• 그 밖에 국제회의 정보의 유통 촉진을 위하여 필요한 사업으로 문화체육관광부령으로 정하는 사업(국제회의 정보의 활용을 위한 자료의 발간 및 배포)

정답 ④

35 관광진흥법상 관광지 지정의 효력이 상실되는 요건의 기준은?

① 고시일부터 2년 이내에 조성계획의 승인신청이 없을 때

② 고시일부터 3년 이내에 조성계획의 승인신청이 없을 때

③ 고시일부터 4년 이내에 조성계획의 승인신청이 없을 때

④ 고시일부터 5년 이내에 조성계획의 승인신청이 없을 때

핵심해설 관광지 등으로 지정·고시된 관광지 등에 대하여 그 고시일부터 2년 이내에 조성계획의 승인신청이 없으면 그 고시일부터 2년이 지난 다음 날에 그 관광지 등 지정은 효력을 상실한다. 조성계획의 효력이 상실된 관광지 등에 대하여 그 조성계획의 효력이 상실된 날부터 2년 이내에 새로운 조성계획의 승인신청이 없는 경우에도 또한 같다(「관광진흥법」 제56조 제1항).

정답 ①

36 여행 형태에 관한 설명으로 옳지 않은 것은?

① Package Tour – 주최여행의 전형적인 형태로서 여행일정 및 경비 등을 미리 정해놓고 여행자를 모집하는 여행

② Series Tour – 동일한 유형, 목적, 기간, 코스로서 정기적으로 실시되는 여행

③ Interline Tour – 여행사가 가맹 Agent를 초대하여 지역의 산업시설을 방문하고 둘러보는 여행

④ Familization Tour – 관광기관, 항공회사 등이 여행업자 등을 초정해서 관광지를 시찰시키는 여행

핵심해설 대리점 초청 여행(Interline Tour)은 항공회사가 판매 촉진을 위해 가맹 대리점을 초대하는 여행이다.

오답해설 ① 패키지여행(Package Tour) 상품은 주최여행의 전형적인 형태이다. 교통 운송 기관, 숙박 시설, 음식 시설, 관광지, 안내 서비스 등을 하나로 묶어 판매하는 여행 상품으로, 여행사는 사전에 여행 요소들을 대량으로 구입하여 기획·생산하고 있다.

② 시리즈여행(Series Tour)은 동일한 유형, 목적, 기간, 코스로 정기적으로 실시하는 여행이다. 기업체나 성지순례 등의 행사에서 주로 이용된다.

④ 시찰초대여행(Familiarization Tour, Fam Tour, 팸투어, 사전 답사여행)은 관광 촉진, 판매 증대, 방문객 증대, 호의적 보도 등을 목적으로 관광청, 항공사 등이 여행업자나 언론관계자 등을 초청해서 무료로 관광 루트나 관광지, 관광시설, 관광대상 등을 시찰시키는 여행이다.

정답 ③

더 알고가기 여행형태에 따른 분류

구 분	내 용
컨벤션여행	국제회의의 전·후·중간에 하는 여행
크루즈여행	선박을 이용하여 항해를 하면서 기항지에 하선하여 하는 여행
전세여행	여행의 구성요소 전부 또는 일부를 전세 내어 실시하는 여행
인센티브여행	기업체 등의 단체에서 업적을 수행한 직원에 대한 포상·보상의 수단으로 제공하는 여행

37 여행사의 수배업무가 아닌 것은?

① 숙박시설 예약업무
② 교통기관 수배업무
③ 쇼핑센터 예약업무
④ 여행일정 작성업무

핵심해설 여행일정표란 여행사에서 숙박, 교통, 관광지, 여행의 순서 등을 조화롭게 구성하여 한눈에 볼 수 있도록 작성한 표를 말한다. 그러므로 여행일정 작성은 여행 업무 가운데 중요한 업무 중 하나이지만 수배업무에 속하지는 않는다.

오답해설 ① · ② · ③ 여행상품을 구성하는 교통 · 숙박 · 식사 · 관광 등 여행에 필요한 여러 요소를 확보하여 개개의 예약을 행하며, 이들을 조립하여 하나의 여행을 만들어 내는 것이 수배업무이다. 즉, 수배업무는 여행목적지에서의 행사를 위해 숙박, 식당, 현지교통, 관광지, 안내 업무 등과 관련된 제반 사항을 미리 준비하고 확정하는 업무를 말한다.

정답 ④

더 알고가기 수배업무의 구분

구 분	내 용
지상수배업무	현지숙박, 관광지, 식사, 교통수단 등에 대한 수배업무를 수행하며, 담당직원을 OP(Operator)라고 부름
항공수배업무	항공예약 및 발권업무를 수행하며, 담당직원을 항공카운터 또는 카운터라고 부름

38 여행업의 주요 기능이 아닌 것은?

① 수속 대행 기능
② 발권 기능
③ 예약 및 수배 기능
④ 편의시설 제공 기능

핵심해설 편의시설 제공 기능은 관광 편의시설업의 역할이다.

오답해설 ① · ② · ③ 여행업의 주요 기능으로는 상담 기능, 수배 기능, 수속 대행 기능, 판매 대행 기능, 여행안내 기능 등이 있다. 여행업의 기능은 단지 여행상품을 판매하거나 알선하는 것에서 벗어나 여행객의 여행상품 구매를 지원하고 구매한 상품의 가치를 극대화할 수 있는 부가적 기능까지 포함한다.

정답 ④

구 분	내 용
여행편의 제공	• 여행정보 제공 및 비자발급 등 여행에 필요한 각종 업무 대행 • 국외여행인솔자를 동행시켜 여행과 관련한 각종 편의 제공 • 기타 여행객이 편리하고 편안하게 여행을 준비하고 여행을 할 수 있게 도와 주는 역할
여행수요 창출	여행객의 다양한 욕구를 충족할 수 있는 여행상품을 개발하여 여행수요를 유발하고 여행객을 만족시키는 역할
시간과 비용 절감	• 여행의 계획 및 예약 등에 소요되는 비용과 시간을 절약 • 여행객은 직접 구매하는 것보다 여행사를 통해 비용 절감 • 여행시설업자는 여행사에게 판매를 대행시켜 판매에 소요되는 비용 절약

39 숙박기간에 따른 호텔의 분류가 아닌 것은?

① 트랜지언트 호텔(Transient Hotel)

② 서버반 호텔(Suburban Hotel)

③ 레지덴셜 호텔(Residential Hotel)

④ 퍼머넌트 호텔(Permanent Hotel)

핵심해설 도시를 벗어나 한산한 교외에 건립된 호텔이다. 이 호텔은 도심지보다 지가가 저렴해서 건축비가 적게 들고 주차가 무료인데다가 전원의 분위기를 만끽할 수 있다.

오답해설 ① 교통이 편리한 장소에 위치하고, 보통 1~2일간의 단기 숙박객이 많이 이용한다.
③ 주택 형식의 호텔로서 적어도 1주일 이상의 체재객을 대상으로 한다.
④ 레지덴셜 호텔과 같은 부류에 속하지만 아파트 식의 장기 체류 고객을 전문으로 접객하는 호텔이다.

정답 ②

구 분	내 용
도시 호텔(City Hotel)	도시 중심에 자리 잡은 호텔로서 대체로 비즈니스를 목적으로 하는 고객층이 많음
휴양지 호텔(Resort Hotel)	혼잡한 도시와 멀리 떨어져 조용하고 한적한 휴양지나 교외 혹은 아름다운 자연 환경과 관광자원이 있는 지역에 건립된 호텔
서버반 호텔(Suburban Hotel)	도시에서 약간 벗어난 곳에 위치한 호텔
컨트리 호텔(Country Hotel)	교외나 산간 지역의 호텔로서 자연을 배경으로 탁 트인 테라스를 강조한 호텔
비치 호텔(Beach Hotel)	경치가 수려하고 아름다운 해변가나 호수 등지에 위치한 호텔

40 우리나라 최초의 근대호텔로서 독일인에 의해 서울에 설립된 호텔은?

① 대불호텔
② 스튜워드호텔
③ 손탁호텔
④ 반도호텔

핵심해설 1902년 독일인 손탁이 세운 손탁(Sontag)호텔은 서울에 세워진 최초의 서구식 호텔이다. 위층에는 귀빈실이 있었고, 아래층에는 객실과 식당이 있었는데, 서양 가구·장식품·악기·의류·서양 요리를 처음으로 도입하였다.

오답해설 ① 우리나라의 최초 호텔은 대불호텔로, 1888년에 인천에 3층 11실의 벽돌 건물로 건축되었다.
② 대불호텔의 영업이 호황을 이루면서 청국인 이태는 대불호텔 바로 길 건너 건물의 2층에 스튜워드호텔을 개업하였다.
④ 반도호텔은 1936년에 세워진 영국식 호텔로, 미국의 스타틀러 호텔의 경영 방식을 도입하여 일반 대중을 상대로 영업을 한 호텔이다.

정답 ③

더 알고가기 우리나라 숙박업의 발전 과정

구 분	내 용
대불호텔(1888)	한국 최초의 호텔
손탁호텔(1902)	서울에 세워진 최초의 근대식 호텔
조선호텔(1914)	한국식 + 서구식 숙박시설의 개념을 가진 호텔
반도호텔(1936)	상용호텔의 효시
워커힐 호텔(1963)	리조트호텔로 개관, 254개 객실 보유(당시 동양 최대 규모)

41 국제회의 형태 중에서 대면 토의로 진행되며, 주로 교육목적을 띤 비형식적인 모임으로 보통 30명 이하의 참가자가 전문가 1인의 주도하에 특정 분야에 대해 토론하는 회의의 형식은?

① 세미나(Seminar)
② 컨퍼런스(Conference)
③ 패널토의(Panel Discussion)
④ 심포지엄(Symposium)

핵심해설 세미나(Seminar)는 대개 30명 이하의 규모로 교육 및 연구 목적으로 행해지며, 특정 분야에 대한 지식이나 경험을 발표하고 토의한다.

오답해설 ② 컨퍼런스(Conference)는 컨벤션과 거의 유사하지만, 컨벤션에 비해 전문적인 분야에 대한 더 많은 토론이 이루어진다는 특징이 있다.
③ 패널토의(Panel Discussion)는 청중이 모인 가운데 2명 혹은 그 이상의 연사가 사회자(Moderator)의 주도하에 서로 다른 분야에서의 전문가적 견해를 발표하는 공개 토론회이다.
④ 심포지엄(Symposium)은 포럼과 유사한 형태이나 포럼에 비해 공식적이고 형식적이다.

정답 ①

구 분	내 용
공통점	전문가들이 사회자를 두고 청중과 함께 회의 진행
차이점	• 포럼 : 공공 문제와 같은 문제를 해결하기 위한 회의로, 처음부터 많은 청중이 참여 • 심포지엄 : 전문가 입장에서 발표하는 일방적인 정보 전달 형식으로, 청중 참여는 해설 정도에 그침 • 패널토의 : 서로 다른 의견을 가진 전문가들 간의 의견 조정 회의

42 카지노 게임의 왕이라 불리며, 뱅커와 플레이어의 어느 한쪽을 택하여 9 이하의 높은 점수로 승부 하는 카드 게임은?

① 블랙잭
② 룰 렛
③ 바카라
④ 포 커

핵심해설   바카라(Baccarat)
딜러가 양편으로 구분되는 참가자에게 각각 카드를 분배한 후 양측 중 카드 숫자 합이 9에 가까운 쪽을 승자로 결정하는 방식의 게임이다. 에이스(Ace)는 '1'로 계산하며, 10, J, Q, K는 '0'으로 계산한다.

오답해설   ① 딜러와 플레이어 간의 승부를 겨루는 게임으로, 게임 플레이어 카드의 합이 21을 넘지 않는 범위 내에서 딜러 카드의 합보다 높으면 이기는 게임이다.
② 딜러가 수십 개의 고정 숫자가 표시된 회전판을 돌리고 회전판 위에 반대 방향으로 공을 돌린 후 공이 낙착되는 숫자를 알아맞힌 참가자에게 소정의 당첨금을 지불하는 방식의 게임이다.
④ 딜러가 참가자에게 일정한 방식으로 카드를 분배한 후 미리 정해진 카드 순으로(포커랭 순위) 기준에 따라 참가 자 중 가장 높은 순위의 카드를 가진 참가자가 우승자가 되는 게임이다.

정답 ③

더 알고가기   카지노 게임의 구분(「관광진흥법 시행규칙」 별표8)

구 분	내 용
테이블 및 전자테이블게임 (딜러 운영 및 무인 전자테이블게임)	룰렛(Roulette), 블랙잭(Blackjack), 다이스(Dice, Craps), 포커(Poker), 바카라(Baccarat), 다 이사이(Tai Sai), 키노(Keno), 빅 휠(Big Wheel), 빠이 까우(Pai Cow), 판 탄(Fan Tan), 조커 세븐(Joker Seven), 라운드 크랩스(Round Craps), 트란타 콰란타(Trent Et Quarante), 프렌치 볼(French Boule), 차카락(Chuck – A – Luck), 빙고(Bingo), 마작(Mahjong), 카지노 워 (Casino War)
머신게임	슬롯머신(Slot Machine), 비디오게임(Video Game)

43 관광의 구성요소 중 관광의 매체에 해당하지 않는 것은?

① 관광교통   ② 숙박시설

③ 관광객   ④ 여행사

핵심해설 관광의 구성 요소 중 관광객은 수요자인 동시에 소비자이고 관광시장을 형성하는 최대 요소로 관광주체이다.

오답해설 관광의 주체와 객체를 연결하는 역할, 즉 관광객의 욕구와 관광대상을 결합하는 역할을 하는 것을 관광매체라고 한다. 기본적으로 교통 운송업, 여행업, 숙박업, 위락시설의 기업군과 같은 이동 및 체재 수단과 정보를 통틀어 말한다.

정답 ③

더 알고가기   **관광과 관광사업**

관광과 관광사업의 개념상 차이는 양자간의 구조상 차이점을 살펴봄으로써 알 수 있다. 즉, 관광은 관광주체, 관광객체, 관광매체의 3자로 이루어지며, 이들은 서로 유기적이다. 따라서 관광주체와 관광객체 사이에 성립되는 관광의 효용성 관광매체인 관광사업을 개입시키면서 증대되며 관광수요도 증가한다.

---

44 관광사업의 특성으로 옳지 않은 것은?

① 입지의존성이 약하다.

② 공익적 성격을 띠고 있다.

③ 외부환경에 민감하게 영향을 받는다.

④ 서비스집중 사업이다.

핵심해설 모든 관광지는 유·무형의 관광자원을 소재로 각기 특색 있는 관광지를 형성하고 있다. 그러므로 관광사업은 관광지의 유형, 기후 조건, 교통 사정 등 입지적 요인의 의존이라는 제약을 받게 된다. 동시에 시장의 규모, 체재 여부, 현지 조달 가능 재료, 인력 공급 등의 경영적 환경과 다양한 관광객의 계층과 소비 성향의 차이에도 큰 영향을 받게 된다.

오답해설 ②·③·④ 관광사업은 서비스 지향성, 입지의 의존성, 복합성, 공익성 및 수익성, 변동성 등의 주요 특성을 가지고 있으며, 이외에도 여러 가지 특성이 존재한다.

정답 ①

더 알고가기   **관광사업의 복합성**

구 분	내 용
사업 주체의 복합성	• 사업 주체란 사업을 주관하여 소기의 목적을 달성하는 조직을 말하며, 관광사업은 공적 기관 및 민간 기업 등 다양한 주체가 존재함 • 공적 기관 및 민간 기업이 역할을 분담하여 공동으로 일을 추진하는 경우가 많음
사업 내용의 복합성	관광사업은 여러 가지 업종이 모여 하나의 통합된 사업이 완성됨

45 관광의 문화효과 중 부정적 효과에 해당하지 않는 것은?

① 지역 고유 언어의 변질
② 국제교류 증진
③ 문화재 파괴
④ 지역문화의 고유성 상실

핵심해설 관광의 활성화를 통해 관광지와 대상 국가를 내·외국인에게 홍보하여 국가 이미지 제고에 일익을 담당하게 되며, 문화적 교류를 통해 타 지역의 문화를 이해하고 서로 신뢰를 쌓을 수 있는 좋은 계기가 되므로 관광의 긍정적 효과에 해당한다.

오답해설 ①·④ 관광지의 문화와 관광객들의 문화가 서로 접촉하면 지역 고유 언어 등 관광지의 고유문화는 그 원형을 유지하기 어렵게 되며, 관광객들의 문화와 혼합되어 지역문화의 고유성이 상실되기 쉽다.
③ 관광객 유치에 성공한 지역에서는 관광객의 과도한 이용으로 문화재 훼손이 발생한다.

정답 ②

더 알고가기 관광의 사회·문화적 효과

구 분	내 용
긍정적 효과	• 국제친선 및 문화교류의 확대 • 교육 기회의 증대 • 교육 수준 향상 및 생활환경의 개선 • 인구 구조의 변화와 여성의 지위 향상
부정적 효과	• 관광지 주변 혼잡 및 사회문제 발생 • 전통문화와 사회 구조의 붕괴 • 관광객들의 행동을 보고 모방하는 전시효과(Demonstration Effect) 발생 • 문화의 상품화

46 KTO는 어떤 관광행정조직을 의미하는 약어인가?

① 정부관광행정기구
② 지방관광기구
③ 경북관광개발공사
④ 한국관광공사

핵심해설 관광행정기관의 정책 수립과 집행을 지원하는 공공기관 중 한국관광공사(KTO ; Korea Tourism Organization)는 관광객에 대한 편의 제공 및 외국관광객 유치에 필요한 사업을 수행하는데, 관광진흥, 관광자원 개발, 관광산업의 연구 · 개발 및 관광 관련 전문 인력의 양성 · 훈련에 관한 사업 등을 실행한다.

오답해설 ① 관광 목적지 마케팅 조직(DMO) 중 중앙정부관광기구는 NTO(National Tourism Organization)로 불린다.
② 지방관광기구나, ③ 경북관광개발공사는 지방 정부 수준의 RTO(Regional Tourism Organization, 지역관광공사)이다. 이외에도 관광 목적지 마케팅 조직(DMO)에는 비영리 단체로서 CVB(Convention & Visitors Bureau, 컨벤션뷰로) 등이 있다.

정답 ④

더 알고가기 대표적인 관광정보시스템 웹사이트

- 한국관광공사 : www.knto.or.kr
- 관광지식정보시스템 : www.tour.go.kr
- 한국관광공사(대한민국 구석구석) : korean.visitkorea.or.kr

PART 01

47 관광정책에 관한 설명으로 옳지 않은 것은?

① 관광산업은 1988년 올림픽을 계기로 국가 전략산업으로 지정되었다.

② 관광산업의 진흥을 목적으로 한다.

③ 관광 관련 문제를 해결하기 위해 국가나 공공단체가 추진하는 모든 활동이다.

④ 관광촉진을 위한 조직적 활동의 총체이다.

핵심해설 1975년 관광산업은 국가 전략산업으로 지정되어 획기적인 발전의 전기를 맞이하게 되었다. 특히 정부는 국제관광 진흥의 기본방향을 경제개발계획에 포함하여 국가의 주요 전략산업으로 발전시키기로 했다. 1970년대에는 우리나라 최초의 종합관광단지인 경주 보문단지 등 대규모의 관광단지개발과 함께 국립공원과 국민관광지를 지정하여 개발을 본격화하였다.

오답해설 ② 관광정책은 관광산업의 진흥을 목적으로 하는 것이며, 따라서 그 본질적 내용은 선전이다.
③ 관광정책은 관광발전을 도모하기 위한 국가나 공공단체가 추진하는 일련의 행동이다.
④ 관광정책이란 관광환경의 변화에 대응하여 중앙정부 및 지방자치단체가 관광의 수요 및 공급 요소를 종합적으로 조성·촉진·구제하여 관광발전을 도모하기 위한 일련의 행동이다.

정답 ①

| 더 알고가기 | 우리나라 관광정책의 발전 과정 |

구 분	내 용
1960년대	관광 기반 조성과 외래관광객 유치 목표 시기
1970년대	국제관광 진흥 및 국내관광 진흥의 시기
1980년대	서울올림픽 개최와 국민 해외관광 자유화 시기
1990년대	국제관광의 진흥과 국민관광 활성화의 고도화로 국제 경쟁력 향상과 국민관광 기회 확대
2000년대	남북 관광 교류·협력, 관광 개발을 통한 국가 균형 발전, 국제관광 경쟁력 확보, 국가전략산업으로서의 관광 산업 육성 등 관광 정책 다변화 시기

48 국민관광에 관한 설명으로 옳지 않은 것은?

① 불특정다수의 모든 국민이 대상이다.

② 내·외국인의 국내관광이다.

③ 내국인의 국외관광이 포함된다.

④ Social Tourism을 포함한다.

핵심해설 국민관광은 특정국가 거주자가 지역에 상관없이 행하는 관광 활동을 포함하는 유형이다.

오답해설 ①·③ 자국민이 즐기는 국내관광과 국제관광을 모두 일컬어 국민관광으로 부르는데, 이는 자국민이 우리나라 내의 타 지역을 대상으로 하는 국내관광과 국경을 넘어 타국을 대상으로 하는 국제관광으로 나뉜다.

④ 국민관광에는 국내든 국제든 관광을 즐기는 대상에서 소외된 계층을 위해 특별히 복지 차원에서 제공하는 복지 관광(Social Tourism)이 있다.

정답 ②

더 알고가기 관광 유형의 분류

구 분	내 용
국내관광	특정국가 거주자 유무에 상관없이 특정국가 내에서의 관광
국제관광	특정국가를 중심으로 비거주자의 국내관광과 거주자의 해외관광
국민관광	특정국가 거주자가 지역에 상관없이 행하는 관광 활동

49 국제관광기구의 약어에 대한 표기로 옳은 것은?

① UNWTO – 동아시아관광협회

② ATAM – 미주여행업협회

③ ASTA – 아시아·태평양경제협력기구

④ PATA – 아시아·태평양관광협회

핵심해설 PATA(Pacific Area Travel Association)는 아시아·태평양관광협회로, 아시아 지역을 중심으로 아시아·태평양 지역 내 관광 교류 촉진, 관광을 통한 부가가치 창출 및 관광 산업 발전을 목적으로 설립되었다.

오답해설 ① UNWTO – 세계관광기구, ② ASTA – 미주(국)여행업협회, ③ APEC – 아시아·태평양경제협력체이다.

정답 ④

더 알고가기 국제관광 관련 기구의 종류

- APEC : 아시아·태평양경제협력체
- ASTA : 미주(국)여행업협회
- EATA : 동아시아관광협회
- IATA : 국제항공운송협회
- PATA : 아시아·태평양관광협회
- UNWTO : 세계관광기구
- WATA : 세계여행업자협회

50 전통적 관광마케팅 믹스 4P에 해당하는 것으로만 옳게 짝지어진 것은?

① Project – Product

② Price – Promotion

③ Plan – People

④ Place – Physical Evidence

핵심해설 마케팅 믹스는 마케팅 관리자가 수립된 마케팅 목표를 달성하기 위해 소비자에게 전달하는 여러 가지 마케팅 수단들의 조합을 말한다. 제조업 중심에서 마케팅 믹스는 제품(Product), 가격(Price), 유통(Place), 촉진(Promotion)의 4P를 최적으로 조합하여 고객에게 제시하는 것을 의미하는데, 소비자에 의해 수용된 마케팅 믹스는 특정 제품이나 기업에 대한 포지션으로 구체화된다.

정답 ②

더 알고가기 마케팅 관리 체계

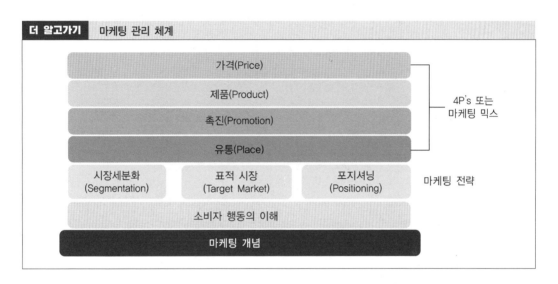

PART 01

교육은 우리 자신의 무지를 점차 발견해 가는 과정이다.

— 윌 듀란트 —

PART 02

2차 면접 기출문제

Chapter 01 2024년 면접 기출문제

Chapter 02 2023년 면접 기출문제

Chapter 03 2022년 면접 기출문제

Chapter 04 2021년 면접 기출문제

Chapter 05 2020년 면접 기출문제

Chapter 06 2019년 면접 기출문제

Chapter 07 2018년 면접 기출문제

Chapter 08 2017년 면접 기출문제

Chapter 09 2016년 면접 기출문제

Chapter 10 2015년 면접 기출문제

많이 보고 많이 겪고 많이 공부하는 것은 배움의 세 기둥이다.

– 벤자민 디즈라엘리 –

끝까지 책임진다! 시대에듀!

QR코드를 통해 도서 출간 이후 발견된 오류나 개정법령, 변경된 시험 정보, 최신기출문제, 도서 업데이트 자료 등이 있는지 확인해 보세요! **시대에듀 합격 스마트 앱**을 통해서도 알려 드리고 있으니 구글 플레이나 앱 스토어에서 다운받아 사용하세요. 또한, 파본 도서인 경우에는 구입하신 곳에서 교환해 드립니다.

01 2024년 면접 기출문제

01 메가이벤트의 단점에 대해 말해 보세요.

┃ 모범 답안

메가이벤트란 월드컵, 올림픽, 엑스포 등과 같은 대규모의 행사를 말합니다. 메가이벤트는 막대한 예산 소모와 환경문제를 일으킨다는 단점이 있습니다.

우선 이벤트 개최를 위해 막대한 예산을 사용하게 됩니다. 개최지의 도로와 거리를 정비하고, 개최장소 건축 혹은 보수, 수많은 사람을 수용할 수 있는 숙박과 교통 시스템 구축 등 인프라를 개선하기 위해 많은 국가 예산을 사용합니다.

환경문제 역시 메가이벤트의 단점이라고 볼 수 있습니다. 메가이벤트 개최장소를 건설하기 위해 자연을 파괴하고 훼손한 사례를 흔하게 찾아볼 수 있습니다. 일례로 2018년 평창 동계올림픽 알파인 경기를 위해 가리왕산의 나무 약 5만 그루를 벌목하였는데 올림픽이 끝난지 7년이 지났지만 여전히 방치 중에 있습니다. 자연훼손뿐만 아니라 건설공사 시 발생하는 각종 소음, 미세먼지, 탄소배출 역시 환경오염의 주범이라고 할 수 있습니다. 이에 따라 최근 올림픽 개최지들은 탄소배출을 줄이기 위해 경기장을 새로 짓는 대신, 기존에 있던 장소를 최대한 활용하는 등 환경보존에 힘쓰고 있습니다.

PART 02

02 우리나라 향토주 중 5가지를 골라 설명해 보세요.

| 모범 답안

우리나라 대표 향토주에는 서울 문배주, 면천 두견주, 경주 교동법주, 한산 소곡주, 제주 오메기술 등이 있습니다.

서울 문배주, 면천 두견주, 경주 교동법주는 국가무형유산으로 지정되어있습니다. 문배주는 평안도 지방에서 전승되어 오는 술로, 문배나무의 과실을 전혀 사용하지 않고도 문배향을 풍기는 특징 때문에 붙여진 이름입니다. 두견주는 진달래 꽃잎을 섞어 담는 향기 나는 술로 진달래꽃을 두견화라고도 하여 두견주라고 부릅니다. 교동법주는 경북 경주시 교동에 있는 최부자 집에서 대대로 빚어 온 전통 있는 술입니다. 물과 누룩과 쌀로 빚어지는 순수한 곡주로서, 색은 밝고 투명한 미황색을 띠며, 곡주 특유의 향기와 단맛, 약간의 신맛을 지니고 있습니다.

한산 소곡주는 충청남도의 무형유산으로 조선시대에 들어 가장 많이 알려진 술로 〈동국세시기〉, 〈경도잡지〉, 〈시의전서〉, 〈규합총서〉 등에 제조법이 기록되어 있습니다. 제주 오메기술은 제주특별자치도의 무형유산으로 제주도는 논이 매우 귀하여 쌀로 술을 빚지 않고 '조'로 술을 빚는 것이 특징입니다.

03 관광자원의 특성에 대해 말해 보세요.

| 모범 답안

관광자원은 관광객의 관광욕구의 대상이자 관광행동의 목표가 되어 관광객을 흡인하는 데 기여하는 유·무형의 일체로, 관광객의 관광동기나 관광욕구를 충족하고 나아가 관광행동을 일으키는 것입니다.

관광자원의 개념적 특성으로는 매력성, 유인성, 개발성, 보호·보존요구성, 가치의 변화성, 범위의 다양성, 자연과 인간의 상호작용이 있고, 일반적 특성에는 비소모성, 비이동성, 유인성, 가변성, 경제성, 희소성, 다양성, 보존성이 있습니다.

면접정복 TIP | **관광자원의 개념적 특성**

- 매력성 : 관광욕구를 가지고 있는 사람의 마음을 사로잡을 수 있는 힘을 지니고 있어야 한다.
- 유인성 : 관광객의 관광행동을 끌어들이는 유인성을 띠고 있다.
- 개발성 : 관광자원은 개발을 통해 관광대상이 된다. 관광자원으로서의 가치가 발현되기 위해서는 일정 수준의 개발이 필요하다.
- 보호·보존요구성 : 관광자원은 보존과 보호를 필요로 한다. 관광욕구 충족 및 관광경험의 질을 유지·향상하기 위해서 보존·보호되어야 한다.
- 가치의 변화성 : 관광자원은 시대나 사회구조에 따라서 그 가치를 달리한다.
- 범위의 다양성 : 관광자원은 유·무형자원, 자연 및 인문자원 등 그 범위가 다양하다.
- 자연과 인간의 상호작용 : 관광자원은 자연과 인간의 상호작용의 결과이다.

PART 02

04 국내여행안내사의 매력에 대해 말해 보세요.

┃ 모범 답안

첫 번째로 다양한 사람과 소통할 수 있다는 점이 매력적으로 다가옵니다. 여행객들에게 재미있고 유익한 정보를 전달함과 동시에 다양한 연령대와 배경을 가진 사람과의 만남을 통해 저 역시 그들에게서 새로운 것을 배우게 됩니다. 그 안에서 나를 되돌아보고, 동기부여 받아 인간적인 성장을 이뤄낼 수 있다는 점이 매력적입니다.

두 번째는 자유로운 근무환경입니다. 정해진 사무실이 아니라 다양한 장소에서 일할 수 있다는 점이 큰 매력으로 다가옵니다. 계절, 트렌드, 장소에 따라 변화하는 여행상품을 기획하고 운영하면서 매번 색다른 경험을 할 수 있습니다.

마지막으로, 배움이 끊이지 않는 직업이라는 점입니다. 여행지의 역사, 문화, 전통을 설명하기 위해서는 폭넓은 지식을 갖춰야 하며, 이를 쉽고 재미있게 전달하기 위해 끊임없이 공부하고 연구해야 합니다. 이러한 지속적인 배움을 통해 꾸준히 성장할 수 있다는 점이 국내여행안내사의 또 다른 매력이라고 생각합니다.

05 국내여행안내사의 덕목에 대해 설명해 보세요.

| 모범 답안

먼저 인솔자로서 강한 리더십과 책임감을 가지고 있어야 합니다. 여행이 계획대로 원활하게 진행될 수 있도록 관광객을 이끌며, 집중하지 못하는 관광객에게는 주의를 주기도 하고, 부상과 사고 방지를 위해 안전에 대한 당부도 지속적으로 해야 합니다. 또한, 모든 관광객이 빠짐없이 즐겁게 참여할 수 있도록 세심하게 배려하는 것도 중요합니다.

그리고 서비스 마인드를 잊지 않아야 합니다. 국내여행안내사는 관광객에게 편의와 정보를 제공하는 직업으로, 친절한 태도와 따뜻한 미소, 적극적인 자세를 갖추고 있어야 합니다. 관광객이 편안하고 즐겁게 여행할 수 있도록 항상 그들의 입장에서 생각하고 행동하는 자세가 필요합니다.

06 관광사업의 종류에 대해 설명해 보세요.

| 모범 답안

「관광진흥법」에 따르면 관광사업에는 여행업, 관광숙박업, 관광객이용시설업, 국제회의업, 카지노업, 테마파크업, 관광편의시설업이 있습니다.

첫째, 여행업은 여행자 또는 운송시설과 숙박시설, 그 밖에 여행에 딸리는 시설의 경영자 등을 위하여 그 시설 이용 알선이나 계약 체결의 대리, 여행에 관한 안내, 그 밖의 여행 편의를 제공하는 업으로 종합여행업, 국내외여행업, 국내여행업으로 분류합니다.

둘째, 관광숙박업에는 호텔업과 휴양 콘도미니엄업이 있습니다. 호텔업은 관광객의 숙박에 적합한 시설을 갖추어 이를 관광객에게 제공하거나 숙박에 딸리는 음식, 운동, 오락, 휴양, 공연 또는 연수에 적합한 시설 등을 함께 갖추어 이를 이용하게 하는 업이고, 휴양 콘도미니엄업은 관광객의 숙박과 취사에 적합한 시설을 갖추어 이를 그 시설의 회원이나 소유자 등, 그 밖의 관광객에게 제공하거나 숙박에 딸리는 음식, 운동, 오락, 휴양, 공연 또는 연수에 적합한 시설 등을 함께 갖추어 이를 이용하게 하는 업입니다.

셋째, 관광객이용시설업은 관광객을 위하여 음식, 운동, 오락, 휴양, 문화, 예술 또는 레저 등 적합한 시설을 갖추어 이를 관광객에게 이용하게 하는 업과 대통령령으로 정하는 2종 이상의 시설과 관광숙박업의 시설 등을 함께 갖추어 이를 회원이나 그 밖의 관광객에게 이용하게 하는 업, 마지막으로 야영에 적합한 시설 및 설비 등을 갖추고 야영 편의를 제공하는 시설을 관광객에게 이용하게 하는 야영장업이 있습니다.

넷째, 국제회의업은 대규모 관광 수요를 유발하여 관광산업 진흥에 기여하는 국제회의(세미나, 토론회, 전시회, 기업회의 등을 포함)를 개최할 수 있는 시설을 설치 또는 운영하거나 국제회의의 기획, 준비, 진행 및 그 밖에 이와 관련된 업무를 위탁받아 대행하는 업입니다.

카지노업은 전문 영업장을 갖추고 주사위, 트럼프, 슬롯머신 등 특정한 기구 등을 이용하여 우연의 결과에 따라 특정인에게 재산상의 이익을 주고 다른 참가자에게 손실을 주는 행위 등을 하는 업입니다.

다섯째, 테마파크업은 테마파크시설을 갖추어 이를 관광객에게 이용하게 하는 업으로 다른 영업을 경영하면서 관광객의 유치 또는 광고 등을 목적으로 테마파크시설을 설치하여 이를 이용하게 하는 경우를 포함합니다.

마지막으로 관광 편의시설업은 위의 규정에 따른 관광사업 외에 관광 진흥에 이바지할 수 있다고 인정되는 사업이나 시설 등을 운영하는 업입니다.

07 한류가 관광에 미치는 영향에 대해 말해 보세요.

| 모범 답안

한류는 한국의 영화·방송·음악 등 대중문화가 해외에 알려지는 현상입니다.

최근 〈오징어게임〉 시즌 1과 2가 글로벌 OTT(Over The Top) 플랫폼인 넷플릭스에서 전 세계적인 화제를 불러일으키면서, 한국문화관광연구원은 〈오징어게임〉의 열풍으로 방한 외국인 관광객이 두 배 증가했다는 통계를 발표하였습니다. 영화나 드라마뿐만 아니라 K-pop 아이돌들의 공연을 관람하거나 그들이 방문했던 식당, 장소, 지역을 직접 찾아가기 위해 한국을 방문하는 외국인도 증가하고 있습니다.

한류 콘텐츠를 즐기다 보면 자연스럽게 촬영장소에 방문하고 싶다는 생각이 들게 됩니다. 이는 스크린 투어리즘의 한 형태로 스크린 투어리즘이란 영화나 드라마의 흥행으로 화면에 나온 촬영지에 방문객을 유도하는 특별관광 유형입니다. 이에 2023년 한국관광공사는 51개의 한류 관광 대표코스를 선정하였고 그중 14개의 코스를 엄선하여 소개하는 〈한류위키〉를 제작하였습니다. 〈한류위키〉에 소개된 코스에는 세계적인 인기를 자랑하는 K-pop 그룹 BTS의 뮤직비디오 촬영지, 드라마 〈오징어게임〉의 촬영지 등 전 세계 한류 팬들의 여행 욕구를 자극할만한 흥미로운 주제들이 담겨있습니다.

이처럼 한류는 관광산업에 큰 영향을 미치고 있습니다. 계속해서 더욱 경쟁력 있는 한류 콘텐츠를 개발하고, 스크린 투어리즘을 활성화한다면 더 많은 외국인 관광객을 유치할 수 있을 것입니다.

한국 전통문화가 해외문화에 비해 가진 매력은 무엇입니까?

| 모범 답안

한국 전통문화는 단순히 옛것이 아닌, 깊이 있는 역사적 배경과 조화로운 미, 독창적인 예술, 그리고 공동체적 가치를 중시하는 등 해외문화와 차별화된 매력을 지니고 있습니다.

먼저, 한국 전통문화는 오랜 역사와 깊이 있는 스토리가 있습니다. 5,000년 이상의 역사를 자랑하는 한반도에는 구석기시대부터 근대까지의 유물과 그 기록들이 고스란히 전해져 오고 있습니다. 이는 단순한 유물이나 관습을 넘어 조상들의 철학과 생활방식이 녹아든 문화적 가치를 지니고 있다는 것을 증명하며 그 의미를 더욱 풍성하게 만들어줍니다.

또한, 한국의 전통 미술은 자연과의 조화를 중시하며, 다양한 전통 예술과 공연은 외국인의 눈과 귀를 사로잡는 데 충분한 매력을 가지고 있습니다. 한국만의 독창적인 리듬과 정서를 담고 있는 판소리, 탈춤, 사물놀이는 서정적이면서도 강렬한 에너지를 발산하며 큰 감동을 선사합니다.

마지막으로 개인주의적 성향이 강한 해외문화에 반해 한국 전통문화는 가족과 이웃, 친구 간의 관계를 중시하는 공동체 문화를 가지고 있습니다. 많은 사람이 "한국 문화" 하면 가장 먼저 '정(情)'을 떠올리는데, '정'은 사람들과 나누고 서로 도우며 공동체의 결속을 강화하는 중요한 역할을 합니다. 이러한 문화를 직접 체험할 수 있는 행사에 참여한다면 함께하는 즐거움을 느끼고 한국만의 독특하고 차별화된 문화를 깊이 이해할 수 있을 것입니다.

[민속놀이]

[탈 춤]

09 소음문제로 관광객과 주민들 사이에 마찰이 일어난다면 어떻게 대처하겠습니까?

┃ 모범 답안

국내여행안내사로서 관광객과 주민 모두가 만족할 수 있도록 균형을 맞추는 것이 중요합니다. 먼저 관광객에게는 이해를 구하여 해당 지역의 생활 환경과 주민들의 불편함을 설명하고, 소음을 줄여줄 것을 요청합니다. 지역 주민에게는 관광객에게 소음을 자제해달라는 요청을 했음을 알려 문제 해결을 위해 노력하고 있다는 사실을 전달합니다. 만약 갈등이 깊어져 중재를 해야 하는 상황이 생긴다면 감정적으로 대응하지 않고 양측의 의견을 존중하며 차분한 태도로 경청하면서 조율해나갈 것입니다.

소음문제는 낮보다는 밤에 발생할 확률이 높을 것입니다. 여행 시작 전, 소음문제 예방을 위해 관광지 주변에도 거주하는 사람이 있음을 알려주고 해당 지역의 생활 규칙 및 여행 에티켓을 사전에 안내할 것입니다.

10 슬로시티의 개념과 국내 슬로시티 현황에 대해 말해 보세요.

| 모범 답안

슬로시티(Slow City) 운동은 느림의 미학(Slow is better), 즉 자연친화적 환경 속에서 지역 고유의 먹거리와 전통문화를 느끼며 삶의 질적 향상을 추구하고, 현대인들의 인간다움 회복 및 마음의 고향을 제공하고자 하는 운동입니다. 슬로시티의 슬로(Slow)의 의미는 단순히 빠르다(Fast)의 반대 의미인 '느리다'라는 의미보다는, 개인과 공동체의 소중한 가치에 대해 재인식하고, 여유와 균형 그리고 조화를 찾아보자는 의미입니다. 이는 결코 현대 문명을 부정하거나 반대하는 것이 아니며, 지역의 정체성을 찾고, 옛것과 새것의 조화를 위해 현대의 기술을 활용하는 것을 지향하고 있습니다. 1999년 이탈리아에서 현대 사회의 상징인 패스트푸드에 대한 저항으로 시작되었으며, 유럽을 비롯한 여러 국가와 도시가 슬로시티 국제연맹에 가입되어 있습니다.

우리나라의 슬로시티(2025년 2월 기준)는 전남 신안군 증도, 전남 완도군 청산도, 전남 담양군 창평면을 포함하여 경남 하동군 악양면(차 재배지로서 세계 최초), 충남 예산군 대흥면, 전북 전주시 한옥마을, 경북 상주시 함창·이안·공검면, 경북 청송군 주왕산·파천면, 강원도 영월군 김삿갓면, 충북 제천시 수산면, 충남 태안군 소원면, 경북 영양군 석보면, 경남 김해시 봉하마을·화포천습지생태공원, 충남 서천군 한산면, 강원도 춘천시 실레마을, 전남 장흥군 유치면·방촌문화마을이 있습니다.

※ 출처 : 한국슬로시티본부(https://cittaslow.co.kr/)

면접정복 TIP

슬로시티(Slow City) 가입조건은 인구가 5만 명 이하이고, 도시와 주변 환경을 고려한 환경 정책실시, 유기농 식품의 생산과 소비, 전통 음식과 문화 보존 등의 조건을 충족해야 합니다. 도시화, 산업화로 인하여 우리 주변에서 갈수록 전원풍경이 사라져 가고 있는 가운데 비교적 자연경관 및 전통자원이 남아있는 지역의 슬로시티 지정은 그 의미가 작지 않습니다. 이들 지역이 보유하고 있는 지역성, 청정성, 전통성 등의 잠재력을 극대화한다면 지역의 브랜드 가치를 높이는 데도 크게 기여할 것으로 기대됩니다.

02 2023년 면접 기출문제

01 소개하고 싶은 한국의 관광지와 그 이유를 말해 보세요.

┃ 모범 답안

저는 경상북도 경주시를 소개하고 싶습니다. 경주는 한국의 역사와 전통이 어우러진 곳으로, 다양한 관광 명소와 국가유산이 풍부합니다. 세계유산인 석굴암과 불국사를 비롯해 첨성대, 경주 역사 유적지, 안압지 등 역사적인 장소가 많이 있습니다. 또한 경주는 아름다운 자연경관과 함께 전국적으로 유명한 체험 관광 지로 발전하고 있습니다. 고즈넉한 분위기 속에서 전통 음식과 전통 문화를 경험할 수 있으며, 다양한 체험프로그램을 통해 한국의 역사와 문화를 직접 체험할 수 있는 곳입니다. 경주를 방문하면 한국의 아름 다운 역사와 문화를 경험할 수 있을 뿐만 아니라 힐링과 휴식을 경험할 수 있을 것입니다.

02 공정여행에 대해 설명해 보세요.

| 모범 답안

공정여행(公正旅行, Fair Tourism)은 관광산업에서의 사회적 책임을 강조하는 여행 형태를 말합니다. 이는 관광지 현지 주민들의 이익을 존중하고 보호하며, 지속가능한 방법으로 여행을 즐기는 것을 의미합니다. 공정여행의 목표는 지역 사회와 문화에 존중을 기반으로 한 관광 활동을 통해 지역 발전과 지속가능한 관광 산업을 육성하는 것입니다. 공정여행을 위해 지역 사회와 협력하여 지속가능한 관광 활동을 실천하는 태도, 환경 보호를 중시하고 지역 생태계를 보호하는 관광 프로그램, 지역 문화와 전통을 존중하며 현지인들과의 문화 교류를 강조하는 정책이 필요합니다.

03 금강산의 계절별 이름과 그 유래를 설명해 보세요.

| 모범 답안

금강산은 계절마다 금강산이 보여주는 풍경이 각각 다르기 때문에 네 가지 이름으로 불립니다.

봄에는 금강산(金剛山)으로 불립니다. 원래 '금강'이란 금속처럼 굳고 빛나는 것을 지칭하는 말인데, 지난날 승려들이 먼 곳에서 바라보면 굳은 바위벼랑들이 햇빛에 빛나는 것이 금으로 만든 산을 연상케 한다고 하여 《화엄경》에 나오는 '금강산'과 결부하여 이 산을 '금강'이라 이름을 붙였습니다.

여름에는 봉래산(蓬萊山)으로 불립니다. 원래 '봉래(蓬萊)'는 우거진 쑥과 명아주인데 산봉우리와 층암절벽에 흰 구름이 감돌고 산에는 녹음으로 울창한 산의 모습에 빗대고, 갖가지 아름다운 새소리와 요란한 폭포소리로 조화를 이룬다 하여 이러한 이름을 붙였습니다.

가을에는 풍악산(楓嶽山)으로 불립니다. 가을이면 온 산이 울긋불긋한 단풍으로 불타고 벽계수가 흐른다 하여 이름을 붙였습니다.

겨울에는 개골산(皆骨山)으로 불립니다. 겨울이면 온 산이 눈꽃과 얼음기둥으로 덮여 특이한 경치를 이룬다 하여 이러한 이름을 붙였습니다.

그 외에도 눈이 내렸을 땐 설봉산(雪峰山), 산봉우리가 서릿발 같다고 상악산(霜嶽山), 신선이 산다 하여 선산(仙山) 등으로도 불립니다.

※ 국가지식포털 북한지역정보넷(http://www.cybernk.net/)

04 국내여행안내사로서 일하는 중에 응급환자가 발생하면 어떻게 대처하겠습니까?

| 모범 답안

응급환자가 발생했을 때 안내사로서 대처해야 할 중요한 절차가 있습니다. 먼저 응급상황임을 인지하고 주변 사람들에게 도움을 요청해야 합니다. 119 소방서나 가까운 응급실 및 관광명소 내의 응급상황실에 연락하여 응급구조대에 신속하게 연락하고 응급조치를 요청해야 합니다. 응급환자의 안전을 최우선으로 고려하여 가장 먼저 응급처치를 시행하고, 응급구조대가 도착할 때까지 응급환자와 함께 있어야 합니다. 또한 응급환자의 가족 또는 동행자에게 상황을 설명하고 필요한 정보를 제공하여 협조를 요청해야 합니다. 응급상황에서는 신속하고 안정적인 대처가 중요하므로 국내여행안내사는 놀라지 말고 침착하게 대응하여야 합니다.

05 관광자원의 의미를 말해 보세요.

▌모범 답안

관광자원은 관광객의 관광욕구의 대상이자 관광행동의 목표가 되어 관광객을 흡인하는 데 기여하는 유·무형의 일체로, 관광객의 관광동기나 관광욕구를 충족하고 나아가 관광행동을 일으키는 것입니다. 이러한 관광자원에는 자연적 관광자원, 문화적 관광자원, 사회적 관광자원, 산업적 관광자원, 관광레크리에이션 자원, 인적 관광자원, 비인적 관광자원이 있습니다.

면접정복 TIP	국내 학자별 관광자원의 정의
이장춘	인간의 관광동기를 충족할 수 있는 생태계 내의 유·무형의 제 자원으로서 보호·보존하지 않으면 가치가 상실·감소될 성질을 내포하고 있는 자원임.
안종윤	관광대상이 될 수 있는 소재로서, 이것을 개발함으로써 관광의 대상으로 삼을 수 있으며 보존·보호하지 않으면 훼손되고 감소되는 자원임.
김진섭	관광객으로 하여금 관광행동을 일으키는 것이기 때문에 관광객에 대하여 매력과 유인성이 있으며, 목적과 형태에 따라 다양하고, 그 범위는 비한정적이며, 또한 자연적으로 파괴되거나 인위적으로 파손되기 쉬우므로 보호가 필요함. 자연 그대로의 관광자원과 인공적으로 개발된 관광자원으로 구분됨.
이 근	인간의 관광욕구와 동기를 충족할 수 있는 자연적·인문적 대상의 총체로서 매력성과 자력성이 있는 소재적 자원임.
박석희	관광객의 관광동기나 관광행동을 유발하게끔 매력과 유인성이 있으면서 관광활동을 원활히 하기 위해 필요한 제반 요소이며, 보존·보호가 필요함. 관광자원이 지닌 가치는 관광객과 시대에 따라 변화되며 비소모성·비이동성이 있음.
김홍운	관광객 욕구나 동기를 일으키는 매력성과 관광행동을 유발하는 유인성이 있으며, 개발로써 관광대상이 되는, 자연과 인간의 상호작용의 결과물. 자원의 범위는 자연 및 인문자원과 유·무형의 자원으로 범위가 넓으며, 사회구조와 시대에 따라 달라져 보호 또는 보존이 필요함.
김정배·정승일	관광의 주체인 관광객으로 하여금 관광동기나 의욕을 충족하고, 나아가 관광행동을 일으키는 목적물로서 유·무형의 관광대상임.

06 무형유산 5가지를 나열하고 각각 설명해 보세요.

┃ 모범 답안

윷놀이, 줄다리기, 연날리기, 놋다리밟기, 차전놀이에 대해 설명드리겠습니다.

윷놀이는 전통적인 한국의 놀이로, 네 개의 윷을 던져 나온 면의 앞뒤에 따라 나아가거나 물러나는 게임입니다. 가족이나 친구들과 함께 즐기며 사람들 간의 화합과 경쟁을 도모할 수 있습니다.

줄다리기는 대보름날에 많은 사람이 두 편으로 나뉘어 줄을 마주 잡아당겨 승부를 겨루는 놀이입니다. 예전에는 줄다리기로 한해의 농사가 잘될지 아닐지를 점치고 풍작을 기원하기도 했습니다. 현대에는 한국의 학교나 여러 단체에서 하는 운동회(체육대회)의 수많은 경기 중 하나로 채택되기도 합니다.

연날리기는 종이나 천으로 만든 연을 바람에 날려 올리는 민속놀이입니다. 정월대보름날에 강가에서 연을 날리다가 연줄을 끊어 연을 날려 보냄으로써 액을 막고 연날리기를 끝내기도 했습니다. 연날리기를 하는 중에는 연싸움이라고 해서 누구의 연이 더 센지 겨루는 놀이를 하기도 합니다. 이 놀이는 연줄이 끊어지는 사람이 지는 놀이입니다.

놋다리밟기는 정월 대보름날 사람들이 허리를 굽혀 행렬을 만들고 그 위를 어리고 예쁜 소녀를 공주로 뽑아 걸어가게 하는 여자들의 놀이입니다. 고려 공민왕이 홍건적의 난을 피해 아내인 노국공주를 데리고 안동으로 피난을 와 물을 건널 때 마을의 부녀자들이 허리를 굽혀 다리를 놓았다는 데서 유래되었다는 설이 전해집니다.

차전놀이는 정월대보름 즈음에 마을 남자들이 편을 나눠 나무로 만든 동채를 서로 부딪쳐 승부를 겨루는 놀이입니다. 후삼국통일기의 고창 전투에서 유래되었으며, 상대편의 동채를 땅에 닿게 하거나 상대편의 동채를 빼앗으면 이기는 놀이입니다.

07 어떤 국내여행안내사가 되고 싶은지 말해 보세요.

▎모범 답안

예시1	저는 국내여행안내사로서 따뜻하고 친절한 태도로 여행객들을 대하는 동시에, 안정적이고 신뢰할 수 있는 존재가 되고 싶습니다. 이를 위해서 여행지에 대한 지식과 열정을 바탕으로 여행객들에게 명확하고 자신감 있게 안내를 제공하며, 예상치 못한 상황에도 침착하게 대처할 수 있도록 노력하겠습니다. 또한, 유머 감각과 진지함을 균형 있게 유지하면서 여행객들에게 안전하고 즐거운 여행을 제공하는 데 최선을 다하겠습니다.
예시2	저는 따뜻하고 이해심 깊은 안내를 제공하면서도 여행객들에게 공감과 지지를 줄 수 있는 국내여행안내사가 되고 싶습니다. 저의 풍부한 감수성과 창의적인 생각으로 여행을 더욱 특별하게 만들어 주며, 여행지의 아름다움과 감동을 여행객들과 함께 나눌 수 있었으면 좋겠습니다. 또한, 여행을 통해 여행객들에게 영감과 안정감을 주며, 그들이 소중한 경험을 쌓을 수 있도록 도와주고 싶습니다. 예상치 못한 상황에 대처할 때는 융통성을 발휘하고, 친절하고 따뜻한 태도로 여행객들을 대하는 것이 중요하다고 생각합니다. 마지막으로, 오늘의 여행을 통해 나눈 인연을 가지고 나중에도 소중한 순간을 함께할 수 있는 국내여행안내사가 되고 싶습니다.
예시3	저는 조직적이고 책임감 있는 안내를 제공하면서도 효율적으로 여행을 이끌어가는 국내여행안내사가 되고 싶습니다. 명확하고 구체적인 안내를 통해 여행객들에게 신속하고 정확한 정보를 제공하며, 계획된 일정을 철저히 따라가며 여행을 원활하게 진행하고 싶습니다. 또한, 팀원들과의 협력을 중요시하고 리더십을 발휘하여 여행을 성공적으로 이끌어 나가고 싶습니다. 만약 예기치 못한 상황이 발생한다면, 이에 대처할 때도 냉정하고 빠른 판단력을 발휘하며 여행객들의 안전과 만족을 최우선으로 생각할 것입니다. 체계적이고 효율적인 서비스를 제공하면서도 여행을 즐겁고 유익한 경험으로 만들어 주고 싶습니다.
예시4	창의적이고 독창적인 안내를 제공하면서도 열정적이고 즐거운 에너지를 전달할 수 있는 국내여행안내사가 되고 싶습니다. 여행객들과의 상호작용을 통해 새로운 아이디어를 제시하고, 유머와 재치를 활용하여 여행을 더욱 흥미롭게 만들 수 있었으면 좋겠습니다. 또한, 여행지에 대한 깊은 지식과 호기심을 바탕으로 여행객들에게 흥미로운 이야기와 정보를 제공하며, 예상치 못한 상황에 대처할 때 창의적이고 유연한 해결책을 제시하도록 노력하겠습니다. 저와 함께하는 여행이 즐거움과 인사이트를 전달하는 동시에 여행객들에게 새로운 경험과 기억이 되었으면 좋겠습니다.

08 국내여행안내사가 갖춰야 할 자질 10가지에 대해 말해 보세요.

| 모범 답안

국내여행안내사가 갖춰야 할 자질 10가지에는 열정, 유머감각과 균형감각, 명료함, 자신감, 따뜻함, 침착함, 신뢰감, 즐거운 표정과 태도가 있습니다.

국내여행안내사는 열정적인 자세로 여행객들을 대해야 하며, 설명할 때에는 자신감 있고 명료하게 설명하여 여행객들에게 신뢰감을 줘야 합니다. 여행지의 분위기에 맞게 유머감각을 활용하거나 진지함을 유지하는 등 균형있는 태도를 보여야 합니다. 만약 예기치 못한 상황에 대처할 때는 침착함을 유지하고 당황하지 않아야 하며, 여행객들과 상황을 효과적으로 통제해야 합니다. 예기치 못한 상황에 대처할 때는 냉정한 판단력을 유지하고, 사람을 대할 때는 항상 따뜻함을 잃지 않는 것도 중요합니다.

09 과잉관광에 대해 설명해 보세요.

| 모범 답안

과잉관광(過剩觀光, Overtourism)은 관광지의 수용한계를 초과하여 지나치게 많은 관광객들이 들어와 여행지나 관광지가 인프라나 자연환경에 부정적인 영향을 미치는 현상을 말합니다. 이로 인해 현지 사회나 환경에 부담을 주거나 손상을 입힐 수 있습니다.

이를 위해 도시 내외의 관광객을 이용 시간·이용 장소 등을 기준으로 분산하고, 주정차 단속을 강화하며, 관광지의 환경 개선을 위한 환경보전기여금과 같은 관광세를 부과함으로써 주민들과 환경을 관광활동과 관광객으로 인한 문제를 줄일 수 있을 것입니다.

면접정복 TIP

아래와 같이 새로이 등장하는 관광경향과 관련된 정보를 묻는 질문이 자주 출제됩니다.

• 해당 현상을 가리키는 용어와 그 정의
• 해당 현상이 대두된 배경
• 해당 현상의 실제 사례
• 해당 현상을 해결할 수 있는 방안

정의-배경-사례와 방안 순으로 엮어서 답변하시는 것을 권합니다.

10 여행안내사에게 반말을 하는 고객에게 어떻게 대처하겠습니까?

| 모범 답안

초면에 반말을 들으면 감정이 상할 수밖에 없지만, 그렇다고 똑같이 반말로 응수하거나 감정을 노출하면 다툼이 발생할 수 있기 때문에 감정을 드러내지 않는 것이 좋겠습니다. 불만 고객이라면 불만 사항을 빠르게 파악하여 응대하고, 그렇지 않은 고객이라면 돌려서 말하겠습니다. 또한 고객에게 안내사와의 상호 존중을 위해 공손한 언어 사용을 요청하거나 제안하겠습니다. 만약 고객이 계속해서 반말을 사용한다면, 상황을 진정시키고 다른 손님들의 편의를 위해 조심스럽게 상황을 해결할 수 있는 방법으로 응대하겠습니다. 예를 들어 정중한 말투를 요청하되 "손님처럼 옷차림이 점잖으신 분은 처음 만나 뵙는데, 말씀도 점잖게 하시면 더 좋을 것 같아요."처럼 칭찬을 섞은 공손한 말투나 "좀 더 친절하게 말씀해 주신다면 좀 더 즐겁고 재미있는 여행이 될 수 있도록 노력할게요."처럼 조건을 내걸되 친절한 말투로 응대하겠습니다.

03 2022년 면접 기출문제

01 우리나라의 축제 중 5가지를 뽑아 설명해 보세요.

┃ 모범 답안

우리나라는 다양한 자원을 바탕으로 체험행사, 공연 등의 콘텐츠를 결합하여 축제를 개최하곤 합니다. 지역별로 많은 축제가 있지만 그중 이천의 도자기축제, 보령의 머드축제, 무주의 반딧불축제, 강릉의 단오제, 진주의 남강유등축제를 소개하고 싶습니다.

이천에서는 대표적 특산물인 도자기를 활용하여 국내뿐만 아니라 세계에 한국 도자기의 아름다움을 알리기 위해 도자기축제를 개최하고 있습니다. 이천의 도자기를 직접 구매할 수 있는 '도자마켓'이나 '도자기 퍼즐', '점토 다트', '장작가마 불지피기' 등의 체험 행사를 통해 도자기 제작 과정부터 완성된 제품까지 한자리에서 경험할 수 있습니다.

보령 머드축제는 대천해수욕장의 진흙을 활용한 축제로 진흙을 몸에 바르고 뿌리며 즐기는 축제입니다. 머드를 던지고 놀면서 스트레스를 해소하고, 피부노화 방지 및 항균 작용이 있는 머드를 마음껏 몸에 바를 수 있어 매년 관광객들에게 인기를 끌고 있습니다. 천하제일 '뻘짓대회', '머드몹신공연' 등의 콘텐츠로 다양한 연령·국적의 관광객이 참여하는 축제이기도 합니다.

무주에는 천연기념물로 지정된 반딧불이와 먹이 서식지를 관찰할 수 있는 반딧불축제가 있습니다. 전국적으로 멸종위기에 처한 반딧불이를 보면서 환경오염에 대한 심각성을 깨달을 수 있고 자연의 아름다움을 느끼며 추억을 회상할 수 있어 가족 단위 관광객에게 호응을 얻고 있습니다.

강릉에서는 우리나라 4대 명절 중 하나인 단오를 지내는 단오제를 경험할 수 있습니다. 단오제는 모내기 후 한가한 시기에 풍년을 기원하며 즐겼던 축제로, 현재 유네스코 인류무형문화유산으로 지정되어 있습니다. 단오굿 관람과 창포머리감기, 관노탈 그리기 등을 체험할 수 있으며 그네뛰기, 씨름, 투호놀이, 줄다리기, 윷놀이 등 전통 민속놀이를 즐길 수 있습니다.

진주의 남강유등축제는 임진왜란 때 진주성 전투에서 적을 저지하기 위해 유등(流燈)을 띄웠던 역사에서 비롯된 축제입니다. 용·봉황·거북이 등의 모양을 한 수상등을 볼 수 있으며, 소망을 적어 등을 띄워 보내는 유등 띄우기 체험도 할 수 있습니다.

02 관광객 중 한 명이 국내여행안내사의 말에 집중하지 않을 경우 대처방안에 대해 설명해 보세요.

l 모범 답안

국내여행안내사는 다수의 인원을 통솔하고 그들에게 관광지에 대한 정보를 제공하는 사람입니다. 따라서 몇몇 사람의 욕구에 맞추어 전체적인 프로그램이나 해설을 변경할 수는 없습니다. 다만, 정해진 일정과 흐름대로 진행하되 일정에 방해가 되지 않는 선에서 휴식시간을 제공하는 등의 융통성을 발휘할 것입니다. 관광객에게 휴식시간을 줌으로써 스스로 환기할 수 있게 하겠습니다.

이러한 조처를 하였는데도 집중하지 못한다면 휴식시간에 다가가 이유를 물어 볼 것 같습니다. 만약 그 이유가 건강상의 문제라면 바로 숙소에 돌아가 회복할 수 있도록 안내하겠습니다. 단순하게 집중력이 흐려졌던 것이라면 해당 관광객에게 설명했던 내용에 대한 퀴즈를 내는 등 직접 참여할 기회를 만들어 집중할 수 있도록 노력할 것입니다.

03 2019년 유네스코에 등재된 서원은 무엇이 있는지 말하고 그중 한 가지를 골라 설명해 보세요.

모범 답안

2019년 유네스코 세계문화유산에 한국의 서원이라는 이름으로 9개의 서원이 등재되었습니다. 9개의 서원으로는 경상북도 영주시의 소수서원, 경상남도 함양군의 남계서원, 경상북도 경주시의 옥산서원, 경상북도 안동시의 도산서원, 전라남도 장성군의 필암서원, 대구광역시 달성군의 도동서원, 경상북도 안동시의 병산서원, 전라북도 정읍시의 무성서원, 충청남도 논산시의 돈암서원이 있습니다.

그중 영주시의 소수서원은 조선 최초의 사액서원입니다. 풍기군수 주세붕이 성리학을 도입한 안향을 모시기 위하여 건립한 서원으로 당시에는 백운동서원이라고 불렀습니다. 백운동서원은 퇴계 이황의 요청에 따라 명종 때 '이미 무너진 유학을 다시 이어 닦게 한다'라는 뜻의 소수서원 현판을 하사받아 나라의 공인과 지원을 받았으며 소수서원으로 불리게 되었습니다.

[영주 소수서원 학구재]

04 국내 시니어 관광지로 추천할 곳이 있는지 말해 보세요.

| 모범 답안

국내 시니어 관광지로는 무장애 여행지인 경주를 추천하고 싶습니다. 무장애 여행이란 협의로는 휠체어가 편하게 다닐 수 있는 여행이며, 광의로는 거동이 불편한 어르신이나 유모차가 필요한 영·유아를 동반할 수 있는 가족 여행으로 모두를 대상으로 하는 여행을 가리킵니다.

경주문화관광 홈페이지(https://www.gyeongju.go.kr/tour/)에는 경주 장애인관광도우미센터의 번호와 홈페이지가 안내되어 있어 관광자료 요청, 여행상담을 받을 수도 있습니다.

또한 홈페이지에는 다양한 경주 관광지의 무장애 여행정보가 기재되어 있는데 그중 휠체어 대여가 가능하며 길이 평탄하여 시니어의 산책에도 무리가 없는 대릉원, 동궁과 월지, 첨성대나 국립경주박물관을 추천하고 싶습니다.

특히 국립경주박물관은 전시관 곳곳에 벤치가 있어 휴식을 취할 수 있으며, 안내 해설의 글자 크기가 작아 잘 보이지 않는 경우 오디오 안내기를 사용할 수도 있습니다.

면접정복 TIP	경주 무장애 여행 코스 추천

- **문턱없는 박물관 '경주 시내권 여행'**

  대릉원 → 첨성대 → 월정교 → 국립경주박물관 → 동궁과 월지

- **여유로운 호반 산책 '경주 보문단지 여행'**

  경주동궁원 → 보문호반길 → 보문정 → 엑스포공원

- **자연과 문화유산을 함께 '불국사, 동해 여행'**

  불국사 → 동리목월문학관 → 문무대왕릉 → 양남주상절리 전망대

  ※ 출처 : 경주문화관광 홈페이지(여행필수정보 〉 여행도우미 〉 무장애 여행정보)

---

05 조선시대의 붕당정치와 서원에 대해 아는 대로 답해 보세요.

모범 답안

붕당이란 조선시대 사림파가 정치적 · 학술적 입장에 따라 만든 집단을 말합니다. 중앙에 진출하게 된 사림파들 사이에서 정치적 · 학문적인 차이에 따라 붕당이 형성되었습니다. 이조의 전랑직 자리를 두고 동인과 서인이 나누어지게 되었습니다. 동인은 다시 북인과 남인으로, 서인은 노론과 소론으로 갈라져 당쟁이 치열하게 일어났습니다. 이러한 당파싸움을 해결하고자 영조와 정조는 당파의 구분 없이 관리를 등용하는 탕평정치를 펼치기도 했습니다.

서원은 지연 · 학연 · 사상을 조직 · 확대하는 수단으로서 작용하며 붕당 정치의 근거지가 되었던 곳입니다.

06 문화적 관광자원이란 무엇입니까?

| 모범 답안

문화적 관광자원이란 우리나라의 유산 중 민족문화의 유산으로서 보존할 만한 가치가 있고 관광매력을 지닐 수 있는 자원을 말합니다. 문화적 관광자원은 크게 국가유산 자원과 박물관으로 나뉩니다. 국가유산 자원은 크게 문화유산, 자연유산, 무형유산으로 나뉩니다. 문화유산으로는 유형문화유산·기념물·민속 문화유산이 있습니다. 자연유산으로는 동식물, 지형과 지질, 광물과 생물학적 생성물, 천연보호구역, 역사문화경관, 복합경관, 천연기념물, 명승이 있습니다. 무형유산으로는 전통적 공연과 예술, 전통기술, 전통적 생활관습, 민간신앙, 전통놀이 등이 있습니다.

박물관은 미술품이나 역사적 유물 등을 보존·전시하고 학술적 연구와 사회교육에 기여할 목적으로 건립된 것으로 국가유산의 보고입니다.

면접정복 TIP 국가유산(「국가유산기본법」 제3조, 「문화유산법」 제2조, 「자연유산법」 제2조, 「무형유산법」 제2조)

- "국가유산"이란 인위적이거나 자연적으로 형성된 국가적·민족적 또는 세계적 유산으로서 역사적·예술적·학술적 또는 경관적 가치가 큰 문화유산·자연유산·무형유산을 말한다.
- "문화유산"이란 우리 역사와 전통의 산물로서 문화의 고유성, 겨레의 정체성 및 국민생활의 변화를 나타내는 유형의 문화적 유산을 말한다.
  - 유형문화유산 : 건조물, 전적(글과 그림을 기록하여 묶은 책), 서적, 고문서, 회화, 조각, 공예품 등 유형의 문화적 소산으로서 역사적·예술적 또는 학술적 가치가 큰 것과 이에 준하는 고고자료
  - 기념물 : 절터, 옛무덤, 조개무덤, 성터, 궁터, 가마터, 유물포함층 등의 사적지와 특별히 기념이 될 만한 시설물로서 역사적·학술적 가치가 큰 것
  - 민속문화유산 : 의식주, 생업, 신앙, 연중행사 등에 관한 풍속이나 관습에 사용되는 의복, 기구, 가옥 등으로서 국민생활의 변화를 이해하는 데 반드시 필요한 것
- "자연유산"이란 동물·식물·지형·지질 등의 자연물 또는 자연환경과의 상호작용으로 조성된 문화적 유산을 말한다.
  - 동물(서식지·번식지·도래지 포함)   - 식물(군락지 포함)
  - 지형, 지질, 생물학적 생성물 또는 자연현상   - 천연보호구역
  - 자연경관 : 자연 그 자체로서 심미적 가치가 인정되는 공간
  - 역사문화경관 : 자연환경과 사회·경제·문화적 요인 간의 조화를 보여 주는 공간 또는 생활장소
  - 복합경관 : 자연의 뛰어난 경치에 인문적 가치가 부여된 공간
  - "천연기념물"이란 동물·식물·지형, 지질, 생물학적 생성물 또는 자연현상·천연보호구역 중 역사적·경관적·학술적 가치가 인정되어 국가유산청장이 지정하고 고시한 것
  - "명승"이란 자연경관·역사문화경관·복합경관 중 역사적·경관적·학술적 가치가 인정되어 국가유산청장이 지정하고 고시한 것
- "무형유산"이란 여러 세대에 걸쳐 전승되어, 공동체·집단과 역사·환경의 상호작용으로 끊임없이 재창조된 무형의 문화적 유산을 말한다.
  - 전통적 공연·예술   - 공예, 미술 등에 관한 전통기술
  - 한의약, 농경·어로 등에 관한 전통지식   - 구전 전통 및 표현
  - 의식주 등 전통적 생활관습   - 민간신앙 등 사회적 의식
  - 전통적 놀이·축제 및 기예·무예

07 여행객들에게 요청해야 할 개인정보의 범위에 대해 말해 보세요.

∣ 모범 답안

관광 중 국내여행안내사는 여행객들의 개인정보를 수집하게 되는데 이때 개인정보의 관리를 철저히 하여 외부·내부의 관광객에게 유출되는 일이 없도록 해야 합니다. 개인정보보호위원회에 게시된 '개인정보 처리방침 작성지침'을 참고하여 요청해야 할 개인정보 항목이 무엇인지를 확인할 수 있습니다.

수집목적별로 요청해야 할 개인정보의 항목은 다르며 정보는 필수항목과 선택항목을 구분하여 기재 후 요청해야 합니다. 여행상품 예약 등의 서비스에는 성명, 생년월일, 성별, 휴대폰번호, 이메일주소, 연락처, 주소, 신용카드번호, 유효기간, 계약자와의 관계 등의 개인정보가 필요하며 호텔 등의 예약 정보 확인, 예약내역의 확인 및 상담 등의 여행상품 서비스 제공과 관련된 필수정보에는 성명, 생년월일, 성별, 휴대폰번호 등이 필요합니다.

PART 02

08 호텔 체크인을 하러 갔는데 객실이 모자랄 경우 어떤 조치를 취할 것입니까?

| 모범 답안

호텔에서는 노쇼(No Show) 등으로 인한 피해를 방지하고자 실제 제공 가능 객실 수보다 많은 수의 숙박객을 받아 오버부킹(Overbooking, 초과예약)이 일어나곤 합니다. 종일 관광을 하고 휴식을 위해 숙소를 찾은 관광객이 오버부킹을 겪으면 짜증과 화를 낼 수 있습니다. 우선적으로 관광객에게 현재 처한 상황에 대해 설명하며, 여러 대처방안을 상세하게 알려 관광객들을 안정시키겠습니다.

이후 대체할 수 있는 객실이 있는지, 대체 호텔은 어느 곳인지, 보상책은 있는지 등을 파악하겠습니다. 만일 대체 호텔이나 대체 룸을 제공받은 경우에는 원래 예약한 룸보다 낮은 등급으로 제공하지는 않는지 등을 꼼꼼하게 따져 관광객이 불편함을 느끼지 않도록 하겠습니다.

09 내가 모르는 것을 관광객이 질문했을 경우에는 어떻게 대처하겠습니까?

| 모범 답안

설사 관광객이 제가 모르는 내용을 질문하더라도 저는 당황한 티를 내지 않으려고 노력할 것입니다. 질문한 관광객뿐만 아니라 주변 관광객에게까지도 가이드에 대한 신뢰를 떨어뜨릴 수 있고, 이는 이후의 관광에도 영향을 미쳐 안전사고가 발생할 수도 있기 때문입니다.

그렇다고 난감한 상황을 대처하려고 아무런 답변을 하는 것은 더더욱 안 된다고 생각합니다. 국내여행안내사는 관광지에 대한 바른 정보를 전달함으로써 해당 관광지에 대한 왜곡된 인식이 생기지 않도록 할 의무가 있습니다.

저는 차라리 관광객에게 솔직하게 그 질문에 대해서는 준비가 부족했다고 말씀드리겠습니다. 대신 반드시 따로 알아보고 정보를 알려드리겠다고 약속하고, 해당 정보와 관련된 추가 정보를 덧붙여 설명해드릴 것입니다.

10 한류에 대하여 설명해 보세요.

| 모범 답안

한류는 한국의 영화·방송·음악 등 대중문화가 해외에 알려지는 현상을 말하며, 패션이나 화장·음식·관광 등 전반적인 한국 문화까지도 포함하곤 합니다. 최근에는 게임이나 웹툰 등도 주요 한류 콘텐츠로 자리잡아가며 K-콘텐츠가 더욱 널리 알려지고 있습니다.

특히 넷플릭스, 유튜브 등의 OTT(Over The Top) 플랫폼이 등장함으로써 나라 간 콘텐츠 소비 시 제한이 줄어들며 한류의 확산이 활성화되고 있습니다.

문화체육관광부에서 발행한 「2021 국가이미지 조사」 자료를 살펴보면 한국의 이미지에 한류가 큰 영향을 미침을 알 수 있습니다. 대부분의 해외국가가 한국 관련 접촉 분야 중 현대문화를 가장 많이 접촉하고 있으며, 그중에서도 대중음악 – 한국음식 – 영화 – 드라마 – 한국산 제품 및 브랜드 순으로 인지도가 있다고 합니다.

이러한 한류를 활용하여 한국에 대한 우호적인 이미지를 확장하고 접근성을 높이기 위하여 K-콘텐츠에 대한 한국 정부의 적극적인 지원이 필요하다고 생각합니다. 정부뿐만 아니라 가이드 개인적으로도 K-콘텐츠에 관심을 기울여 관광안내 시 이러한 한류 콘텐츠에 대한 이야기를 접목하여 안내한다면 관광객의 흥미를 이끌 수 있을 것입니다.

04 2021년 면접 기출문제

01 우리나라 4대 궁궐의 정문은 무엇입니까?

▍모범 답안

우리나라 4대 궁궐로는 경복궁, 창덕궁, 창경궁, 덕수궁을 꼽을 수 있습니다. 경복궁의 정문은 광화문으로 석축을 쌓고 그 위에 중층 구조의 누각을 세워 지었습니다. 이 중층으로 된 문루를 받치는 기단석축은 홍예문 3개로 되어 있는데, 중앙으로는 왕이 출입하였고 좌우로는 왕세자나 신하들이 오갔습니다.

창덕궁의 정문은 돈화문입니다. 궁궐 대문 중 가장 큰 규모이며, 2층 누각형 목조건물입니다. 왕이 행차할 때 출입문으로 사용하였으며, 2층 누각에 달린 종·북으로 통행금지와 해제를 알렸다고 합니다.

창경궁은 덕을 행하여 백성을 감화하고 널리 떨친다는 뜻의 홍화문을 정문으로 두고 있습니다. 영조 때는 균역법을 시행하기 전 홍화문에서 양반·평민을 만나 균역에 대한 의견을 들었으며, 정조 때는 혜경궁 홍씨의 회갑을 기념하는 의미로 홍화문 밖으로 나가 백성들에게 쌀을 나누어 주기도 했습니다.

덕수궁의 정문은 대한문으로, 한양이 창대해진다는 뜻을 담고 있습니다. 원래의 명칭은 대안문이었으나, 1906년 대한문으로 바꾸었습니다.

> ※ 출처 : 경복궁관리소(www.royalpalace.go.kr)
> 창덕궁관리소(www.cdg.go.kr)
> 창경궁관리소(cgg.cha.go.kr)
> 덕수궁관리소(www.deoksugung.go.kr)

면접정복 TIP

우리나라의 4대 혹은 5대 궁궐을 묻는 질문을 던지고, 정전이나 정문에 대해 추가적으로 묻는 경우가 종종 있습니다. 꼬리질문에도 당황하지 않고 답할 수 있도록 궁궐별 정전과 정문을 익혀 두세요. 창경궁의 정문인 홍화문과 경희궁의 정문인 흥화문은 명칭이 비슷하므로 엇갈려 대답하지 않도록 유의하시기 바랍니다.

궁궐별 정전과 정문
- 경복궁 – 근정전 – 광화문
- 창경궁 – 명정전 – 홍화문
- 경희궁 – 숭정전 – 흥화문
- 창덕궁 – 인정전 – 돈화문
- 덕수궁 – 중화전 – 대한문

02 무형문화유산에 대해서 설명해 보세요.

❙ 모범 답안

무형문화유산이란 전통이면서 동시에 살아있는 문화로, 지식·기술·공연예술·문화적 표현 등이 있습니다. 무형문화유산은 공동체 내에서 공유하며, 주로 구전됩니다. 현재 유네스코에 등재된 한국의 인류무형문화유산은 종묘제례 및 종묘제례악·판소리·강릉단오제·강강술래·남사당놀이·영산재·제주칠머리당영등굿·처용무·가곡·대목장·매사냥·택견·줄타기·한산 모시짜기·아리랑·김장·농악·줄다리기·제주해녀문화·씨름·연등회, 한국의 등불 축제·한국의 탈춤, 한국의 장 담그기 문화가 등재되어 있으며, 총 23개입니다.

※ 출처 : 유네스코와 유산(heritage.unesco.or.kr)

면접정복 TIP

유네스코 유산과 관련된 질문에는 가장 먼저 등재된 혹은 최근에 등재된 유산은 무엇인지, 특정 연도에 등재된 유산은 무엇인지를 묻는 질문이 따라올 수 있습니다. 주기적으로 유네스코 홈페이지 (www.unesco.or.kr)를 방문하여 등재유산 현황을 확인하시기 바랍니다.

질문하기 좋은 무형문화유산
• 가장 먼저 등재된 유산 : 종묘제례 및 종묘제례악(2001)
• 가장 최근에 등재된 유산 : 한국의 장 담그기 문화(2024)
• 2009년 등재 유산 : 강강술래, 남사당놀이, 영산재, 제주칠머리당영등굿, 처용무
• 2010년 등재 유산 : 가곡, 대목장, 매사냥
• 2011년 등재 유산 : 택견, 줄타기, 한산모시짜기

03 설날에 대해 깊이 설명해 보세요.

│ 모범 답안

설날은 한 해가 시작하는 첫 달의 첫 날로, 양력 1월 1일과 음력 1월 1일을 총칭합니다. 추석·단오·한식과 더불어 우리나라의 4대 명절 중 하나이며, 설날에는 가족들과 모여 조상님께 차례를 지내고, 설 음식인 세찬을 나누어 먹습니다. 대표적인 세찬으로는 떡국이 있는데, 떡국을 먹어야 한 살을 더 먹게 된다는 속설도 있습니다. 가족들과 세찬을 즐기기 전후 집안의 어른들께 새해 인사인 세배를 하며 덕담과 세뱃돈을 주고받습니다. 이후 윷놀이, 널뛰기, 돈치기 등의 놀이를 통해 가족들 간의 친목을 도모하기도 합니다.

면접정복 TIP

설의 세시풍속
- 설빔 : 설날 아침에 일찍 일어나 세수한 다음 미리 준비해 둔 새 옷으로 갈아입는 것
- 차례 : 온 가족이 사당에 모여 4대조의 신주를 모셔두고 제사를 지내는 것
- 세배 : 차례가 끝난 후 웃어른에게 새해 첫인사를 큰절로 하는 것
- 성묘 : 조상의 무덤에 세배를 드리는 것, 즉 묵은해를 보내고 새해를 맞이했다는 인사를 조상의 무덤에 고하는 것
- 세찬 : 설날 차례를 위해서 만드는 음식
- 세주 : 설날 차례에 사용하는 술
- 수세 : 섣달 그믐날 밤에 잠들면 눈썹이 센다고 하여 집에 등불을 밝히고 밤을 새우는 것
- 복조리 : 섣달 그믐날 자정이 지나서 팔거나 돌리는 조리
- 세화 : 설날 대문에 걸어 두는 장군상, 귀두상, 선녀상, 호랑이상 같은 그림
- 소발 : 설날 저녁에 1년 동안 모아 두었던 머리털을 불에 태우는 것
- 설놀이 : 널뛰기, 윷놀이, 연날리기 등

04 우리나라 여행사는 도소매여행사가 있는데, 그중 도매여행사의 대표적인 여행사와 영업형태를 설명하세요.

| 모범 답안

도매여행사는 직접 관광객을 모집하는 것이 아니라 패키지 상품 등의 여행상품을 기획하고 제작하여 소매여행사나 판매대리점에 판매하는 여행사로 홀세일여행사라고도 말합니다. 직접 고객을 모집하는 형태가 아니므로 홍보비의 소요가 적으며, 소매여행사에 비해 상대적으로 경기에 민감하지 않다는 장점이 있습니다. 대형 도매여행사인 하나투어·모두투어와 직판형 도매여행사인 노랑풍선을 예로 들 수 있습니다.

면접정복 TIP	소매여행사

도매여행사와 대비되는 개념의 여행사입니다. 주로 도매여행사에서 여행상품을 공급받아 고객에게 판매하는 여행사로, 리테일여행사라고 부릅니다. 도매여행사를 제외한 대부분의 여행사들이 소매여행사에 속합니다.

05 심폐소생술에 대해 설명하세요.

▎모범 답안

심폐소생술은 심장·폐의 활동이 멈춰 호흡이 정지되었을 때 실시하여야 하는 응급처치입니다. 관광객을 인솔하는 도중에도 심폐소생술이 필요한 환자가 발생할 수 있으므로, 심폐소생술을 익혀 두는 것이 중요합니다. 먼저 환자를 눕혀 양어깨를 가볍게 두드리며 의식을 확인해야 합니다. 환자가 반응을 보이지 않으면 주변 사람들의 옷차림새, 머리색 등 특징을 언급하며 지목하여 119 신고를 요청해야 합니다. 이후 환자의 얼굴과 가슴을 관찰하여 호흡이 있는지 확인합니다. 호흡이 없다면 가슴압박을 진행하여야 하는데, 이때 가슴 중앙 부위에 체중을 실어서 분당 100~120회 정도를 약 5cm 깊이로 강하고 빠르게 눌러 주어야 합니다. 손바닥 부분을 이용하여 눌러 주어야 하며, 팔 전체는 가슴과 수직을 이루어야 합니다. 응급요원이 도착할 때까지 쉬지 않고 가슴을 압박하는 것이 가장 중요합니다.

※ 출처 : 소방청(www.nfa.go.kr)

면접정복 TIP

인공호흡 방법을 모를 때는 가슴압박만을 시행해도 무방합니다. 인공호흡이 가능한 경우에는 가슴압박 30회와 인공호흡 2회를 반복하여 시행합니다.

자동심장충격기를 사용할 수 있는 경우에는 119에 신고를 요청할 때와 동일하게 주변 사람들의 특징을 언급하며 지목하여 자동심장충격기를 가져다 달라고 부탁해야 합니다. 자동심장충격기의 전원을 켜고 기계의 안내에 따라 행동하되, 심장리듬분석 중에는 환자와 접촉하지 않아야 하며, 감전의 위험이 있기 때문에 심장충격 버튼을 누르기 전에는 주변의 사람들이 모두 환자에게서 떨어지도록 해야 합니다. 심장충격을 시행한 뒤에는 지체하지 않고 가슴압박을 실시해야 합니다.

06 시티투어버스의 장단점에 대해 말해 보세요.

| 모범 답안

시티투어버스는 관광객을 대상으로 하여 한정된 시간 내에 정해진 코스를 돌면서 관광할 수 있도록 한 버스입니다. 대중교통을 이용해 여행을 즐기는 뚜벅이 여행객들도 주요 관광지를 저렴한 비용으로 관광할 수 있어 많은 사랑을 받고 있습니다. 또한 어느 정도 코스가 정해져 있기 때문에 여행 계획을 직접 짜야 하는 수고로움을 덜 수도 있습니다.

그러나 시티투어버스는 상품의 질이 균질하지 않고 운전기사나 해설사에 따라 크게 영향을 받는다는 단점이 있습니다. 이를 위해서는 인적 자원(운전기사·해설사)에 대한 주기적 교육이 필요하다고 생각합니다. 또한 해설 외에도 안내책자 및 방송(TV·오디오) 등의 자료를 더욱 풍부하게 제작하여 제공해야 합니다. 시티투어버스 프로그램 내에 해설사를 선택할 수 있는 옵션을 추가한다면, 해설사는 보다 질 좋은 콘텐츠를 준비하여 해설의 품질을 높이게 될 것이고, 관광객들은 보다 높은 질의 해설을 경험하게 되어 관광의 만족도가 높아질 것입니다. 이는 서로 윈윈하는 방법이 될 것입니다.

[부산 시티투어버스]

※ 출처 : 한국관광공사 이범수

07 메가이벤트와 관광산업의 연관성에 대해 말해 보세요.

❙ 모범 답안

메가이벤트란 월드컵, 올림픽, 엑스포, 문화축제 등과 같이 대규모의 행사를 말합니다. 메가이벤트는 관광산업에 관광객 유치효과, 지역 홍보 효과, 지역 이미지 개선 효과 등의 장점이 있습니다.

우선 관광객 유치를 통해 지역 경제를 발전시킬 수 있습니다. 관광객들의 소비로 이벤트 개최지의 상권을 살릴 수 있으며, 경기장 또는 숙박시설을 건설할 인원을 고용하는 등의 효과도 나타납니다. 이로 인해 해당 지역 경제의 발전을 도모할 수 있습니다.

메가이벤트의 경우 별도의 홍보 비용을 들이지 않고도 지역을 알리는 효과를 거둘 수 있습니다. 개최장소에 지역 특산품 판매 코너를 만들거나, 여독을 풀 수 있는 관광명소 추천 팸플릿 등을 제작하여 메가이벤트 개최지 입구에서 배포하는 것 등이 그 예입니다.

또한 메가이벤트를 개최할 수 있는 지역임을 내세워 지역의 이미지를 정립하고 개선할 수도 있습니다. 이러한 이미지는 추후 관광객들의 관광목적지 선택에 장기적으로 효과를 발휘합니다.

▎모범 답안

'달 뜨는 산'이라는 이름을 가진 월출산을 추천하고 싶습니다. 월출산은 난도별로 등산 코스를 정해 두었
는데, 그중에서도 초보자도 즐길 수 있는 '구름다리' 코스를 소개하려 합니다. 구름다리 코스는 왕복 약
2~3시간 정도 소요되며, 천황탐방지원센터부터 시작하여 천황사, 구름다리, 바람폭포삼거리를 거쳐 다
시 천황사로 돌아오는 코스입니다. 월출산의 명물인 천황사와 구름다리 등을 모두 살펴볼 수 있으면서도
소요시간이 길지 않아 인기가 있습니다.

그중 가장 유명한 것은 매봉과 사자봉을 잇는 구름다리로, 안개가 자욱할 때면 마치 산신령이 되어 구름
위를 걷는 듯한 기분이 들어 구름다리라고 이름을 붙였다 합니다. 구름다리를 건너면 아찔함과 동시에
탁 트인 전경에 속이 뻥 뚫리는 쾌감을 느낄 수 있습니다. 이 코스는 초보자 코스임에도 경사가 급해 쉽게
피곤해지곤 하는데, 그때 강진 달빛 한옥마을에 들러 한옥의 고즈넉함을 느끼며 휴식을 취할 수 있습니
다. 단순히 휴식뿐만 아니라 농촌의 집에서 숙식하며 농촌의 정을 경험하는 푸소(FU-SO ; Feeling-Up,
Stress-Off) 체험을 할 수도 있어 자연과 옛 정취를 느끼고자 하는 사람들에게 인기를 끌고 있습니다.

※ 출처 : 국립공원공단(www.knps.or.kr)
강진푸소(www.gangjin.go.kr/fuso)
한국관광공사 김지호

[월출산 구름다리]

09 국내여행안내사가 갖춰야 할 대화 매너란 무엇입니까?

┃ 모범 답안

국내여행안내사는 관광객의 입장에 공감하고 그들의 말을 경청하는 매너를 갖추어야 한다고 생각합니다. 가이드는 동일한 관광코스와 콘텐츠를 반복해서 다루는 직업이지만 관광객은 처음으로 관광지를 방문하는 사람들이기 때문에 낯설고 궁금한 것이 많을 것입니다. 이전 프로그램 관광객들이 물었던 내용과 비슷한 질문을 재차 받는다고 해서 잘 듣지 않는다거나 말을 가로채 무안을 주는 행동은 삼가야 할 것입니다. 국내 여행안내사의 대화 매너에 따라 당일 관광의 질이 결정되는 것은 물론 해당 여행지에 대한 이미지가 좌우 되기도 하기 때문에 국내여행안내사는 이 점을 명심하여 경각심을 가지고 관광객들을 대해야 합니다.

면접정복 TIP

최대한 관광객 한 사람 한 사람의 편의를 봐주는 것도 좋지만, 국내여행안내사는 다수의 인원을 통솔하는 직업이라는 것도 잊지 말아야 합니다. 배려를 하되 다른 여행객들에게는 피해가 가지 않도록 균형을 맞추는 것이 중요합니다. '한 관광객을 도와주려다 보니 다른 관광객들에게는 피해를 입히게 된 상황에서 어떻게 대처할 것인가요?' 등의 꼬리질문을 예상할 수 있습니다.

10 관광객 중 코로나 확진자가 발생하면 어떻게 할 것입니까?

┃ 모범 답안

코로나 방역 규제가 풀리면서 국내여행이 활성화되면 인솔하던 관광객 중에서 코로나 확진자가 발생할 수 있습니다. 이때 규제는 느슨해졌더라도 전염성 질병이기 때문에 다른 관광객들에게 전염이 되지 않도록 빠르게 격리 조치를 취하겠습니다. 이후 의료기관에 신속하게 연락하여 의료기관에서 안내하는 절차에 따를 것입니다. 다른 관광객들도 감염 여부를 판단하기 위해 검사를 받을 수 있도록 하고, 이상이 없는 경우 일정에 차질이 생기지 않도록 하겠습니다.

비단 코로나 바이러스뿐만 아니라 여행 중 감염병에 노출되는 경우가 종종 있습니다. 이러한 일이 발생하지 않도록 사전에 지역별 특성을 조사하여 관광객들에게 미리 접종을 권하거나 주의사항을 안내하는 것이 가장 중요할 것입니다. 또한 여행 전 관광객들의 기저질환을 꼼꼼하게 확인하고, 상비약 구비와 더불어 즉시 연락이 가능한 의료기관의 연락처를 메모해 두어 돌발 상황에도 침착하게 대처할 것입니다.

01 성균관에 대해 설명해 보세요.

│ 모범 답안

성균관은 사적으로 정식명칭은 '서울 문묘(文廟)와 성균관(成均館)'입니다. 조선시대 최고의 국립 교육기관이며, 성현들의 위패를 모시고 제사를 올리는 사당의 역할을 하였던 곳입니다. 학관과 유생들이 학문을 가르치고 배웠던 명륜당, 공자와 그의 직제자를 모시고 있는 대성전, 도서관인 존경각, 학생들의 궁도 훈련을 위한 활과 화살을 보관한 육일각 등의 건물로 구성되어 있습니다. 성균관의 입학 자격은 소과에 응시하여 생원과 진사의 칭호를 얻은 사람을 원칙으로 하였으며, 사학(四學)이나 음서로도 입학할 수 있었습니다.

면접정복 TIP

서울 문묘와 성균관은 유교 이념의 본영으로 불릴 정도로 유교 사상을 대표하는 건물입니다. 특히 공자를 비롯한 중국과 우리나라 유학자들의 위패를 모시고 제사를 지내는 문묘에서 조선 유교 사상의 향취를 깊이 느낄 수 있습니다. 대성전을 중심으로 하여 동무와 서무를 포함하는 곳이 성현들의 위패를 모시는 제사 공간이며, 명륜당을 중심으로 하여 학생들의 기숙사인 동재와 서재가 있는 곳이 강학 공간입니다. 대성전은 공자를 비롯하여 증자·맹자·자사·안자 등 4대 성인, 공자들의 제자들인 10철, 송조 6현, 우리나라의 명현 18인의 위패를 모시고 있습니다. 서울 문묘와 성균관은 대성전을 앞에 두고 명륜당을 뒤에 두는 '전묘후학'의 배치를 따랐습니다.

PART 02

[성균관 대성전]

[성균관 명륜당]

| 모범 답안

낮에는 일정에 따라 관광을 하기 때문에 주로 개인 시간을 보내는 밤에 술에 취하는 경우가 많을 것입니다. 여행지에서 관광을 마무리하며 간단한 음주를 하는 것은 흥을 높이는 효과가 있지만, 밤에 지나치게 음주를 하고 낯선 곳을 돌아다니면 범죄나 사고가 일어날 수 있습니다. 또한 다음 날의 일정을 소화하는 데 악영향을 미칠 것입니다. 따라서 우선은 술에 취한 관광객이 안전하게 숙소로 이동할 수 있도록 돕겠습니다. 그 후, 다음날 관광객에게 좋은 컨디션을 유지하면 관광지에서 더 많은 추억을 남길 수 있을 것이라고 에둘러 조언할 것입니다.

면접정복 TIP

매년마다 관광객의 에티켓 혹은 매너와 관련하여 대처법을 묻는 질문이 1~2가지씩 출제되고 있습니다. 이런 경우 명확한 정답은 없으나, 관광의 특성이나 주의해야 할 점 등에 초점을 맞추어 답변하면 됩니다. 관광 가이드로 일할 때 중요한 것은 관광객이 본인의 거주지로 건강하게 돌아갈 수 있도록 돕는 것과 관광에 참여하는 여러 여행객들이 모두 편안하고 즐거운 여행을 할 수 있도록 하는 것입니다. 때문에 안전과 공동체 의식을 지킬 수 있는 방향을 중점으로 하여 답변하면 좋습니다.

그러나 관광의 목적 중 큰 비중을 차지하는 것은 즐거움이기 때문에 관광객에게 조언을 할 때에도 조심스럽고 친절하게 표현할 필요가 있습니다.

---

03 무궁화가 상징하는 것에 대해 말해 보세요.

┃ 모범 답안

무궁화는 우리나라의 국화(國花)로 알려져 있습니다. 오래 전부터 우리나라에서 흔히 볼 수 있었던 꽃이며, 우리 민족의 민족성을 나타냅니다. 무궁화는 7월부터 10월까지 매일 새로운 꽃을 피웁니다. 영원히 피고 또 펴서 지지 않는 꽃이기 때문에 어려운 역사적 현실 속에서도 민족의식을 잃지 않는 우리 민족의 끈기와 영원성을 닮았다고 하여 국화와 같이 여긴 것입니다.

면접정복 TIP

태극기, 애국가와 달리 무궁화는 국화임을 증명하는 법적 규정이 없습니다. 그러나 무궁(無窮)화라는 이름의 뜻처럼 영원성이 우리 민족 대다수의 의식, 정서와 닮았다고 하여 대다수의 국민이 국화처럼 여겼습니다. 일제강점기 때에는 독립운동가였던 '남궁억' 선생이 전국적으로 무궁화심기운동을 일으켜 우리 민족의 얼을 지키고자 하였습니다. 이러한 민족 사랑의 정신을 기리고자 홍천 무궁화공원, 한서 남궁억 기념관을 설립하기도 하였습니다.

[홍천 무궁화공원]

※ 출처 : 한국관광공사

04 국내여행이 미치는 영향을 말해 보세요.

I 모범 답안

국내여행이 미치는 영향은 크게 사회적 영향과 경제적 영향으로 나눌 수 있습니다. 먼저 사회적 영향으로는 지역 간의 좋지 않은 감정을 해소할 수 있다는 것, 차이에 대한 이해의 폭을 넓혀 화합할 수 있는 계기가 된다는 것이 있습니다. 경제적 영향으로는 국외여행과 달리 관광객이 지출하는 비용이 해외로 유출되는 것을 막아 내수 활력을 높일 수 있다는 것이 있습니다.

면접정복 TIP 관광산업의 승수효과(Tourist Income Multiplier Effect)

케인즈(Keynes, J. M.)는 「일반이론(1936)」에서 승수이론을 사용하여 국민소득(유효수요)의 증대에 대한 (공공)투자의 역할을 중요시하였습니다. 그의 (투자)승수는 칸(Kahn. R. F.)의 고용승수(The Relation of Home Investment to Unemployment, 1931)에 유래하는 것입니다. 승수효과란 일반적으로 총투자가 증가하면 파급효과를 통하여 소득 또는 고용 등의 확대가 일어나고, 투자(독립투자) 증가분의 승수배(乘數倍), 곱절의 값이 된다는 효과를 의미합니다. 이러한 승수효과를 통해 여행이 국가의 경제에 미치는 영향을 설명할 수 있습니다. 관광객이 여행을 통해 비용을 지출하게 되면(소비를 하게 되면) 관광자가 여행하는 지역에서는 그 소득으로 종업원을 추가적으로 고용하거나, 필요한 물건을 구매하는 등 추가적인 소비를 하게 됩니다. 이렇게 소비가 이어져 지역, 더 나아가 국가의 소득이 증대되게끔 하는 현상을 관광산업의 승수효과라고 합니다.

---

05 김치의 지역별 특색에 대해 설명해 보세요.

| 모범 답안

우리나라는 기후나 재배작물에 따라 김치의 소를 다르게 만들기 때문에 지역별로 다양한 맛을 느낄 수 있습니다. 먼저 기후에 따라 간이나 양념을 달리 하였습니다. 추운 지방에서는 김치가 쉽게 익지 않으므로 소금 간을 싱겁게 하고 양념을 적게 사용하여 배추의 맛을 살리는 방법을 택하고, 더운 지방에서는 김치가 쉽게 익어버리므로 간을 강하게 하고 양념을 많이 사용하여 부패를 방지하는 방법을 택했습니다. 또한 지역별로 재배하는 작물에 따라 김치의 맛이 달라질 수 있습니다. 지역의 특성상 오징어와 같은 싱싱한 해물을 쉽게 구할 수 있는 강원도는 가자미식해, 오징어김치 등을, 날씨가 따뜻하고 습해 귤이 많이 자라는 제주도는 이를 이용하여 귤물김치를 담그기도 합니다.

면접정복 TIP **지역별 김치의 종류**

- 서울·경기 : 섞박지, 보쌈김치, 깍두기, 총각김치 등
- 강원도 : 무청김치, 오징어섞박지, 해물김치, 더덕김치 등
- 충청도 : 열무김치, 호박김치, 통무소박이, 시금치김치 등
- 경상도 : 부추김치, 콩잎김치, 우엉김치 등
- 전라도 : 돌산갓김치, 토하젓김치, 나주동치미, 해남갓김치, 고들빼기김치 등
- 제주도 : 전복김치, 게쌈김치, 귤물김치 등
- 황해도 : 조개젓배추김치, 호박지, 고수김치, 감김치 등
- 평안도 : 동치미, 무청김치, 총각무김치, 알양파깍두기, 꿩김치 등
- 함경도 : 가자미식해, 대구깍두기, 쪽파젓김치, 동태식해 등

※ 출처 : 광주광역시 김치타운(www.gwangju.go.kr/kimchitown)

Ⅰ 모범 답안

우선 관광객들을 안정시킬 것입니다. 새로운 장소에서 겪는 지진은 관광객들에게 더 큰 위협으로 와 닿을 것이기 때문입니다.

그렇기에 더욱 침착하게 대피 매뉴얼에 따라 안내할 것입니다. 만약 장소가 실내라면 튼튼한 탁자 아래에 들어가 몸을 숨기게 하고, 방석과 같은 푹신한 물건으로 머리를 보호하라고 안내할 것입니다. 실외라면 건물이나 담장으로부터 떨어지게 하여 낙하물이 없는 넓은 곳으로 대피시킬 것입니다. 본격적인 관광 안내에 앞서 지진과 같은 돌발 상황 발생 시 대피할 수 있는 곳을 확인하여 빠르게 대처할 수 있게 준비할 것입니다.

면접정복 TIP

돌발 상황에 대한 대처법을 묻는 질문 중에서도 '관광객이 술에 취했을 때 어떻게 대처하겠습니까?'와 같이 순발력·융통성을 평가하는 질문이 있는가 하면 위의 질문과 같이 명확한 대처법이 있는 질문이 있습니다. 따라서 면접을 준비할 때는 확실한 대처 매뉴얼을 숙지해두는 것이 좋습니다.

국민재난안전포털(www.safekorea.go.kr)에서 자연재난행동요령, 사회재난행동요령, 생활안전행동요령, 비상대비행동요령을 확인할 수 있습니다.

지진 발생 시 대처요령
- 튼튼한 탁자 아래에 들어가 몸을 보호합니다.
- 계단을 이용하여 밖으로 대피합니다.
- 건물이나 담장으로부터 떨어져 이동합니다.
- 밖으로 나갈 때에는 떨어지는 유리·간판·기와 등에 주의하며, 소지품으로 몸과 머리를 보호하면서 침착하게 대피합니다.
- 운동장이나 공원 등 넓은 공간으로 대피합니다.

07 거주하고 있는 곳의 특색 있는 먹거리를 설명해 보세요.

┃ 모범 답안

제가 거주하고 있는 곳은 대전입니다. 그중 칼국수를 소개하고 싶습니다. 칼국수 축제가 개최되고, 개인별 단골 칼국수집이 있을 정도로 칼국수는 대전인들에게 많은 사랑을 받는 먹거리입니다. 6·25 전쟁 직후 미국이 서민들에 대한 무상 구호물자로 밀가루를 공급하였는데, 그 덕에 밀가루를 이용한 음식인 칼국수가 발전하게 되었습니다. 또한 대전이 당시 우리나라 철도운송의 중요 거점이었기 때문에 구호물자의 집산지 역할을 하게 되면서, 1960~1970년대 대규모 간척사업 등 국가사업에 동원된 근로자에게 돈 대신 밀가루를 지급하게 되고, 분식장려운동 등과 맞물려 밀가루 유통의 거점이 되었습니다. 이러한 시대적 상황으로 인해 대전이 칼국수의 도시로 자리매김한 것입니다.

유명한 관광지만을 앞세우는 것보다는 소소하지만 그 지역의 역사와 특징을 알아볼 수 있는 먹거리 위주의 관광 코스를 개발한다면 관광객들의 많은 관심을 끌 수 있을 것입니다.

면접정복 TIP **대전칼국수축제**

2019년 9월 27~29일 제5회 대전칼국수축제가 열렸습니다. 대전의 칼국수 이야기와 축제 참여업소의 숨겨진 이야기 및 특징 등 다양한 정보를 소개하는 칼국수 주제 전시관, 웰빙칼국수 경연대회, 엄마손맛을 찾아라!, 칼군무 경연대회, 칼국수 푸드코트 운영 등 다양한 프로그램을 통해 대전과 칼국수를 널리 알렸습니다.

※ 제6회 대전칼국수축제는 코로나19로 인하여 취소되었습니다.

관광의 형태가 점차 다양해지면서, 이제는 여행의 목적지를 선택할 때 관광자원이 아니라 먹거리가 주가 되는 관광이 떠오르고 있습니다. 실제로 서울시에서는 '서울미식주간' 행사를 개최하기도 하였으며, '레스토랑&바 100선'을 '서울미식 안내서'로 제작하여 관광 콘텐츠로 활용하기도 하였습니다.

08 야시장의 문제점은 무엇입니까?

▌모범 답안

야시장은 소비자들에게는 전통시장의 정취를 느끼게 하고, 상인들에게는 영업 회복을 돕기 위해 만든 것으로 젊은이들에게 많은 인기를 끌고 있습니다.

그러나 이들의 입맛을 따라가기 위하여 유행을 좇기에 급급한 실태를 보이고 있습니다. 시장 본연의 색이나 전통의 맛, 소박하고 개성 있는 메뉴들이 사라지고 있다는 점에서 본래의 취지와는 멀어지고 있다고 생각합니다.

면접정복 TIP

야시장은 소외되어 가는 전통시장을 살리고 주변의 상권을 활성화하기 위한 목적으로 밤에 벌이는 시장을 말합니다. 2013년 10월 29일 부산 부평 깡통야시장을 최초로 현재는 전국으로 확장되어 하나의 문화로 자리 잡았습니다. 야시장에서는 주로 핸드메이드 소품, 향초, 간단하게 먹을 수 있는 음식(푸드트럭) 등이 인기를 끌고 있습니다.

[부산 부평 깡통야시장]

[서울 밤도깨비 야시장]

※ 출처 : 한국관광공사 김지호, 이범수

┃ 모범 답안

더블 룸이란 2인용 베드가 1개 들어 있는 객실을 말합니다. 퀸 또는 킹사이즈 침대가 제공되며 한 침대에서 같이 잠을 자야 하기 때문에 연인 혹은 가족끼리 이용하기 좋습니다. 트윈 룸이란 1인용 사이즈의 싱글 베드가 나란히 2개 들어 있는 객실을 말합니다. 각기 다른 2개의 침대가 제공되기 때문에 친구끼리 이용할 때 편리합니다.

> **면접정복 TIP**
>
> 객실의 종류에는 싱글 룸, 더블 룸, 트윈 룸, 트리플 룸, 쿼드 룸, 이그제큐티브 룸 등이 있습니다.
> - 싱글 룸(Single Room) : 1인용 싱글 베드가 1개 들어 있는 객실로, 주로 혼자 여행을 하거나 비즈니스 업무를 보기 위해 숙박하는 경우 사용
> - 더블 룸(Double Room) : 2인용 베드가 1개 들어 있는 객실로, 주로 연인이나 가족끼리 사용
> - 트윈 룸(Twin Room) : 싱글 베드가 나란히 2개 들어 있는 객실로, 주로 친구끼리 사용
> - 트리플 룸(Triple Room) : 싱글 베드가 3개 또는 트윈에 엑스트라 베드가 추가된 형태로, 주로 친구나 가족 3인이 숙박할 경우 사용
> - 쿼드 룸(Quard Room) : 트리플 룸에 엑스트라 베드가 하나 더 추가된 객실로, 주로 친구나 가족 4인이 숙박할 경우 사용
> - 이그제큐티브 룸(Executive Room) : 비즈니스 고객을 위한 특별 전용층에 위치한 객실로, 주로 소규모 모임과 투숙을 할 경우 사용

PART 02

10 스크린 투어리즘(Screen Tourism)을 설명해 보세요.

▎모범 답안

스크린 투어리즘이란 영화가 흥행하면 그 촬영지에 관광객들이 몰리는 현상을 말합니다. 이를 잘 활용하여 관광 코스를 만들면, 주변의 명소뿐만 아니라 지자체의 사업까지도 홍보하는 효과를 얻을 수 있습니다.

예로 아카데미 4관왕을 휩쓴 영화 '기생충'을 들어볼 수 있습니다. 서울시 공식 관광정보 웹사이트인 Visit Seoul은 영화 기생충에 등장하는 촬영지를 모은 '기생충 촬영지 탐방코스'와 더불어 기생충 촬영지와 근처의 서울 명소를 엮어 만든 '영화 〈기생충〉으로 보는 서울 구석구석' 프로그램을 소개하였습니다. 또한 이 장소를 방문하기 위한 방법으로 '따릉이'를 소개하며 서울시의 무인자전거대여사업을 홍보하였습니다.

면접정복 TIP

기생충 촬영지 탐방코스
돼지쌀슈퍼(우리슈퍼) – 극중 인물 기택의 동네 계단 – 자하문 터널 계단 – 스카이피자(피자시대)

영화 〈기생충〉으로 보는 서울 구석구석
• 자하문 터널 계단 코스(서울 대표 관광지 중심) : 자하문 터널 계단 – 석파정 – 경복궁 – 대오서점 – 자하손만두 – 세종마을음식문화거리 – 베어카페 – 통인시장 – 젓가락 갤러리 – 바버샵
• 피자시대 코스(서울라이트 일상 체험) : 스카이피자(피자시대) – 여의도 한강공원 – 63스퀘어 – 한강 이랜드크루즈 – 한강예술공원 – 노들섬 – 한강공원 – 노량진컵밥거리 – 정인면옥 – 사대부집 곳간 – 노량진수산시장 – IFC 몰
• 우리슈퍼 코스(근대역사 골목산책) : 돼지쌀슈퍼(우리슈퍼) – 중림로 – 서울로7017 – 만리재로 – 서소문 역사공원 – 문화역서울284 – 마포공덕시장 – 진미식당 – 황금콩밭 – 을밀대 – 염천교수제화거리

※ 출처 : korean.visitseoul.net

관광 관련 용어
• 팸 투어 : 관광지를 홍보하기 위해 기자, 블로거 등을 초청하여 여행지를 둘러보는 관광
• 다크 투어리즘 : 전쟁이나 재해와 같은 비극적 역사 현장을 경험하고 교훈을 얻는 관광
• 지속가능한 관광 : 다음 세대가 필요로 하는 여건을 훼손하지 않는 수준에서의 관광
• 대안관광 : 대중관광에서 야기하는 부정적 영향을 최소화시키고자 하는 관광
• 녹색관광 : 농촌의 자연·문화를 즐기고 체험하는 관광
• 생태관광 : 생태적으로 양호한 상태의 지역을 관광

06 2019년 면접 기출문제

01 국내여행안내사의 역할에 대해 말해 보세요.

| 모범 답안

국내여행안내사는 「관광진흥법」에 따라 문화체육관광부 장관이 실시하는 국내여행안내사 자격시험에 합격한 후 문화체육관광부에 등록한 자를 말합니다. 국내여행안내사는 국내를 여행하는 관광객을 대상으로 여행일정 계획, 여행비용 산출(여행자가 목적국에 도착하여 일정을 모두 마치고 출국할 때까지 국내 체재 기간 중에 개인 경비를 제외한 여행 조건에 명시된 일정의 수행에 소요되는 지상 경비), 숙박시설 예약, 명승지나 고적지 안내 등 여행에 필요한 각종 서비스를 제공합니다.

면접정복 TIP

국내여행안내사는 한국의 관광자원을 안내하는 국가자격으로서 1961년 처음 자격제도가 제정되었으며, 관광통역안내사, 호텔경영사, 호텔관리사, 호텔서비스사와 함께 관광업무에 종사하는 관광종사원으로 규정됩니다.

관광통역안내사는 「관광진흥법」에 따라 문화체육관광부 장관이 실시하는 관광통역안내사 자격시험에 합격한 후 문화체육관광부에 등록한 사람을 말합니다. 관광도 하나의 산업으로서 국가경제에 미치는 영향이 크다고 판단되어 문화체육관광부에서 실시하는 통역분야의 유일한 국가공인 자격증입니다. 관광통역안내사는 국내를 여행하는 외국인에게 외국어를 사용하여 관광지 및 관광 대상물을 설명하거나 여행을 안내하는 등 여행의 편의를 제공합니다. 2009년 10월부터는 외국인 관광객을 대상으로 하는 여행업자는 관광통역안내사 자격을 가진 사람만 관광안내에 종사하도록 「관광진흥법」이 개정되었습니다.

PART 02

02 다크 투어리즘(Dark Tourism)에 대해 말해 보세요.

| 모범 답안

블랙 투어리즘(Black Tourism) 또는 그리프 투어리즘(Grief Tourism)이라고도 하는 다크 투어리즘 (Dark Tourism)은 관광객이 휴양과 관광을 위한 일반 여행과 달리 비극과 죽음을 조명하는 장소를 보며 반성과 교훈을 얻는 여행입니다. 다크 투어리즘은 관광객들이 전쟁, 대량학살이나 재난의 장소를 둘러봄으로써 교훈을 얻을 수 있기 때문에 중요하며 의미가 있습니다. 예를 들어 외국의 사례로는 미국대폭발테러사건(9・11 테러)이 발생했던 뉴욕 월드트레이드센터 부지인 그라운드 제로(Ground Zero), 원자폭탄 피해 유적지인 히로시마 평화기념관, 약 200만 명의 양민이 학살된 캄보디아의 킬링필드 유적지, 유대인 대학살 현장인 폴란드의 아우슈비츠 수용소 등이 있습니다. 국내에서는 한국전쟁을 전후로 수만 명의 양민이 희생된 제주 4・3 사건의 실상을 알려주는 제주 4・3 평화공원, 국립 5・18 민주묘지, 거제포로수용소, 서대문형무소 역사관 등이 대표적인 다크 투어리즘을 위한 장소입니다.

면접정복 TIP

다크 투어리즘(Dark Tourism)에 대해 설명하라는 질문을 받았을 때 다크 투어리즘의 정의와 중요성만 이야기하고 답변을 마치기보다는 그 예가 되는 관광지를 덧붙여 이야기하는 것이 좋습니다. 예를 들어 독립운동가들의 수난사를 돌아보는 현장인 서대문형무소 역사관에 대해 설명해 봅니다.

서대문형무소는 일제강점기인 1908년 '경성감옥'이란 이름으로 문을 열었습니다. 이후 1945년 우리 민족이 해방을 맞기까지 수많은 독립운동가와 민족 지도자들이 수난을 당했던 곳입니다. 희생자들 중에는 유관순 열사, 강우규 의사 등을 들 수 있습니다. 해방 이후에는 대한민국의 민주화를 위해 몸을 바친 인사들이 옥고를 치렀던 현장이기도 합니다.

한동안 서울교도소와 서울구치소로 이용되던 이곳은 1998년 11월 '서대문형무소 역사관'으로 개관했는데, 옥사 7개 동과 사형장, 전시관(보안과 청사)이 원형대로 보존되어 있습니다. 서대문형무소는 오늘날 우리가 누리는 자유로움이 선조들의 고귀한 희생으로 얻어진 결과라는 사실을 상기시키는 현장입니다.

[서울 구 서대문형무소]

03 관광객에게 추천하고 싶은 관광지 한 곳을 소개해 보세요.

| 모범 답안

저는 경상남도 창녕군에 위치한 담수호습지(배후습지)인 우포늪을 추천하고 싶습니다. 후빙기의 기후 변화에 따라 형성된 우리나라 최고(最古)의 원시 자연늪인 우포늪은 대표적인 우리나라의 람사르 습지입니다.

경남 창녕군 유어면, 이방면, 대합면, 대지면 일원에 위치한 우포늪은 여의도 면적과 맞먹을 만큼 큰 면적을 자랑합니다. 우리나라에서 가장 큰 내륙습지인 이곳은 주변 지형의 모습이 소의 목처럼 생겼다고 해서 '우포늪'이라는 이름을 얻게 되었다고 합니다.

우포늪 주변 곳곳에는 갈대와 억새가 군락을 이루고 있어서 숨 막힐 듯 아름다운 풍경을 볼 수 있습니다. 과거의 우포늪은 지금보다 더 장대했을 것으로 추정되는데, 그 모습을 많이 잃기는 했지만 여전히 거대한 습지로 남아 있습니다. 우포늪에서는 여전히 지역주민이 어로 활동을 하고 있는데, 인간과 자연이 어우러져 아름다운 풍경을 만들고 있습니다.

면접정복 TIP

람사르 협약은 세계에 있는 중요한 습지들의 보호와 지속가능한 이용에 관한 국제 조약입니다. 습지는 야생동물과 생태계를 보호하기 위해 생태학적으로 중요합니다. 이 협약으로 인해 이 나라에서 저 나라로 움직이는 새들이 보호받을 수 있습니다.

우포늪은 본류인 낙동강의 배후습지로 우포, 사지포, 목포, 쪽지벌로 구성되어 있고, 낙동강으로 유입되는 토평천의 하류에 위치합니다. 후빙기의 해수면 상승에 따른 낙동강 본류의 하상퇴적에 의해 형성되었고, 토평천과 낙동강의 합류지점에 자연제방이 있습니다. 원시 자연의 신비로움을 간직한 우포늪은 어머니의 품처럼 넓게 펼쳐진 채 모든 생명을 감싸 안고 있습니다.

[창녕 우포늪 천연보호구역]

PART 02

04 관광경찰제도에 대해 설명해 보세요.

| 모범 답안

관광경찰은 외국인 관광객을 돕기 위해 관광지에 배치된 경찰입니다. 관광경찰은 주요 관광지의 범죄예방 및 기초질서 유지, 불법행위 단속, 관광안내, 불편사항 처리 등 관광 관련 치안업무를 전문적으로 담당하고, 관광불편사항 처리, 관광정보 제공 및 교통안내 등 관광행정 서비스를 문화체육관광부·서울시 등 유관기관과 연계하여 처리하는 역할을 수행합니다.

관광경찰은 서울, 인천, 부산 주요 관광명소에서 외래관광객을 대상으로 발생한 범죄에 대해 피해자 구호, 관련자 인적사항 및 사건내용 확인, 증거보존 등 초동조치 후 지역경찰 또는 관할경찰서와 연계하여 사건을 신속하게 처리하고 있습니다.

면접정복 TIP

우리나라 치안은 비교적 양호한 편이나, 외래관광객은 기본적으로 타국 문화에 익숙하지 않아 치안에 대한 불안감이 항상 존재하고 있습니다. 외국어가 가능하고 관광에 전문적 지식을 가진 경찰을 쉽게 접하게 함으로써 외래관광객의 잠재적인 치안에 대한 불안감을 해소하기 위해 관광경찰이 도입되었습니다.

관광경찰은 서울의 경우, 외래관광객이 주로 방문하는 명동, 인사동, 이태원, 홍대입구, 동대문, 남대문 등 6개 거점을 중심으로 활동하되, 외국인 관광객 수요 등을 고려하여 탄력적으로 활동하고 있습니다. 부산 지역은 해운대, 광안리, 광복동, 남포 중심, 인천은 인천국제공항, 송도, 차이나타운 등 3개 관광지 중심으로 활동하고 있습니다.

---

05 유럽식 호텔요금제에 대해 설명해 보세요.

┃ 모범 답안

유럽식 요금제도(European Plan)는 객실 요금과 식사 요금을 별도로 계산합니다. 호텔 이용자는 시간에 쫓기는 비즈니스 고객이 많기 때문에 호텔에서 하루 세 번 식사를 하기가 어렵습니다. 호텔 요금은 대개 객실료와 식대를 구분하며, 호텔이 영업계획에 따라 객실 요금을 설정하여 담당 행정기관에 공시하는 기본 요금인 공표 요금표(Room Tariff)에는 객실 요금만 표시합니다. 호텔에 투숙한 고객의 식사는 자유의사에 따라 호텔 내·외 어디서나 가능합니다. 우리나라를 포함하여 전 세계 대부분의 호텔이 이 요금 제도를 채택하고 있습니다.

면접정복 TIP

호텔의 객실 요금은 여러 종류가 있으므로 이를 잘 이해하고 가격을 결정해야 합니다. 객실 요금은 고객이 누구인지, 투숙하는 목적이 무엇인지, 왜 특정 호텔을 선택했는지와 같은 요인들로 인해 결정됩니다. 객실 요금 결정의 중요한 영향 요인으로는 첫 번째 호텔의 위치가 있습니다. 고객이 방문하고자 하는 장소와 호텔과의 접근성, 근접성이 핵심입니다. 이는 크게 상업 지역과 관광 지역으로 나누어지며, 고객의 투숙 목적에 따라 결정됩니다. 두 번째는 호텔의 시설입니다. 시설의 쾌적함, 안전, 청결도 등과 같은 요인으로서 고객은 자신에게 익숙한 시설이 있는 호텔을 찾는 경향이 있습니다. 따라서 체인 호텔이 독립 호텔보다 유리하다고 할 수 있습니다. 세 번째는 서비스로, 풀서비스 호텔과 저가 호텔의 서비스 차이가 있습니다. 네 번째는 여행 시장의 객실 수요가 영향을 미칠 수 있습니다. 이는 다른 말로 시장의 수요가 얼마나 있느냐를 의미하는 것으로, 시장의 수요는 객실 가격 결정에 영향을 미칩니다. 다섯 번째는 경쟁 호텔의 가격입니다. 목표 시장이 같은 주변의 호텔 가격을 고려해서 호텔의 객실 가격을 결정해야 합니다. 여섯 번째는 원가로서 호텔 운영에 들어가는 원가를 정확하게 분석하여 객실 가격을 원가 이상으로 책정해야 이익이 남습니다.

06 관광객이 관광지에서 담배를 피우고 있는 경우 어떻게 대처하겠습니까?

| 모범 답안

관광객이 관광지에서 담배를 피우고 있는 경우 "지난번 제가 함께 간 여행에 흡연 에티켓을 위반한 사람이 있어서 다른 사람들이 입장이 아주 곤란했습니다."와 같이 가공의 이야기라도 좋으니 사례를 들어가며 부드럽게 매너에 대한 이야기를 해주는 것이 가장 효과적이라고 생각합니다.

어쩌다 잘못해서 여행 중 에티켓에 위반되는 행위를 하는 사람이 있더라도 결코 다른 여행객의 면전에서 비난으로 느껴지는 말을 해서는 안 된다고 생각합니다. 그 여행객의 입장이 되어 생각하고, 나중에 가서 살짝 귀띔해주는 배려가 필요할 것입니다.

면접정복 TIP

여행 중 에티켓이나 매너에 대한 지식은 버스 안에서나 식사 중에 자연스럽게 여행객들에게 전달하는 것이 좋습니다. "몰상식한 분들이 담배를 피웁니다.", "금연 지역에서 에티켓을 지키지 않는 것은 몰상식합니다." 등의 표현은 오히려 관광객의 윤리 수준을 무시한다는 불쾌감을 줄 수 있으므로, 표현 방법에 주의를 기울일 필요가 있습니다.

---

07 조선의 5대 궁궐에 대해 소개해 보세요.

┃ 모범 답안

경복궁은 조선 제일의 궁궐로서 과거 한양의 도시계획과 궁궐 건축의 규모, 배치, 구성 및 짜임새를 보여주는 대표 문화유산입니다. 조선시대 최초의 궁궐로, 조선왕조 500년의 역사가 시작된 곳입니다. 서울에 남아 있는 5대 궁궐 중에서 가장 크고 웅장하며, 근정전, 경회루 등 대표 전각을 통해 격조 높은 조선 왕실문화와 생활상, 당시의 건축문화까지 엿볼 수 있습니다.

창덕궁은 가장 오랜 기간 임금이 거처했던 궁궐로, 한국 전통의 풍수지리 사상과 조선왕조의 정치적 이념이었던 유교가 적절히 조화된 탁월한 건축물로 인정받아 지난 1997년 유네스코 세계문화유산으로 등재되었습니다. 자연 그대로의 산세와 지형을 유지하면서 건물을 조화롭게 배치하였으며, 건축과 자연이 한데 어우러진 풍경이 무척 아름답습니다. 창덕궁 후원은 다양한 정자·연못·수목·괴석이 어우러진 아름다운 곳으로, 국제적인 경쟁력을 갖춘 관광자원이라 할 수 있습니다.

창덕궁과 더불어 동궐을 형성하였던 창경궁은 조선의 9대 임금 성종이 세 명의 왕후를 위해 지은 효심이 깃든 궁궐입니다. 창경궁의 정문 홍화문 등을 통해 당시의 뛰어난 건축미와 지난 역사를 만날 수 있습니다.

원형의 변형과 왜곡이 심하게 일어났던 덕수궁(경운궁)은 한국 근대사의 자취가 서려 있는 조선시대의 궁으로 대한제국 설립의 역사적 무대가 되었습니다. 서울의 궁궐 중 근대식 전각과 서양식 정원, 분수가 있는 유일한 곳으로 중세와 근대가 잘 어우러져 있습니다.

경희궁은 현존하는 5대 궁궐 가운데 가장 심하게 훼손된 궁궐로서 조선시대 유사 시 왕이 거처하는 이궁으로 본래 경덕궁으로 불렸습니다.

면접정복 TIP

궁궐은 국가지정 문화유산으로서 관광자원으로서의 매력과 가치가 높습니다. 궁궐은 왕과 왕족뿐만 아니라 궁녀·노복·관원·군인·내시 등 다양한 신분과 여러 계층의 사람들이 생활하던 공간이었으며, 건축은 당대 최고의 자재와 기술로 이루어졌습니다. 또한 궁궐에서 시행되던 각종 의식과 무용, 음악에는 당대 문화예술 역량이 종합되었습니다.

과거 우리나라 궁궐은 흥미로운 볼거리가 부족하고 프로그램이 단조로우며, 외국의 유명 왕궁과 비교할 때 특별한 차별성이나 매력이 없는 자원으로 인식되어 왔습니다. 궁궐의 기존 이미지를 개선하고 매력 있는 관광이미지를 확립하기 위해서는 전문 안내원과 해설매체, 이벤트 및 프로그램, 홍보기념품, 편의시설, 접근성 등 전반적인 서비스와 시설 개선이 요구되고 있습니다. 그러나 더욱 중요한 것은 수요자의 인식 속에 우리나라 궁궐을 가치 높은 매력 자원으로 차별화하는 포지셔닝 전략입니다. 특히, 5대궁 가운데 경복궁과 창덕궁은 비교적 높은 가격과 품질 수준으로 관광상품을 차별화하고, 국제회의 참가자와 같은 고급 시장을 전략적으로 유치할 수 있습니다.

[경복궁 비현각]

[창덕궁 인정전]

[덕수궁 중화문]

[창경궁 옥천교]

[경희궁 흥화문]

08 여행사의 업무에 대해 말해 보세요.

┃ 모범 답안

여행업이란 여행자 또는 운송시설·숙박시설, 그 밖에 여행에 딸리는 시설의 경영자 등을 위하여 그 시설 이용 알선이나 계약 체결의 대리, 여행에 관한 안내, 그 밖의 여행 편의를 제공하는 업입니다.

여행사의 주요 업무는 ① 상품 기획 업무, ② 기획상품 행사 실시업무, ③ 계약체결의 대리업무, ④ 여행 안내업무, ⑤ 여행상담업무, ⑥ 수수료를 받고 매매를 주선하는 알선업무, ⑦ 중개업무, ⑧ 매개업무, ⑨ 수속 및 판매대행업무, ⑩ 여행편의 제공업무 등이라고 할 수 있습니다.

오늘날의 현대인들은 여행에 수반되는 번거로운 수속이나 절차를 좋아하지 않아서 여행을 준비하고 계획 하는 서비스를 제공하는 대행기관이 필요했습니다. 특히, 외국여행을 하는 사람들은 비행기 좌석확보, 호텔예약, 여권, 비자, 수하물, 보험, 검역, 외국의 풍습 숙지, 환전, 세관 등의 준비를 하는 것이 어려운 일입니다. 그래서 여행자들은 의사·변호사에게 의뢰하는 것처럼 여행전문가와 상담을 하고 각종 수배를 의뢰하게 된 것입니다.

면접정복 TIP

오늘날 여행업의 역할은 변화하고 있는데, IT혁명은 미래 여행업에 기회를 제공함과 동시에 도전을 가 져왔습니다. 특히, 인터넷은 여행업자들로 하여금 핵심 업무인 정보제공과 예약업무에서 탈피하여 여 행상담자의 역할을 하도록 하고 있습니다. 여행자는 정보제공뿐만 아니라 상담능력이 필요하게 되었으 며, 여행사가 유통 채널에서 경쟁력을 갖추기 위해서는 '상담제공능력'의 강화가 요구되고 있습니다. 앞으로 미래의 여행업은 시장지배력을 활용할 수 있고 규모의 경제를 누릴 수 있는 세계적 여행기업과 전문화 여행기업이 지배할 것으로 예측되고 있습니다.

09 국보와 보물의 차이점은 무엇인지 이야기해 보세요.

| 모범 답안

국보와 보물의 차이점은 그 가치의 등급에 있습니다. 먼저 국가유산청장은 문화유산위원회의 심의를 거쳐 유형문화유산 중 중요한 것을 보물로 지정할 수 있습니다. 그리고 보물에 해당하는 문화유산 중 인류 문화의 관점에서 볼 때 그 가치가 크고 유례가 드문 것을 문화유산위원회의 심의를 거쳐 국보로 지정할 수 있습니다.

보물이 국보가 되기 위해서는 몇몇 기준들을 충족하여야 합니다.

첫째, 보물에 해당하는 문화유산 중 특히 역사적·학술적·예술적 가치가 큰 것, 둘째, 제작 연대가 오래되었으며, 그 시대의 대표적인 것으로서 특히 보존가치가 큰 것, 셋째, 디자인이나 제작기술이 특히 우수하여 그 유례가 적은 것, 넷째, 형태·품질·제재(製材)·용도가 현저히 특이한 것, 다섯째, 특히 저명한 인물과 관련이 깊거나 그가 제작한 것이 그 기준입니다.

면접정복 TIP

같은 문화유산을 국보와 보물로 나눈 기준은 국보는 작품의 제작기술·연대 등이 각 시대를 대표할 만한 것으로서 보존상태가 양호하면서 학술적·예술적 가치가 높은 데 비해, 보물은 일반적인 지정 기준에 도달하는 국가유산을 지정한 것으로, 엄격한 구분은 불가능합니다. 보물로 지정된 수는 국보보다 많으며, 국보와 보물의 지정서에는 명칭 및 수량, 지정 연월일, 건조물인 경우에는 구조 및 형식, 건조물 외의 것은 규격, 형태, 재료 및 그 밖의 특징, 소재지 또는 보관 장소, 소유자의 성명 및 주소를 적어야 합니다.

10 관광객이 안내에 비협조적이고 불평을 할 경우 어떻게 대처할 것인지 말해 보세요.

| 모범 답안

우선 상황이 더 악화되지 않도록 최대한 상냥하고 조심스러운 언어로 비협조적인 태도로 인해 다른 관광객들이 불편해지거나 피해가 갈 수 있다는 점을 알려드리겠습니다. 그 후 무엇이 불만인지 비협조적인 태도에 어떤 특별한 이유가 있는지 확인하고 그 원인에 따라서 적절한 조치를 취하겠습니다. 담당안내사의 적극적인 반응과 상냥한 태도만으로도 관광객의 기분이 나아지고, 오해나 문제가 해결될 수도 있다고 생각합니다.

면접정복 TIP

이외에도 관광객들 간의 다툼이 생길 경우, 응급상황이 발생할 경우, 숙박예약에 문제가 있을 경우, 이동차량에 고장이 생긴 경우 등 여행을 안내하면 발생할 수 있는 수많은 돌발 상황에 대해 어떻게 대처할 것인가에 대한 질문이 매년 꾸준히 출제되고 있습니다. 모든 상황에 대한 답변을 만들기보다는 관광객들과의 대화, 관련 업체, 시설담당자들과의 커뮤니케이션 공공기관에의 협조 요청 등 돌발 상황에서 필요한 여러 요소들을 준비하여 질문에 따라 유동적으로 답변할 수 있도록 준비하시기를 바랍니다.

07 2018년 면접 기출문제

01 종묘에 대해 설명해 보세요.

┃ 모범 답안

사적으로 지정된 종묘는 조선왕조의 왕, 왕비 그리고 죽은 후 추존된 왕과 왕비의 신주(죽은 사람의 위패)를 모시는 유교사당입니다. 1995년에 유네스코 세계문화유산으로 등재되어 독특한 건축양식과 가치를 인정받았습니다.

종묘에는 본래의 건물인 정전을 비롯하여 별도의 사당인 영녕전과 전사청, 칠사당 등의 여러 건물이 있습니다. 종묘 정전의 19실에는 태조를 비롯한 왕과 왕비의 신주(49위)가 모셔져 있고, 영녕전 16실에는 추존된 왕과 왕비의 신주(34위)가 모셔져 있습니다.

종묘는 연건평 규모가 동시대 단일 목조건축물 가운데 세계에서 가장 크며 유교의 검소한 기품이 깃들어 있는 건축물입니다. 또한 19칸의 긴 정면과 수평성이 강조된 세계의 유례없는 독특한 형식의 건축물로 평가받고 있습니다.

> **면접정복 TIP**
>
> 종묘제례는 종묘에서 지내는 제사를 말하며 '종묘대제'라고도 합니다. 과거 정시제와 임시제로 나뉘어 지냈으나 1969년부터는 전주이씨 대동종약원의 주관으로 매년 5월 첫째 주 일요일에 봉행하고 있습니다. 종묘제례는 유교절차에 따라 매우 엄격하고 장엄하게 거행되는 왕실의례로 엄숙함과 웅장함이 돋보입니다.
>
> 종묘제례악은 종묘에서 종묘제례를 지낼 때 무용과 노래, 악기를 사용하여 연주하는 음악으로 '종묘악'이라고도 합니다. 종묘제례 의식의 각 절차에 따라 조상의 공덕을 찬양하는 내용의 보태평 11곡과 정대업 11곡이 연주됩니다. 조선시대의 기악연주와 무용, 노래가 조화된 궁중음악의 정수로서 화려함과 중후함을 가지고 있습니다.
>
> 종묘제례(국가무형유산)와 종묘제례악(국가무형유산)은 2001년 유네스코 인류무형문화유산으로 등재되었습니다.

[종묘제례]

[종묘제례악]

02 우리나라 천연기념물 제1호에 대해 설명해 보세요.

| 모범 답안

우리나라 천연기념물 제1호는 '대구 도동 측백나무 숲'입니다. 지정 당시에는 숲의 지역이 달성에 해당하여 '달성의 측백수림'으로 불렸다가 '대구 도동 측백나무 숲'으로 명칭이 변경되었습니다. 대구 도동 측백나무 숲에는 높이 5~7m의 700여 그루 나무가 절벽 바위에 뿌리를 내리고 자라나고 있으며, 느티나무, 소나무, 말채나무 등이 함께 자라고 있습니다. 인근의 숲은 사람들이 나무를 함부로 베어 황폐해졌으나 측백나무는 바위틈에서 자라는 특성 덕분에 베어지지 않고 그대로 보호될 수 있었습니다.

본래 측백나무는 중국에서 생장하는 나무로 우리나라에서 자연 군락을 형성했다는 점에서 식물 분포학상 학술적인 가치를 인정받아 1962년 천연기념물 제1호로 지정되었습니다.

면접정복 TIP

국가유산청에서 지정(등록)번호를 폐지하였으므로, 지정번호를 말하고 이에 해당하는 것이 무엇인지를 묻는 질문은 출제되지 않을 것으로 보입니다. 위 문제의 경우 '천연기념물인 대구 도동 측백나무 숲에 대해 설명해 보세요'로 교체하여 학습하시기 바랍니다.

천연보호구역은 보호할 만한 천연기념물이 풍부한 대표적인 구역을 선정하여 지정합니다. 홍도, 설악산, 한라산, 강원도 양구와 인제에 걸쳐 있는 대암산과 대우산, 인제와 고성에 걸쳐 있는 향로봉과 건봉산, 독도, 성산일출봉, 문섬·범섬, 차귀도, 마라도, 창녕 우포늪 등이 있습니다.

천연보호구역 지정 현황(2025년 3월 기준)

명 칭	소재지
홍도 천연보호구역	전남 신안군
설악산 천연보호구역	강원 속초시
한라산 천연보호구역	제주 제주도 일원
대암산·대우산 천연보호구역	강원 양구군
향로봉·건봉산 천연보호구역	강원 인제군
독도 천연보호구역	경북 울릉군
성산일출봉 천연보호구역	제주 서귀포시
문섬·범섬 천연보호구역	제주 서귀포시
차귀도 천연보호구역	제주 제주시
마라도 천연보호구역	제주 서귀포시
창녕 우포늪 천연보호구역	경남 창녕군

[대구 도동 측백나무 숲]

모범 답안

서울 시티투어버스는 서울의 인기 관광지와 쇼핑명소 등으로 구성된 코스를 순환하며 운행하는 셔틀버스 타입의 관광용 버스입니다. 오픈 2층 버스, 오픈 1층 버스, 트롤리 버스 등 다양한 유형의 버스가 운행되며, 승객에게는 12개 국어 음성으로 여행 가이드를 들을 수 있는 개별 헤드셋이 제공됩니다.

광화문을 기점과 종점으로 하며, 현재 서울의 주요 관광지를 다양하게 경험할 수 있는 4개의 투어코스가 운영되고 있습니다. 대표적으로 서울 시내의 고궁과 남산골 한옥마을, 청와대 등 인기 관광지를 순환하는 도심고궁남산코스와 서울의 전망을 관람할 수 있는 코스로 여의도 · 청계천 · 한강 등을 순환하는 파노라마 코스, 강남의 대표 관광 명소인 코엑스 · 가로수길 등을 순환하는 어라운드강남 코스가 있습니다. 또한 야간에 운영되는 코스로 버스로 관광하며 서울의 아름다운 야경을 즐길 수 있는 야경코스도 있습니다. 서울 시티투어버스는 외국인 관광객은 물론 내국인 관광객, 학생 등에게 편안하고 즐거운 서울 시내 관광을 제공합니다. 일부 코스에서 운행 준비중인 경우가 있으니 이 또한 참고해야겠습니다.

면접정복 TIP   **서울 시티투어버스 투어코스**

- 도심고궁남산 코스 : 서울 시내의 고궁은 물론 N서울타워, 명동, 남산골 한옥마을, 청와대 등 인기 관광지로 구성되어 있습니다. 총 15곳의 정류장을 순환하며, 정류장 하차 후 40분 간격으로 다음 버스를 이용할 수 있습니다.
- 파노라마 코스 : 남산, 강남, 여의도, 청계천, 한강 등의 명승지로 구성되며 총 16곳의 정류장을 순환하는 코스입니다(현재 운행 준비중).
- 어라운드강남 코스 : 강남구의 주요 관광 명소인 코엑스, 강남역, 가로수길 등을 순환하는 코스입니다 (현재 운행 중단).
- 야경 코스 : N서울타워에서 한강을 따라 운행되는 코스로 서울의 매력적인 야경을 관람할 수 있습니다.

※ 출처 : Seoul City Tour Bus(www.seoulcitybus.com)

---

04 일정에 있던 관광지가 공사 중으로 입장하지 못하게 될 경우 어떻게 대처할 것입니까?

Ⅰ 모범 답안

투어일정 중 예정된 곳에 방문하지 못하면 기대했던 여행객은 매우 실망할 것입니다. 제가 일정을 철저하게 확인하지 못해 발생한 문제이므로 우선 여행객에게 진심으로 사과의 말씀을 드리겠습니다. 그리고 빠르고 침착하게 대처 방안을 제시하고 여행객의 의견을 적극 반영하여 일정을 진행할 것입니다.

저는 여행객에게 일정에 있던 곳과 비슷한 다른 관광지를 추천할 것입니다. 대안이 될 수 있는 후보 관광지를 빠르게 찾아 리스트를 작성하고, 위치와 소요시간, 입장 가능 여부 등을 정확히 확인하겠습니다. 그리고 그중 가장 괜찮은 곳을 몇 곳 선정하여 여행객과 협의한 후 다음 일정을 진행할 것입니다.

면접정복 TIP

사전에 계획한 대로 일정이 진행된다면 문제가 없지만 실제로 현장에서 업무를 하다 보면 돌발 상황이 발생할 수 있습니다. 이때 관광안내사는 차분한 태도와 친절한 설명으로 상황을 극복해야 합니다. 돌발 상황을 최대한 줄이기 위해서는 일정, 차량, 비용 등에 대해 재차 확인하는 것이 필요합니다. 만약 예기치 못한 문제가 발생한다고 해도 침착하게 대책을 세우고 순발력 있게 대처한다면 문제를 해결해 나갈 수 있겠습니다.

05 알고 있는 축제 중 관광객에게 소개하고 싶은 곳을 골라 설명하세요.

| 모범 답안

전라북도 무주군에서 매년 9월경 개최하는 무주반딧불축제를 소개하고 싶습니다. 천연기념물로 지정된 '무주 일원 반딧불이와 그 먹이 서식지'가 소재인 무주반딧불축제는 반딧불이 되살리기 인식에서 시작된 국내 최초의 생태환경축제입니다. 맑은 물, 깨끗한 공기, 오염되지 않은 대지의 특성을 살려 개최되고 있는 환경축제로, 2019년 문화체육관광부의 문화관광 대표축제에 선정되기도 했습니다. 무주반딧불축제는 지속가능한 개발과 자연성 회복을 추구한다는 데 축제의 의의가 있습니다.

무주반딧불축제에서는 반딧불이 신비탐사, 반디별 소풍, 낙화놀이, 풍등날리기 등 다양한 행사를 진행하고 있습니다. 반딧불이 신비탐사는 가장 인기 있는 행사로, 반딧불이 서식지로 버스를 타고 이동하여 아름다운 반딧불이의 군무와 비행을 직접 관람할 수 있습니다.

면접정복 TIP

- **얼음나라화천산천어축제**

  겨울이면 눈과 얼음으로 빛나는 강원도 화천에서 2003년 1회를 시작으로 매년 1월에 열리고 있는 겨울축제입니다. CNN에서 세계 겨울의 7대 불가사의로 소개된 대표적인 겨울축제이기도 합니다. 매년 1백만 명 정도가 참여하는 규모로 개최되며 산천어 체험, 눈/얼음 체험, 문화·이벤트 등 약 60종의 프로그램을 운영하며, 산천어 얼음낚시를 비롯한 맨손잡기, 얼음썰매, 눈썰매 등 다양한 체험을 할 수 있습니다.

- **자라섬국제재즈페스티벌**

  자라섬국제재즈페스티벌은 2004년 미국, 일본, 스웨덴 등 12개국 30여 개 팀이 참여한 것을 시작으로 매년 10월경 가평 자라섬에서 개최되고 있는 피크닉형 음악축제입니다. 국내외 정상급 뮤지션과 수많은 관람객이 가평 자라섬을 찾아 재즈의 향연이 펼쳐집니다. 자라섬국제재즈페스티벌은 20~30대의 젊은 연령층부터 가족 단위 관객까지 다양한 계층의 관람객을 유치하며 한국을 대표하는 음악축제로 자리매김하였습니다.

06 사대문을 설명해 보세요.

모범 답안

사대문이란 한양 성곽에 세운 4개의 큰 대문으로 동쪽의 흥인지문, 서쪽의 돈의문, 남쪽의 숭례문, 북쪽의 숙정문을 이르는 말입니다. 그리고 이 사대문은 각각 유교의 기본 가치인 4가지 덕목, 즉 인의예지(仁義禮智)를 상징하고 있습니다.

흥인지문은 인(仁)을 일으키는 문이라는 의미를 가집니다. 돈의문은 의(義)를 갈고 닦는 문, 숭례문은 예(禮)를 숭상하는 문이며, 숙정문은 지(智)를 넓히는 문이라는 의미를 담고 있습니다.

면접정복 TIP

사소문은 사대문 사이에 낸 소문(小門)입니다. 동북쪽에 홍화문, 동남쪽에 광희문, 서남쪽에 소덕문, 서북쪽에 창의문이 있습니다.

홍화문은 중종 때 혜화문으로 개칭하였습니다. 전차를 부설하면서 석문까지 철거되어 그 형태를 알아볼 수 없게 되었다가 복원되었습니다. 광희문은 시신을 내보내던 문으로 일제강점기와 6·25 전쟁으로 성벽 일부가 철거되고 훼손되기도 하였으나 꾸준한 정비 사업으로 복원되어 2014년 초부터 시민들에게 개방되었습니다. 소덕문은 성종 때 소의문으로 개칭되고 일제에 의해 철거된 뒤로 지명만 남아있는 상태입니다. 창의문은 창건된 이후로도 풍수지리적인 이유 때문에 일반적인 출입이 금지되던 문으로, 서울 도성의 사소문 가운데 유일하게 온전하게 전해 내려온 문입니다.

[창의문]

07 경주에 대해 설명해 보세요.

┃ 모범 답안

신라의 수도였던 경주는 신라 천 년의 찬란한 역사와 문화가 살아 있는 민족 문화의 발상지입니다. 우리 나라를 대표하는 수많은 전통 문화유산이 산재하는 도시로 경주역사유적지구는 2000년 12월 세계문화유산으로 등재되었습니다. 경주역사지구는 남산지구, 월성지구, 대릉원지구, 황룡사지구, 산성지구 등 5개 지구로 이루어져 있으며, 한국의 건축과 불교 발달에 중요성을 지닌 많은 유적과 기념물을 보유하고 있습니다.

경주는 그 가치를 세계적으로 인정받아 1979년 유네스코 세계 10대 유적지로 지정되었습니다. 뛰어난 문화 유적과 아름다운 자연경관으로 관광객에게 꾸준히 사랑받는 관광 도시입니다.

면접정복 TIP

세계문화유산으로 등재된 경주역사유적지구는 신라의 역사와 문화를 한눈에 알 수 있을 만큼 수많은 유산이 분포되어 있는 종합역사지구입니다. 남산지구를 비롯한 월성지구, 대릉원지구, 황룡사지구, 산성지구 등 5개 지구로 구분되며, 52개의 지정문화유산이 세계문화유산 지역에 포함되어 있습니다. 남산지구에는 경주 포석정지, 경주 남산 미륵곡 석조여래좌상, 남간사지 당간지주 등 귀중한 유적과 사적이 분포하고 있으며, 월성지구에는 경주 계림, 경주 첨성대, 경주 동궁과 월지 등이 있습니다. 대릉원지구에는 신라시대의 왕, 왕비 등의 고분군이 분포하며, 황룡사지구에는 황룡사지, 경주 분황사 모전석탑 등 불교 사찰 유적지가 있습니다. 산성지구에는 신라시대 산성인 경주 명활성이 위치하고 있습니다.

[경주 남산 미륵곡 석조여래좌상]

[경주 분황사 모전석탑]

08 한국의 유네스코 세계문화유산에 대해 말해 보세요.

| 모범 답안

2025년 3월 기준 한국은 14개의 유네스코 세계문화유산을 보유하고 있습니다.

1995년에는 석굴암·불국사, 해인사 장경판전, 종묘가 등재되었으며, 1997년에는 창덕궁과 화성이 등재되었습니다. 그리고 2000년에는 경주역사유적지구와 고창·화순·강화 고인돌 유적이 등재되었습니다. 40기의 조선시대 왕릉으로 구성된 조선왕릉은 2009년 등재되었고, 한국의 역사마을 : 하회와 양동은 2010년 등재되었습니다.

남한산성은 북한산성과 함께 수도 한양을 지키기 위한 조선시대의 산성으로 2014년 세계문화유산으로 등재되었습니다. 2015년 등재된 백제역사유적지구는 동아시아 왕국들 사이의 교류와 그 결과로 나타난 불교의 확산 및 건축 기술의 발달을 보여주는 유산입니다. 산사·한국의 산지승원은 2018년에 등재되었으며, 한국의 산지형 불교사찰의 유형을 대표하는 7개의 사찰로 구성된 연속 유산입니다. 경남 양산 통도사, 경북 영주 부석사, 경북 안동 봉정사, 충북 보은 법주사, 충남 공주 마곡사, 전남 순천 선암사, 전남 해남 대흥사의 7개 사찰로 구성되며, 대한민국 전국에 걸쳐 분포하고 있습니다. 2019년에는 '한국의 서원'이 등재되었습니다. 산사와 같이 서원도 9개의 연속 유산으로 돈암, 무성, 필암, 남계, 도동, 옥산, 병산, 도산, 소수서원이 있습니다. 끝으로 가장 최근인 2023년에는 가야고분군이 등재되었습니다. 이는 한국의 고대 국가 가야의 무덤 문화를 대표하는 7개 지역의 고분들로 이루어진 연속유산으로, 김해 대성동·함안 말이산·합천 옥전·고령 지산동·고성 송학동·남원 유곡리와 두락리·창녕 교동과 송현동 고분이 있습니다. 가야고분군이 등재됨으로써 우리나라의 고대 삼국과 가야의 유산 모두가 세계유산이 되었습니다.

면접정복 TIP	한국의 세계유산 잠정목록
• 강진 도요지	• 설악산천연보호구역
• 남해안일대 공룡화석지	• 염 전
• 대곡천암각화군	• 중부내륙산성군
• 외암마을	• 낙안읍성
• 우포늪	• 한양도성
• 화순 운주사 석불석탑군	• 양주 회암사지 유적
• 한국전쟁기 피란수도 부산의 유산	

PART 02

09 유네스코 세계유산에 등재되면 받는 이점에 대해 이야기해 보세요.

| 모범 답안

유네스코 세계유산에 등재되면 해당 유산의 보호에 관한 국내외의 지원과 관심을 높일 수 있습니다. 세계유산센터, 세계유산기금 등 국제적인 기구와 단체를 통해 유산의 보호에 필요한 기술적·재정적 지원을 받을 수 있습니다. 또한 국제적인 인지도가 높아짐에 따라 관광객이 늘어나 이에 따른 고용기회 및 수입이 증가할 수 있습니다. 정부로부터의 지원과 관심으로 해당 지역 발전에도 큰 도움을 줍니다.
세계유산 등재는 한 국가의 문화 수준을 판단하는 기준으로도 작용하므로 세계유산이 소재한 국가 및 지역의 자긍심과 자부심을 고취하며 유산 보호에도 크게 기여할 수 있습니다.

면접정복 TIP

'세계유산'은 세계 문화 및 자연 유산 보호 협약(Convention Concerning the Protection of the World Cultural and Natural Heritage)에 의해 인류의 보편적인 가치를 지닌 유산들을 발굴 및 보호, 보존하고자 채택된 유산입니다. 이 협약에 의거하여 등재되는 세계유산의 종류는 그 특성에 따라 자연유산, 문화유산, 복합유산으로 분류됩니다.
자연유산은 생물학적 군락, 지질학적 생성물, 멸종위기에 처한 동식물 서식지 등을 말합니다. 문화유산은 건축물, 유적, 문화재적 가치를 지닌 장소 등으로 전체 세계유산의 77.5%를 차지합니다. 복합유산은 자연유산과 문화유산의 특징을 동시에 충족하는 유산을 말합니다.

---

10 서울에 있는 관광지 중 소개하고 싶은 곳이 있다면 말해 보세요.

| 모범 답안

서울 숭례문을 소개하고 싶습니다. 숭례문은 조선시대 한양 도성을 둘러싸고 있던 성곽의 정문으로, 사대문 가운데 남쪽에 있다고 해서 남대문이라고도 합니다. 1396년(태조 5)에 짓기 시작하여 1398년(태조 7)에 준공되었습니다.

숭례문은 정면 5칸, 측면 2칸 크기의 2층 건물이며, 지붕은 우진각 지붕으로 되어 있습니다. 지붕 처마를 받치기 위해 장식을 겸하는 공포가 기둥 위뿐만 아니라 기둥 사이에도 있는 전형적인 다포 양식이며, 건립연대를 정확히 알 수 있는 서울 성곽 가운데 가장 오래된 목조 건축물입니다.

숭례문은 2008년 방화 사건으로 2층 누각 지붕이 붕괴되고 1층 지붕이 소실되는 등 건물이 크게 훼손되었습니다. 복구공사를 거친 후 2013년 5월 준공이 완료되어 시민에게 공개되었습니다.

면접정복 TIP

남쪽 정문인 숭례문은 서울 중구 세종대로에 위치하고 있습니다. 성문 중에서도 규모가 매우 커 한국을 대표하는 문화유산 중 하나로, 1962년 국보로 지정되었습니다. 견실한 목조 건축의 수법을 보여주는 서울에서 가장 오래된 목조 건축물이었지만 2008년 2월 방화 화재로 석축을 제외한 건물이 훼손되었습니다. 2013년 5월 복구공사를 마치고 복원된 후 서울의 대표 관광 명소로 많은 관광객과 시민들에게 사랑을 받고 있습니다.

[서울 숭례문]

PART 02

08 2017년 면접 기출문제

01 국내여행안내사가 가져야 할 기본 자질은 무엇이라고 생각합니까?

Ⅰ 모범 답안

첫째, 국내여행안내사는 관광에 대한 광범위한 지식을 가지고 있어야 합니다. 관광가이드는 한국의 역사, 문화, 지리와 유물 등 다방면에 걸쳐 알아야 합니다. 항상 공부하는 자세를 가져야 하며, 어떻게 하면 좀 더 쉽고 재미있게 설명할 수 있을 것인지에 대해 연구하고 정리해 놓는 자세가 필요합니다.

둘째, 국내여행안내사는 모든 면에서 정확해야 합니다. 업무의 특성상 고객들의 도착시간, 호텔, 인원수, 관광일정, 차량 등 필요한 모든 사항을 실무 담당자와 충분히 의논해야 하며, 만일의 사태에 대비할 수 있어야 합니다.

셋째, 국내여행안내사는 돌발적인 사태에 대한 임기응변 능력이 있어야 합니다. 여행 시 완벽한 준비란 있을 수 없습니다. 호텔의 방이 부족하다든지, 길이 막혀 몇 시간이나 지체된다든지, 관광객 중 한 사람이 길을 잃어버렸다든지, 혹은 다쳤다든지 등 언제 어디서 돌발적으로 일이 생길지 모릅니다. 따라서 이러한 상황이 발생했을 경우 최대한 관광객의 입장을 고려하여 요령 있게 대처해 나가는 능력이 중요합니다.

면접정복 TIP

국내여행안내사는 고정관념에서 탈피해야 할 필요가 있습니다. 국내여행안내사는 이러해야 한다는 규정은 없습니다. 따라서 안내사는 관광객이 아무 불안 없이 즐겁고 보람찬 관광이 되도록 하며 부수되는 옵션이나 쇼핑 등을 제공하면 되는 것입니다. 즉, 사고방식의 유연화가 이루어져야 합니다. 또한 관광객에 대한 선입관을 버리는 것이 중요합니다.

이외에 국내여행안내사는 항상 자신감을 가져야 하며, 자기 직업에 대한 자부심과 긍지를 지녀야 합니다. 국내여행안내사는 투어의 성패여부를 결정짓는 최일선에 있는 사람입니다. 안내사가 관광객에게 자신감을 갖고 조리 있게 안내할 때 비로소 그 여행은 성공적으로 이루어질 수 있습니다.

---

02 단청이란 무엇이고, 그 색상에는 어떤 것들이 있는지 말해 보세요.

┃ 모범 답안

단청이란 오행 사상에 근거한 청(靑)·적(赤)·황(黃)·백(白)·흑(黑)의 5색을 기본으로 사용하여 건축물을 장엄하게 하거나 공예품 등에 칠하여 장식하는 그림과 무늬를 통틀어 부르는 말입니다. 건물의 격과 쓰임에 따라서 그 내용을 달리했으며, 단청에 사용되는 각종 문양은 화재와 잡귀를 막아주는 상징적인 의미를 담고 있습니다. 천장이나 기둥 등에 도안적인 무늬나 비천, 용, 보살, 불상 등을 칠하여 법당의 성스러움을 강조하고 사악한 것을 물리친다는 의미를 지닙니다. 단청의 기능은 상징 및 식별, 벌레의 침식 방지 그리고 목조 건물의 방부 및 방습 등입니다.

면접정복 TIP

단청의 역사는 선사시대 신에게 제사를 지내거나 제단을 꾸미는 데 그림을 장식하거나 제사장(祭祀長)의 얼굴에 색칠을 하는 일 등에서 비롯되었다고 합니다. 건물의 격과 쓰임에 따라 단청의 내용을 달리했으며, 각종 문양이 베풀어지는데, 이는 벽사의 의미와 화재를 막아주는 상징적인 의미를 담고 있습니다. 단청은 오행 사상에 따라 청색, 적색, 황색, 백색, 흑색의 오방색을 사용하였습니다. 예전에는 천연안료를 사용하였는데, 검은색인 먹은 소나무 송진을 태운 그을음을 쓰고, 뇌록은 경상도 장기현에서 나는 초록색 암석을 가루로 만들어 쓰며, 백색안료는 조개껍질을 빻아 아교에 개서 사용했습니다. 그와 더불어 청색안료는 석청, 적색안료는 연지, 황색안료는 석웅황을 사용했습니다.

단청의 종류에는 무늬 없이 단색으로 칠한 단청으로 기둥은 붉은색 계통의 석간주 칠을 하고 나머지는 옥색인 뇌록으로 가칠을 한 가칠단청, 가칠단청을 한 다음 그 위에 일정한 폭의 줄을 긋는 긋기단청, 건축 부재의 끝부분에 머리초를 한 다음 가칠단청이나 긋기단청을 하는 모루단청, 비단무늬처럼 기하학적인 문양으로 머리초 사이를 꽉 채운 금단청 등이 있습니다. 그리고 단청의 문양에는 기하학적 무늬, 당초무늬, 천지자연물(해, 달, 별, 구름무늬), 식물무늬, 길상무늬 등이 있습니다.

[궁궐 내부 단청]

03 법규에 따른 호텔업의 분류에 대해 이야기해 보세요.

▎모범 답안

「관광진흥법 시행령」에 따라 호텔업의 종류는 관광호텔업, 수상관광호텔업, 한국전통호텔업, 가족호텔업, 호스텔업, 소형호텔업, 의료관광호텔업으로 분류할 수 있습니다.

첫째, 관광호텔업은 관광객의 숙박에 적합한 시설을 갖추어 관광객에게 이용하게 하고 숙박에 딸린 음식·운동·오락·휴양·공연 또는 연수에 적합한 시설 등을 함께 갖추어 관광객에게 이용하게 하는 업입니다.

둘째, 수상관광호텔업은 수상에 구조물 또는 선박을 고정하거나 매어 놓고 관광객의 숙박에 적합한 시설을 갖추거나 부대시설을 함께 갖추어 관광객에게 이용하게 하는 업입니다.

셋째, 한국전통호텔업은 한국전통의 건축물에 관광객의 숙박에 적합한 시설을 갖추거나 부대시설을 함께 갖추어 관광객에게 이용하게 하는 업입니다.

넷째, 가족호텔업은 가족단위 관광객의 숙박에 적합한 시설 및 취사도구를 갖추어 관광객에게 이용하게 하거나 숙박에 딸린 음식·운동·휴양 또는 연수에 적합한 시설을 함께 갖추어 관광객에게 이용하게 하는 업입니다.

다섯째, 호스텔업은 배낭여행객 등 개별 관광객의 숙박에 적합한 시설로서 샤워장, 취사장 등의 편의시설과 외국인 및 내국인 관광객을 위한 문화·정보 교류시설 등을 함께 갖추어 이용하게 하는 업입니다.

여섯째, 소형호텔업은 관광객의 숙박에 적합한 시설을 소규모로 갖추고 숙박에 딸린 음식·운동·휴양 또는 연수에 적합한 시설을 함께 갖추어 관광객에게 이용하게 하는 업입니다.

마지막으로 의료관광호텔업은 의료관광객의 숙박에 적합한 시설 및 취사도구를 갖추거나 숙박에 딸린 음식·운동 또는 휴양에 적합한 시설을 함께 갖추어 주로 외국인 관광객에게 이용하게 하는 업입니다.

면접정복 TIP

호텔업은 관광객의 숙박에 적합한 시설을 갖추어 이를 관광객에게 제공하거나 숙박에 딸리는 음식·운동·오락·휴양·공연 또는 연수에 적합한 시설 등을 함께 갖추어 이를 이용하게 하는 업입니다. 호텔은 호텔의 시설 규모, 위치, 경영 형태 등과 같은 복잡한 요소로 구성되어 있습니다. 따라서 호텔업의 분류 역시 이와 같은 호텔업의 복잡성 때문에 다양하게 구분되는데, 일반적으로 호텔의 법규·등급·호텔이 위치한 장소 등에 따라서 구분할 수 있습니다.

---

04 팸투어(Fam Tour)란 무엇인지 설명해 보세요.

▌모범 답안

팸투어(Familiarization Tour, Fam Tour, 사전 답사여행)는 관광 촉진, 판매 증대, 방문객 증대, 호의적 보도 등을 목적으로 관광청, 항공사 등이 여행업자나 언론관계자 등을 초청해서 무료로 관광 루트나 관광지, 관광시설, 관광대상 등을 시찰시키는 여행입니다. 그들은 팸투어 과정에서 실제 여행 전에 새로 만든 여행상품을 체험할 수 있게 됩니다.

여행사는 여행상품 홍보를 위해서 이 학습을 위한 여행을 후원합니다. 투자의 대가로 그들은 많은 새로운 일거리들을 얻기를 원합니다. 예를 들어 여행사 직원이 새로운 여행상품을 팔기 전 여행을 해 보고 나서 그 상품을 고객에게 추천하는 것을 결정할 수 있습니다.

면접정복 TIP

팸투어는 일반적으로 관광객을 대상으로 하여 여행사가 관광지 선정에서 시설, 서비스, 일정 등을 조합하여 여행상품을 기획하게 되는데, 이와는 달리 관광 관련 기관이나, 매스미디어 관련 단체를 대상으로 하여 여행상품을 기획하는 경우가 있습니다. 이를 일반 여행과 구분하여 시찰여행이라고 부르는데, 기본적으로는 판매촉진의 한 부분으로서 관광산업을 활성화하기 위하여 등장하였습니다.

팸투어는 여행 관련 상품이나 서비스를 촉진 · 유통함으로써 잠재수요를 창출하는 것이 목적입니다. 예를 들면 새로운 여행 상품이 출시되었을 때, 일반관광객을 대상으로 판매하기 전 관광 관련 기관이나 단체, 방송, 신문 등 매스미디어 관계자들을 초대하여 미리 여행을 실시하는 것을 말합니다. PR(Public Relations) 측면, 즉 홍보차원에서의 역할과 기능에 주안점을 두고 있어 무료로 제공되는 경우가 많으며, 산업시찰 등 교육적인 측면에서 이루어지는 것이 특징입니다.

05 삼보사찰에 대해 설명해 보세요.

I 모범 답안

삼보는 불교에서 귀하게 여기는 세 가지 보물이라는 뜻으로, 불보(佛寶)·법보(法寶)·승보(僧寶)를 가리킵니다. 불보는 중생들을 가르치고 인도하는 석가모니를 말하고, 법보는 부처가 스스로 깨달은 진리를 중생을 위해 설명한 교법, 승보는 부처의 교법을 배우고 수행하는 제자 집단, 즉 사부대중(四部大衆)으로, 중생에게는 진리의 길을 함께 가는 벗을 뜻합니다. 삼보사찰에는 통도사(通度寺), 해인사(海印寺), 송광사(松廣寺)가 속합니다.

면접정복 TIP

우리나라의 삼보사찰 중 양산 통도사는 부처의 법신(法身)을 상징하는 진신사리를 모시고 있어 불보사찰이라고 합니다. 통도사는 신라 선덕여왕 때 고승 자장(慈藏, 590~658)율사에 의해 창건되었습니다. 자장율사는 당나라에서 문수보살의 계시를 받고 불사리와 부처의 가사 한 벌을 가져와, 사리는 3분하여 황룡사와 울산 태화사(泰和寺)에 두고 나머지는 통도사를 창건하여 금강계단에 가사와 함께 안치했다고 전해집니다.

합천 해인사는 부처의 가르침을 집대성한 〈고려대장경〉(국보)을 모신 곳이라고 해서 법보사찰이라고 합니다. 〈고려대장경〉을 모신 해인사 장경판전(국보)은 1995년 유네스코 세계문화유산으로 등재되었습니다.

순천 송광사는 고려 중기의 고승 보조국사 지눌(知訥)이 당시 타락한 고려 불교를 바로잡아 한국 불교의 새로운 전통을 확립한 정혜결사(定慧結社)의 근본도량입니다. 그 후 지눌의 제자 혜심(慧諶)을 비롯하여 조선 초기까지 16명의 국사를 배출했다고 해서 승보사찰이라고 불렸습니다. 이들 국사의 진영은 송광사 국사전(국보)에 모셔져 있습니다.

[양산 통도사 금강계단]

[합천 해인사 장경판전]

[송광사 국사전]

06 베니키아(BENIKEA)란 무엇인지 말해 보세요.

▌모범 답안

베니키아(BENIKEA)는 한국관광공사가 추진하는 중·저가 관광호텔 체인브랜드로, 'Best Night in Korea'의 머리글자를 조합해서 만든 명칭입니다. 베니키아(BENIKEA)는 2006년부터 시작한 한국형 비즈니스급 관광호텔 체인화 사업으로서 2023년 3월 현재 국내체인 24개, 해외체인 2개의 가맹 호텔을 보유하고 있습니다. 베니키아는 자체 스탠더드 기준에 의한 품질 평가와 고객만족도 조사를 실시하여 엄격한 품질 관리를 시행하고 있습니다. 1박에 최대 미화 100달러 내외의 합리적인 가격으로 실속 있는 여행을 원하는 고객에게 안성맞춤입니다. 교통이 편리한 호텔, 공항에서 가까운 호텔, 바다가 한눈에 보이는 호텔 등 지역별로 특색 있는 다양한 호텔이 가맹되어 차별화된 즐거움을 제공합니다. 한국관광공사는 베니키아 사업 파트너에 대한 다양한 지원 정책을 통해 신규 가맹호텔을 계속 유치할 계획입니다.

면접정복 TIP

한국관광 산업의 질적 성장 도모를 위해 2018년 6월부터 굿스테이, 한옥스테이, 코리아스테이, 우수쇼핑점 인증을 통합·개선한 '한국관광 품질인증제'를 시행하고 있습니다. '한국관광 품질인증제'는 관광시설과 서비스의 품질을 향상하고 체계적이며 전문적으로 품질을 관리하기 위한 품질인증제입니다. 한국관광 품질인증제의 인증 대상은 숙박업(일반/생활), 외국인관광 도시민박업, 한옥체험업, 외국인관광객면세판매장입니다. 인증 기준은 관광객 편의를 위한 시설 및 서비스를 갖출 것, 관광객 응대를 위한 전문 인력을 확보할 것, 재난 및 안전관리 위험으로부터 관광객을 보호할 수 있는 사업장 안전관리 방안을 수립할 것, 해당 사업의 관련 법령을 준수할 것 등이 있습니다. 품질인증을 받고자 하는 사업자가 한국관광공사에 인증 신청을 접수하면 서류평가, 현장평가, 심의 등을 거쳐 인정 결과를 안내 받게 됩니다. 품질인증을 받은 업소는 인증 홍보물 제공, 홍보 마케팅(한국관광공사 홈페이지, SNS를 통한 인증업소 홍보, 품질인증 브랜드 홍보, OTA 연계 인증업소 프로모션 실시), 인증업소 역량강화 지원(위생·불법촬영범죄예방 컨설팅 및 온라인 서비스 교육 등) 등의 혜택을 받게 됩니다.

※ 출처 : 한국관광 품질인증(koreaquality.visitkorea.or.kr)

PART 02

[한국관광 품질인증의 인증표시]

07 토마스 쿡(Thomas Cook)이 어떤 사람인지 설명해 보세요.

│ 모범 답안

영국인 토마스 쿡(Thomas Cook, 1808~1892)은 세계 최초의 근대적인 여행사인 'Thomas Cook & Son'을 설립하였으며, 관광 안내원이 안내하는 새로운 유형의 관광여행을 기획해낸 인물입니다. 그는 1841년 금주대회 참석자들을 위해 러프버러(Loughborough)역과 레스터(Leicester)역 사이의 철도여행을 기획하여 성공적으로 실시하였습니다. 1855년 영국에서 프랑스 파리의 산업박람회로의 국제여행을 최초로 기획하였으며, 1856년에는 교양관광(Grand Tour)을 운영하였습니다. 또한 1872년 기선을 이용한 세계일주여행을 성공적으로 실시하였고, 1881년에는 여행자 수표(TC)를 발행하였습니다. 토마스 쿡은 역사상 최초로 영리를 목적으로 단체여행을 조직했다는 점에서 '근대 관광산업의 아버지'라는 칭호를 듣기도 하였습니다.

면접정복 TIP

현대 여행사의 역사는 사실상 토마스 쿡(Thomas Cook)으로부터 시작되었습니다. 1841년 토마스 쿡은 철도를 이용한 특별여행상품을 기획하였습니다. 이는 현대관광시대의 상징적 시작점으로 언급되기도 하는 역사상 최초의 일반인을 위한 패키지 관광상품을 기획한 것입니다. 쿡은 후에 아들과 함께 세계에서 가장 유명한 여행사 중의 하나인 'Thomas Cook & Son'을 설립하였으며, 1872년 이 여행사는 세계 최초로 222일간의 세계여행을 기획하기도 하였습니다.

토마스 쿡이 중요한 이유는 그의 상품들이 현대의 패키지여행처럼 표준화되고 정확한 기간을 정해 놓고 많은 사람들의 참가를 전제로 하고 있으며, 동시에 숙소나 식사와 교통, 관광을 함께 제공하고, 이를 일반대중을 향해 광고함으로써 고객을 모집하였다는 점 때문입니다. 또한 현재에도 많이 쓰이고 있는 여행자 수표를 고안했다는 점 역시 중요한 부분입니다. 쿡은 서비스 산업이 가지고 있는 특성이자 취약점인 소멸성의 문제를 가장 먼저 깨닫고 이를 사업화했으며, 여행하는 사람이 다양한 국가를 여행할 때 많은 현금을 들고 다녀야 하는 점과 환전의 어려움을 깨달아 이를 사업에 이용하였습니다. 그리고 이러한 점들이 근대 관광을 현대 관광으로 발달시키는 데 크게 기여하였습니다.

┃ 모범 답안

제주도에는 최고령이 80대에 이르는 여성들이 생계를 위해 산소공급장치를 착용하지 않고 수심 10m까지 잠수하여 전복이나 성게 등 조개류를 채취하는 해녀(海女)가 있습니다. 바다와 해산물에 대해서 잘 아는 제주해녀들은 한번 잠수할 때마다 1분간 숨을 참으며, 하루에 최대 7시간까지, 연간 90일 정도 물질을 합니다. 해녀들은 물속에서 다시 수면 위로 떠오를 때 '숨비소리'라고 하는 독특한 숨소리를 냅니다. 해녀들은 저마다의 물질 능력에 따라 하군·중군·상군의 세 집단으로 분류되며, 상군 해녀들이 나머지 해녀들을 지도합니다.

잠수를 앞두고 제주해녀들은 무당을 불러 바다의 여신인 용왕할머니에게 풍어와 안전을 기원하며 잠수굿을 지냅니다. 해녀와 관련된 지식은 가정, 학교, 해당 지역의 어업권을 보유한 어촌계, 해녀회, 해녀학교와 해녀박물관 등을 통해서 젊은 세대로 전승되고 있습니다.

면접정복 TIP

바다에 잠수하여 해산물을 채취하는 물질은 한반도의 연안 마을과 일부 다른 섬에서도 행해지고 있긴 하지만, 제주도에서 가장 많이 볼 수 있습니다.

일반적으로 물질하는 사람을 해녀(海女)라고 부르는데, 제주도의 몇몇 마을에서는 잠녀(潛女) 혹은 잠수라고 부르기도 합니다. 물질은 노련한 해녀들을 관찰하고 다른 해녀들의 경험을 들으면서 배웁니다. 또한 반복된 자신의 경험을 통해서 익히기도 합니다. 일반적으로 물질은 '어머니가 딸에게, 시어머니가 며느리에게'처럼 가족 내의 여성들 사이에 전승됩니다. 물질 기술과 제주해녀문화는 이러한 방식으로 제주해녀 공동체에서 오랜 세대를 거쳐 전승되어 왔습니다.

제주특별자치도 정부에 의해 제주도와 제주도민의 정신을 대표하는 캐릭터로 지정된 '제주해녀문화'는 공동체 내에서 여성의 지위 향상에 기여해 왔으며, 생태 친화적인 어로 활동과 공동체에 의한 어업 관리는 친환경적 지속가능성을 높여 주었습니다.

09 외식산업이란 무엇이며 최근 사례는 어떠한 경우가 있는지 설명해 보세요.

| 모범 답안

외식이라 하면 가정을 중심으로 밖에서 하는 식사 행위의 총칭이라고 할 수 있습니다. 외식산업이란 관광객에게 음식물을 제공하는 사업으로서 일명 음식관광산업이라고도 합니다. 음식관광은 방문 지역에서의 특별하고 기억할 만한 식도락 경험으로 정의할 수 있습니다.

음식관광은 음식이 그 주목적이 되어 특정 지역에서 생산되거나 판매되는 식재료나 먹거리를 시식 및 경험함으로써 그 지역의 문화를 체험할 수 있는 활동입니다. 이것은 음식과 관련된 체험활동이 여행의 주 동기인 특수목적관광의 형태로, 이와 관련된 다양한 문화체험이 가능한 문화관광이라고 할 수 있습니다.

음식관광산업의 사례로는 관광지 내 레스토랑에서의 식사, 전통음식체험, 과수원체험, 지역 농산물 구매와 음식축제 등의 음식관광과 최근 관심이 높아지고 있는 와인관광이나 차관광 등을 들 수 있습니다.

면접정복 TIP

일반적으로 외식산업은 가정 이외의 장소에서 음식을 제공하고 그 대가를 받는 영업을 지칭합니다. 20세기까지 외식산업의 성장 배경을 간략하게 살펴보면 제2차 세계대전 후 출산 붐에 의해 태어난 베이비붐(Baby Boom) 세대들이 20세기 외식산업을 발전·유지해 왔으며, 이들에 의한 대량 생산과 대량 소비가 이루어졌습니다. 단순히 품질, 서비스, 청결이라는 기본적인 관리로 고성장을 해 왔으며, 특히 패스트푸드와 패밀리 레스토랑을 그 대표적인 예로 들 수가 있습니다.

음식관광(Food Tourism)은 최근 관광객 욕구의 다양성과 고급화, 문화상대주의적 가치관의 보편화 등으로 인해 관심이 증대되고 있는 부문입니다. 현대에도 일상적 음식 소비와는 달리 관광이라는 비일상적 상황에서의 음식 소비는 특별한 의미와 즐거움을 줍니다. 따라서 음식은 하나의 문화이자 엔터테인먼트로서 역할을 하는 매력물이라고 할 수 있습니다.

한편, 와인이나 커피 등 관련 분야의 정통 욕구로 인해 유명한 곳을 방문하는 것과 같은 음식관광은 이를 통해 관련 음식에 대한 조예가 깊어질 수 있다는 점에서 진지한 여가의 형태로도 볼 수 있습니다.

모범 답안

백제의 옛 수도였던 3개 도시에 남아 있는 유적은 이웃한 지역과의 빈번한 교류를 통하여 문화적 전성기를 구가하였던 고대 백제 왕국의 후기 시대를 대표하고 있습니다. 백제역사유적지구는 공주시, 부여군, 익산시 3개 지역에 분포된 8곳의 고고학 유적지로 이루어져 있습니다. 공주 웅진성과 연관된 공산성과 송산리 고분군, 부여 사비성과 연관된 관북리 유적(관북리 왕궁지) 및 부소산성, 정림사지, 능산리 고분군, 부여나성, 그리고 끝으로 사비 시대 백제의 두 번째 수도였던 익산시 지역의 왕궁리 유적, 미륵사지 등이 여기에 해당합니다. 이들 유적은 475~660년 사이의 백제 왕국의 역사를 보여 줍니다.

면접정복 TIP

백제는 기원전 18년에 건국되어 660년에 멸망할 때까지 700년 동안 존속했던 고대 왕국으로, 한반도에서 형성된 고대 삼국 중 하나입니다. 대한민국 중서부 산지에 위치한 백제역사유적은 중국의 도시계획 원칙, 건축 기술, 예술, 종교를 수용하여 백제화(百濟化)한 증거를 보여주며, 이러한 발전을 통해 이룩한 세련된 백제의 문화를 일본 및 동아시아로 전파한 사실을 증언하고 있습니다.

백제역사유적 중 백제 무왕(재위 600~641) 비가 발원해 세운 미륵사는 한 곳에 탑과 금당을 세 개씩 건립해 삼원(三院) 체제를 갖춘 사찰입니다. 국내 최고(最古), 최대(最大) 석탑으로 꼽히는 미륵사지 석탑이 있는 미륵사지에서는 여러 번 발굴조사가 진행되었는데, 백제시대 사찰 건물 배치 양상과 통일신라시대 동·서 연못터, 조선시대 가마 등이 확인되었습니다. 또한 미륵사지 석탑 출토 사리장엄구는 최고급 금속재료를 사용해 조형미와 조각미가 뛰어나 백제 금속공예의 우수성을 보여 줍니다. 금동사리외호와 금제사리내호는 모두 허리 부분을 돌려서 여는 구조로, 동아시아 사리기 가운데 유례를 찾기 어려운 구조이고, 소라 모양을 한 넝쿨문과 어자문 등 문양의 생동감이 뛰어나다는 평가를 받고 있습니다.

[공주 공산성]

[부여 부소산성]

[익산 왕궁리 유적]

PART 02

09 2016년 면접 기출문제

01 국내여행안내사를 하고자 하는 동기는 무엇입니까?

Ⅰ 모범 답안

저는 어려서부터 여행을 하고 새로운 지역에서 경험하기를 좋아했습니다. 그 관심이 학업으로 이어져 대학에 들어가 현재 관광학을 전공하고 있습니다. 그래서 저는 저의 전공 분야를 활용할 수 있는 직업을 가지고자 합니다. 이와 관련 선택한 직업이 국내여행안내사인데, 관광객들에게 추억이 남는 여행이 되도록 도와주는 직업이라고 생각합니다. 관광객이 선택한 여행사와 직접 여행을 하는 관광객들의 중간위치에 있는 국내여행안내사는 그 책임이 매우 크다고 생각합니다.

면접정복 TIP

답변 마지막에 다음과 같이 자신의 포부를 담아서 어필하면 면접관에게 더욱 강한 인상을 남길 것입니다. "투철한 사명의식과 직업관, 맡은 분야에 대한 전문 지식과 역량을 가진 관광안내사가 되겠습니다. 국내여행안내사 자격증을 취득하여 전문 인력으로서 관광객에게 우리나라의 여러 명소를 올바르게 소개하고, 그들이 우리의 오랜 역사와 문화를 이해하는 데 도움이 되고 싶습니다."

---

02 제주도 올레길에 대해 말해 보세요.

| 모범 답안

올레는 제주 방언으로 '집 대문에서 마을 길까지 이어지는 좁은 골목'을 뜻합니다. 2007년 사단법인 제주 올레가 올레길 제1코스를 개발한 후 현재까지 27개 코스가 조성되어, 현재 제주 올레길은 도보여행길을 의미하는 말이 되었습니다. 제주올레는 기존 길을 탐사하여 걷기 좋은 길을 선별하고 연결하여 올레길 코스를 만들었습니다. 주로 해안을 따라 해안길, 산길, 들길, 골목길, 오름 등을 연결하여 구성되는데, 제주 주변의 작은 섬을 도는 코스도 있습니다.

계획적인 코스 개발과 홍보로 제주 올레길은 제주도 관광사업에 크게 기여했을 뿐만 아니라, 전국적으로 도보여행 열풍을 일으켰습니다. 지리산 둘레길, 강화도 올레길, 대구 올레길, 울산 둘레길 등 제주 올레길과 비슷한 도보여행길이 전국 곳곳에 생겨났습니다.

면접정복 TIP

제주도에서 돌담을 쌓은 것은 밭의 보온을 위한 것이라고 합니다. 돌을 촘촘히 쌓은 것이 아니라 틈새를 만들어 놓았는데, 그 이유는 꽉 메워 버리면 오히려 바람에 넘어지기 때문입니다. 틈새로 바람이 빠져나갈 뿐만 아니라 해충도 쓸려나가 일석이조의 효과를 얻는다고 합니다.

돌담보다도 먼저 만들어진 것이 길입니다. 불과 몇 년 전까지만 해도 이리저리 난 이 길을 중요하다고 생각하는 사람들이 없었습니다. 그런데 어느 사이에 한국의 가장 잘 알려진 길 중 하나가 바로 '제주올레'가 되었습니다.

아름다운 제주를 꼬닥꼬닥(부사 '천천히'의 제주어) 걸으며 여행자와 지역민을 만나고, 멋진 공연과 맛있는 먹거리를 즐기는 제주올레걷기축제는 제주의 자연이 가장 빛나는 계절인 가을에 열립니다. 제주 올레길을 하루 한 코스씩 걸으며 문화 예술 공연과 지역 먹거리를 즐기는 이동형 축제로, 국내뿐 아니라 중국, 대만, 미국, 영국, 일본, 캐나다 등에서 온 도보여행자, 운영을 돕는 자원 봉사자, 제주를 담은 체험과 먹거리를 선보이는 지역주민들, 감동적인 공연을 펼치는 출연진 등 1만여 명의 참가자들이 함께 하는 제주 최대 규모의 축제입니다.

03 지속가능한 관광에 대해 설명해 보세요.

| 모범 답안

지속가능한 관광(Sustainable Tourism)이란 환경과 관광개발을 상호 의존적인 것으로 파악해 환경을 최대한 보존하면서 관광개발을 실현하는 것입니다. 지속가능한 관광개발은 미래 세대의 관광기회를 보호·증진하면서 현재 세대의 관광객 및 지역사회의 필요에 부응하는 것으로서 구체적으로 문화의 보전, 필수적인 생태적 과정, 생물 다양성, 그리고 생명지원체계를 유지하는 동시에 경제적, 사회적, 미적 필요를 충족할 수 있도록 모든 자원을 관리하는 것입니다.

지속가능한 관광(Sustainable Tourism)에는 다양한 유형이 있으며, 지속가능성을 염두에 둔 관광의 형태가 계속 확대되고 있습니다. 이 중 가장 잘 알려진 것으로 생태관광이 있고, 문화유산관광, 녹색관광, 해양과 섬 관광, 탐험관광, 야생관광 등이 있습니다. 이외에 공정관광이나 에너지관광 등도 지속가능한 관광의 한 유형이라고 할 수 있습니다.

면접정복 TIP

지속가능한 관광개발은 지역사회에는 편익을 극대화하고 비용을 최소화하며, 관광지의 문화와 자연환경을 지속적으로 보존하고 관광산업에 경제적 지속성을 보장할 수 있는 관광으로, 관광의 이해당사자들인 지역사회, 자연환경, 관광산업 모두의 욕구를 충족하는 것을 일컫습니다. 과거의 관광개발 또는 관광이 관광산업과 자연환경, 지역사회의 욕구를 조화롭게 충족하지 못한 반면, 지속가능한 관광개발은 다양한 이들 욕구의 균형점을 찾아 모두에게 득이 되는 방향으로 발전시키는 새로운 패러다임으로 정착될 것으로 기대하고 있습니다. 생태관광, 녹색관광 그리고 농촌관광은 지속가능한 관광의 원칙들을 받아들이고 이를 실현하기 위한 노력을 하고 있는 사례들입니다.

관광이 지구경제에서 차지하는 역할과 위치, 그리고 국내외적으로 증가하는 관광객 수의 추세로 보아 관광자원인 환경 및 사회·문화 전반에 미치는 이용 압력은 더욱 커질 것이며, 자원 이용에 대한 도덕적 책임감 또한 더욱 증가할 것입니다. 이에 한국에서도 생태관광거점지역을 국제 생태관광 명소로 집중 육성하고, 관광자원의 특성과 수용력을 고려하여 저탄소 녹색관광 모델을 선정·개발하려는 노력이 이루어지고 있습니다. 또한 관광지 및 관광시설의 에너지원을 대체에너지로 전환하려는 시도를 하고 있습니다.

┃ 모범 답안

전통주(傳統酒)는 전통성을 간직하면서도 우리 민족이 오랜 세월 동안 갈고 닦아 온 고유한 양조방법을 바탕으로, 자연물 이외의 그 어떤 인위적인 가공품이나 식품첨가물을 사용하지 않은 자연발효에 의한 술입니다. 우리 땅에서 생산되고 한국인이 주식으로 삼는 쌀을 주재료로 하고, 전통누룩을 발효제로 사용합니다.

우리나라는 예로부터 각 지방마다 고유의 전통주를 담가 먹었습니다. 일제강점기에 일제 수탈 작업의 일환으로 주세가 세금으로 이용되면서 전통 향토주는 자취를 감추기 시작하였지만, 1986년 이후 정부의 정책으로 우리의 명주들이 재현됨으로써 지역 전통주의 명맥이 되살아나고 있습니다. 국가무형유산에 속하는 우리나라의 대표적인 전통주로는 경주 교동법주, 서울 문배주, 당진군 면천 두견주 등이 있습니다.

면접정복 TIP

전통주(傳統酒)는 한국에서 전통적으로 내려오는 제조 방법에 따라 만드는 술을 부르는 말입니다. 각 지방에는 고유의 독특한 방법으로 만드는 민속주가 있습니다.

우리 민족의 역사와 함께 면면히 이어져 왔던 우리나라 전래 민속주는 주로 쌀과 기타의 곡류, 식물약재 및 누룩 등을 사용하여 제조하여 왔으나, 1909년 주세령의 시행에 따른 자가제조 소비와 판매의 엄격한 구분과 해방 이후의 부족한 식량사정에 따른 양곡정책 등으로 인해 우리나라 고유주라고 할 수 있는 민속주 명맥이 단절되었습니다. 그러다 88 서울올림픽 개최를 계기로 전통문화를 전수·보전하고 외부적으로는 외국인 관광객에게 우리나라 술을 널리 알리기 위해 관련 법령을 개정하여 전통 민속주 제조의 길을 열게 되었습니다.

전통주는 제조방법에 따라 양조주와 증류주로 나뉘는데, 양조주는 순곡주와 혼양곡주로 구분되고, 순곡주는 거르는 방법에 따라 탁주와 청주로 구별됩니다.

[경주 교동법주 담그기]

[서울 문배주 담그기]

| 모범 답안

국내 관광의 발전을 도모하기 위해서는 국내 관광의 활성화와 외국인 관광객의 국내 유입 확대를 실현해야 합니다. 또한 우리의 문화를 다양하게 알리는 것도 우선적으로 요구됩니다.

첫째, 국내 관광지의 매력도를 향상시키기 위해 우리의 전통문화, 다른 도시들과 차별화된 관광지, 새로운 관광 콘텐츠를 개발합니다. 이를 통해 관광 대상의 만족도를 높이고 재방문을 유도하는 전략이 필요합니다.

둘째, 관광 스토리텔링을 개발합니다. 기억에 남을 수 있는 이야기와 접목하여 관광상품을 개발한다면 관광객에게 관광지에 대한 색다른 흥미로움을 제공할 수 있습니다. 대표적인 관광 스토리텔링 사례로는 '겨울연가' 스토리가 담겨 있는 북촌의 중앙고와 중국어로 '돈이 불어나다'라는 뜻의 리파(利发, lìfa)와 발음이 비슷하여 중국인 관광객의 주요 방문코스로 각광 받는 이화여대 정문 등을 꼽을 수 있습니다.

면접정복 TIP

국내 관광의 발전을 도모하기 위해서는 우리나라 전통문화의 보존이 중요합니다. 한국의 문화와 전통을 잘 보존하여 이와 접목한 다양한 관광상품을 개발하여야 할 것입니다.

또한 문화적 트렌드를 잘 반영하는 것이 필요합니다. 한국의 대중문화에 대한 열기는 뜨거워져 아시아권을 넘어 전 세계로 펼쳐지고 있으며, 이러한 한류의 확산은 우리나라의 관광산업에도 큰 영향을 미치고 있습니다. 한류를 주도하는 영역은 드라마, 영화, 음악, 춤, 배우나 가수 그 자체 등으로 다양하며, 한식, 한옥, 한복 등 한국의 전통문화에도 관심을 증대하였습니다. 드라마에 나왔던 촬영지를 관광지로 개발하고, 주인공이 사용한 제품 등을 홍보하여 전 세계의 관광객을 유치하는 데 적극 활용할 필요가 있습니다.

06 무령왕릉에 대해 설명해 보세요.

| 모범 답안

백제 예술의 특징을 가장 잘 나타내는 유물이 바로 무령왕릉과 그 출토품입니다. 공주 지역의 백제 왕릉은 거의 도굴되고 말았지만, 무령왕릉만은 다행히 1891년 발굴되기까지 내부가 온전히 보존되어 있어 백제 예술품의 진수를 보여 주는 3천여 점의 부장품(껴묻거리)이 출토되었습니다.

중국 남조의 영향을 받은 6세기 백제 왕들은 다른 이웃 나라들처럼 화강암을 쓰는 묘제 대신에 중국식 전돌로 만든 묘제를 채택하였습니다. 예컨대 공주 지역 백제 왕릉은 한 장씩 틀에 넣어 구워낸 벽돌로 건축하였습니다. 특히, 무령왕릉은 왕이 잠들어 있는 널방(현실)과 그 길목에 줄을 맞춰 벽돌을 쌓아 올린 독특한 능입니다.

면접정복 TIP

무령왕릉은 1971년 충남 공주시 송산리 고분군 배수로 공사 도중에 우연히 발견되었습니다. 무령왕의 무덤임을 분명히 알 수 있었던 이유는 무덤 연도부 중앙 진묘수 앞에 놓여 있던 지석에 묻힌 사람의 신원이 자세히 새겨져 있었기 때문입니다. 지석 뒷면에는 토지신에게 무령왕이 돈 1만 매를 주고 무덤 터를 사들인다는 내용이 새겨져 있으며, 지석 위에는 오수전 한 꾸러미(90여 개)가 놓여 있었습니다. 오수전은 중국 양(梁)의 돈으로, 당시 실제로 유통되었습니다.

무령왕릉은 중국 남조에서 왕과 지배층 사이에 유행하던 벽돌무덤 양식을 하고 있습니다. 무령왕과 왕비의 시신을 안치한 관은 우리나라에서 생산되지 않는 금송으로 만들어져 있습니다. 금송은 세계적으로 일본 남부 지역에서만 자생하는 나무로, 무령왕 때 백제가 중국 남조 및 일본과 친밀했음을 암시합니다.

[무령왕릉 내부]

[무령왕릉 지석]

[무령왕 금제관식]

07 최근 지정된 국립공원에 대해 이야기해 보세요(2025년 2월 기준).

┃ 모범 답안

팔공산은 1980년 5월 도립공원으로 지정된 지 43년만인 2023년 12월, 23번째 국립공원으로 승격되었습니다. 팔공산은 해발 1,192m의 산으로 대구광역시 남쪽 경계의 비슬산과 더불어 대구 분지를 이루는 두 산 중 하나입니다. 후삼국 통일의 마지막 무대가 된 곳으로, '안심, 해안, 반야월, 반월당, 무태, 연경 등' 당시 전투에서 유래한 지명이 현재까지도 남아 있습니다. 이곳에 사찰로는 파계사, 동화사, 부인사, 송림사, 은해사, 선본사(갓바위) 등이 있는데, 그중 선본사는 기도처, 부인사는 숭모재와 초조대장경, 송림사는 오층 전탑으로 유명합니다. 또한 후삼국 통일과 관련된 사적인 신숭겸장군 유적지, 조선 양란(왜란·호란)과 관련된 사적인 가산산성으로도 유명합니다. 그 외에도 동화사 집단시설지구, 파계사 집단시설기구, 갓바위 집단시설기구, 팔공스카이라인, 동화사 자동차극장, 팔공산 캠핑장, 한티재 휴게소 등과 같은 위락시설이 있어 대경권의 관광명소로 통합니다.

면접정복 TIP

> 이 질문은 우리나라 최초의 국립공원인 지리산 국립공원에 대한 문제로 바꾸어 물어 볼 수 있습니다.
> 1967년 최초의 국립공원으로 지정된 지리산은 경남의 하동, 함양, 산청, 전남의 구례, 전북의 남원 등 3개 도 5개 시군에 걸쳐 483.022km^{2}의 가장 넓은 면적을 지닌 산악형 국립공원입니다.
> 지리산은 '지혜로운 이인의 산'이라는 의미를 지니고 있으며, 예로부터 금강산, 한라산과 함께 삼신산으로 꼽힌 민족신앙의 영지였습니다. 또한 화엄사, 쌍계사 등 많은 문화유산이 남아있는 불교의 산실이며, 근현대사의 많은 굴곡을 간직한 곳이기도 합니다.
> 둘레가 320여 km나 되는 지리산에는 셀 수 없이 많은 봉우리가 천왕봉(1,915m), 반야봉(1,732m), 노고단(1,507m)을 중심으로 병풍처럼 펼쳐져 있으며, 20여 개의 능선 사이로 계곡들이 자리하고 있습니다. 이질적인 문화를 가진 동과 서, 영남과 호남이 서로 만나는 지리산은 단순히 크다, 깊다, 넓다는 것만으로는 표현할 수 없는 무궁무진한 매력이 있는 곳입니다.

[구례 화엄사 사사자 삼층석탑]

[지리산 쌍계사]

08 패키지투어(Package Tour) 상품에 대해 설명해 보세요.

| 모범 답안

패키지투어(Package Tour) 상품은 여행 상품의 가장 전형적인 유형입니다. 교통 운송 기관, 숙박 시설, 음식 시설, 관광지, 안내 서비스 등을 하나로 묶어 판매하는 여행 상품으로, 여행사는 사전에 여행 요소들을 대량으로 구입하여 기획·생산하고 있습니다. 패키지투어는 여행자들에게 비교적 저렴한 가격으로 계획된 일정에 따라가는 단체 여행이므로, 여행에 익숙지 않은 관광객들에게는 최적의 여행 상품입니다.

면접정복 TIP

패키지투어(Package Tour)와 반대되는 개념의 상품은 FIT(Free Individual Tour) 상품으로 개별 자유 여행입니다. 이것은 여행자가 스스로 여행코스를 계획하고, 항공권, 호텔 등을 여행사에 의뢰하지 않고 스스로 준비하는 것입니다. 또한 여행사의 가이드에게 의존하지 않는 해외여행이라는 의미에서 'Foreign Independent Tour'라고도 합니다.

PART 02

09 에어비앤비(Airbnb)에 대해 설명해 보세요.

┃ 모범 답안

에어비앤비(Airbnb)는 2008년에 창립된 숙박 공유 플랫폼 스타트업입니다. 에어비앤비의 서비스는 자신의 집을 상품으로 내놓는다는 아이디어에서 출발했습니다. 집주인(Host)이 사용하지 않거나, 잠시 집을 비울 때, 혹은 집에 비는 방이 있을 때 '원하는 사람은 얼마를 내고 쓰라'고 내놓습니다. 여행객이나 머물 곳이 필요한 사람(Guest)이 해당 집이 필요하다고 신청하면 상호 동의 아래 집을 빌려주고 쓸 수 있습니다. 에어비앤비는 이 과정에서 수수료를 챙깁니다.

이처럼 에어비앤비는 친척도 친구도 아닌, 전혀 모르는 사람에게 공간을 내어주는 서비스입니다. 숙박업소가 아니라 일반주택이 이렇게 이용됩니다. 집을 통으로 빌려줄 수도 있고, 방 한 칸만 빌려줄 수도 있습니다. 집을 빌려주는 사람은 대가로 금전적인 이익을 얻을 수 있고, 사용하는 사람은 일반적인 숙박비용보다 저렴한 가격이나 좋은 조건으로 머물 곳을 찾을 수 있습니다.

면접정복 TIP

에어비앤비(Airbnb)는 숙박 공유 플랫폼이기 때문에 기존 숙박업체와 충돌을 보이고 있습니다. 새로운 형태의 사업은 필연적으로 기존 규칙과 충돌하기 마련인데, 에어비앤비도 마찬가지입니다. 에어비앤비는 미국에서 숙박업체, 정부와 마찰을 빚어 왔습니다. 에어비앤비 집주인들이 숙박업체가 내는 세금을 내지 않고 숙박업체에 적용되는 안전 규정 등과 같은 규제를 받고 있지 않다는 이유에서입니다.

이와 관련해 에어비앤비(Airbnb)는 집주인을 대신해 세금을 내기로 결정했다고 발표했습니다. 다만 에어비앤비는 "우리 서비스는 호텔과 다르므로 호텔을 위한 법을 에어비앤비에 적용할 수 없다고 생각한다."라며 "다만 지역사회의 공정한 분배를 위해 정부에 협력하기로 했다."라고 덧붙였습니다. 에어비앤비의 사업이 법의 테두리 바깥에 있었던 만큼 사회적 논의가 필요한데, 이것은 국내 상황도 마찬가지입니다.

10 농악에 대해 설명해 보세요.

I 모범 답안

농악은 공동체 의식과 농촌 사회의 여흥 활동에서 유래한 대중적인 공연 예술의 하나입니다. 꽹과리, 징, 장구, 북, 소고(매구북) 등 타악기를 중심으로 하여 태평소, 나팔 등 전통 관악기와 합주가 이루어지고, 가장 무용수들의 춤과 노래로 어우러집니다. 각 지방의 고유한 음악과 춤을 연주하고 시연하는 농악은 대한민국을 대표하는 공연 예술로 발전하여 왔습니다. 각 지역의 농악 공연자들은 화려한 의상을 입고, 마을신과 농사신을 위한 제사, 액을 쫓고 복을 부르는 축원, 봄의 풍농 기원과 추수기의 풍년제, 마을 공동체가 추구하는 사업을 위한 재원 마련 행사 등 실로 다양한 마을 행사에서 연행합니다. 농악의 종류에는 우도농악, 고창농악, 강릉농악, 양주농악 등 지역별 농악과 걸궁농악 등이 있습니다.

면접정복 TIP

농악은 고유한 지역적 특징에 따라 일반적으로 5개 문화권으로 나누어 분류합니다. 같은 문화권 내에서라도 마을과 마을에 따라 농악대의 구성, 연주 스타일, 리듬, 복장 등에서 차이가 날 수 있습니다. 농악 춤에는 단체가 만드는 진짜기, 상모놀음 등이 병행됩니다. 한편, 극은 탈을 쓰거나 특별한 옷차림을 한 잡색들이 재미난 촌극을 보여 주는 것으로 진행되는데, 버나 돌리기나 어린아이를 어른 공연자의 어깨 위에 태워 재주를 보여주는 무동놀이와 같은 기예도 함께 연행되기도 합니다.

일반 대중은 이러한 공연을 관람하거나 참여함으로써 농악과 친숙해지는데, 공동체의 여러 단체와 교육기관은 농악의 여러 상이한 요소들의 훈련과 전승에 중요한 역할을 담당하고 있습니다. 농악은 공동체 내에서 연대와 협력을 강화하고, 공동체 구성원들이 동일한 정체성을 공유할 수 있도록 도와줍니다.

[평택농악]

[구례잔수농악]

10 2015년 면접 기출문제

01 향교에 대해 말해 보세요.

| 모범 답안

향교는 유학 교육을 위해 지방에 설립한 관학 교육기관입니다. 향교는 각 지방 관청이 관할하고, 부·대도호부·목에는 각 90명, 도호부에는 70명, 군에는 50명, 현에는 30명의 학생을 수용하도록 하였습니다. 교수관으로는 종6품의 교수와 정9품의 훈도를 두도록 하고, 8도의 지방 장관인 관찰사로 하여금 감독하게 하였습니다. 그리고 교생이 독서하는 일과를 매월 관찰사에게 보고하고 관찰사는 각 향교를 돌아다니며 교생을 독려하였습니다.

그러나 조선 중기 이후 사림이 중심이 되어 세운 서원이 발달하면서 향교의 기능은 상대적으로 약해졌습니다. 그렇지만 국가의 공식적인 기관으로서 문묘에 대한 제사를 주관하여 지방 문화의 중심 역할을 하였습니다.

면접정복 TIP

향교에는 학문을 배우는 공간으로서 강학 장소인 명륜당이 중앙에 배치되고, 그 좌우로 지금의 기숙사와 같이 유생들이 기거하며 공부하던 동재와 서재가 마주하고 있습니다. 명륜당 뒤에는 공자와 선현의 위패를 봉안하고 제례를 하는 대성전이 위치하고 있습니다.

[전주향교 명륜당]

[전주향교 서재]

02 MICE 산업에 대해 설명해 보세요.

▎모범 답안

기존의 컨벤션 및 전시산업이 더욱 그 개념이 확대되고 복합화되면서 1990년대 중반 이후 마이스(MICE) 산업이라는 용어가 대두되었습니다. MICE는 회의(**M**eetings), 포상여행(**I**ncentives Travel), 컨벤션 (**C**onventions), 그리고 전시 및 이벤트(**E**xhibitions & **E**vents)를 아우르는 개념으로, 각각의 맨 앞 글자 를 합하여 생성한 약어입니다.

국가 간 장벽이 무너지고 상호 교류가 활발해지자 국제회의와 전시회 등의 개최가 다양한 이유로 증가하 게 되었습니다. MICE 산업은 지역 경제의 활성화, 고용 창출, 내수 확대, 개최지의 글로벌 이미지 고양, 관련 산업의 파급 효과 등 경제적·사회적·문화적으로 긍정적인 효과를 가진 산업입니다. 문화체육관광 부는 한국관광공사 및 사단법인 한국 MICE 협회를 통하여 국제회의기획업체 등에 전문 인력 양성을 지원 하는 한편, 현재의 여건에서 수용 가능한 국제회의를 유치하기 위해 다각적인 지원활동을 전개하고 있습 니다.

면접정복 TIP

한국에서는 1970년대 이후 '국제회의'라는 용어를 주로 사용하였는데, 1997년 「국제회의산업 육성에 관 한 법률」의 제정 이후 '컨벤션'이라는 용어가 대두되었고, 2000년대 들어서면서 'MICE'라는 용어를 사 용하기 시작했습니다.

마이스(MICE) 산업의 구성 요소는 크게 MICE 공급자와 중간 구매자(중개인), 최종 구매자(참가자)로 나눌 수 있습니다. MICE 공급자는 MICE 행사를 개최하는 데 필요한 시설과 서비스를 제공하는 역할을 하며, 시설산업(Facility Industry), 운영산업(Composition Industry), 지원산업(Support Industry)으 로 나눌 수 있습니다. MICE 산업에서 공급자와 최종 소비자를 연결해 주는 역할을 하는 중간 구매자는 크게 MICE 기획사(개최자), 컨벤션 뷰로(Convention Visitors Bureau), 여행사(Travel Agency)의 세 가지로 나눌 수 있습니다. 최종 구매자는 MICE에 참가하는 참가자로, 다양한 협회, 기업, 혹은 기타 단체 등의 후원자가 후원하고 전문 기획가(PCO)가 기획한 회의, 전시회, 박람회 등에 직접 참여하게 됩니다.

PART 02

모범 답안

우리나라의 여행업은 「관광진흥법 시행령」에 의해 종합여행업, 국내외여행업, 국내여행업의 세 가지 형태로 분류할 수 있습니다.

종합여행업은 세 가지 형태의 여행업 중 가장 포괄적인 업무 범위를 지닌 형태로, 내국인을 위한 국내 여행과 국외 여행 및 외국인을 위한 국내 여행을 모두 취급할 수 있는 특징을 지니고 있습니다.

국내외여행업은 내국인의 국내외 관광을 취급할 수 있는 여행업입니다. 국내외여행업은 주로 국내외 여행을 위한 여행 수속, 항공권 판매, 국내외 여행의 예약과 알선, 국내외 여행 상품의 판매 업무를 주로 하는 업입니다.

국내여행업은 내국인의 국내 관광만을 취급할 수 있는 여행업으로, 내국인 여행자를 대상으로 국내 항공권, 철도 승차권, 선박 승선권, 전세 버스 등 교통수단 이용권의 예약과 판매, 국내 여행 상품의 판매 및 안내를 주된 업무로 취급하고 있습니다.

면접정복 TIP

「관광진흥법」에서 여행업이란 '여행자 또는 운송시설·숙박시설, 그 밖에 여행에 딸리는 시설의 경영자 등을 위하여 그 시설 이용 알선이나 계약 체결의 대리, 여행에 관한 안내, 그 밖의 여행 편의를 제공하는 업'을 뜻합니다. 여기에서 여행업은 관광 관련 사업자(Principal)와 관광 관련 업체의 사용권(Principle)을 알선하고 관광의 편의(관광 수속 및 기타 정보)를 제공해 주는 업이라고 규정하였습니다.

04 관광객 한 명이 아프다고 했을 때 어떻게 대처하겠습니까?

모범 답안

관광객 한 명이 아프다고 할 경우 일단 환자에게 상태를 물어본 후 병원에 가거나 의사를 불러서 진료 및 치료를 받도록 해야 할 것입니다. 또한 일반적으로 관광 중의 병은 피로가 겹쳐서 일어나는 일이 많으므로, 관광에 무리하게 참여시키지 말고 호텔에서 휴식을 취하도록 하는 것이 바람직해 보입니다. 환자를 호텔에 두고 출발할 경우에는 호텔 측에 부탁해서 환자를 위한 식사의 룸서비스를 부탁해 놓는 것도 좋을 것입니다.

면접정복 TIP

관광객의 상태가 심각하지 않다면 적당한 의료 조치를 취하며, 상황이 심각할 경우에는 119에 신고하여 관광객을 신속히 병원으로 보내 치료를 받게 해야 할 것입니다. 여행 도중 아픈 경우는 대개 위장 장애나 두통, 감기, 피부 상처 등에 의한 것으로, 이에 대비하여 미리 상비약을 챙겨 두는 것도 좋은 방법입니다.

태극기에 대해 설명해 보세요.

I 모범 답안

대한민국의 국기를 태극기(太極旗)라고 부릅니다. 태극기는 흰색 바탕에 빨강과 파랑의 태극 문양이 중앙에 있고, 모서리에 검은색의 4괘가 있습니다. 흰색 바탕은 밝음과 순수, 평화를 의미합니다. 중앙에 있는 태극 문양 중 빨강은 존귀, 파랑은 희망을 나타내고, 빨강과 파랑이 합쳐진 것은 조화로운 우주를 표현합니다. 주변에 있는 4괘는 각각 건(하늘)·곤(땅)·감(물)·리(불)를 의미하는 것으로, 자연의 조화를 강조합니다. 이러한 의미를 고려할 때 태극기는 평화와 화합을 강조하고 있음을 알 수 있습니다. 한국에서는 국경일이나 국가 기념일에 태극기를 자신의 집 문 옆이나 창가에 다는 것이 일반적입니다. 2002년 월드컵이 성공적으로 개최된 후 태극기는 전 세계 사람들에게 친숙해졌습니다.

면접정복 TIP

1882년 4월 6일 미국과 조약을 맺는 조인식에서 태극기와 성조기가 나란히 내걸렸습니다. 우리나라 최초로 사용된 이 태극기는 청룡기 대신 새로운 국기를 제작하라는 미국 대표 슈펠트의 권유를 받아 역관 이응준이 제작한 것입니다. 당시 청나라는 청 황실 깃발이었던 황룡기를 변형하여 사용할 것을 명령했지만, 고종이 이를 거부합니다.

국기 제정을 둘러싼 논의가 진행되는 상황 속에서 임오군란 직후 수신사로 일본에 파견된 박영효는 고종의 명령으로 태극기를 사용했습니다. 박영효가 사용한 태극기는 이응준이 만든 태극기에서 4괘만 서로 좌우로 바꾼 것입니다. 이 국기는 현재의 국기보다 태극이 상대적으로 크고 소용돌이가 심하지만 4괘의 모양과 위치는 똑같습니다. 그 후 박영효는 자신의 숙소뿐만 아니라 각국의 외교 사절단이 참석한 각종 공식 행사장에 국기를 당당하게 내걸었습니다. 그가 귀국한 지 2개월 후인 1883년 1월 27일 정부는 박영효가 제작한 태극기를 국기로 삼는다고 공식적으로 반포하였습니다. 이처럼 우리나라 최초의 국기에는 임오군란 후 청의 간섭 정책에 반발하여 조선이 독립 국가임을 대내외에 드러내려는 자주의식이 강렬하게 담겨 있습니다.

[김구 서명문 태극기]

06 한국의 3대 아리랑에 대해 말해 보세요.

▮ 모범 답안

아리랑(국가무형유산)은 우리나라의 대표적인 구전민요의 하나로, 2012년 유네스코 인류무형문화유산으로 등재되어 해외 한민족사회까지 전파되어 널리 애창되고 있습니다. 한국의 대표적인 민요인 아리랑은 역사적으로 여러 세대를 거치면서 한국의 일반 민중이 공동 노력으로 창조한 결과물입니다. 아리랑은 단순한 노래로서 '아리랑, 아리랑, 아라리오'라는 여음(餘音)과 지역에 따라 다른 내용으로 발전해 온 두 줄의 가사로 구성되어 있습니다.

아리랑의 기원은 정확하지 않으나 강원도 정선 지방을 중심으로 점차 확대되어 정선아리랑, 진도아리랑, 밀양아리랑 등 3대 아리랑을 포함해 매우 다양하게 전해지고 있습니다. 정선아리랑은 원래 아라리로 일컬어지던 노래로 처음 불리기 시작한 것은 조선 초기라 전해지며, 진도아리랑은 진도 지방을 중심으로 전라남도 일원에서 즐겨 불렸으며 진도아리랑타령 또는 아리랑타령으로 부르기도 합니다. 밀양아리랑은 경상남도 밀양 지방에서 전승되는 아리랑으로, 높은 음으로 내어지르는 사설로 시작하는 것이 특징입니다.

면접정복 TIP

아리랑은 인류 보편의 다양한 주제를 담고 있는 한편, 지극히 단순한 곡조와 사설 구조를 가지고 있기 때문에 즉흥적인 편곡과 모방이 가능하고, 함께 부르기가 쉬우며, 여러 음악 장르에 자연스레 수용될 수 있는 장점이 있습니다.

전문가들에 따르면 '아리랑'이라는 제목으로 전승되는 민요는 약 60여 종, 3,600여 곡에 이르는 것으로 추정하고 있습니다. 인간의 창의성, 표현의 자유, 공감에 대한 존중이야말로 아리랑이 지닌 가장 훌륭한 덕목 중 하나라고 할 수 있습니다. 누구라도 새로운 사설을 지어낼 수 있고, 그런 활동을 통해 아리랑의 지역적·역사적·장르적 변주는 계속 늘어나고 문화적 다양성은 더욱 풍성해질 것입니다. 아리랑은 한민족 구성원들에게 보편적으로 애창되며 사랑받고 있습니다. 그와 동시에 각 지역사회와 민간단체 및 개인을 포함하는 일단의 지방 민요인 아리랑 전수자들은 해당 지방 아리랑의 보편성과 지역성을 강조하면서 대중화와 전승을 위해 적극적으로 노력하고 있습니다.

아리랑은 또한 영화, 뮤지컬, 드라마, 춤, 문학 등을 비롯한 여러 다양한 예술 장르와 매체에서 대중적 주제이자 모티프로 이용되어 왔습니다. 국내에서든 해외에서든 한민족을 하나로 묶고 소통을 가능하게 하는 힘을 가진 아리랑은 심금을 울리는 한민족의 노래입니다.

┃ 모범 답안

부처님의 몸에서 나온 사리를 모신 곳을 적멸보궁(寂滅寶宮)이라고 합니다. 이러한 적멸보궁은 석가모니불이 〈화엄경〉을 설한 고대 중인도 마가다국 부다가야성에 있는 남쪽 보리수 아래 적멸도량(寂滅道場)을 상징한 것입니다. 적멸보궁에 불사리를 모심으로써 부처님이 항상 이곳에서 적멸의 즐거움을 누리고 있음을 의미합니다. 따라서 진신사리를 모시고 있는 이 불전에는 따로 불상을 봉안하지 않고 불단만 갖춥니다. 일반적으로 적멸보궁 바깥쪽에 사리탑을 세우거나 계단을 만들어 진신사리를 봉안합니다.

한국의 5대 적멸보궁은 경상남도 양산 통도사의 적멸보궁, 강원도 평창의 오대산 상원사의 적멸보궁, 강원도 인제의 설악산 봉정암의 적멸보궁, 강원도 영월 사자산 법흥사의 적멸보궁, 강원도 정선의 태백산 정암사의 적멸보궁을 말합니다.

면접정복 TIP

5대 적멸보궁 중 통도사는 영취산의 모습과 통하므로 통도사라고 이름했고, 승려가 되고자 하는 사람은 모두 이 계단을 통과해야 한다는 의미에서 통도(通度)라고 했으며, 모든 진리를 회통하여 일체중생을 제도한다는 의미에서 통도라고 이름 지었다고 합니다.

오대산 상원사는 한눈에 알아볼 수 있는 명당으로 자장율사가 세웠습니다. 상원사의 적멸보궁은 불상이 없이 불단만 가운데 모셔져 있는 단출한 모습입니다. 설악산 봉정암에 부처님의 사리를 보관하고 있는 오층석탑은 기단부가 없습니다. 이는 바로 밑의 바위와 설악산 전체가 탑을 받는 역할을 하기 때문입니다. 영월 법흥사의 적멸보궁은 대웅전 뒤 사자산에 자리 잡고 있으며, 적멸보궁 뒤편에 석축으로 둘러싸여 있는 완만한 봉토에 모셔져 있다고 전해집니다. 정선 정암사의 적멸보궁은 부처님 사리가 법당 뒤쪽 산자락인 수마노탑에 모셔져 있습니다.

[인제 봉정암 오층석탑]

[정암사 적멸보궁]

08 한글의 우수성에 대해 이야기해 보세요.

| 모범 답안

한글은 지금으로부터 약 600여 년 전에 세종대왕이 창제하였습니다. 한글은 자음(14개)과 모음(10개)을 연결해서 하나의 문자가 되는 과학적인 소리 문자입니다. 자음은 사람들의 발음 기관을 보고 만들었고, 모음은 하늘(ㆍ), 땅(ㅡ), 사람(ㅣ)이라는 세 가지 요소를 결합하여 만들었습니다. 자음과 모음 모두 합하여 24개이며, 소리가 나는 대로 적으면 되기에 비교적 익히기 쉬운 문자입니다. 우리나라 사람들의 문맹률은 1%보다도 낮습니다. 그것은 한국 사람들이 한글을 사용하기 때문입니다. 외국의 전문가들은 한글은 세계에서 가장 과학적인 표기체계라고 말합니다. 한글의 이런 정신을 이어받아 유네스코(UNESCO)에서는 세계적으로 문맹퇴치사업에 가장 공이 큰 사람이나 단체에게 상을 주는데, 그 상의 이름을 '세종대왕상'이라고 정하였습니다.

면접정복 TIP

〈훈민정음〉은 한국인에게 문자체계의 혁명을 불러왔습니다. 무엇보다 한자로는 쓸 수 없던 한국인의 말까지 완벽히 표기할 수 있게 되었습니다. 1446년 음력 9월에 반포된 훈민정음(訓民正音) 판본에는 1443년에 창제된 한국의 문자 한글을 공표하는 조선왕조 제4대 임금 세종대왕(재위 1418~1450)의 반포문(頒布文)이 포함되어 있습니다. 또한 정인지(鄭麟趾) 등 집현전 학자들이 해설과 용례를 덧붙여 쓴 해설서 해례본(解例本)이 포함되어 있습니다. 한국 정부는 양력으로 훈민정음 해례본의 발간일을 계산하여 10월 9일을 한글날로 지정한 후 1946년부터 매년 국가 기념행사를 개최하고 있습니다.
또한 최근에는 식음료, 휴대 전화, 의류 등 패션의 주요 모티브로 디자인 분야에서 한글의 조형미와 가치를 재발견하여 우리 전통문화의 상품화 콘텐츠로 적극적으로 활용하고 있습니다.

PART 02

[세종대왕의 서문]

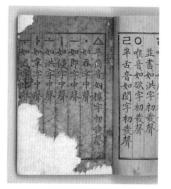

[훈민정음 예의편]

09 해파랑길에 대해 소개해 보세요.

| 모범 답안

해파랑길은 '동해의 떠오르는 해와 푸른 바다를 바라보며 파도소리를 벗 삼아 함께 걷는 길'이라는 뜻으로, 문화체육관광부 주관으로 (사)한국의 길과 문화와 각 지자체 및 지역 민간단체가 뜻을 모아 조성한 대한민국 최장 걷기여행길입니다. 부산광역시 오륙도해맞이공원을 시작으로 강원도 고성 통일전망대에 이르는 초광역 걷기 길로, 동해안을 따라 총 10개 구간, 50개 코스의 노선을 잇고 있으며, 거리는 총 750km를 자랑하고 있습니다. 이 루트는 동해안을 따라 만들어져 있어 늘 시원한 바다를 보며 파도소리를 들을 수 있습니다.

면접정복 TIP

걷기여행길은 길 자원을 중심으로 지역의 역사문화, 자연생태 자원을 체험할 수 있도록 조성·관리 및 상품화하는 사업입니다. 점형으로 분포된 관광자원을 선형으로 네트워크화하고, 도보관광 수요증가에 따른 새로운 여행문화 창출에 기여할 수 있는 사업입니다.

해파랑길은 최근 관광패턴 변화에 따른 장거리 도보 탐방로에 대한 수요 증가를 배경으로 만들어졌습니다. 관광형태가 점형과 더불어 선형으로도 분화되면서 지역 간 연계 및 상호교류가 가능한 장거리 탐방로 조성이 필요해진 것입니다. 특히, 동해안 지역은 수려한 자연경관과 다양한 생태계를 형성하고 있으며, 비교적 노선의 방향성이 뚜렷하여 탐방로 조성에 최적의 조건을 갖추고 있습니다. 해파랑길은 동해안 지역의 친환경 관광 콘텐츠를 활용한 탐방로 조성을 목적으로 한 걷기 길입니다. 이러한 해파랑길은 동해안 지역관광 활성화 및 지역 사회 소득향상에 기여하고 있습니다.

천연기념물에 대해 설명해 보세요.

I 모범 답안

천연기념물은 자연의 역사와 가치라는 유산적 개념이 내포된 자연유산으로, 여기에는 야생이나 양축의 희귀동물, 희귀조류의 도래지·서식지, 희귀어류의 서식지, 노거수나 희귀식물 자생지, 희귀한 동·식물류, 광물·화석, 저명한 동굴이나 특이한 지형·지질 및 천연보호구역 등이 있습니다.

천연기념물은 특히 진귀성과 희귀성, 고유성과 특수성, 분포성과 역사성을 띠는 것이 특징입니다. 이것은 오랜 역사 속에서 민족의 삶과 풍속, 관습, 사상, 신앙 및 문화활동이 얽혀져 있는 인류의 문화환경의 일부로서 학술적 가치가 크기 때문에 자연유산으로 보호되고 있습니다.

면접정복 TIP

천연기념물이라는 용어의 기원은 옛 독일 프로이센의 자연과학자이자 탐험가인 알렉산더 폰 훔볼트 (Alexander Von Humboldt)가 〈신대륙의 열대지방 기행〉에서 처음 사용하였습니다. 천연기념물은 국가와 지역을 대표할 수 있는 고유한 동·식물 등의 자연경관으로서 가치가 뛰어나고 희귀하여 보호받아야 할 자원입니다. 「자연유산의 보전 및 활용에 관한 법률」에 의해 지정된 동·식물, 광물, 동굴 등을 가리키는 말로, 역사적·경관적 또는 학술적 가치가 큰 것을 천연기념물로 지정하고 있습니다.

대표적인 천연기념물로는 대구 도동 측백나무 숲, 서울 재동 백송, 서울 조계사 백송, 광릉 크낙새 서식지, 진천 노원리 왜가리 번식지, 제주 삼도 파초일엽 자생지, 제주 토끼섬 문주란 자생지, 제주 무태장어 서식지, 완도 주도 상록수림, 남해 미조리 상록수림 등이 있습니다.

[서울 재동 백송]

[제주 토끼섬 문주란 자생지]

배우기만 하고 생각하지 않으면 얻는 것이 없고,

생각만 하고 배우지 않으면 위태롭다.

– 공자 –

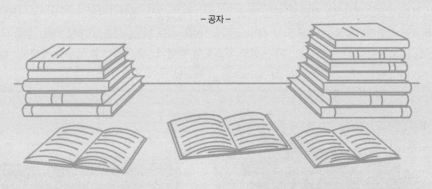

PART

03

2차 면접 출제예상문제

Chapter 01 개인 신상 및 국내여행안내사의 자질

Chapter 02 한국의 역사

Chapter 03 한국의 문화유산과 관광지

Chapter 04 한국의 전통과 문화

Chapter 05 관광학 관련 상식

우리가 해야 할 일은 끊임없이 호기심을 갖고
새로운 생각을 시험해보고 새로운 인상을 받는 것이다.

– 월터 페이터 –

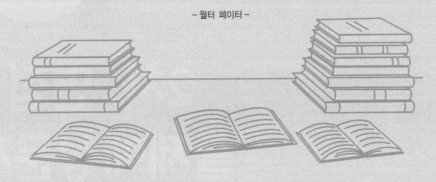

01 개인 신상 및 국내여행안내사의 자질

01 국내여행안내사의 업무 내용 중 가장 중요한 것은 무엇이라고 생각하는지 말해 보세요.

| 모범 답안

저는 일정표에 충실한 안내가 가장 중요하다고 생각합니다. 만약 관광안내사가 일정과 다르게 자신이 비교적 자신이 있는 지역만을 멋대로 안내하거나 금전적으로 이득이 생기는 곳에 무리하게 장시간 있게 하여 일정표에 나와 있는 다른 관광지를 소홀히 한다면 당시에는 어떨지 모르지만 안내사 생명에 치명적이라고 할 수 있습니다.

또한 안내 내용이 일관적이고 정확해야 합니다. 관광안내사는 관광지에 대한 구체적이고 확실한 정보를 제공할 수 있어야 하며, 관광자원이나 시설 등의 역사적 사실에 대한 설명은 일관적이고 정확해야 할 것입니다.

면접정복 TIP

관광안내사는 자기 나름대로 철저히 준비하고 경험하여 완전히 자기 것이 된 안내 멘트를 통해 관광객에게 일관적인 설명을 제공할 수 있어야 합니다. 수일 동안의 관광 안내 중 오늘 설명과 어제 설명의 내용이 상반된다든지, 관광객이 알고 있는 사실과 전혀 다른 설명을 한다면 관광객의 신뢰를 얻을 수 없을 것입니다.

또한 훌륭한 관광안내사는 새로운 것들에 호기심이 많고 그것들을 배우려고 끊임없이 노력해야 합니다. 관광안내사는 항상 최신 정보를 알고 있어야 하며, 자신이 관광객에게 즐거운 여행이 되도록 하는 만능 엔터테이너임을 잊지 않는 것이 중요합니다.

02 현지관광 일정 진행에 문제가 발생했을 경우 어떻게 대처할지 말해 보세요.

l 모범 답안

보통 현지 일정 진행 과정에서 입장료가 포함된 코스를 방문하지 않았거나, 과도한 쇼핑 진행으로 인해 문제가 발생하는 경우가 많습니다. 이 경우 전체 여행객의 의견을 반영하여 현지 일정을 진행하는 것이 바람직하다고 생각합니다. 만약 일정을 변경해야 할 경우에는 사전에 여행객에게 동의를 받아야 합니다. 부득이하게 입장료가 있는 장소를 추가함으로 인해 비용이 추가로 들더라도 반드시 고객의 요구에 부응해야 합니다. 소비자 고발 건의 상당수가 이러한 문제로 인한 것이며, 해당 여행사는 이로 인해 법적제재를 받을 수 있습니다.

면접정복 TIP

현지에서의 식사 제공으로 인한 문제도 자주 발생하는 문제로 손꼽을 수 있습니다. 원칙적으로, 여행 중 식사는 일정표에 있는 대로 진행되어야 합니다. 여행 계약 시 확정한 조·중·석식의 포함·제외에 관한 사항에 따라 서비스를 제공하여야만 고객들의 불만을 사지 않게 됩니다. 획일적인 식사를 제공하기보다는 같은 금액을 주고 수배하더라도 현지에서의 다양한 식단을 제공하면 고객에게 보다 큰 만족감을 줄 것입니다.

03 관광에서 서비스는 무엇이라고 생각하는지 설명하세요.

┃ 모범 답안

관광 서비스란 일상생활에서 벗어난 관광객이 다양한 관광 활동을 할 때 기대하는 경험과 만족을 공급하는 서비스를 의미합니다. 다시 말하면 '사람들이 관광할 수 있도록 돕는 활동'으로, 관광 활동에서 기대할 수 있는 유·무형의 관광 대상물과 관광 서비스 종사자가 제공하는 편익과 활동을 통해 관광객에게 만족과 감동을 선사하여 재방문을 유도하는 것입니다. 따라서 관광 서비스의 목표는 사람들에게 여행과 관련된 편의를 제공하고, 기대를 충족하여 관광으로 얻을 수 있는 감동과 깨달음에 도달하도록 하는 것입니다. 더 나아가서 관광을 통해 삶의 질이 향상되고 행복한 생활을 영위할 수 있도록 하는 것입니다.

면접정복 TIP

현대는 여가의 증가, 교통수단의 발달, 소득의 증가로 관광에 참여하는 인구가 점차 증가하여 현재는 10억 명 이상의 사람들이 관광을 하고 있으며, 그 산업 규모도 나날이 늘어나고 있습니다. 이처럼 관광 산업의 규모가 커짐으로써 국가별로 관광이 산업 분야에서 차지하는 비율이 높아지고 있습니다. 이러한 이유로 국가별로 관광산업 발전에 많은 노력을 기울이고 있으며, 관광객을 유치하기 위한 홍보 및 다양한 관광상품을 경쟁적으로 개발하면서 관광 서비스에 대한 중요성을 강조하고 있습니다. 관광 서비스는 관광 전체에서 발생하며, 그 영향력은 관광에 대한 긍정적 인식과 부정적 인식을 형성하는 데 중요한 역할을 합니다.

04 항공기 파업이나 정비사고 시 어떻게 대처할지 말해 보세요.

| 모범 답안

상황 발생 시 조속히 결항 및 파업 항공사를 파악하고 대체 항공편을 예약하여야 합니다. 우선 본사에 연락하여 변경될 일정에 가장 적합한 교통편을 예약하여야 합니다. 이때, 고객의 입장에서 전체 일정에 지장이 가장 적은 항공 일정으로 변경하여야 합니다. 부득이하게 변경된 항공 일정으로 인해 관광 일정에 차질을 빚었다면 해당 항공사에 정식으로 손해배상을 제기하여 피해 고객에 대한 보상이 이루어지도록 해야 할 것입니다.

면접정복 TIP

항공사 파업이 일어나게 되면 다음 방문 목적지에 이동 시 큰 불편과 문제가 발생합니다. 이로 인해 전체 일정 진행에 어려움이 따르게 되며, 고객들의 즐거운 여행을 망치기 쉽습니다. 특히, 여행사의 입장에서 1차적으로 고객들에 대한 손해배상의 책임까지 있으므로 현명하게 대처하여야 합니다.

05 관광객의 지각 등 미팅 사고에 대한 사전 대처 요령을 말해 보세요.

| 모범 답안

관광지나 호텔 등에서 출발시간이 되었는데도 관광객이 나타나지 않는 것은 흔히 있는 경우입니다. 대부분 10분 정도 늦어서 나타나지만, 긴 시간 동안 나타나지 않는 경우를 대비하여 사전에 관광객에게 호텔명 및 전화번호가 나와 있는 브로슈어, 관광일정표 등을 소지하고 다니게 해야 합니다. 또한 자유행동 시에는 몇 사람씩 소그룹으로 행동하는 경우가 많으므로, 집합 장소의 명칭을 메모지에 기입해서 그 소그룹의 리더 격인 사람에게 배부해 두면 사태 발생을 미연에 방지할 수 있습니다.

면접정복 TIP

관광객의 지각뿐만 아니라 여행지에 도착해서 마중 나와 있어야 할 운전기사가 없는 경우가 있습니다. 이 경우의 원인은 수배실수, 도착시간의 착오, 교통체증, 교통사고 등 여러 가지로 다양합니다. 일단 미팅 사고가 났을 경우에는 관련자와 전화 통화를 하고 관광객들에게 설명해야 합니다. 관광객들은 모처럼의 여행에 첫 단추부터 잘못 꿴 것이므로 불쾌해할 것이며, 앞으로의 여행 일정에 상당한 불안감을 초래할 수 있습니다. 따라서 그 원인이나 사정이 어떻든 관광객들이 기다리는 시간은 길어야 20 ~30분 정도로 한도를 정하고, 그 이상 기다려도 오지 않을 경우에는 택시나 리무진 버스 등 다른 교통수단을 이용해야 합니다. 택시로 이동 시 숙박할 호텔명과 위치를 택시운전 기사에게 설명하며, 만일을 대비해 호텔명을 메모하여 전달합니다. 요금은 먼저 관광객 각자가 지불하도록 하고, 나중에 인솔자가 정산하는 것이 편할 것입니다.

02 한국의 역사

01 조선통신사에 대해 설명해 보세요.

| 모범 답안

조선통신사(朝鮮通信使)는 조선에서 일본 막부의 쇼군에게 파견한 공식 외교 사절입니다. 조선은 개국 이후 임진왜란(1592) 때까지 총 62회에 걸쳐 사절을 파견했는데, 명칭은 통신사 또는 회례사(回禮使), 통신관 등으로 불렀습니다. 사절의 파견은 교린외교(交隣外交, 주변국과 친하게 지냄)의 원칙과 왜구의 침입 금지를 요청하려는 정치·외교·군사상의 목적에서였습니다. 반면, 일본은 조선이 보낸 사절보다 훨씬 많았는데, 이는 주로 절박한 경제 문제로 무역을 요청하기 위한 것이었습니다.

일본 측이 통신사 파견을 요청하면 조선은 정사·부사·서장관을 임명하고, 300~500명에 이르는 사절단을 구성하여 일본을 방문했습니다. 통신사 일행이 통과하는 객사에서는 한시문과 학술 교류가 필담을 통해 성행했습니다. 이를 통해 통신사는 조선과 일본과의 우호 관계 유지라는 본래 의미 이외에도 일본에 미친 조선의 학술·사상·예술상의 영향으로 문화 전파라는 또 하나의 큰 의미가 있습니다.

면접정복 TIP

조선통신사는 16세기 말 일본의 도요토미 히데요시가 조선국을 침략한 이후 단절된 국교를 회복하고, 양국의 평화적인 관계구축 및 유지에 크게 공헌했습니다. 조선통신사에 관한 기록은 외교기록, 여정기록, 문화교류의 기록으로 구성된 종합자산이며, 조선통신사의 왕래로 두 나라의 국민은 증오와 오해를 풀고 상호이해를 넓혀, 외교뿐만 아니라 학술, 예술, 산업, 문화 등의 다양한 분야에서 활발한 교류의 성과를 낼 수 있었습니다.

한국의 세계기록유산으로 등재된 조선통신사의 기록에는 비참한 전쟁을 경험한 양국이 평화로운 시대를 구축하고 유지해 가는 방법과 지혜가 응축되어 있으며, 성신교린(誠信交隣, 신의성실하게 교류함)을 교류 이념으로 대등한 입장에서 상대를 존중하는 이민족 간의 교류가 구현되어 있습니다. 그 결과, 양국은 물론 동아시아지역에도 정치적 안정이 이루어졌고, 안정적인 교역 통로도 장기간 확보할 수 있었습니다.

02 〈조선왕조실록〉의 편찬 과정과 4대 사고에 대해 설명해 보세요.

모범 답안

우리나라는 일찍부터 역사 기록을 중요시하였습니다. 특히, 고려와 조선은 국가 차원에서 실록을 편찬하였습니다. 〈조선왕조실록〉은 태조 때부터 철종 때까지의 25대 472년간의 역사를 날짜 순서에 따라 편년체로 기록한 책입니다. 실록은 한 국왕이 죽으면 다음 국왕 때 춘추관을 중심으로 실록청을 설치하고, 사관이 국왕 앞에서 기록한 사초, 각 관청의 문서를 모아 만든 시정기 등을 종합·정리하여 편찬하였습니다. 사건을 사실대로 바르게 쓸 수 있도록 하기 위해 왕이라 해도 그 내용을 함부로 볼 수 없었습니다. 사고는 실록을 보관하는 창고로, 임진왜란 이전에는 춘추관·전주·성주·충주의 4곳의 사고가 있었고, 임진왜란 이후에는 춘추관·오대산·정족산·적상산·태백산의 5곳에 설치되었습니다. 오늘날까지 전해 오는 〈조선왕조실록〉은 유네스코 세계기록유산으로 등재되어 그 가치를 인정받고 있습니다.

면접정복 TIP

〈조선왕조실록(朝鮮王朝實錄)〉은 조선왕조를 건립한 태조(재위 1392~1398) 때부터 철종(재위 1849~1863)의 통치기에 이르는 472년간의 왕조의 역사를 담고 있습니다. 〈실록〉은 역대 제왕을 중심으로 하여 정치와 군사·사회제도·법률·경제·산업·교통·통신·전통 예술·공예·종교 등 조선왕조의 역사와 문화 전반을 포괄하는 매일의 기록입니다. 후임 왕이 전왕의 실록의 편찬을 명하면 〈실록〉이 최종적으로 편찬되었습니다. 사초(史草), 시정기(時政記), 승정원일기(承政院日記, 왕의 비서기관이 작성한 일기), 의정부등록(議政府謄錄, 최고의결기관의 기록), 비변사등록(備邊司謄錄, 문무합의기구의 기록), 일성록(日省錄, 국왕의 동정과 국무에 관한 기록) 등의 자료를 토대로 작성되었습니다. 물론 그중에서도 가장 중요한 자료는 사초와 시정기였습니다.

[조선왕조실록 오대산사고본]

PART 03

03 국채보상운동에 대해 설명해 보세요.

┃ 모범 답안

1907년에는 국채보상운동이 일어났습니다. 이는 일본의 강요로 도입한 차관 1,300만 원을 갚아 경제적 예속에서 벗어나자는 취지로 대구에서 시작되었습니다. 서울에서 국채보상기성회 등이 조직되고, 이를 발판으로 다시 전국적으로 확산되었습니다. 여러 계몽 운동 단체와 대한매일신보, 황성신문 등 언론 기관이 주도하는 가운데 부녀자·어린이·기생 등 각계각층의 국민들이 금주·금연·금반지 헌납 등 다양한 방법으로 이 운동에 참여하였습니다. 그러나 일본이 중심인물인 양기탁에게 횡령의 누명을 씌워 구속하는 등 탄압하여 국채보상운동은 중단되었습니다.

면접정복 TIP

유네스코 세계기록유산으로 등재된 한국의 국채보상운동 기록물은 국가가 진 빚을 국민이 갚기 위해 1907년부터 1910년까지 일어난 국채보상운동의 전 과정을 보여주는 기록물입니다.

19세기 말부터 제국주의 열강은 아시아, 아프리카, 아메리카 등 모든 대륙에서 식민지적 팽창을 하면서 대부분의 피식민지국가에게 엄청난 규모의 빚을 지우고, 그것을 빌미로 지배력을 강화하는 방식을 동원하였습니다. 한국도 마찬가지로 일본의 외채로 망국의 위기에 처해 있었습니다. 당시 한국인들은 이미 베트남, 인도, 폴란드, 이집트, 오키나와 등의 국가들도 외채로 나라를 잃은 역사적 사실을 주목하고 있었습니다. 한국 국민은 외채로 인한 망국의 위기를 극복하고자 국채보상운동을 일으킨 것입니다. 한국의 국채보상운동은 이후에 일어난 운동과 비교하여 시기적으로 가장 앞섰고, 가장 긴 기간 동안 전 국민이 참여하는 국민적 기부운동이었다는 점에서 기념비적입니다. 또한 당시의 역사적 기록물이 유일하게 온전히 보존되어 있다는 점에서도 역사적 가치가 크다고 할 수 있습니다.

04 고려시대의 인쇄술에 대해 설명해 보세요.

┃ 모범 답안

고려는 목판 인쇄술의 발달을 기반으로 세계 최초로 금속 활자 인쇄술을 발명하기에 이르렀습니다. 강화 천도 시기에 금속 활자로 〈상정고금예문〉을 편찬하였으나 오늘날 전해지지 않으며, 현재 남아 있는 가장 오래된 금속 활자본은 〈직지심체요절〉입니다. 〈직지심체요절〉은 청주 흥덕사(興德寺)에서 인쇄된 것으로, 백운화상이 석가모니의 뜻을 중요한 대목만 뽑아 해설한 책입니다. 2001년 9월 세계기록유산으로 등재되었는데, 현재 프랑스에 보관되어 있으며, 프랑스의 동양학자인 모리스 쿠랑의 〈조선서지〉란 책을 통해 유럽 세계에 최초로 알려졌습니다.

면접정복 TIP

고려 말에 백운화상(白雲和尙, 1299~1374)이 엮은 〈불조직지심체요절(佛祖直指心體要節)〉은 선(禪) 불교의 요체를 담고 있습니다. 부처와 여러 고승의 가르침을 신중하게 선택하여 누구라도 선법의 핵심에 다가갈 수 있도록 하였습니다.

이 책은 그가 입적한 3년 뒤인 1377년(우왕 3) 7월 청주목의 흥덕사에서 금속 활자인 주자로 찍어낸 것입니다. 이때 간행된 상하 2권 가운데 지금까지 전해지고 있는 것은 하권 1책뿐이며, 프랑스 국립도서관에 소장되어 있습니다. 1972년 '세계 도서의 해'를 기념하기 위한 도서 전시회에서 처음으로 공개되어 널리 알려지게 되었습니다. 한말 주한 프랑스대리공사로 서울에 온 플랑시가 수집해 간 책 속에 있었던 것이 1911년 골동품상 브베르에게 팔렸으며, 이것이 그가 죽은 다음 해인 1943년에 그의 상속인에게 넘어가 관리되어 오다가 1950년 프랑스 국립도서관에 기증되어 오늘에 이른 것입니다.

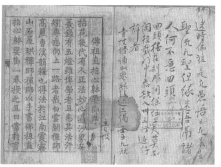

[백운화상초록불조직지심체요절]

05 조선시대의 〈동의보감〉에 대해 설명해 보세요.

┃ 모범 답안

〈동의보감〉은 태의 허준과 여러 유의(儒醫, 양반 출신 의원)들이 편찬을 시작하였는데, 정유재란(1597)으로 일시 중단되었다가 광해군 때 완성되었습니다. 〈향약집성방〉, 〈의방유취〉를 비롯한 동양의 많은 의서들을 인용하였으며, 병에 따른 증상을 중심으로 서술되어 임상 치료를 할 때 편리하게 열람할 수 있게 하였습니다. 또한 치료에 사용되는 약재의 우리말 이름을 같이 적어 놓아 의학 지식이 부족한 사람도 쉽게 병을 치료할 수 있게 하였습니다. 〈동의보감〉은 우리나라뿐 아니라 중국과 일본에서도 번역되어 출간되었으며, 2009년 그 가치를 인정받아 전문 의학서로는 최초로 유네스코 세계기록유산으로 등재되었습니다.

면접정복 TIP

〈동의보감(東醫寶鑑)〉이라는 말은 '동양 의학의 이론과 실제'를 뜻하며, 1613년 우리나라에서 편찬된 의학지식과 치료법에 대한 백과사전적 의서입니다. 왕명에 따라 의학 전문가들과 문인들의 협력 아래 허준(許浚, 1546~1615)이 편찬하였는데, 이것은 국가적 차원에서 다양한 의학 지식을 종합하였고, 일반 백성을 위한 혁신적인 공공 의료 사업을 수립하고 실행한 것입니다.

의학적 측면에서 〈동의보감〉은 동아시아에서 2,000년 동안 축적해 온 의학 이론을 집대성하여 의학 지식과 임상 경험을 하나의 전집으로 통합하는 데 성공하였습니다. 현대 의학 이론에 비견되는 지식을 담은 이 책은 동아시아와 그 너머 세계의 의학 발전에 대해 이야기해 줍니다. 의료제도와 관련해서는 19세기까지 사실상 전례가 없는 개념이었던 '예방 의학'과 '국가에 의한 공공 의료'라는 이상을 만들어냄으로써 동아시아의 의학 지식과 기술의 발달을 대변하며, 나아가 세계의 의학과 문화에 남긴 발자취입니다. 그러므로 〈동의보감〉의 의의와 중요성은 세계의 그 무엇과도 견줄 수 없습니다.

[동의보감]

06 임진왜란 당시 수군의 활약과 〈난중일기〉에 대해 설명해 보세요.

| 모범 답안

임진왜란 당시 이순신이 이끈 수군은 옥포에서 첫 승리를 거둔 후, 거북선을 앞세워 연이어 승리를 거두었습니다. 조선 수군은 한산도 대첩을 계기로 남해의 제해권을 완전히 장악하였습니다. 이로써 황해를 통해 물자를 보급하려던 왜군의 계획을 막고 전라도의 곡창 지대를 보존할 수 있었습니다.

〈난중일기〉는 이순신이 임진왜란 중에 쓴 7년간의 진중 일기로 국보로 지정되었습니다. 1592년(선조 25) 임진왜란이 발발한 1월부터 이순신이 전사하기 직전인 1598년 11월까지의 기록으로, 친필 초고가 충남 아산시 현충사에 보관되어 있습니다. 주요 내용은 엄격한 진중 생활과 국정에 관한 솔직한 감회, 전투 후의 비망록과 수군 통제에 관한 비책, 일상생활 등이 실려 있습니다. 그리고 가족·친지·부하·장졸·내외 요인들의 내왕, 부하에 대한 상벌, 충성과 강개의 기사, 전쟁 상황 보고, 장계 및 서간문의 초록 등이 실려 있어 임진왜란 연구에서 귀중한 자료입니다.

면접정복 TIP

임진왜란 당시 초반에 육지에서 참패한 것과 달리 해전에서는 곳곳에서 왜군을 무찔렀습니다. 조선의 수군은 왜군보다 우수한 선박과 화기를 이용하였습니다. 당시 수군의 주력 전선이었던 판옥선은 동시에 여러 발의 화포를 쏠 수 있을 만큼 튼튼하였으며, 판옥선에 철갑을 씌운 거북선은 왜군에게 두려움의 대상이었습니다. 조선 수군은 옥포, 당포, 당항포, 부산포 등에서 큰 전과를 올렸고, 특히 한산도에서 큰 승리를 거두었습니다.

임진왜란은 외형상으로는 조선이 일본의 침략에 맞서 스스로를 보호하고자 명나라와 연합하여 싸운 삼국의 전쟁이었습니다. 그런데 당시 명 왕조가 보낸 중국인 부대에는 동남아시아와 유럽 출신의 용병들이 상당수 포함되어 있었습니다. 따라서 임진왜란은 아시아를 넘어 세계사적으로도 중요한 의미를 지니고 있습니다.

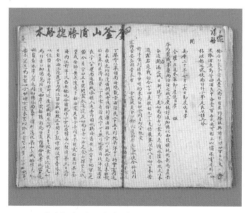

[이순신 난중일기 및 서간첩 임진장초]

PART 03

07 새마을운동의 의의에 대해 설명하세요.

▮ 모범 답안

새마을운동은 1970년부터 시작된 범국민적 지역 사회 개발 운동입니다. 박정희 정부는 산업화의 진전에 따라 도시와 농촌 간의 소득 격차가 더욱 커지자 1970년부터 농가의 소득 증대와 농촌의 환경 개선에 역점을 둔 새마을운동을 추진하였습니다. 근면 · 자조 · 협동을 내세운 새마을운동은 도로 정비, 주택 개량 등 농촌의 생활환경을 개선하였습니다.

새마을운동은 초기에는 단순한 농가의 소득 배가 운동이었지만, 이것을 통하여 많은 성과를 거두면서부터는 도시, 직장, 공장까지 확산되어 근면 · 자조 · 협동을 생활화하는 의식 개혁 운동으로 발전하였습니다. 정부 주도로 추진된 새마을운동은 오늘날 개발도상국의 지역 개발 사업 가운데 대표적인 성공 사례로 평가되고 있습니다.

면접정복 TIP

대한민국은 일제의 강점에 의한 식민지배와 6 · 25 전쟁에도 불구하고 급속한 경제성장과 민주화를 달성한 세계 유일의 국가입니다. 이러한 점에서 많은 개발도상국에게 한국은 교훈적인 국가 모델로 알려져 있습니다. 새마을운동은 한국이 걸어온 이러한 놀라운 여정의 첫걸음이었습니다. 1970년부터 1979년의 기간 동안 대한민국 농가의 평균 소득은 825달러에서 4,602달러로 껑충 뛰어올랐고, 새마을운동은 빈곤퇴치의 획기적인 이정표가 되었습니다.

'근면 · 자조 · 협동'이라는 정신은 농촌 주민들 사이에서 널리 확산되었습니다. 새마을운동은 한때 세계 최빈국 중 하나였던 대한민국을 경제대국으로 성장하게 한 토대가 되었으며, 이러한 과정에서 한국인들이 얻은 경험은 인류의 소중한 자산이기도 합니다. 1970~2011년까지 129개 국가에서 수많은 공직자와 마을 지도자들이 한국을 방문하여 새마을운동에 대해 배웠습니다. 세계기록유산으로 등재된 새마을운동 기록물에 포함된 자료들은 그동안 18개 국가, 157개 마을에서 본보기 삼아 실천한 프로그램에 활용되어 왔습니다.

| 모범 답안

조선시대에는 사간원·사헌부·홍문관을 중심으로 하는 3사의 관원이 정사를 비판하고 관리들의 비리를 감찰하는 등의 언론 기능을 담당하였습니다. 이들의 역할은 크게 왕의 잘잘못을 논하는 간쟁과 잘못된 왕명을 시행하지 않고 되돌려 보내는 봉박, 관리를 임명하거나 법령을 개폐할 때 동의하는 서경으로 나눌 수 있습니다. 3사의 언론 활동은 고관들은 물론이고 왕이라 하더라도 함부로 막을 수 없었습니다.

조선시대에는 왕을 비롯하여 특정 개인이나 집단에 권력이 편중되는 것을 방지하고, 공론에 입각한 공정한 정치를 실시하고자 언로를 상당 부분 개방하였습니다. 이로 인해 서울의 주요 관원들은 여러 통로를 통하여 의견을 개진할 수 있었습니다. 한편, 중앙이나 지방의 모든 관리들뿐만 아니라 일반 백성도 신문고를 통하여 왕에게 자신의 의사를 밝힐 수 있었습니다. 신문고는 조선시대에 백성이 억울한 일을 하소연할 때 치게 하던 북으로, 태종 때 대궐의 문루에 달았습니다. 그러나 신문고를 울려 상소하는 데 몇 가지 제한이 있었는데, 나라와 관련 있는 억울한 사정이나 목숨과 관련 있는 범죄와 누명, 그리고 자신의 억울함을 고발하는 것 등에 한해 그 내용을 접수하게 하였습니다. 그러나 아전이나 노비 등이 그의 상관이나 주인을 고발하거나 향리나 백성 등이 관찰사나 수령을 고발하는 경우, 또는 타인을 매수·사주하여 고발하게 하는 경우 등에게는 오히려 벌을 주었습니다.

면접정복 TIP

사간원(司諫院)은 간쟁과 봉박을 관장하던 관청으로, 국왕에게 상소를 올리는 것이 주요 업무였던 관청이었습니다. 사헌부와 홍문관과는 달리 정치적·윤리적 올바름을 기준으로 정책을 논의하였습니다. 사헌부(司憲府)는 관리의 임면과 감찰, 서경을 담당하던 관청으로 사간원과 홍문관과는 달리 이름처럼 법을 다루었습니다. 홍문관(弘文館)은 '옥당(玉堂)'이라고도 하며, 공문서를 관리·처리하고 국왕의 각종 자문에 응하는 업무를 담당했던 관청이었습니다. 홍문관은 특히 사간원과 사헌부와는 달리 학문의 기능을 중점적으로 담당하여 왕과 왕세자를 교육하던 경연도 주관하였습니다.

한편, 조선의 삼사와 달리 고려의 삼사(三司)는 곡식과 금전의 출납 및 회계에 대한 일을 맡아 하던 관청이었습니다. 명칭과 그 표기가 똑같지만 전혀 다른 기능을 했기 때문에 혼동하는 일이 없어야 하겠습니다.

병자호란과 남한산성에 대해 설명해 보세요.

| 모범 답안

정묘호란 이후 세력이 더욱 강해진 후금은 나라 이름을 '청'으로 고치고 조선에 군신 관계를 요구했지만, 조선이 이를 거부하면서 병자호란이 발생했습니다. 청 태종은 1636년 12월 10만 명의 군대를 이끌고 조선을 공격하여 압록강을 넘은 지 5일 만에 서울을 함락하고, 7일 만에 왕과 대신들이 피신해 있던 남한산성을 포위하였습니다. 왕자와 비빈은 미리 강화도로 피신시켰으나, 인조는 길이 막혀 남한산성으로 들어간 것입니다. 인조는 남한산성에서 청군에 대항했지만 결국 청에 굴복하고 말았습니다.

남한산성은 북한산성과 함께 한양 도성을 지키기 위해 쌓은 산성입니다. 1624년(인조 2)부터 4개의 성문과 행궁 등 주요 시설이 만들어짐에 따라 현재의 모습을 갖추게 되었으며, 2014년 그 가치를 인정받아 유네스코 세계문화유산으로 등재되었습니다.

면접정복 TIP

서울에서 남동쪽으로 25km 떨어진 산지에 축성된 남한산성(南漢山城)은 조선시대(1392~1910)에 유사시를 대비하여 임시 수도로서 역할을 담당하도록 건설된 산성입니다. 남한산성의 초기 유적에는 7세기의 것들도 있지만, 이후 수차례 축성되었으며 그중에서도 특히 17세기 초, 중국 만주족이 건설한 청(淸)나라의 위협에 맞서기 위해 여러 차례 개축되었습니다. 남한산성은 승군(僧軍)이 동원되어 축성되었으며 이들이 산성을 지켰습니다.

남한산성은 중국과 일본으로부터 전해온 성제(城制)의 영향과 서구의 화기(火器) 도입에 따라 변화된 축성 기술의 양상을 반영하면서 당시의 방어적 군사 공학 개념의 총체를 구현한 성채입니다. 오랜 세월 동안 지방의 도성이었으면서 아직도 대를 이어 주민들이 거주하고 있는 도시인 남한산성의 성곽 안쪽에는 당시에 만들어진 다양한 형태의 군사·민간·종교 시설 건축물의 증거가 남아 있습니다. 남한산성은 한민족의 독립성과 자주성을 나타내는 상징이기도 합니다.

[남한산성 남문]

10 실학자 정약용의 업적을 수원 화성과 연관지어 설명해 보세요.

┃ 모범 답안

정약용은 중농학파의 대표적 인물로서 농지의 공동 소유·공동 경작·공동 분배를 주장하였으며, 실학을 집대성하였습니다. 정조 때 정약용은 서양의 과학 기술을 응용한 거중기를 제작하여 수원 화성 축조에 큰 공헌을 하였습니다. 거중기는 성곽을 쌓기 위해 쓰이는 돌덩이들을 끌어 올리는 데 주로 이용되었습니다. 또한 유형거를 설계·개발하였는데, 이는 견고한 바퀴를 달아 돌을 싣고 나르기 간편하도록 한 기구였습니다. 이후 정약용은 천주교를 믿었다는 이유로 전남 강진에서 유배 생활을 하였으며, 이 시기에 방대한 양의 저술을 하였습니다. 대표적으로 지방 수령들의 필독서가 되었다는 〈목민심서〉와 〈흠흠신서〉, 〈경세유표〉 등이 있습니다.

면접정복 TIP

수원 화성은 정조의 효심이 축성의 근본이 되었을 뿐만 아니라 당쟁의 근절과 강력한 왕도 정치의 실현을 위한 원대한 정치적 포부가 담긴 정치 구상의 중심지로 지어진 것이며, 수도 남쪽의 국방 요새로 활용하기 위한 것이었습니다. 축성 시에 거중기 등 최신 기기를 사용하여 많은 시설물을 건립하였으나, 전란으로 사라지고 행궁의 일부인 낙남헌만 남아 있습니다. 그러나 2002년 화성 건축 당시의 기록물인 〈화성성역의궤〉에 따라 복원되면서 현재의 모습을 갖추게 되었습니다.

수원 화성은 과학적이고 합리적이며 실용적인 구조를 갖추고 있어 1997년 유네스코 세계문화유산으로 등재되었습니다. 유네스코 세계유산위원회는 수원 화성을 '동·서양의 발달된 과학적 특성이 혼합된 성곽으로 18세기 동양 성곽의 대표이며 군사 건축물의 뛰어난 사례'로 평가하였습니다.

[수원 화성 서포루]

[정약용 선생 묘소(경기도 남양주시)]

03 ▶ 한국의 문화유산과 관광지

01 안보관광자원 중 DMZ에 대해 설명해 보세요.

| 모범 답안

비무장지대(DMZ ; Demilitarized Zone)란 국제 조약이나 협약으로 군대의 주둔이나 무기의 배치가 원칙적으로 금지된 곳을 말합니다. 우리나라의 비무장지대는 6·25 전쟁을 끝내기 위해 체결된 휴전협정(1953)에 의해 설정된 완충지대입니다. 비무장지대 남쪽 바깥에는 민간인 통제선이 있는데, 이 지역은 최근 생태 관광지로 개발할 수 있는 잠재력이 높은 지역으로 주목을 받고 있습니다.

남북 분단으로 많은 것을 잃었지만 비무장지대의 자연 생태계는 분단이 가져다 준 선물입니다. 비무장지대는 지난 60여 년간 인간의 간섭이 최소화되었기 때문에 자연 상태로 생태계가 되살아났습니다. 비무장지대는 분단의 반사적 이익으로 선물 받은 자연 문화유산이며, 지구에 단 하나밖에 없는 '냉전 자연 생태계 공원'인 셈입니다.

면접정복 TIP

비무장지대(DMZ)는 선사시대부터 근·현대에 이르는 많은 유적과 유물이 보존된 채로 존재하고 있습니다. 비무장지대는 그동안 남과 북이 대립하고 갈등하는 공간으로 인식되었으나, 이제는 남북이 서로 교류하고 공유하는 공간으로 바라볼 필요가 있습니다. 생태계를 공동으로 보존하고 관리하며, 문화유적을 함께 조사하거나 수자원을 공동으로 이용하는 등 남북 간 협력이 가능한 곳입니다.

2009년에는 DMZ를 주제로 한 'DMZ 박물관'이 설립되었으며, 철원에서는 매년 9월 DMZ 풍경을 감상할 수 있는 'DMZ 국제 평화마라톤 대회'가 개최되고 있습니다.

02 보은 법주사 팔상전에 대해 설명해 보세요.

모범 답안

17세기에는 양반과 새롭게 부상하고 있던 부농, 상공업 계층의 지원을 받아 많은 사원이 세워졌고, 정치적 필요에 의해 대규모 건축물이 세워지기도 했습니다. 당시 세워진 대표적인 건물로 금산사 미륵전, 화엄사 각황전, 법주사 팔상전 등을 꼽을 수 있습니다.

법주사 팔상전은 법주사의 건물 중 하나로 정유재란 때 불탄 법주사와 함께 재건되었는데, 현존하는 우리나라 유일의 5층 목조탑입니다. 팔상전이란 석가모니의 전생부터 열반에 이르기까지의 일대기를 8장면으로 그린 팔상도를 모시고 석가여래를 기리는 곳을 말합니다.

면접정복 TIP

보은 법주사는 6세기 중엽에 세웠으며, 8세기 중엽 진표율사가 고쳐 지었다고 합니다. 그 뒤로 진표율사의 제자들에 의해 미륵신앙의 중심도량이 되어 대찰의 규모를 갖추게 되었습니다. 법주사라는 이름은 불법을 펼 큰 절을 세운다는 데서 붙었는데, 팔상전(국보)을 비롯해 쌍사자 석등(국보), 석련지(국보), 사천왕 석등(보물) 등 여러 국가유산이 있어 학술적 가치가 큽니다.

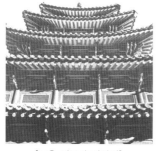
[보은 법주사 팔상전]

[보은 법주사 석련지]

[보은 법주사 사천왕 석등]

PART 03

03 한국의 온천 중 관광객들에게 소개하고 싶은 곳을 골라 설명하세요.

| 모범 답안

전국 각지에 다양한 온천이 있는 가운데, 저는 경북 울진군 북면 응봉산 남쪽에 위치한 덕구온천을 소개하고 싶습니다.

덕구온천은 약 600여 년 전에 활과 창의 명수인 전모라는 사람이 20여 명의 사냥꾼과 함께 멧돼지를 쫓던 중 상처를 입고 도망가던 멧돼지가 어느 계곡 사이에서 몸을 씻더니 쏜살같이 달아나는 것을 보고 이를 이상하게 여긴 사냥꾼들이 그 계곡을 자세히 살펴보던 중 용출되는 온천수를 발견하게 되었다는 전설이 내려오는 온천입니다.

국내 유일 자연 용출 온천수로 암벽에서 폭포처럼 쏟아지는 노천온천으로 천연 샤워를 즐길 수 있는 노천 온천탕입니다. 최고 수온 42℃의 다량의 철분이 함유되어 있는 중탄산나트륨 단순천으로 덕구온천은 피부병, 빈혈, 신경통, 당뇨병, 소화불량, 부인병 등에 효험이 있습니다.

온천 주변에는 관동팔경 중 하나인 월송정, 백암산, 망양정, 불영사계곡, 백암폭포, 성류굴, 죽변항 등 다양한 관광명소와 겨울에는 죽변항에서 겨울철 별미인 대게찜을 맛볼 수 있어 온천뿐만 아니라 울진 지역의 풍성한 자연과 문화를 즐길 수 있기에 관광에 적합한 곳입니다.

04 조선왕실 어보와 어책에 대해 설명해 보세요.

모범 답안

조선시대는 세습 왕조였습니다. 국왕의 자리를 이을 아들이나 손자 등(또는 왕실의 승계자)은 나라의 근본으로 왕위에 오르기 전에 왕세자나 왕세손에 책봉되는 과정을 거쳐야 했습니다. 어보와 어책은 일차적으로 이와 같은 과정의 예물로 만들어졌습니다. 어보와 어책에는 통치자로서 알아야 할 덕목을 함축적으로 표현한 문구가 들어 있습니다. 왕세자나 왕세손에 책봉되면 그 증거로 국왕에게서 옥인(玉印), 죽책(竹册), 교명(敎命)을 받음으로써 왕권의 계승자로서 정통성을 인정받았습니다.

이들이 커서 결혼하는 경우에 아내도 같은 과정을 거쳤습니다. 왕세자나 왕세손이 국왕에 즉위하면 즉위식에서 왕비도 금보(金寶), 옥책(玉册), 교명(敎命)을 받았습니다. 어보와 어책은 살아서는 왕조의 영원함을 상징하고 죽어서도 죽은 자의 권위를 보장하는 신물로서 유네스코 세계기록유산으로 등재되어 있습니다.

면접정복 TIP

유네스코 세계기록유산으로 등재된 것은 금·은·옥에 아름다운 명칭을 새긴 어보, 오색 비단에 책임을 다할 것을 훈계하고 깨우쳐 주는 글을 쓴 교명, 옥이나 대나무에 책봉하거나 아름다운 명칭을 수여하는 글을 새긴 옥책과 죽책, 금동판에 책봉하는 내용을 새긴 금책 등입니다. 이들 유물은 조선조 건국 초부터 근대까지 570여 년 동안 지속적으로 만들어지고 봉헌되었습니다.

책보는 그 용도가 의례용으로 제작되었지만, 거기에 쓰인 보문과 문구의 내용·작자·문장의 형식·서체·재료와 장식물 등은 매우 다양하여 당대의 정치·경제·사회·문화·예술 등의 시대적 변천상을 반영하고 있습니다. 그 때문에 한국의 책보만이 지닐 수 있는 매우 독특한 세계기록유산으로서 그 가치가 매우 크다고 할 수 있습니다.

| 모범 답안

동궁과 월지는 신라의 수도, 경주에 조성된 인공연못으로 신라 당시에는 월지(月池)라고도 불리다가 조선 초기에 안압지라는 명칭으로 불리게 되었습니다. 문무왕이 삼국을 통일한 이후 못을 파낸 다음 그 흙으로 인공 섬을 만들었다고 합니다. 월지의 3개의 섬은 신선들이 노닐었다는 봉래, 방장, 영주 등 삼신산을 나타낸 것으로 추정됩니다. 통일신라의 왕들은 이곳에서 신하들과 함께, 또는 외국의 귀빈을 위해 잔치를 열었습니다. 동궁과 월지에서 출토된 14면체 주사위는 각 면에 '술 석 잔을 한 번에 마시기', '시 한 수 읊기' 등과 같은 벌칙이 쓰여 있어 잔치에 사용하던 놀이 기구로 짐작됩니다.

동궁과 월지는 1975년부터 발굴 조사가 이루어졌는데, 3개의 섬, 건물터와 수로 시설 등이 확인되었습니다. 보상화문전, 명문 기와, 금동 불상 등의 금동 제품, 장신구, 목선, 목간 등 연못 안팎에서 출토된 유물만도 3만여 점에 달합니다.

면접정복 TIP

동궁과 월지는 경주역사유적지구 가운데 옛 왕궁터였던 월성지구에 위치하고 있습니다. 월성은 그 모양이 반달을 닮아 반월성 혹은 월성이라고 불렸습니다. 성의 둘레는 1.8km에 달하며, 성 주변은 모두 해자로 둘러싸여 있습니다. 월성은 경주의 남쪽에 치우쳐 있는데, 이는 외적의 침입이나 반란으로부터 방어하기 쉬운 지역을 선정한 것으로 보입니다. 한편, 월성 주변에는 문무왕 때 조성한 인공 연못인 경주 동궁과 월지(안압지)가 있는데, 이곳에서 당시 귀족들의 풍류를 보여 주는 많은 유물이 발견되었습니다.

한편 조선 초기에 안압지라고 불렸던 이유는 〈동국여지승람〉에서 찾아볼 수 있는데, 신라 멸망 후 관리가 소홀해지면서 폐허가 된 월지에 기러기와 오리가 날아든다고 하여 안압지라고 부르게 되었습니다.

[경주 동궁과 월지]

06 제주 지역의 관광자원 중 하나를 골라 설명해 보세요.

▌모범 답안

제주는 2002년 생물권보전지역, 2007년 세계자연유산, 2010년 세계지질공원 인증으로 유네스코가 지정하는 자연과학분야 3개 분야를 동시에 달성한 세계유일의 지역입니다. 또한 제주는 세계적 자연 경관의 모든 테마(섬, 화산, 폭포, 해변, 국립공원, 동굴, 숲)를 갖추고 있습니다.

다양한 제주의 관광자원 중 저는 한라산을 소개하고 싶습니다. 1,950m 높이의 한라산은 고도에 따라 한대·온대·난대 등 식물의 수직분포가 뚜렷하고, 90여 종이나 되는 다양한 특산식물을 품고 있습니다. 특히, 세계 최대 규모의 구상나무 숲과 극지고산식물의 다양성은 세계적으로 보기 드문 가치를 자랑합니다. 한라산 가치의 압권은 정상의 화구호 백록담, 기암절벽으로 이루어진 신비로운 영실, 40여 개의 오름들이 빚어내는 수려한 경관들입니다.

면접정복 TIP

다양한 화산지형과 지질자원을 지니고 있는 제주는 섬 전체가 지질공원입니다. 그 가운데 제주의 중심이자 상징인 순상화산체 한라산, 응회암 화산쇄설성 퇴적층 연구의 최적지로 손꼽히며 일찌감치 세계 지질학계의 주목을 받아온 수월봉, 제주의 용암돔 화산체를 대표하는 산방산과 제주 형성 초기의 수성 화산 활동으로 만들어진 응회환의 잔존 화산체인 용머리 해안, 주상절리의 형태학적 학습에 최적의 조건을 지닌 중문대포해안 주상절리대, 제주에서 가장 먼저 만들어진 지층이자 100만 년 전의 해양환경을 알려 주는 퇴적층인 서귀포층, 퇴적층의 침식작용과 계곡·폭포의 형성과정을 전하는 천지연폭포, 응회구의 지형을 잘 간직하면서도 다양한 내부구조를 보여 주는 성산일출봉, 거문오름용암동굴계 가운데 유일하게 직접 체험할 수 있는 용암동굴인 만장굴 등 9곳이 제주도 지질공원 핵심 관광지입니다.

[한라산천연보호구역]

PART 03

07 석굴암에 대해 설명해 보세요.

┃ 모범 답안

인도에서 발생한 석굴 건축이 중국을 거쳐 신라에 전해졌는데, 토함산 석굴암은 인도·중국의 자연 석굴 사원과는 달리 자연 암반을 뚫어 만든 인공 석굴입니다. 이 석굴은 8세기 후반, 당시 재상이었던 김대성이 공사를 시작하였으나 완공하지 못하고, 그의 사후에 국가에서 완공하였습니다.

석굴암의 내부는 돔 천장을 얹은 둥근 모양의 안방과 네모꼴의 앞방으로 꾸몄고, 그것들을 좁은 길로 연결하였으며, 통로 입구 양쪽에는 팔각 돌기둥을 세웠습니다. 벽은 판석을 사용하였고, 돔 천장은 가공한 석재를 사용하였습니다. 곡면의 판석들은 사이사이에 꽂힌 주먹돌에 물려 견고하게 짜였는데, 주먹돌은 치아와 같이 뿌리가 길어 흙 속에 꽂혀 있습니다. 둥글게 쌓아 올린 천장 꼭대기에는 한 장의 크고 둥근 돌을 얹어 돔을 완성하고, 돔 천장 위에는 흙을 덮어 석굴처럼 조성하였습니다.

면접정복 TIP

석굴암은 전실(前室), 비도(扉道), 돔형 주실(主室)로 구성됩니다. 전실은 직사각형 모양으로, 양쪽 벽에는 팔부신장(八部神將)이 각각 네 사람씩 새겨져 있습니다. 비도는 전실에서 주실로 들어가는 부분인데, 비도의 입구 옆에는 두 사람의 금강역사상(金剛力士像)이 서 있습니다. 비도의 좁아지는 부분 양쪽으로는 사천왕상(四天王像)이 각각 한 쌍씩 조각되어 있습니다. 주실의 입구 양쪽에 팔각형 돌기둥 두 개가 각각 세워져 있고, 본존불상은 주실의 중앙에서 조금 벗어난 지점에 놓여 있습니다. 주실의 입구 양쪽 벽에는 범천(梵天)과 제석천(帝釋天), 두 보살, 십나한이 새겨져 있습니다. 본존불상 뒤의 벽 한가운데에는 자비의 보살로 알려진 십일면관음보살상(十一面觀音菩薩像)이 새겨져 있습니다.

[경주 석굴암 석굴 본존불]

08 서원의 공간 구조와 기능에 대해 말해 보세요.

모범 답안

서원은 성리학의 연구와 교육을 목적으로 지방에 세운 기관이며, 선현에 대한 봉사의 기능도 합니다. 이 때문에 서원의 기본 공간 구성이나 배치 방법은 문묘나 향교와 유사하였습니다.

서원은 선현에게 제사를 지내는 공간인 사당, 교육을 담당하는 공간인 강당, 유생들이 공부하며 숙식하는 공간인 동재·서재의 세 부분으로 크게 나뉩니다. 이 밖에도 문집이나 서적을 펴내는 장판고와 이를 보관하는 서고, 서원의 관리 및 유생들의 생활을 뒷받침하기 위한 교직사, 제기를 보관하는 제기고 등의 부속 건물이 있었습니다.

이들 건물은 기능에 따라 형식을 다양하게 하였으나, 기본적으로는 선비 정신에 따라 복잡한 장식을 피하고 간소한 양식을 취하였습니다. 또한 담장을 낮게 하거나 그 일부를 터서 내부에서 자연 조경을 안고 있는 듯한 분위기를 조성해 자연과의 조화를 꾀하였습니다. 현존하는 서원 가운데 대표적인 것으로는 영주 소수서원, 경주 옥산서원, 달성 도동서원, 안동 도산서원, 안동 병산서원, 장성 필암서원 등이 있습니다.

면접정복 TIP

네 차례의 사화로 큰 타격을 입은 사림은 향촌에서 후진 양성을 위해 서원을 설립하기 시작하였습니다. 서원은 교육의 장을 만든다는 명분을 내세웠으나, 실질적으로는 사림이 자신의 세력을 모으기 위한 기반과 장소를 마련한다는 의미가 강하였습니다. 그러므로 향교가 명목상이나마 양인 신분 전체에 허용되었던 것과는 달리, 서원에는 기본적으로 양반만이 입학할 수 있었습니다.

사림의 이러한 움직임은 향촌의 선비들로부터 많은 환영을 받았습니다. 이에 따라 서원은 자연스럽게 관학인 향교의 자리를 대신하여 향촌 교육의 주도권을 장악하였습니다. 그 결과 16세기 중엽 주세붕이 백운동 서원을 세운 후부터 구한말 흥선대원군의 서원 철폐 정책으로 타격을 입을 때까지 전국에 6~7백여 개의 서원이 설립되었습니다.

[경주 옥산서원]

[안동 도산서원]

│ 모범 답안

우리나라에서는 1967년 지리산이 제1호 국립공원으로 지정되면서 제도 도입이 이루어져 2024년 현재 23개의 국립공원이 지정·관리되고 있는데, 저는 속리산 국립공원을 추천하고 싶습니다.

속리산 국립공원은 1970년 6번째 국립공원으로 지정되었으며, 예로부터 제2금강 또는 소금강이라 불릴 만큼 경관이 빼어납니다. 총면적 274.766km²에 달하는 속리산 국립공원은 충북과 경북의 여러 지역에 걸쳐 바위로 이루어진 산으로, 주요 봉우리인 천왕봉과 비로봉, 문장대는 백두대간의 장엄한 산줄기를 잇고 있으며 암봉과 암릉이 잘 발달되어 있습니다.

속리산에는 많은 산들이 접해 있으며, 남쪽의 천왕봉(1,058m)을 중심으로 비로봉, 문장대, 관음봉 등 8개의 봉우리가 활처럼 휘어져 뻗어나가고 있습니다. 속리산 국립공원에는 한국의 3대 불전인 법주사 대웅보전을 비롯하여 정2품송 등의 다채로운 국가유산이 보존되어 있습니다.

면접정복 TIP

또 다른 사례로는 설악산 국립공원을 설명할 수 있습니다. 설악산 국립공원은 1965년 천연보호구역으로 지정되었으며, 1970년 5번째 국립공원으로 지정되었습니다. 국제적으로도 그 보존가치가 인정되어 1982년 유네스코 생물권보전지역으로 지정·관리되고 있습니다. 설악산 국립공원은 총면적 398.237km²에 달하는 광대한 면적에 수많은 동식물들이 함께 살고 있는 자연생태계의 보고이며, 수려한 경관자원을 가지고 있는 공원입니다. 설악산은 주봉인 대청봉을 비롯하여 화채봉, 한계령, 마등령 등 30여 개의 높은 산봉우리가 웅장하게 펼쳐져 있습니다.

설악산의 백담사는 내설악을 대표하는 절로, 신라 진덕여왕 때 자장율사가 한계사로 칭했으나 조선 세조 때 백담사로 개칭하여 지금에 이르게 되었습니다. 백담사는 만해 한용운 선생이 승려로 입문하고 독립운동의 근거지로 더욱 유명해졌습니다. 그리고 다섯 가지 맛의 설악산 오색약수는 조선 중엽 오색석사의 승려가 반석 위에서 솟아나는 샘 줄기를 발견하고 약수로 판정한 데서 유래되었다고도 하고, 오색 꽃이 피는 특수한 나무를 따서 이름 붙였다고도 합니다.

[보은 속리산 망개나무]

[설악산 울산바위]

10 서울 시티투어 코스 중 청계광장에 대해 설명해 보세요.

▎모범 답안

청계천이 시작되는 세종로에 조성된 청계광장은 청계천 복원 시작지점인 동아일보사 앞에서부터 신답철교 사이에 조성된 광장입니다. 분수와 폭포, 청계천 미니어처, 산책로와 탐방로 등으로 꾸며져 있고, 청계천 복원의 의미와 함께 만남과 화합, 평화와 통일을 염원하는 장소로 조성되었습니다.

2003년 청계천복원사업이 시작되어 2005년 청계천이 다시 흐르게 되었습니다. 청계천 복원구간은 중구 태평로 시점에서 동대문을 거쳐 성동구 신답철교까지 5.8km 구간을 3개 구간으로 나누어, 시작지점부터 광장시장까지 2km는 역사와 전통을 중시하였고, 청계광장에서 난계로까지 2.1km는 문화와 현대를 중심 테마로 설정하였으며, 이후 신답철교까지 1.7km는 자연과 미래 개념의 시간축을 구상하였습니다. 청계광장을 출발하여 고산자교까지 모전교, 광통교, 광교, 장통교, 삼일교, 수표교 등 22개의 다리가 있습니다.

면접정복 TIP   청계 8경

- 1경 청계광장 : 빛과 물의 만남을 통해 밤에 특히 아름다운 모습을 연출하도록 설계되었습니다. 분수대 아래로 하루 6만 5천톤씩 떨어지는 2단 폭포는 보기만 해도 시원합니다.
- 2경 광통교 : 조선 태종 10년에 정동에 있던 태조(이성계)의 비(妃) 신덕왕후의 무덤을 정릉으로 옮기고, 남은 묘지석을 거꾸로 쌓아 만든 다리입니다.
- 3경 정조반차도 : 조선 22대 정조대왕이 묘친의 회갑을 기념하고 아버지 사도세자의 묘를 참배하기 위해 화성으로 가는 행렬을 그려놓은 그림입니다.
- 4경 패션광장 : 청계천의 중심이 되는 상징적 공간으로, 주변에 두산타워·밀리오레 등 패션전문상가가 즐비합니다.
- 5경 빨래터 : 옛 아낙네들이 빨래를 하던 곳을 다산교와 영도교 사이에 재현해 놓았습니다. 실제 빨래를 하거나 물을 더럽히는 행위는 금지되어 있습니다.
- 6경 소망의 벽 : 시민 2만여 명이 자신들의 소망과 염원을 직접 쓰고 그려 넣은 타일을 모아 황학교와 비우당교 구간 좌우 옹벽에 각각 높이 2.2m 길이 50m로 조성한 곳으로, 개성 있는 글과 그림이 가득 담겨 있습니다.
- 7경 존치교각과 터널분수 : 2003년 8월 청계고가도로를 완전 철거하면서 교각 중 3개를 기념으로 남겨둬 청계천 복원의 역사적 의미를 되새기고자 한 곳입니다.
- 8경 버들습지 : 버드나무와 갯버들·꽃창포 등 각종 수생식물을 옮겨 심어 만든 생물들의 서식공간입니다.

[청계천 광통교]

04 ▶ 한국의 전통과 문화

01 한복에 대해 설명해 보세요.

I 모범 답안

한복은 한국인의 전통적인 옷입니다. 한복은 시대에 따라 모양이 달랐는데, 요즘의 한복은 조선시대의 형태가 전해진 것입니다. 남자는 바지와 저고리를 기본으로 하고 외출할 때는 두루마기를 입었습니다. 여자는 치마와 저고리를 기본으로 하고 외출할 때는 장옷을 입었습니다. 넉넉한 바지와 치마는 앉아서 생활하기 편하도록 만들어졌습니다. 남녀 모두 발에는 버선을 신었습니다. 여름에는 삼베나 모시로 옷을 만들어 시원하게 입고 지냈으며, 겨울에는 비단이나 솜으로 옷을 만들어 따뜻하게 입고 지냈습니다. 요즘 한복은 명절, 결혼식, 돌잔치 등과 같이 특별한 날에 입는 옷이 되었고, 일상생활에서 한복을 입는 경우는 그리 많지 않습니다. 집 밖에서의 활동이 많은 현대 사회의 특성에 비추어 볼 때 한복을 입는 것이 다소 번거로울 수 있기 때문입니다. 한편, 한복의 전통성을 살리면서도 일상생활에서 입기 편하도록 개량하여 만든 생활한복이 꾸준한 인기를 끌고 있습니다.

면접정복 TIP

한복의 아름다움은 옷의 선에 있습니다. 즉, 한복의 선은 한복을 한복답게 해주는 매우 강력한 수단이자 옷의 요체이기도 합니다. 그런 점에서 한복의 선은 한복 그 자체를 뛰어넘는 우리 문화의 상징이라고 할 수 있으며, 옷 입은 의장에서는 동양적인 생활 윤리가 깃든 초연한 멋이 저절로 풍깁니다.

우리 옷인 한복은 직선과 곡선이 서로 반전하면서 유연한 선의 흐름을 엮어냅니다. 한복에는 여유가 있어 언제나 넉넉하고 푸짐합니다. 포용성 있는 여성의 한복선은 삼각형 A라인으로, 삼각 형태는 동양에서 천지인(天地人)의 완전한 조화를 상징하며, 치마저고리의 선에서는 움직일 때마다 잔잔한 물에 퍼져 나가는 물결처럼 운치가 풍겨 나옵니다.

전통 옷은 단순한 의복이 아니라 그 민족이나 국가의 전통과 역사, 민족 사상이 담긴 문화라고 할 수 있습니다. 우리의 한복 역시 최근 사극 열풍과 한류 드라마 붐을 통해 우리의 전통문화를 알릴 수 있는 매개체의 역할을 하고 있습니다.

---

02 한옥에 대해 설명해 보세요.

l 모범 답안

한옥은 자연과 인간, 안과 밖이 서로 소통하여 어울리는 조화롭고 한국적인 삶을 반영하는 전통적 한국식 가옥을 말합니다.

한옥은 자연과의 조화를 중시하는 풍수와 오방을 중심으로 집집마다 자연을 거스르지 않는 구조와 배치를 갖고 있습니다. 건축 자재 역시 나무와 황토, 흙, 볏짚 등 자연에서 얻은 가공되지 않은 자연 그대로의 재료들로, 인공 건축물에서 발생하는 새집증후군이 사회적 화두로 떠오르고 있는 지금, 한옥의 친환경적 소재와 구조에 대한 관심이 집중되고 있습니다.

한옥의 가장 큰 특징은 난방을 위한 온돌과 냉방을 위한 마루가 균형 있게 결합된 구조를 갖추고 있다는 점으로, 대륙성 기후와 해양성 기후가 공존하는 한반도의 더위와 추위를 동시에 해결하기 위한 한국의 독특한 주거 형태입니다.

면접정복 TIP

한옥의 형태는 지방에 따라 구조가 다릅니다. 북부 지방에서는 외부의 냉기를 막고, 내부의 열을 유지하기 위한 가장 효율적인 구조로, 방을 두 줄로 배열하는 형태의 겹집 구조와 낮은 지붕의 한옥이 발달하였으며, 이에 비하여 남부 지방에서는 바람이 잘 통하도록 방을 한 줄로 배열하는 홑집 구조와 마루 구조가 발달하였습니다.

또한 한옥은 상류 계층의 주택과 민가에 따라서도 구조를 달리합니다. 한국의 전통 사회에서의 상류 계층의 주택은 신분과 남녀 및 장유(長幼)를 구별한 공간 배치 구조로, 즉 집채를 달리하거나 작은 담장을 세워 주거 공간을 상・중・하로 구획하였습니다. 상(上)의 공간인 안채와 사랑채는 양반들이 사용하였고, 대문에서 가장 가까운 곳에 위치하는 행랑채는 하(下)의 공간으로 머슴들이 사용하는 공간이었으며, 중간 행랑채는 중간 계층인 청지기가 거처하는 중(中)의 공간이었습니다. 상류층의 계층이 사용하던 한옥은 주택의 기능뿐만 아니라 예술적인 가치에서도 뛰어난 건축물이 많이 남아 있습니다.

한옥은 그 전통을 간직하고 있는 한국인들에게는 향수로, 새로운 문화를 체험하고자 하는 외국인들에게는 매력적인 문화관광자원으로서의 역할을 하고 있습니다. 남산골 한옥 마을을 비롯하여 전국 곳곳에 민속마을이 생겨나서 우리 전통의 가옥과 마을을 체험할 기회를 제공하고 있으며, 한옥으로 만들어진 게스트 하우스 등이 생겨나면서 이용률이 증가하고 있습니다. 또한 한옥풍의 전원주택을 짓고자 하는 사람들이 늘어나면서 우리 고유의 주거 문화가 다시 주목받고 있습니다.

[포항 오덕리 근대 한옥 사랑채]

| 모범 답안

김치는 한국인들이 가장 즐겨 먹는 부식이며, 주식 이상의 중요성을 지닌 식생활에 없어서는 안 될 음식입니다. 김치는 우리의 역사와 더불어 시작되었으며, 전 세계에 가장 널리 알려진 한국 음식입니다.

김치는 무, 배추 및 오이 등을 소금에 절여서 고추, 마늘, 파, 생강, 젓갈 등의 양념을 버무린 후 저온에서 젖산발효시킨 음식입니다. 지방에서는 대개 지(漬)라고 하고, 제사 때는 침채(沈菜)라고 하며, 궁중에서는 젓국지, 짠지, 싱건지 등으로 불렀습니다.

김치에는 채소의 장기 보존 말고도 유산균으로 인한 건강 증진, 무기염류와 비타민의 공급, 독특한 맛과 향으로 인한 식욕 증진 등의 기능이 있습니다.

면접정복 TIP

김치는 한국을 대표하는 음식 중 하나입니다. 한국에서는 특히 추운 겨울이 되기 전에 많은 가정에서 김장을 하는 모습을 흔히 볼 수 있습니다. 김장이란 늦가을부터 초겨울 사이에 많은 양의 김치를 담그는 것입니다. 김치는 지역에 따라 다양한 재료를 사용하기 때문에 그 종류가 매우 다양합니다.

우리나라만의 독특한 발효 식품인 김치는 자연 환경과 조상의 슬기로운 음식 솜씨에서 비롯되었습니다. 우리나라는 청명한 기후와 산수가 풍요로워 채소가 연하고 향미도 뛰어나며, 또한 계절 변화가 뚜렷하여 다양한 채소를 즐길 수 있지만, 겨울철에는 생산되지 않고 저장도 어려워 건조 처리나 소금 절임 등 가공에 남다른 슬기가 필요하였습니다. 이처럼 채소가 나지 않는 겨울철에 저장성을 높이기 위한 방편으로 오랜 시간에 걸쳐 김치가 만들어지게 되었습니다. 김치의 재료로는 한반도에서 재배하는 채소뿐 아니라 자생하는 산나물, 들나물이 모두 이용되었습니다.

김치는 우리 먹을거리의 세계화 전략에서 놓칠 수 없는 중요한 자원입니다. 따라서 전통적이고 향토적인 김치를 연구하고 현대화하여 오늘의 시대감각과 세계인의 입맛에 맞는 김치를 상품화하여야 할 것입니다. 이를 통해 김치 종주국으로서 면모를 갖추고 한국 김치 시장의 확대뿐만 아니라 김치를 통한 국가 홍보 효과까지 극대화할 수 있을 것입니다.

04 온돌에 대해 설명해 보세요.

| 모범 답안

온돌은 부엌의 아궁이에 불을 때면 불기운이 방 밑에 있는 돌을 데워서 방 전체를 따뜻하게 하는 전통적인 난방 장치입니다.

온돌은 아궁이, 고래, 개자리, 굴뚝으로 구성되는데, 특히 고래를 어떠한 형태로 만들었는가에 따라 연료의 소비량과 실내 보온에 크게 영향을 미칩니다. 온돌의 구조를 보면 아궁이에서 고래로 들어가면서 급경사를 이루어 높아지다가 다시 약간 낮아지는 부넘이(부넘기)가 있는데, 부넘이(부넘기)는 불길을 잘 넘어가게 하고 열기와 연기가 역류하지 않게 합니다. 굴뚝개자리는 역류하는 연기를 바깥으로 내미는 역할을 합니다.

온돌은 가장 원초적인 문화유산으로 우리 생활양식에 결정적 영향을 끼쳤다고 할 수 있습니다. 온돌의 주요 특징은 의식주 생활 풍습 가운데서 전통의 현대적 적응력을 가장 잘 보여주는 것으로, 수천 년 세월을 변하지 않고 이어져 21세기로 온전히 넘어온 풍습입니다.

면접정복 TIP

우리 선조들이 최초로 지은 집은 신석기시대에 땅을 파고 지은 움집이었습니다. 그 움 바닥 중심부에는 화덕이 설치되었지만, 화덕으로는 만주 벌판에서 나라를 건설해 나가던 선조들에게는 혹독한 추위에 충분한 난방의 역할을 하지 못했습니다. 따라서 다양한 구들을 개발하게 되었습니다.

문헌상으로 구들을 처음으로 암시한 문서인 〈신당서(新塘書)〉와 〈구당서(舊唐書)〉에는 '가난한 사람들이 겨울을 나기 위해서 긴 갱(坑)을 만들어 따뜻하게 난방한다'는 기록이 있습니다. 간단한 부뚜막에서 실내 일면 갱으로, 이것이 삼면 갱으로, 다시 삼면 갱에서 전면 구들로 발달한 것으로 여겨지며, 이러한 구들의 기원은 고구려에서부터 시작된 것으로 보입니다. 이와 유사한 사례로는 중국의 갱 형태를 볼 수 있는데, 구들이 바닥 전부를 데운다면 갱은 실내의 한쪽에 벽돌을 쌓아 일부분만 덥히는 형태를 볼 수 있습니다. 이러한 구들은 단절되지 않고 이어져, 현대에는 온돌 침대마저 등장할 정도로 지속되고 있습니다.

05 태권도에 대해 설명해 보세요.

| 모범 답안

한국 고유의 전통 무도이자 스포츠인 태권도는 전 세계에 가장 먼저 한류를 보급한 스포츠라고 할 수 있습니다. 태권도는 한국 고유의 전통 무예로서 손과 발을 이용하여 상대의 공격을 막아 내거나 상대를 타격하는 무예입니다. 태권도는 수련을 통해 심신을 단련하고 강인한 체력과 굳센 의지로 정확한 판단력과 자신감을 기르며, 예절 바른 태도로 자신의 덕을 닦는 행동 철학이기도 합니다.

태권도의 기원은 한국 역사의 4천 년 전으로 거슬러 올라가는 것으로, 야생 동물의 공격으로부터 자신을 방어하는 일종의 자기 보호 수단으로서 현재 태권도의 기본인 막기, 차기, 지르기의 형태로 발전하게 되었습니다. 태권도는 다른 문헌이나 사화(史話)에 따르면 수박(手搏)이라고 불려졌고, 이외에도 수박희(手搏戲), 박희(博戲), 수벽(手擘), 각희(脚戲), 권법(拳法), 권술(拳術), 유술(柔術), 탁견(托肩) 등으로 기술되어 있는 것을 볼 수 있습니다.

면접정복 TIP

고대 부족 국가 시대의 제천 행사였던, 영고·동맹·무천 때 체육 활동으로 행해졌던 제전 경기에서 태권도의 연원을 찾아볼 수 있는데, 이로부터 형성된 전통 무술이 '택견[태권도의 옛 이름으로 '수박(手搏)'이라고도 칭함]'이라 할 수 있습니다. 또한 고구려 시대의 무용총의 고분 벽화에 '태권도의 겨루기를 하고 있는 두 젊은이'가 선명하게 그려져 있는 것으로 보아 태권도가 우리 고유의 무도임을 확인할 수 있으며, 그 외에도 다른 고구려 벽화에는 오늘날의 태권도 도복 및 띠와 아주 흡사한 수련복을 입은 사람들의 벽화를 발견할 수 있습니다.

백제시대에도 왕실의 지원으로 무예가 장려되었는데, 기록에 따르면, 말등 타기·궁술·맨손 격투기 등이 당시의 군사들이나 평민 간에 대단히 인기가 있었으며, 특히 손과 발 두 가지를 사용하는 호신술이 널리 행해졌다는 기록이 있는 것을 보면, 백제시대에도 오늘의 태권도와 비슷한 고유의 무예가 존재했다는 것을 알 수 있습니다.

신라는 화랑도를 통해 학문을 닦는 한편, 신체를 단련하는 무술의 하나로서 수박도(手搏道)라는 맨손 격투기가 행해졌습니다. 이는 고려시대에도 전해졌으며, 무예로서뿐만 아니라 구체적인 규칙을 가진 스포츠로서 행해졌습니다.

조선시대에 들어서면서 지배 계층의 인생관 및 정치, 문화관이 유교로 변화하면서 육체적 활동이나 태권도와 같은 무예는 하류 계층에서만 하는 것으로 여겨져 기술이 잠시 퇴보하였으나, 정조 시대에 들어오면서 1790년에 이덕무, 박제가 저술한 〈무예도보통지(武藝圖譜通志)〉에 '권법'이라는 이름으로 태권도 기술이 도해로 기록되었고, 이를 통해 다시 부흥하는 계기를 마련하였습니다.

06 국악 중 정악에 대해 설명해 보세요.

| 모범 답안

우리가 국악이라고 하는 것은 한국에 뿌리를 내린 음악, 또한 한국적 토양에서 나온 전통 음악을 가리킵니다. 국악은 크게 정악(正樂)과 속악(俗樂)으로 나뉘며, 정악은 아악·당악·향악, 즉 궁정이나 지식 계급에서 쓰던 음악을 가리키고, 속악은 대중 사이에서 쓰던 음악을 가리킵니다.

정악은 나라의 제사나 의식·잔치·조회 등에 주로 사용된 음악으로, 대체로 궁중에서 연주하던 음악입니다. 정악에는 문묘제례악을 비롯하여 종묘제례악, 경모궁 제례악(景慕宮 祭禮樂) 등 궁중 음악인 아악과 궁중 밖 선비 계층에서 즐기던 음악인 정악 등이 있습니다. 정악에는 영산회상, 천년만세 등의 기악곡과 가곡, 가사, 시조 등의 성악곡이 있는데, 정악의 성악곡을 특별히 정가(正歌)라고 합니다. 정악은 꾸밈이나 과장이 적어 담백하고 아담하게 느껴집니다.

면접정복 TIP

국악이라는 이름을 처음 사용한 것은 조선시대 말엽 고종 때 장악원(掌樂院)에서부터라고 합니다. 정악(正樂)이란 말 그대로 '정대한 음악'이란 뜻으로 쓰여 궁중 음악인 아악까지를 포함하여 민속악에 대비되는 개념으로 부르기도 합니다. 이것은 양반 계층이 민중의 음악인 민속악을 저급한 음악으로 비하하면서 자신들의 음악을 이렇게 부른 것이기도 합니다.

정악은 발생 연대가 비교적 길고, 문헌상 옛 악보가 남아 있는 경우가 많습니다. 또한 음의 장식법에 과장이 없고 매우 담백하며, 합주 음악의 형태가 많다는 것이 특징입니다.

최근에는 신국악이라 하여 젊은 세대를 중심으로 국악과 서양악의 접목을 시도하거나, 완전히 새로운 개성의 음악 분야를 창조하거나, 혹은 기존의 국악을 개량하여 현대의 감성에 접목하는 등 다양한 노력과 시도들이 이루어지며 국악의 세계화에 앞장서고 있습니다.

07 고려시대의 건축 양식에 대해 설명하세요.

ㅣ 모범 답안

고려시대에는 개경의 궁궐을 비롯하여 흥왕사 등 많은 목조 건축물이 지어졌지만 모두 불타버렸습니다. 현존하는 목조 건물은 고려 후기에 지어진 것들입니다. 이 시기에는 이전부터 유행하던 주심포 양식에 다포 양식이 새로이 도입되었습니다.

지금도 우리가 만나 볼 수 있는 고려시대의 건축물로는 봉정사 극락전, 부석사 무량수전, 수덕사 대웅전 등이 있습니다. 특히, 부석사 무량수전은 기둥위아래보다 기둥중간의 지름을 크게 만들어 안정감을 준 배흘림기둥과 주심포 양식으로 지어진 것으로, 장중한 외관과 함께 간결한 조화미를 지녀 고려 후기 목조 건축의 대표적인 작품으로 꼽힙니다. 또한 고려 말에 건립된 함경남도 안변의 석왕사 응진전은 다포 양식으로서 조선시대 건축에 큰 영향을 주었습니다.

면접정복 TIP

고려시대의 목조 건축은 통일 신라 때부터 사용되어 온 주심포 양식에 새로이 다포 양식이 도입되어 두 가지가 혼용되었습니다. 주심포는 기둥 위에만 공포를 짜 올리는 방식이었고, 다포는 기둥 위 뿐 아니라 기둥 사이에도 공포를 짜 올리는 방식이었습니다.

주심포 양식의 건축물은 하중이 공포를 통해 기둥에만 전달되었지만, 다포 양식의 건축물은 기둥과 평방의 공포를 이용하여 벽체로 하중이 분산되었습니다. 이러한 구조 때문에 주심포 양식의 건축물은 간소하고 명쾌한 느낌을 주며, 기둥은 굵고 배흘림이 많은 경향을 보인 데 반해, 다포 양식은 웅장하고 거대한 건물을 지을 수 있게 하여 건물의 규모를 한층 키울 수 있었습니다.

[안동 봉정사 극락전]

08 사물놀이에 대해 설명해 보세요.

| 모범 답안

사물놀이는 비교적 근래에 형성된 민속 음악으로서 최근의 전통 음악이 박제되어 가는 경향 속에서도 대중에게 국악에 대한 새로운 인식을 심어 주고 있습니다. 사물놀이의 연주 내용은 무속이나 풍물놀이 가운데 사물(四物, 꽹과리·장구·북·징)과 기능만을 추출하여 새로운 놀이 혹은 연주 형태로 독립된 것입니다.

전통적으로 불교 사찰에서도 범종, 운판, 목어, 법고를 사물(四物)이라고 하였습니다. 이 가운데 목어와 법고는 나무와 가죽으로 만들고, 범종과 운판은 금속으로 만드는데, 사물놀이에서의 꽹과리와 징이 금속으로, 장구와 북이 가죽으로 만들어진 것은 우연이 아닙니다. 즉, 가죽으로 만들어진 악기는 땅의 소리를, 금속으로 만들어진 악기는 하늘의 소리를 의미하는데, 이 네 가지 악기를 인간이 연주함으로써 천·지·인이 함께 어우러지는 소리의 장(場)이 펼쳐지게 되는 것입니다.

면접정복 TIP

사물놀이는 야외에서 이루어지는 대규모 구성의 풍물놀이를 1978년 무대예술로 각색한 것입니다. 사물놀이의 연주는 보통 느린 장단으로 출발하여 연주의 정점에 이를수록 점진적으로 빨라지면서 사물 악기 각각의 개성 있는 음색이 하나로 합쳐지고, 여기에 관객의 몰입을 유도하게 되는 특성을 가지고 있습니다. 이로부터 사물놀이를 구성하는 기본적인 원리가 곧 긴장·이완의 원리, 그리고 음·양 조화의 원리임을 유추할 수 있습니다.

PART 03

09 통과의례 중 관례와 계례에 대해 설명해 보세요.

┃ 모범 답안

통과의례(通過儀禮)란 한 개인이 일생을 통하여 반드시 통과해야 하는 각종 의례를 가리키는 말입니다. 통과의례에는 그 개인의 출생, 성장, 결혼, 죽음 등에 따르는 의례가 있습니다. 사례(四禮)는 통과의례 중 유교적 원리에 바탕을 둔 관례·혼례·상례·제례 등의 네 가지 의례를 말합니다.

관례(冠禮)는 상투를 틀어 갓(冠巾)을 씌우는 의식을 중심으로 한 여러 가지 절차로서 남자아이가 15세가 넘으면 관례를 행하고, 그때부터 한 사람의 성인으로 대우하였습니다. 치포관(緇布冠), 유건(儒巾), 갓 등을 차례로 쓰며, 성인 이름인 자(字)를 받는 관례를 행하였습니다. 여자는 15세 전후에 쪽을 찌고 비녀를 꽂는 계례(笄禮)를 행하였는데, 혼례로 성인식을 대신하여 일반적으로 혼례 전에 행하였습니다.

면접정복 TIP

관례와 계례가 끝나면 조상이 계신 사당에서 성인이 되었음을 알리고, 집안 어른과 이웃들에게 인사를 하였습니다.

관례를 마치고 성년이 된 사람은 그 기념으로 친구들을 불러 한턱을 내는데, 이것을 '댕기풀이'라고 합니다. 흑립(黑笠), 즉 갓 대신 초립(草笠)을 썼던 상민의 경우는 관례라는 별도의 의식을 하지 않고 혼례의 한 절차로 상투를 틀었을 것으로 짐작됩니다.

10 판소리에 대해 설명해 보세요.

| 모범 답안

17~18세기에 형성된 판소리는 광대가 고수의 장단에 맞추어 이야기를 창과 아니리로 엮어 몸짓(발림)을 곁들여 구현하는 것입니다. 판소리 사설은 양반에 대한 신랄한 풍자로 많이 구성되어 있어 서민의 의식 성장에 기여하였습니다. 판소리는 서민뿐만 아니라 양반에게도 큰 인기를 끌면서 신분상 아래로부터 위에 이르기까지 각계각층이 향유하는 국민적 예술이 되었습니다.

판소리에는 본래 열두 마당이 있었으나, 19세기에 신재효가 춘향가・심청가・수궁가・박타령・적벽가・변강쇠가의 여섯 마당으로 재정리하여 기록하였으며, 현재는 다섯 마당(춘향가・심청가・흥보가・수궁가・적벽가)만 남아 있습니다. 지역에 따라 창법이 조금씩 다른데, 전라도의 동쪽 지방을 중심으로 정착된 창법을 동편제라고 하고, 광주・나주・보성 등지에 정착된 창법을 서편제라고 하며, 경기도와 충청도를 중심으로 하여 정착된 창법을 중고제라고 합니다.

면접정복 TIP

판소리는 이야기를 창(노래)과 아니리(추임새)로 부르는 전통적인 양식입니다. 판소리의 대본을 사설이라 하고, 노래하는 사람을 '판소리 광대' 또는 '소리꾼'이라고 합니다. 이야기를 노래로 부른다고 하여 구비 서사시의 요소를 가지고 있으며, 소리꾼이 노래할 때 '너름새', '발림'이라고 하는 몸짓을 하기 때문에 연극적 요소를 가지고 있습니다. 또한 이야기 말이 대화와 지문으로 구성되어 있어 소설의 요소도 가지고 있습니다.

내용 면에서 볼 때 판소리는 주로 서민들의 현실적인 생활을 그리고 있는데, 서민들을 작중 인물로 등장시키고 있으며, 충성, 효도, 의리와 같은 봉건적인 이념보다는 서민 세계의 일상과 감정, 현실적인 갈등을 주제로 다루고 있습니다.

[판소리]

05 관광학 관련 상식

01 미국식 요금제도(American Plan)에 대해 설명해 보세요.

| 모범 답안

미국식 요금제도(American Plan)는 객실 요금에 식대가 포함되어 일괄적으로 호텔 요금을 지불하는 제도입니다. 즉, 1박 3식의 요금제도를 의미하며, 풀 펜션(Full Pension)이라고 합니다. 휴양지 호텔과 유람선 호텔(플로텔, Floatel)에 주로 적용됩니다. 미국 서부 개척 시대에는 숙박과 더불어 식사나 음료를 제공하는 장소가 없었기 때문에 이 제도가 생겨났지만, 오늘날에는 주변에 식당 시설이 다양해져 이 요금제도는 감소 추세에 있습니다.

엄격한 식사 시간, 메뉴 선택의 제한, 비싼 요금 등의 단점이 있으나, 경영자 입장에서는 객실 수입 외 식음료 매출 증대, 식사 고객의 수요 예측이 가능하여 원가 절감, 회계 절차 간소, 한정된 메뉴 작성으로 조리사 인건비 감소와 같은 장점이 있습니다. 최근에는 수정 미국식 플랜 방식(Modified American Plan)이 생겨나고 있습니다. 1박 2식의 요금제도로, 객실료에 조식 외에 중식 또는 석식을 선택할 수 있는 제도입니다. 세미 펜션(Semi-pension) 또는 하프 펜션(Half Pension)이라고도 합니다.

면접정복 TIP

호텔의 요금제도와 관련된 문제는 2017년도에 경영 방식에 따른 요금 중 '유럽식 요금제도(European Plan)'가 출제되었습니다. 이 문제에서 물어보는 미국식 요금제도(American Plan) 외에도 대륙식 요금제도(Continental Plan) 역시 알아 두어야 합니다.

대륙식 요금제도(Continental Plan)는 객실료에 아침 식사 요금만을 포함한 호텔 요금으로, 유럽 지역에서 많이 채택하고 있습니다. 호텔 입장에서는 원가가 그리 비싸지 않은 콘티넨털 브렉퍼스트(Continental Breakfast)를 객실료에 포함시킴으로써 고객에게 큰 부담을 주지 않으면서 조식은 호텔에서 식사하도록 유도하여 매출액을 증진할 수 있습니다. 콘티넨털 브렉퍼스트는 계란 요리 없이 롤빵에 버터와 잼, 음료 중 한 가지를 선택하는 간단한 아침 식사를 뜻합니다.

02 관광두레에 대해 설명해 보세요.

▎모범 답안

관광두레는 지역 주민들이 자발적, 협력적으로 사업체를 만들어 지역을 방문하는 관광객을 대상으로 숙박, 식음, 여행 알선, 기념품, 체험, 레저 등의 관광사업을 성공적으로 창업하고 자립하도록 지원하는 사업을 말합니다. 관광두레 사업의 주요 목적은 주민공동체 간 네트워크를 통해 관광두레를 형성함으로써 공동체 의식을 함양하고 지역관광을 활성화하는 데 있습니다.

2013년부터 시작한 정책 사업으로, 문화체육관광부가 기본계획 수립, 예산 지원 등을 담당하며, 한국문화관광연구원에서 총괄적으로 사업을 진행합니다. 그리고 한국관광공사는 홍보, 마케팅을 중점적으로 수행하고 있습니다.

면접정복 TIP

관광두레 사업은 3개년 사업입니다. 1차년도에는 지역진단을 통해 관광두레 육성조직을 발굴하고, 주민 워크숍을 통해 사업계획안을 작성합니다. 2차년도에는 관광두레 육성조직의 역량 강화와 멘토링, 창업예비사업 등을 통해 성공 창업을 유도합니다. 그리고 3차년도에는 관광두레 조직 간 네트워킹과 홍보, 마케팅을 통해 안정 성장의 기반을 구축합니다. 3개년 사업이 종료된 이후에는 공동체 의식 함양 등의 사회적 목표와 일자리와 소득창출 등의 경제적 목표 달성 정도를 평가하여 2년의 추가 지원이 이어집니다.

2013년 7월에 착수한 관광두레 사업은 2023년 3월 기준 전국 59개 시군구, 320곳의 주민사업체를 육성하고 있습니다.

03 지속가능한 관광의 유형 중 하나를 골라 설명해 보세요.

┃ 모범 답안

지속가능한 관광에는 다양한 유형이 있습니다. 저는 이 중 녹색관광에 대해 설명하고 싶습니다. 녹색관광 (Green Tourism)은 농촌, 어촌, 산촌 등 도회지를 벗어난 지방의 녹색지역을 대상으로 한 관광형태입니다. 따라서 녹색관광은 전원관광, 농촌관광, 농업관광 등으로도 불립니다.

녹색관광은 최근에 정부의 녹색성장정책이 강조되면서 저탄소 녹색관광이라는 용어와 함께 기후변화에 적극 대응하는 관광으로 그 개념이 확대되고 있습니다. 녹색관광은 친환경적 관광으로서 지속가능한 발전에서 강조하는 여러 요소들이 융합되어 있습니다.

녹색관광이 지속가능관광의 한 유형으로서 갖는 가장 큰 특징은 지방의 자연자원과 문화자원을 주요 관광대상으로 하며, 이의 활용과 보존을 강조하고 있다는 것입니다. 녹색관광을 주도하고 있는 지역은 지역 내 관광자원을 활용하여 도시주민들에게 휴양과 농촌경험의 기회를 제공하며, 지역의 자원과 문화를 개발하고 보존하는 데 노력을 기울이게 됩니다.

면접정복 TIP

지속가능 관광을 표방하는 관광의 형태는 다양하지만, 그중 가장 주목을 받고 있는 것이 생태관광(Eco Tourism)입니다. 생태관광은 관광의 새로운 트렌드로 주목받고 있으며, 현대관광이 지향해야 할 관광 유형으로 간주되고 있습니다. 생태관광의 성장속도는 다른 형태의 관광보다 빠르며, 인간의 환경에 대한 관심이 높아지면서 더욱 각광받게 될 것으로 예상됩니다.

생태관광은 넓은 의미에서 자연을 대상으로 한 모든 유형의 관광을 말합니다. 이 경우 산악관광, 농촌관광, 리조트관광 등 자연을 기반으로 한 모든 관광이 생태관광에 포함됩니다. 그러나 일반적으로 생태관광은 생태적으로 민감한 자원을 대상으로 한 관광을 말합니다. 즉, 갯벌이나 산호초 등을 대상으로 한 해양관광이나 희귀동물과 멸종위기 동식물을 관찰하는 야생관광, 원시림 등의 생태지역을 방문하는 탐험관광 등이 이 범주에 속합니다.

04 호텔정보시스템(HIS ; Hotel Information System)에 대해 설명해 보세요.

| 모범 답안

호텔정보시스템은 호텔에 가장 중요한 자원인 정보의 흐름과 적절한 조절을 통해서 경영의 효율성을 한층 더 높이는 것을 말합니다. 이러한 호텔정보시스템은 관광 수요를 고도화하고, 다양화에 능동적으로 대처하기 위해 관광객의 호텔 환경 적응력을 향상하며, 새로운 관광 수요를 창출하고, 관광지의 지역경제를 활성화하는 데 그 목적이 있습니다.

호텔정보시스템은 관광호텔 기업에 컴퓨터시스템을 적용, 중요한 호텔 정보를 원활하게 활용하여 관광호텔업의 경영 및 관리의 효율성을 높이는 데 의의가 있습니다. 또한 호텔정보시스템은 호텔 기업과 관련하여 내·외부에서 발생하는 모든 자료를 분석하고 측정하며, 현재의 분석과 미래를 예측할 수 있도록 필요한 정보를 수집·처리·분석·보관하였다가 의사결정을 하고자 하는 호텔 정보의 사용자에게 정보를 제공하는 기능을 수행하게 하는 것이라고 할 수 있습니다.

면접정복 TIP

호텔정보시스템의 종류에는 첫째로 프런트오피스시스템(Front Office System)이 있습니다. 고객과 직접적으로 접촉하여 매출을 발생시키는 프런트오피스 업무를 지원하는 시스템으로, 예약, 체크 인, 체크 아웃, 여행 알선 등의 예약 업무와 하우스키핑, 고객 정보 관리, 야간 회계, 일일 회계, 마케팅, 고객 계정 보고 업무 등으로 이루어져 있습니다.

둘째, 백오피스시스템(Back Office System)은 프런트오피스에서 발생하는 매출의 집계와 분석 그리고 호텔의 관리를 위한 제반 업무를 지원하는 시스템입니다. 인사 관리, 급여 관리, 일반 회계 관리, 구매 관리, 자재 관리, 원가 관리, 영업 부서 관리, 연회 예약 관리, 판촉 고객 관리, 관광 안내 정보, 관광 문헌 정보 등으로 이루어져 있습니다.

셋째, 인터페이스(Interface)는 프런트와 백오피스를 연결하여 메인 컴퓨터와의 상호 온라인 업무 처리를 가능하게 하는 소프트웨어를 말합니다.

05 최근 스마트관광에 의한 관광 정보의 특성을 설명하세요.

┃ 모범 답안

최근의 여행 업무는 온라인 서비스와 소셜 네트워크 서비스(SNS) 중심으로 변화하고 있으며, 고객들에게 자동차 렌트, 항공기 예약, 여행 예약, 관광 정보 탐색 등을 손쉽게 처리할 수 있는 체제를 갖추었습니다. 이렇게 제공되는 인터넷 관광 정보의 특성은 다음과 같습니다.

첫째, 공간적인 제한이 없습니다. 개인용 컴퓨터(PC)만 있으면 국내는 물론 전 세계의 관광객을 대상으로 관광 관련 정보를 손쉽게 제공할 수 있습니다. 둘째, 시간적 제약이 없습니다. 인터넷을 통해 24시간 언제든지 관광 관련 정보를 제공할 수 있습니다. 셋째, 쌍방향 커뮤니케이션을 할 수 있습니다. 온라인 채팅이나 토론 그룹, 게시판을 통해 소비자들에 대한 신뢰도, 선호도 등 그들에게 필요한 정보를 알 수 있습니다. 넷째, 광고 분량에 제한이 없습니다. 영상, 그래픽, 음향, 문자 등 다양한 멀티미디어 기술을 이용한 광고를 할 수 있습니다. 다섯째, 정보 전달을 위한 광고비가 저렴하며, 광고 효과 측정이 용이합니다. 인터넷 웹사이트는 회선 사용료만 부담하면 되므로 기존 매체보다 광고비가 저렴합니다. 또한 자신의 정보를 몇 번 이용하였는지, 얼마나 오랫동안 머물러 있었는지가 자동으로 측정되며, 이런 자료들을 축적하여 데이터베이스화·다이렉트 마케팅을 할 수 있습니다.

면접정복 TIP

인터넷과 더불어 불어 닥친 스마트폰의 열풍은 정보의 이용 시 특정 장소에 국한된 것이 아닌 이동 중에서도 정보나 콘텐츠의 이용을 가능하게 하고, 실시간 교통정보, 내비게이션과 같은 실시간 길찾기 서비스, 뉴스 검색, 이메일 서비스 등 다양한 콘텐츠를 이용가능하게 함으로써 관광에서도 많은 환경 변화를 가져왔습니다. 관광산업에서는 ICT 기반 융합산업의 잠재력이 확대됨에 따라 스마트관광 활성화 기반 구축을 지속적으로 강화하고 있습니다.

이것은 우리나라 역시 마찬가지로 관광객들이 쉽고 편리하게 이용할 수 있도록 국내여행 전문 포털사이트를 지속적으로 개편하였으며, 페이스북, 트위터, 블로그 등 SNS 채널을 활용한 온라인 마케팅을 확대하는 등 국내여행정보 채널을 다각화하고 있습니다. 또한 스마트폰 이용자 증가에 따라 스마트폰 기반의 국문 '대한민국 구석구석' 앱과 영문, 중문, 일문 'Visit Korea' 앱 서비스를 통해 모바일 기반 관광 정보 서비스도 확대하고 있습니다.

---

06 문화관광축제의 경쟁력 확보 방안에 대해 설명해 보세요.

▮ 모범 답안

문화관광축제가 경쟁력을 갖추기 위해서는 첫째로 축제프로그램이 경쟁력을 갖는 것이 중요하다고 생각합니다. 축제 방문객들이 즐거워하고 선호할 수 있는 지역만의 차별화되고 독창적인 프로그램이어야 할 것입니다. 관광이벤트로서 국제화되기 위해서는 프로그램의 일탈성, 흡인력이 중요한 요소라고 할 수 있습니다.

둘째, 축제 재원마련 및 경영방식에 변화를 모색할 필요가 있습니다. 지속적으로 증가하는 예산을 지원받는 데에는 어느 지점에서 한계에 다다르게 될 것이라는 예측을 할 수 있기 때문입니다.

셋째, 문화관광축제를 국내뿐만 아니라 국제적으로 알리는 효과적인 관광이벤트 마케팅 전략과 시스템이 중요하다고 생각합니다. 축제의 이미지 메이킹은 축제 개최지는 물론 국가 이미지에도 영향을 주는 요인으로서 언론방송이나 관광기관과의 연계시스템이 중요할 것입니다.

면접정복 TIP

문화관광축제의 출현은 과거 일반적인 축제 운영체계에 양적인 측면이나 질적인 측면에서 뚜렷한 변화를 주었습니다. 또한 기존에 증명된 다양한 경제적 효과는 물론 주 5일 근무제 도입으로 인한 관광여가 활동인구의 증가 추세로, 문화관광축제는 지역개발동력으로 확대되어가는 움직임이 분명하게 나타나고 있습니다.

그러나 정부가 문화관광축제를 정책적으로 육성하기 시작한 이후 단기간에 우후죽순처럼 생긴 축제들을 보면 내용적으로나 또는 축제의 운영 측면에서 볼 때 독창성이나 지역의 특징을 찾아내어 축제를 만들었다기보다는 타 지역과의 경쟁심리가 작용해, 과잉현상을 보여 온 것이 사실입니다. 또한 아직도 많은 축제가 전시행정의 전형과 그 전형성에서 필연적으로 파생될 수밖에 없는 비효율과 저급함을 그대로 보여 주고 있다는 비판을 받고 있습니다. 관광개발 측면에서 볼 때도 축제를 지역발전과 관광개발의 주요 도구로 인식은 하고 있으나, 관광 매력성이 높지 않아 축제로 인한 관광효과를 극대화하지 못하고 있다는 비판을 받고 있습니다.

07 관광지의 환경오염을 줄일 수 있는 방안에 대해 설명하세요.

| 모범 답안

관광지 환경오염의 심각성은 그대로 방치할 수가 없습니다. 폐기물 처리의 합리화를 위해서는 청소원들의 수작업에서 탈피하여 대량으로 처리할 수 있는 시스템의 연구개발, 소각 시설 및 매립 시설의 확보, 압착 기술과 파쇄 기술의 개발, 그리고 대량화·복잡화되어 가는 폐기물 처리 관련 종사자들의 인원 확충과 역량 강화를 위한 투자가 필요합니다.

또한 관리법안의 개발과 정책을 과감하게 실천해야 합니다. 일정 지역에서 등산로의 제한, 자연보호의 계몽이나 쓰레기 함부로 버리지 않기 운동 전개, 버려진 폐기물은 내가 먼저 깨끗이 하자는 캠페인과 지속적인 홍보, 지역마다 오염 발생원 및 시설물에 대한 규제 등을 강화하고, 오염 제거 시설 및 장치를 의무화하는 것도 중요합니다.

가장 이상적인 방법에 대한 기대는 국민들의 관광윤리에 바탕을 두는 것입니다. 관광지 내에서 발생한 폐기물은 자기 집으로 가져가는 것이 무엇보다 중요합니다.

면접정복 TIP

지난 10년 전까지만 해도 대수롭지 않게 생각되었던 쓰레기 문제가 이제는 '쓰레기 전쟁'을 방불케 할 정도로 심각한 상황에 이르렀으며, 쓰레기의 발생량은 급증하는 추세를 보이고 있습니다. 그러나 사람이 많이 몰려든다고 해서 반드시 관광지가 오염되는 것은 아닙니다. 수많은 인파가 끊이지 않으면서도 늘 깨끗한 관광지가 외국에는 얼마든지 있습니다. 자연을 찾는 사람이 제대로 자연과의 만남을 할 줄 모르는 데서 환경오염과 같은 문제가 발생하는 것입니다.

08 관광 코스 작성 시 유의점에 대해 설명해 보세요.

| 모범 답안

관광 코스는 관광주체(개인 또는 단체)의 출발과 동시에 목적지를 거쳐 다시 거주지로 돌아오기까지 소비가 동반되는 관광상품입니다. 이렇게 상품이 소비되기 때문에 관광 수요자와 상품의 공급자 사이에 마찰이 발생하기 쉽습니다. 이러한 마찰을 줄이기 위해 관광 코스는 시간과 공간 구조에 따라 체계적으로 형성되어야 합니다.

첫째, 관광 코스는 관광 루트를 참고하여 작성하여야 합니다. 관광 루트는 일반적으로 많은 관광객이 손쉽게 접근하여 관광지를 방문할 수 있는 통로이기 때문에 비교적 교통로가 잘 발달되어 있습니다. 또한 관광 루트의 거점 주변에는 다양한 관광지가 분포하고 있습니다.

둘째, 관광 코스는 거주지와 관광지 또는 관광지와 관광지 사이에 발달한 교통로의 상태와 교통수단을 고려하여 작성하여야 합니다.

셋째, 관광 코스는 관광객에게 판매되는 상품이기 때문에 상품의 시장성이 있어야 하며, 관광객의 관광 목적에 적합하여야 합니다.

넷째, 관광 코스는 관광지를 방문하기 위해 만들어지는 것이기 때문에 관광객이 쉽게 이해할 수 있는 관광지도에 나타나야 합니다.

면접정복 TIP

관광 코스는 일반적으로 관광객이 자기의 거주지를 출발하여 다시 자기의 거주지로 돌아올 때까지의 경로나, 일정 지점에서 다른 목적지까지의 도달 경로를 말합니다. 보통 지도상에 진행 방향을 화살표로 표시하여 기입합니다. 이러한 관광 코스는 관광하고자 하는 목적지까지의 도달 조건이나 그 목적지 내의 관광 조건에 많은 영향을 받는데, 일반적으로 그 형태를 다음과 같이 네 가지의 유형으로 구분할 수 있습니다.

첫째, 피스톤형은 관광객이 집을 나서서 관광지에 도착한 다음 현지 관광 활동을 한 후 동일한 루트를 따라 귀가하는 왕복식 형태입니다.

둘째, 스푼형은 관광객이 집을 나서서 관광지에 도착한 다음 현지에서 관광 활동을 하되 두 곳 이상의 관광지가 근접되어 있어 이 곳을 관광하고 돌아오는 형태입니다.

셋째, 안전핀형은 관광객이 집을 나서서 관광지에 도착한 다음 현지에서 관광 활동을 한 후 다음 관광지까지 갈 때와는 다른 루트로 귀가하는 형태로, 이것 역시 관광지가 두 곳 이상 근접해 있는 경우입니다.

넷째, 탬버린(텀블링)형은 관광객이 집을 나서서 두 곳 이상 서로 떨어져 있는 여러 관광지를 들르면서 관광한 후 갈 때와는 다른 루트를 따라 귀가하는 형태로, 관광객들이 일반적으로 선호하는 형태입니다.

| 모범 답안

의료관광이란 해외여행과 의료서비스 선택의 자유화로 인해 건강·요양·치료 등의 의료혜택을 체험하기 위한 목적으로 세계 일부 지역을 방문하면서 환자 치료에 필요한 휴식과 기분전환을 할 수 있는 그 지역 주변의 관광·레저·문화 등을 동시에 체험하는 관광 활동입니다. 의료관광을 산업에 적용한 의료관광산업은 의료산업에 관광산업을 접목한 새로운 산업으로, 의료 분야에서 관광자원으로 사용할 부문을 추출하여 이것과 함께 높은 수준의 서비스를 판매하는 산업으로 볼 수 있습니다. 따라서 의료관광산업에는 의료업, 운송업, 숙박업, 여행업, 항공업, 호텔업, 식당업, 통역업, 의료관광 전문가 육성 교육원, 광고업, IT산업 및 서비스업 등이 포함되어 있습니다.

의료관광은 세계적인 고령화 추세 및 기대수명 연장, 의료산업의 경쟁과 개방으로 인해 의료서비스를 받고자 하는 소비자의 국제적 이동량 증가와 세계 의료관광 시장의 지속적 성장 등을 배경으로 크게 성장하고 있는 분야입니다.

면접정복 TIP

우리나라는 세계적인 수준의 의료기술과 인프라를 활용하여 의료관광을 육성하기 위해 2009년 5월 「의료법」을 개정하고 의료관광객 유치를 적극 추진하고 있습니다. 「의료법」 개정을 통해 보건복지부에 등록한 의료기관 및 유치업자에게 외국인 환자에 대한 유치활동을 허용하여 합법적인 의료관광객 유치가 가능하게 되었습니다. 또한 문화체육관광부에서도 의료관광 추진을 위해 2009년 9월 「관광진흥법」을 개정함으로써 의료관광 유치·지원기관에 대한 관광진흥개발기금 지원 및 의료관광 홍보마케팅 활성화의 계기를 마련하였습니다. 이에 따라 우리나라의 의료관광 활성화를 위해서 관련 중앙부처, 지자체, 의료기관 등이 의료관광 기반 구축과 해외홍보활동을 적극 전개하고 있습니다.

---

10 마이스(MICE) 산업의 전망에 대해 설명해 보세요.

▌모범 답안

세계 각국에서는 관광자원으로서의 마이스(MICE) 산업의 부가가치를 인식하여 마이스(MICE) 산업을 국가전략산업으로 육성하기 위해 대규모 컨벤션 시설과 전시장을 건립하거나 국가 차원의 유치 활동 지원에 앞장서고 있습니다. 마이스(MICE) 산업에 국가들이 관심을 두고 있는 이유는 MICE 방문객이 지출하는 금액이 단순 레저나 관광을 목적으로 하는 일반 여행자보다 많으며, 행사의 규모가 커서 경제적 파급효과 역시 크기 때문입니다.

마이스(MICE) 산업은 대규모 회의장이나 전시장 등 전문 시설을 갖추고 국제회의, 전시회, 인센티브투어와 이벤트를 유치하여 경제적 이익을 실현하며, 숙박, 교통, 관광, 무역, 유통 등 관련 여러 산업과 유기적으로 결합한 고부가가치 산업입니다.

면접정복 TIP

MICE 산업은 고용 창출 효과와 경제적 파급 효과가 크며, MICE 관광객의 경우 일반 관광객보다 소비 규모가 커 중국, 일본, 싱가포르, 미국 등 주요 국가에서 전략산업으로 적극 육성하고 있습니다. 여기에 MICE 관광객들의 입소문을 통해 전해지는 국가 이미지 제고 효과도 매우 크다고 할 수 있습니다. 국제회의 참가자의 경우 각국 해당 분야의 여론 주도층이 대부분인데, 이들이 회의에 참가한 후 고국으로 돌아가 자연스럽게 대한민국의 홍보대사 역할을 하므로, 이는 수치로 환산할 수 없는 이미지 제고 효과로 이어질 수 있습니다.

참고문헌

◉ **도서 및 연구보고서**

곽희정, 「관광국사」, 시대고시기획, 2025
백문주, 「2024 시대에듀 관광통역안내사 2차 면접 핵심기출 문제집」, 시대고시기획, 2023
시대관광교육연구소, 「관광자원해설」, 시대고시기획, 2025
시대관광교육연구소, 「관광학개론」, 시대고시기획, 2025

◉ **인터넷 사이트**

국립공원공단, www.knps.or.kr
국립생태원 국립습지센터, www.nie.re.kr
관광지식정보시스템, www.tour.go.kr
문화체육관광부, www.mcst.go.kr
국가유산청, www.khs.go.kr
법제처 국가법령정보센터, www.law.go.kr
유네스코와 유산, heritage.unesco.or.kr
한국관광공사, www.visitkorea.or.kr
한국관광공사 대한민국 구석구석, korean.visitkorea.or.kr
한국관광공사 베니키아, www.benikea.com
한국관광 품질인증, koreaquality.visitkorea.or.kr
한국문화대백과사전, encykorea.aks.ac.kr
한국슬로시티본부, www.cittaslow.kr
한국향토문화전자대전, www.grandculture.net
환경부, www.me.go.kr
Seoul City Tour Bus, www.seoulcitybus.com

◉ **사 진**

본 도서는 국가유산청, 한국관광공사에서 공공누리 제1유형으로 개방한 사진을 수록하였으며,
해당 저작물은 국가유산청 홈페이지(www.khs.go.kr)와 TourAPI(api.visitkorea.or.kr),
관광사진갤러리, 한국저작권위원회 공유마당(https://gongu.copyright.or.kr/)에서
무료로 다운받으실 수 있습니다.

인생이란 결코 공평하지 않다. 이 사실에 익숙해져라.

- 빌 게이츠 -

작은 기회로부터 종종 위대한 업적이 시작된다.

– 데모스테네스 –

2025 시대에듀 국내여행안내사 필기 + 면접 기출문제집

개정7판1쇄 발행	2025년 05월 20일 (인쇄 2025년 03월 27일)
초 판 발 행	2018년 08월 05일 (인쇄 2018년 06월 29일)
발 행 인	박영일
책 임 편 집	이해욱
편 저	시대관광교육연구소
편 집 진 행	박종옥 · 오지민
표지디자인	박수영
편집디자인	김기화 · 임창규
발 행 처	(주)시대고시기획
출 판 등 록	제10-1521호
주 소	서울시 마포구 큰우물로 75 [도화동 538 성지 B/D] 9F
전 화	1600-3600
팩 스	02-701-8823
홈 페 이 지	www.sdedu.co.kr
I S B N	979-11-383-8974-7 (13320)
정 가	27,000원

관광통역안내사

단기 완성

시대관광교육연구소 | 40,000원

▸ 1권(관광국사, 관광자원해설) + 2권(관광법규, 관광학개론) 분권 구성

▸ 적중률 높은 핵심이론 + 핵심 실전 문제

▸ 최근 3개년(2022~2024년) 실제 기출문제와 오답까지 짚어주는 해설

▸ 최신 법령 · 관광동향 · 자료 완벽 반영

※ 도서의 구성 및 이미지는 변경될 수 있습니다.

기출문제 회독으로
답만 쏙쏙 골라내자!

관광통역안내사

1차 필기 합격 기출이 답이다

시대관광교육연구소 | 28,000원

▸ 10개년(2015~2024년) 12회분 기출문제 & 해설 수록

▸ 최신 개정법령 및 관광현황 완벽 반영

▸ 무료 동영상 강의(최신기출 1회분) 제공

모든 자격증·공무원·취업의 합격정보

 YouTube 합격 구독과 좋아요! 정보 알림설정까지!